GO REMOTE! für Technik, Zahlen und Organisationstalente –
Ab jetzt ortsunabhängig arbeiten und selbstbestimmt leben.
Mit Interviews und praktischen Anleitungen zu über 30 Berufen.

Bea Uhlenberg und Jan C. Ollig

BEA UHLENBERG &
JAN C. OLLIG

GO REMOTE!
FÜR TECHNIK, ZAHLEN UND ORGANISATIONSTALENTE

AB JETZT ORTSUNABHÄNGIG ARBEITEN UND SELBSTBESTIMMT LEBEN.

1. Auflage 2018
erschienen im Wenn Nicht Jetzt-Verlag
Copyright © 2018 by Bea Uhlenberg und Jan C. Ollig GbR, Schwanengraben 13, 14624 Dallgow-Döberitz
Alle Rechte, insbesondere das Recht der Vervielfältigung und Verbreitung sowie der Übersetzung vorbehalten. Kein Teil des Werkes darf in irgendeiner Form (durch Fotokopie, Mikrofilm, oder ein anderes Verfahren) ohne schriftliche Genehmigung der Autoren reproduziert oder unter Verwendung elektronischer Systeme gespeichert, verarbeitet, vervielfältigt oder verbreitet werden.
Lektorat & Korrektorat: Silbentaucher | Ramona Krieger (www.silbentaucher.de)
Cover & Satz: Wolkenart | Marie-Katharina Wölk (www.wolkenart.com)
Druck: Amazon Media EU S.à r.l., 5 Rue Plaetis, L-2338, Luxembourg
ISBN Print: 978-3-947824-24-3
ISBN E-Book: 978-3-947824-25-0

Für Fragen und Anregungen:
info@new-work-life.com
www.new-work-life.com
Informationen zu diesem und zu weiteren Büchern aus dem Wenn Nicht Jetzt-Verlag findest du unter www.wnj-verlag.de

Dieses Buch ist für unsere Eltern.
Ihr habt uns großgezogen.
Ihr habt uns ernährt.
Ihr habt an uns geglaubt.
Ihr habt uns unterstützt - von allen Welten aus.
Danke!

INHALTSVERZEICHNIS

DISCLAIMER — 11

1. INTRO — 13

1.1. Worum geht es in diesem Buch und was bringt es dir? — 15
1.2. Wer sollte dieses Buch lesen und wer nicht? — 16
1.3. Wer sind die Autoren? — 17
1.4. Warum haben wir dieses Buch geschrieben? — 18
1.5. Wie liest du dieses Buch? — 20

2. ORTSUNABHÄNGIGES ARBEITEN – WAS STECKT DAHINTER? — 22

2.1. Ortsunabhängiges Arbeiten – Nur ein Trend? — 22
2.2. Welche Vorteile bietet diese Form der Arbeit? — 26
2.3. Welche Fähigkeiten benötigst du, um ortsunabhängig zu arbeiten? — 32

3. ORTSUNABHÄNGIG GELD VERDIENEN — 44

3.1. Verkaufe dein Wissen — 44
3.2. Verkaufe deine Arbeitskraft — 48
3.3. Verkaufe eigene Produkte ohne zugrundeliegende Beauftragung — 49
3.4. Verkaufe Nebenprodukte — 50
3.5. Verkaufe eigene Produkte oder die von Dritten — 51
3.6. Denk um die Ecke und verkaufe artverwandte Leistungen — 53
3.7. Erschaffe ein komplett neues Produkt von Grund auf, das nicht dem Kern deiner eigentlichen Arbeit entspricht — 54
3.8. Lass dich supporten — 55

4. ORTSUNABHÄNGIGE BERUFE FÜR TECHNIK, ZAHLEN UND ORGANISATIONSTALENTE 57

4.1. Amazon FBA Händler	57
4.2. Amazon Vendor Consultant	61
4.3. Baby Planner	69
4.4. Berater für Organisationsdesign	73
4.5. Buchhalter	80
4.6. Business Analyst	85
4.7. Business Coach	91
4.8. Controller	102
4.9. Cyber Security Architect	107
4.10. Datenanalyst	115
4.11. Data Scientist	123
4.12. Dropshipper	131
4.13. Entwicklungsingeneur	135
4.14. Eventmanager	147
4.15. Finanzberater	160
4.16. Fundraiser	164
4.17. Investor	168
4.18. Performance Marketer	172
4.19. Pokerspieler	179
4.20. Pricing Consultant	184
4.21. Programmierer	193
4.22. Projektmanager	201
4.23. Reiseveranstalter	205
4.24. Schuldnerberater	213
4.25. SEO Spezialist	223
4.26. Social-Media Marketing Experte	230
4.27. Software-Tester	238
4.28. Solopreneur	246
4.29. Steuerberater	254
4.30. Technischer Redakteur	264
4.31. Trader	269

4.32. Trainer für Softwareanwendungen (IT-Trainer)	273
4.33. UX-Designer	277
4.34. Versicherungsmakler	284
4.35. Virtuelle Assistenz	291
4.36. Web-Analyst	297
4.37. Webdesigner	307

5. PRODUKTIDEEN ENTWICKELN 316

5.1. Amazon Bestseller-Listen	318
5.2. Amazon-Suche	319
5.3. Udemy	320
5.4. Google Suggest	322
5.5. Google Keyword Planner	322
5.6. Google Trends	323
5.7. Google Correlate	324
5.8. Answer the Public	326

6. ARBEIT FINDEN 329

6.1. Jobbörsen für Freelancer und Auftragsarbeit	329
6.2. Geld verdienen als Angestellter – So findest du Arbeitgeber	337

DANKE 349

LITERATUR UND LINKS 351

ZUM GUTEN SCHLUSS 356

WEITERE BÜCHER AUS DEM WENN NICHT JETZT-VERLAG 357

DISCLAIMER

Bevor du das Buch liest, möchten wir dir einige allgemeine Hinweise mit an die Hand geben, die im weiteren Verlauf relevant werden:

1. Die Informationen zum Ausbildungswesen und Verbandssystem beziehen sich ausschließlich auf Deutschland. Stammst du aus einem anderen Land, erkundige dich bitte nach den lokalen Möglichkeiten und Gegebenheiten. Indem wir das sagen, meinen wir nicht, dass dieses Buch für Menschen aus anderen Ländern wie z. B. Österreich oder der Schweiz uninteressant ist. Ganz im Gegenteil. Es finden sich abseits der Punkte Ausbildungswesen und Verbandssystem jede Menge andere nützliche und inspirierende Inhalte im Buch, die universal anwendbar sind und die du nicht verpassen solltest.

2. Bei den Tools und Ressourcen, die wir im Kontext der einzelnen Berufsbilder in unserem Buch und auf unserem Blog https://new-work-life.com nennen, handelt es sich gemeinhin um Lösungen und Anbieter, die wir als Autoren als praktisch und sinnvoll erachten. Sie machen Arbeitsprozesse entweder einfacher und effizienter, oder sie dienen der Vermarktung der eigenen Leistung bzw. der eigenen Produkte. Einige der von uns genannten Tools und Ressourcen werden in bestimmten Ländern rechtlich mitunter kritisch betrachtet. Unter anderem möchten wir hier auf die Datenschutz-Grundverordnung (DSGVO) hinweisen, die am 25.05.2018 in Europa in Kraft getreten ist. Die gesetzlichen Regelungen sind komplex und kompliziert und die Rechtmäßigkeit der eingesetzten Tools und Ressourcen hängt stark davon ab, für welche Zwecke und Anwendungsgebiete sie im konkreten Falle genutzt werden. Da diese Parameter von Person zu Person und von Business zu Business sehr individuell ausfallen können, ist es uns an dieser Stelle nicht möglich, allgemeingültige Empfehlungen auszusprechen. Vielmehr möchten wir dich als Leser dazu auffordern, die von uns im weiteren Verlaufe des Buches und auf unserem Blog genannten Tools und Ressourcen immer im Hinblick auf deine Bedürfnisse und die rechtliche Gesetzeslage in deinem Land zu prüfen.

3. Aus Gründen der besseren Lesbarkeit haben wir in diesem Buch a) auf die gleichzeitige Verwendung männlicher und weiblicher Sprachformen verzichtet (sämtliche Personenbezeichnungen gelten

gleichermaßen für beide Geschlechter), und b) leichte Anpassungen im Sprachstil der Interviews vorgenommen.

4. Abschließend noch ein Hinweis zum Thema Internetquellen: Wir nennen in diesem Buch zahlreiche Tools, Ressourcen, Websites und anderweitige Internetressourcen, die dir helfen sollen, den Einstieg in einen Beruf zu finden und mit ihm ortsunabhängig Geld zu verdienen. Teilweise geben wir dafür die entsprechenden Internetquellen an, damit du einfach und schnell auf die Inhalte zugreifen kannst. Wir als Autoren bemühen uns sehr, die Links so aktuell und korrekt wie möglich zu halten. Allerdings ist das Internet ein lebendiger Ort und kein starres Gebilde. Aus diesem Grund kann es vorkommen, dass Links veralten und ungültig werden. Wir bitten entsprechend um Nachsicht, solltest du diese Erfahrung machen. Gleichzeitig freuen wir uns über einen kurzen Hinweis auf den defekten Link an: info@new-work-life.com. Auf diese Weise hilfst du mit, das Buch fortlaufend aktuell zu halten, so dass nachfolgende Leser davon profitieren. VIELEN DANK! :)

1. INTRO

„Wer zu lesen versteht, besitzt den Schlüssel zu großen Taten, zu unerträumten Möglichkeiten." – Aldous Huxley

„Nach einer Schüssel Müsli und einer Tasse Kaffee zog ich einen dunkelblauen Anzug, ein hellblaues Hemd und eine schicke Krawatte an und machte mich auf den Weg. Nach einem sehr kalten zehnminütigen Marsch stand ich am Zuggleis. Da begegnete ich Thomas. Er nickte mir freundlich zu und fragte mich: „Ist heute ein guter Museumstag?"[1]

In seinem Buch *The Big Five for Life: Was wirklich zählt im Leben* präsentiert John Strelecky das Konzept des „Museumstages". Gemeint ist damit nicht ein Tag, der gut dafür geeignet ist, ein Museum zu besuchen, sondern ein Tag, der es wert ist, in einem Museum über das eigene Leben ausgestellt zu werden. Tage, die einen erfüllen und das Leben lebenswert machen.

Insbesondere im Hinblick auf die eigene Arbeit stellt sich oft die Frage: Handelt es sich um einen „Museumstag"? Oft sind Sinn und Zweck nicht immer erkennbar. Die Arbeit und die Umgebung gleichen einer endlosen Wiederholung. Und dabei verändert sich die Welt gerade rasant. Alles wird digital. Nur, so scheint es, die Arbeit nicht. Tagein tagaus gehen wir immer noch in dieselben Büros wie vor 20 Jahren. Der graue Teppichboden und die immergrünen Büropflanzen sind auch noch die gleichen. Der Unterschied zu damals: Es gibt kostenlose Getränke und gelegentlich einen Tischkicker. Wenn es richtig gut läuft, bekommt man auch gleich noch ein All-inclusive-Angebot und muss sich weder um sein Frühstück noch um sein Abendessen kümmern, weil alles wohl rationiert an den Arbeitsplatz geliefert wird.

Warum kümmert sich unser Arbeitgeber so gut um uns? Aus reiner Nächstenliebe sicherlich nicht. Wir sollen einfach mehr Zeit im Büro verbringen. Länger arbeiten und dadurch hoffentlich mehr bewirken. Wenn die Räume keine Fenster mehr hätten und nur noch mit künstlichem Licht erhellt würden, könnte man sogar den Schlafrhythmus steuern und die Belegschaft alle vier Stunden ein 20-minütiges Nickerchen machen lassen,

---

[1] John Strelecky: The Big Five for Life: Was wirklich zählt im Leben, S. 19.

um so ihre Leistungsfähigkeit zu erhöhen.[2] Man könnte sozusagen menschliche Legebatterien schaffen. Alles im Sinne der Produktivität.

Dabei bietet die moderne Arbeitswelt durch Digitalisierung und Technologie so viel mehr Optionen. Für sehr viele Berufe muss man heute eben nicht mehr zwingend ins Büro. Viele Aufgaben können heute von zu Hause oder einem beliebigen anderen Ort erledigt werden. Technologie hilft uns dabei, Orte irrelevant werden zu lassen. Wir treffen uns gemeinsam in virtuellen Chaträumen, diskutieren Ideen auf digitalen Whiteboards über das Internet und geben Präsentationen per Videokonferenz. Technologie erlaubt es, dass wir vollkommen ortsunabhängig arbeiten können, wenn wir es wollen.

Die Digitalisierung ist folglich keine Gefährdung für den Arbeitsplatz, sondern vielmehr eine Befreiung und Chance. Durch sie wird es möglich, dass wir unserer Arbeit von einem Ort unserer Wahl nachgehen. Einem Ort, der uns gefällt, der uns motiviert und der uns inspiriert.

---

[2] Vgl. Definition *Polyphasischer Schlaf* auf Wikipedia: https://de.wikipedia.org/wiki/Polyphasischer_Schlaf, abgerufen am 06.09.2018.

1.1 WORUM GEHT ES IN DIESEM BUCH UND WAS BRINGT ES DIR?

Du liebst Zahlen, Technik oder bist ein Organisationstalent und suchst nach einem Beruf, der dich erfüllt und es dir erlaubt, deiner Arbeit ortsunabhängig nachzugehen? Weil du mehr Flexibilität und Freiheit in deinem Leben wünschst? Weil du deinen Wohnort verändern, reisen oder mehr Zeit mit deiner Familie verbringen möchtest? – Dann ist dieses Buch für dich. Hier findest du eine Auswahl von 37 verschiedenen Berufsbildern speziell für Technikliebhaber, Zahlenaffine und Organisationstalente, die sich perfekt für ortsunabhängiges Arbeiten eignen (auch als „remote" bezeichnet).

Du stehst bereits seit einigen Jahren im Arbeitsleben, sehnst dich aber nach einer Veränderung? – Finde hier neue Impulse, wie du deine Erfahrungen und Fähigkeiten in deinem Beruf online umsetzen oder gar etwas ganz Neues beginnen kannst. Mit und ohne Studium oder formelle Ausbildung, in Selbständigkeit oder im Anstellungsverhältnis.

Du kommst frisch von der Schule und weißt noch nicht, was du machen willst? – Dann findest du hier zahlreiche Anregungen für ortsunabhängige Jobs, die deinen Talenten und Interessen entsprechen.

Wir geben dir nützliche Tools und Ressourcen für den Einstieg in einen Beruf und Ideen an die Hand, wie du damit Geld verdienen kannst. Lass dich von zahlreichen Beispielen und Personen inspirieren, die den Schritt in die Ortsunabhängigkeit bereits gegangen sind und werde Teil dieser wachsenden Gemeinschaft. Remote-Arbeit ist keine Utopie von gestern, sondern gelebte Realität. Zahlreiche Unternehmen, die mehrere Milliarden Euro wert sind, arbeiten mit ortsunabhängigen Teams. Man muss heute nicht mehr in einem Büro sitzen, um erfolgreich zu sein.

Um dir mit diesem Buch den größtmöglichen Nutzen zu liefern, haben wir viel recherchiert. Wir haben alle im Buch genannten Berufsbilder sorgfältig auf ihren Remote-Faktor hin überprüft und nach strengen Kriterien ausgewählt. Zudem stellen wir zu jedem Berufsbild eine Person vor, die diesen Job erfolgreich ortsunabhängig ausübt und davon leben kann. Wir nennen diese Personen *Rolemodels*. Um dir einen noch tieferen und persönlicheren Eindruck zu vermitteln, haben wir mit vielen von ihnen Interviews geführt. Das ausführliche Interview findest du jeweils in einer Berufsbeschreibung. Unsere Interviewpartner haben wir bewusst international ausgewählt; sie kommen sowohl aus Deutschland als auch aus den USA, Polen, Italien,

Australien, Österreich, Israel, Russland, Schweden und einigen anderen Ländern. Unsere Rolemodels zeigen, wie die Welt zum Thema ortsunabhängiges Arbeiten, auch bezeichnet als Remote-Arbeit, Telearbeit, Telecommuting oder Remote Work, steht.

1.2 WER SOLLTE DIESES BUCH LESEN UND WER NICHT?

Für wen ist dieses Buch geeignet?

Das Buch ist für all diejenigen geeignet, die auf der Suche nach einem Job sind, der es ihnen erlaubt, ortsunabhängig Geld zu verdienen. Sei es im Angestelltenverhältnis oder als Selbständiger, in Vollzeit oder Teilzeit, von zuhause aus, von unterwegs auf Reisen oder von einem anderen Land auf dieser Welt aus. Das Buch richtet sich an Schüler, Hochschulabsolventen und Menschen, die nach einer beruflichen Veränderung suchen bzw. ihren erlernten Beruf ortsunabhängig ausüben wollen. Sie alle eint der Wunsch nach mehr Freiheit und Selbstbestimmtheit in ihrem (Arbeits-)Leben.

Für wen ist dieses Buch NICHT geeignet?

Das Buch eignet sich NICHT für diejenigen, die nach einem Job suchen, der sie schnell reich macht. Wir erklären in diesem Buch NICHT, wie du innerhalb von sechs Monaten einen sechsstelligen Betrag verdienst oder es schaffst, nur noch eine oder zwei Stunden am Tag arbeiten zu müssen und dabei so viel Geld zu verdienen, dass du die restliche Zeit Cocktails schlürfend in einer Hängematte am Strand verbringen kannst. Das mag für ein paar wenige Ausnahmen funktionieren, für den Rest der Welt ist dieses glückliche Gefüge allerdings so wahrscheinlich wie der berühmte Sechser im Lotto.

Wir sind grundsätzlich der Auffassung, dass es ein gutes Stück harte Arbeit kostet und eine gewisse Zeit dauert, um sich ein solides ortsunabhängiges Einkommen aufzubauen. Im weiteren Verlauf werden viele unserer Rolemodels Einblick gewähren, wie lange sie gebraucht haben, um Geld in ihrem Remote-Job zu verdienen. Hartnäckigkeit und Durchhaltevermögen sind an der Tagesordnung und sollten nicht unterschätzt werden. Das gilt insbesondere dann, wenn du dich selbständig machen möchtest.

Wenn das nicht dem entspricht, was du dir von diesem Buch erhoffst, dann solltest du es besser beiseitelegen bzw. es gar nicht erst kaufen. War das Buch ein Geschenk, würde sich jemand anderes bestimmt freuen, wenn du es an ihn oder sie weitergibst. In diesem Fall tust du sowohl dir als auch der anderen Person einen Gefallen und das Buch wurde nicht umsonst gefertigt.

Stellst du jedoch fest, dass das Buch mit deinen Vorstellungen übereinstimmt, heißen wir dich herzlich willkommen und wünschen dir viel Spaß bei der Lektüre. Wir hoffen, dass du hier auf die eine oder andere Idee stößt, die du umsetzen möchtest und dadurch den ersten Schritt in Richtung Ortsunabhängigkeit gehst.

1.3 WER SIND DIE AUTOREN?

Hi, wir sind Bea und Jan aus Deutschland. Wir freuen uns sehr, dass du entschieden hast, unser Buch zu lesen und dich für das Konzept des ortsunabhängigen Arbeitens interessierst. Wir selbst sind große Fans davon, dort zu arbeiten, wo es uns gefällt und sind der Überzeugung, dass der Remote-(Zusammen-)Arbeit die Zukunft gehört.

Wer wir sind und warum wir dieser Meinung sind, erfährst du im weiteren Verlauf.

Wer ist BEA und warum findet sie Remote-Arbeit gut?
Bea stammt aus der Nähe von Osnabrück in Niedersachsen. Hier studierte sie BWL. Ihre ersten Erfahrungen im Berufsleben sammelte sie als Finanzlerin in einem Konzern in Süddeutschland. Als „Kind vom Land" liebt sie die Natur und geht leidenschaftlich gern wandern. Mit dem Konzept des ortsunabhängigen Arbeitens ist sie vergleichsweise spät in Berührung gekommen. Während und nach ihrem Studium hatte sie immer klassische vor-Ort-Jobs, für die sie täglich ins Büro ging und in der Regel bis spät abends dort blieb. Im Rahmen eines Karrierewechsels tat sich für sie die Chance auf, im Online-Marketing für ein Unternehmen remote zu arbei-ten. Bea ergriff die Möglichkeit und lernte eine komplett neue Arbeitswelt kennen: Die Arbeitswelt als Remote Worker.

Das war Mitte 2016 und seither sieht Bea Büros nur noch von außen. Stattdessen arbeitet sie dort, wo es ihr gerade gefällt: von zuhause, von einem Coworking Space, von einem Café oder aus einer Bibliothek. Sie hat keinen Anfahrtsweg zur Arbeit mehr und sie gibt auch kein Geld mehr für Kleidung aus, die sie nicht auch in ihrer Freizeit tragen kann. Sie konnte sogar ihr Auto verkaufen und dadurch ihrem Geldbeutel und der Umwelt etwas Gutes tun. Ganz entscheidend für Bea ist jedoch die Freiheit, die mit Remote-Arbeit einhergeht. Alles, was sie für ihre Arbeit braucht, sind Laptop und Internetanschluss.

Wer ist JAN und warum findet er Remote-Arbeit gut?
Das Thema „ortsunabhängiges Arbeiten" hat Jan persönlich schon immer fasziniert und begleitet ihn seit ca. zwölf Jahren, mal mehr, mal weniger intensiv. Als er noch in seiner Wahlheimat Kiel studierte, hatte Jan einen Nebenjob als Datenpfleger für ein Start-up, das ein Börseninformationsportal betreibt und erhielt dort zum ersten Mal die Gelegenheit, ortsunabhängig zu arbeiten. Als er 2006 im Rahmen eines Auslandssemesters ins spanische Valencia zog, durfte er seinen Job mitnehmen und von dort aus weiterführen.

Nach dem Studium arbeitete Jan als Unternehmensberater und im E-Commerce Bereich. 2015 gründete er, zusammen mit einem Partner, eine eigene Beratungsfirma, die sich auf Preissetzung für E-Commerce Unternehmen spezialisiert hatte. Von Anfang an war klar, dass die Firma remote aufgestellt sein würde. Die Mitarbeiter konnten dort wohnen, wo sie gerne sein wollten und mussten wegen der Arbeit nicht umziehen. Ein Konstrukt, das sehr gut aufging und alle zufriedenstellte. Jan und sein Team haben ganze Projekte zu großen Teilen remote ausgeführt. So haben sie beispielsweise das Pricing einer Multichannel Handelskette in Russland von Deutschland aus aufgebaut. Natürlich kamen sie über gelegentliche Vor-Ort-Besuche beim Kunden nicht herum, allerdings wurde der Großteil des Projektes remote bewältigt.

Heute arbeitet Jan noch immer als selbständiger Pricing Berater. Zusammen mit Bea verfolgt er daneben verschiedene andere Projekte, die sie – wie soll es anders sein – ortsunabhängig steuern und vorantreiben.

1.4 WARUM HABEN WIR DIESES BUCH GESCHRIEBEN?

Den zündenden Gedanken für das Buch hatten wir im Herbst 2017 während einer 6-monatigen Weltreise. Wir brachen mit einem One-Way-Ticket gen Thailand auf und besuchten im Verlauf unserer Reise Vietnam, Australien, Neuseeland und Südafrika.

Während wir unterwegs waren, haben wir uns intensiv mit den Themen digitales Nomadentum und ortsunabhängiges Arbeiten beschäftigt. Nicht wenige Menschen, die wir unterwegs kennenlernten, wünschten sich mehr Freiheit in ihrem Leben und hatten den Wunsch, ortsunabhängig Geld zu verdienen. Gleiches fanden wir im Rahmen unserer Internetrecherchen heraus. Wir stießen auf zahlreiche Foren und Gruppen im Netz, die sich mit dem Thema ortsunabhängiges Arbeiten beschäftigen. Eine der am häufigsten gestellten Fragen lautete: „Womit verdienst du Geld?" Wir fanden heraus, dass viele Menschen zwar den Traum haben, remote zu arbeiten, ihnen jedoch oftmals die nötige Vorstellungskraft fehlt, diesen Traum zu realisieren, da sie nicht wissen, wie und womit sie ortsunabhängig Geld verdienen können.

Du magst nun vielleicht denken: „Alter Hut. Zu diesem Thema gibt es doch bereits jede Menge Blogs, Vlogs, Bücher, Coachings, Workshops, etc. Dazu braucht es doch nicht noch ein Buch." Ja, das wissen wir und das sehen wir auch so. Wir sehen allerdings auch, dass die zahlreichen Blogs, Vlogs, Bücher, Coachings und Workshops oft nur die „klassischen" Online-Jobs als Möglichkeit für eine ortsunabhängige Tätigkeit nennen (z. B. Web Developer, Grafikdesigner, Virtual Assistant, etc.). Das empfinden wir als zu kurz gedacht. Was würde passieren, wenn alle Menschen, die remote arbeiten wollen, die gleichen zehn klassischen Online-Berufe hätten? Richtig, irgendwann würde es ein Überangebot auf dem Markt geben, mit der Folge, dass nicht genug Arbeit für alle da wäre.

Abgesehen davon will vielleicht auch nicht jeder in einem „klassischen" Online-Beruf arbeiten, weil er andere Interessen hat. Zudem gibt es vermutlich jede Menge Menschen da draußen, die ihren Beruf an sich gut finden und lediglich nach einer Möglichkeit suchen, diesen zu digitalisieren (z. B. Architekten, Anwälte, Steuerberater etc.).

Auf Basis dieser Überlegungen haben wir uns ans Werk gemacht und angefangen Berufsbilder zu suchen, die keine „klassischen" Online-Jobs sind, sich grundsätzlich aber gut für eine Remote-Tätigkeit eignen. Mehr als zwei Wochen lang brainstormten, recherchierten und diskutierten wir und beförderten so eine Liste mit ca. 250 potenziell remote-fähigen Berufen zu Tage. Von diesen stellen wir dir in diesem Buch 37 Berufsbilder vor, die wir guten Gewissens empfehlen können, da wir Menschen gefunden haben, die damit ihr Geld verdienen – unsere *Rolemodels*.
In Ländern wie den USA ist Remote-Arbeit in vielen Berufen schon lange gängige Praxis.[3] Andere Länder tun sich schwerer mit dieser Form des modernen Arbeitens. Remote-Arbeit scheint hier eher unkonventionell zu sein und befindet sich noch in den Kinderschuhen. Während unserer Recherchen für das Buch haben wir festgestellt, dass viel Fortschritt im

---

[3] Vgl. Gallup Studie: State of the American Workplace, aus dem Jahr 2017 unter: https://news.gallup.com/reports/199961/7.aspx, S. 150, abgerufen am 19.08.2018.

Hinblick auf Remote-Arbeit aus dem englischsprachigen Raum kommt. Nicht selten waren wir überrascht über die Vielfalt an Ideen für ortsunabhängige Geschäftsmodelle und Tätigkeitsfelder. Aus diesem Grund ist letztlich die große Mehrheit der aufgeführten Rolemodels englischsprachig.

Da Deutschland vergleichsweise noch in den Startlöchern steht,[4] kannst du dich von den internationalen Vorbildern inspirieren lassen und dir Ideen holen, wie du deine eigene Ortsunabhängigkeit gestaltest. Vieles, was z. B. in den USA funktioniert, wird schließlich früher oder später oft auch in Deutschland populär.

Während wir dir in diesem Buch aufzeigen, welche Möglichkeiten du hast, ortsunabhängig zu arbeiten, ob als Angestellter in einer der immer zahlreicher werdenden Remote-Firmen oder als Selbständiger, haben wir parallel einen Blog und eine Facebook-Gruppe gestartet, wo wir das Thema weiterverfolgen und dich über aktuelle Entwicklungen und Möglichkeiten informieren. Außerdem findest du auf dem Blog einen detaillierten Überblick über die zahlreichen, im Buch genannten, Tools und Ressourcen, inklusive entsprechender Verlinkung. Besuch unseren Blog unter https://www.new-work-life.com.

In der exklusiven Facebook-Gruppe triffst du auf Gleichgesinnte und erhältst Antworten auf deine Fragen rund ums Thema Remote-Work, Berufsfindung und Geld verdienen. Zudem planen wir eine Interviewserie mit weiteren inspirierenden Remote-Arbeitern. Also: Tritt ein und sei gespannt. :-)
Hier der Link zur FB-Gruppe:
https://www.facebook.com/groups/409001326302676.

1.5 WIE LIEST DU DIESES BUCH?

Eigentlich ist es einfach ein Buch zu lesen. Man schlägt es auf und liest los. Wenn es gut läuft, zieht das Buch einen in seinen Bann und man verschlingt es innerhalb kürzester Zeit von der ersten bis zur letzten Seite. Bei diesem Buch verhält es sich aller Wahrscheinlichkeit nach anders. Das liegt nicht nur daran, dass es kein Roman ist, sondern auch daran, dass es sehr viele Informationen aus unterschiedlichen Bereichen enthält. Aus diesem Grund möchten wir dir eine Art „Bedienungsanleitung" an die Hand geben, die dir hilft, das Beste aus dem Buch für dich herauszuholen. Los geht's!

---

4 Dyfed Loesche: Wenige Deutsche arbeiten im Homeoffice, auf Statista.de am 26.01.2018: https://de.statista.com/infografik/12699/wenige-deutsche-arbeiten-im-homeoffice, abgerufen am 22.08.2018.

In den ersten Kapiteln bereiten wir das Thema ortsunabhängiges Arbeiten auf, in dem wir dir einerseits zeigen, wo die Idee herkommt und welche Vorteile diese Arbeitsform für dich und deinen Arbeitgeber hat (sofern du dich nicht ohnehin selbständig machen möchtest).

Zudem zeigen wir dir eine Reihe von Formaten/Möglichkeiten, wie du ortsunabhängig Geld verdienen kannst. Dieser Abschnitt ist besonders wichtig, weil er einige Grundlagen enthält, auf die wir im Herzstück unseres Buches eingehen. Womit wir nun beim Kern des Buches angekommen wären: Den Berufsbildern. In Kapitel 4 „Ortsunabhängige Berufe für Technik, Zahlen und Organisationstalente" findest du 37 Berufe, die es dir erlauben auf einem Gebiet, das du liebst, ortsunabhängig zu arbeiten und Geld zu verdienen. Damit du eine bessere Vorstellung davon bekommst, was dich im jeweiligen Beruf erwartet, werden mögliche Aufgabenbereiche, benötigte Fähigkeiten und - falls erforderlich - die notwendige Ausbildung genannt. Da diese Informationen naturgemäß recht theoretisch sind, tauchen wir im nächsten Schritt in das Leben einer Person ein, die im jeweiligen Beruf erfolgreich ortsunabhängig arbeitet. Wir nennen diese Person Rolemodel. Viele der Rolemodels haben uns im Rahmen von Interviews tiefe Einblicke in ihren Arbeits- und Lebensalltag gewährt. Sie offenbaren, wie sie ihre Ortsunabhängigkeit begonnen haben und welche Hürden sie genommen haben. Die Interviews berichten aus dem echten Leben von Praktikern und enthüllen zahlreiche Insights, Tipps und Tricks.

Nachdem du gesehen hast, wie andere deinen Traumberuf leben, inspirieren wir dich im folgenden Abschnitt mit konkreten Ideen zum ortsunabhängigen Geldverdienen. Alles, was du zum Loslegen benötigst, findest du zudem in einem Starter Toolkit. Hier haben wir spezielle Softwarelösungen, Tools und Ressourcen für dich zusammengetragen, die du benötigst, um den ersten Schritt in Richtung Ortsunabhängigkeit zu gehen. Nun musst du nur noch anfangen. Viel Spaß bei der Lektüre und viel Erfolg beim Start in dein ortsunabhängiges Arbeitsleben!

2. ORTSUNABHÄNGIGES ARBEITEN – WAS STECKT DAHINTER?

„Für Wunder muss man beten, für Veränderungen aber arbeiten." – Thomas von Aquin

2.1 ORTSUNABHÄNGIGES ARBEITEN – NUR EIN TREND?

Einem breiten Publikum erschloss sich das Konzept des ortsunabhängigen Arbeitens erst durch das von Timothy Ferriss im Jahr 2007 veröffentlichte Buch „The 4-Hour Workweek". Darin beschreibt Ferriss, wie er seine Arbeitszeit drastisch reduziert und sich sogenannte „Mini Ruhestände" in Form längerer Auslandsreisen gönnt. Er beschreibt sehr anschaulich, wie er tägliche Aufgaben, die ihn unnötig beschäftigen, an indische Dienstleister delegiert und mittels Fokussierung auf die entscheidenden Dinge in seinem Job, Freizeit gewinnt. Zudem automatisiert er die Prozesse seines Unternehmens weitest möglich und kommuniziert mit seinem Team vornehmlich via E-Mail oder gelegentlich per Telefon anstatt in Persona. Er richtet alles darauf aus, dass seine physische Präsenz für den geschäftlichen Erfolg nicht erforderlich ist.[5]

In den vergangenen Jahren wurde das von Ferriss beschriebene Konzept weiterentwickelt und gipfelt derzeit in der Form des digitalen Nomadentums. Diesem Trend widmen sich zahlreiche Blogs, Podcasts und Veranstaltungen. So gibt es mehrere, jährlich stattfindende Konferenzen, wie die DNX (Digital Nomad Expo) oder virtuelle Clubs, wie den Citizen Circle. Digitale Nomaden sind Menschen, die ortsunabhängig, zumeist digital über das Internet arbeiten und währenddessen reisen. Viele von ihnen haben keinen festen Wohnsitz, sondern ziehen mit ihrem Laptop im Gepäck von einem Ort zum nächsten, nicht selten quer über den ganzen Globus.[6]

Das Konzept von Telearbeit an sich reicht in die 1970er Jahre zurück, als sich Jack Nilles, Raketenwissenschaftler bei der US Air Force, mit der

---

5 Vgl. Timothy Ferriss: Die 4-Stunden Woche: Mehr Zeit, mehr Geld, mehr Leben, 2008.
6 Vgl. Definition Digitaler Nomade auf Wikipedia: https://de.wikipedia.org/wiki/Digitaler_Nomade, abgerufen am 23.08.2018.

Thematik beschäftigte.[7] Nilles verbrachte damals viel Zeit in Staus auf dem Weg zu und von der Arbeit und das gab ihm den Anstoß zu der Überlegung, wie er von zuhause aus arbeiten könnte.[8] Als Pionier in Sachen Telearbeit ist Nilles heute der Meinung, dass in der Vergangenheit zwar gute Fortschritte in Sachen Remote-Arbeit erzielt wurden, dass die Arbeitswelt jedoch weit hinter ihren Möglichkeiten zurückbleibe.

„It has always been the case from the very beginning that more people have location independent jobs than managers who will let them do it. So we're always well below the point where everyone who can do [telework] does."[9] – Jack Nilles im Interview mit dem BizTech Magazine.

1997 veröffentlichten Tsugio Makimoto und David Manners ihr Buch „Digital Nomad". Sie skizzierten darin bereits den Lifestyle des „mobile professional", der durch Einsatz moderner Telekommunikationsmöglichkeiten und Dank einer vernetzten Welt ein „nomadic business life" leben kann.[10] Sie sahen in der Verbreitung von kleinen und tragbaren technischen Geräten, die sich jedermann leisten kann, den größten Wandel im menschlichen Lebensstil seit 10.000 Jahren. Sie gingen bereits vor mehr als 20 Jahren davon aus, dass bald eine ganz normale Menschheitsfrage sein würde „Am I a Nomad or a Settler?"[11]

In der damaligen Zeit müssen den Lesern die Aussagen der Autoren wie Teile aus „Star Trek" vorgekommen sein, wenn man bedenkt, dass Faxe und Mobiltelefone so groß wie Ziegelsteine als herausragende Innovationen galten. Doch Makimoto und Manners entwickelten den Gedanken weiter und sahen Menschen unabhängig von Büros oder ihrem Zuhause arbeiten. Sie vertraten schon damals die Ansicht, Menschen könnten alle Geräte, die sie zum Arbeiten benötigen, in einer Tasche mit sich tragen und damit beliebig umherziehen.

„Within the next decade, for the first time for 10.000 years, most people will find that the geographic tie is dissolving. It will happen

---

7 Vgl. Biografie von Jack Nilles auf: https://www.jala.com/jnmbio.php, abgerufen am 18.08.2018.
8 Vgl. Ricky Ribeiro: Fathers of Technology: 10 Men Who Invented and Innovated in Tech, 14.06.2012: https://biztechmagazine.com/article/2012/06/fathers-technology-10-men-who-invented-and-innovated-tech, abgerufen am 18.08.2018.
9 Vgl. ebd.
10 Tsugio Makimoto und David Manners in: Digital Nomad, 1997, S. 27.
11 Ebd., S. 3.

gradually and people will be slow to realise that a revolution is occurring, but by the end of those ten years, most people in the developed world will find themselves free to live where they want and travel as much as they want."[12] – Tsugio Makimoto und David Manners.

Ganz so schnell wie die Autoren es vorhergesagt hatten ist diese Entwicklung dann doch nicht eingetreten. Obwohl bereits seit längerer Zeit die notwendige Technologie für Telearbeit zur Verfügung steht und heutzutage fast jeder problemlos virtuell mit anderen in Kontakt treten und theoretisch mit ihnen über das Netz kollaborieren kann, blieben Unternehmen lange Zeit skeptisch. Sie befürchteten, dass Remote-Arbeit zu einem Mangel an Kontrolle und damit einhergehenden Ineffizienzen und Unproduktivität führe.[13]

Nur langsam hat sich die Unternehmenswelt der Telearbeit geöffnet. Nicht zuletzt deswegen, weil die derzeit auf den Arbeitsmarkt drängende Generation der Millenials einen selbstbestimmteren Arbeitsalltag fordert.[14] Eine *Gallup* Studie für den amerikanischen Markt fand 2017 heraus, dass die Anzahl derjenigen, die remote arbeiten, von 39 Prozent im Jahr 2012 um vier Prozentpunkte auf 43 Prozent im Jahr 2016 angestiegen ist.[15] Die Studie stellt die Bedeutung von flexiblen Arbeitsmodellen, sowohl in Bezug auf die Arbeitszeit als auch in Bezug auf den Arbeitsort heraus. So können sich beispielsweise 37 Prozent der Befragten vorstellen, ihren Job zu wechseln, sollten sie eine Alternative angeboten bekommen, bei der sie nicht permanent im Büro sein müssten.[16] Fast jeder zweite Millenial (47 Prozent) möchte sich aussuchen, wann und wo er arbeitet, verglichen mit 31 Prozent der Arbeitnehmer aus der Generation X und den Baby Boomern.[17]

Einige Länder begegnen dem Wunsch nach mehr Flexibilität im Arbeitsleben offensiv und führen Gesetze für Telearbeit ein. Ganz vorne mit dabei sind die Niederlande, in denen es seit dem Jahr 2015 ein gesetzlich verankertes

---

12 Ebd., S. 2 f.
13 Vgl. Juliane Petrich und Bastian Pauly in: Jedes dritte Unternehmen bietet Arbeit im Homeoffice an, vom 02.02.2017 unter: https://www.bitkom.org/Presse/Presseinformation/Jedes-dritte-Untershynehmen-bietet-Arbeit-im-Homeshyoffice-an.html, abgerufen am 20.08.2018.
14 Vgl. Eugen Epp in: Generation Y und Arbeit: Geld und Karriere? Wir wollen Zeit!, vom 02.08.2017 unter: https://www.stern.de/neon/generation-y--wir-wollen-nicht-geld-und-karriere--wir-wollen-zeit--7562658.html, abgerufen am 20.08.2018.
15 Vgl. Gallup Studie: State of the American Workplace, aus dem Jahr 2017 unter: https://news.gallup.com/reports/199961/7.aspx, S. 150, abgerufen am 19.08.2018.
16 Vgl. ebd., S. 27.
17 Vgl. ebd., S. 48.

Recht auf Telearbeit gibt. Seit dem 1. Januar 2016 darf in den Niederlanden jeder, wann immer er möchte, von zu Hause aus arbeiten. Es bedarf zwar der vorherigen Abstimmung mit dem Arbeitgeber, jedoch ist es nicht so, dass ein Arbeitnehmer den Arbeitgeber um Erlaubnis fragen muss. Vielmehr verfügt der Arbeitgeber lediglich über ein Vetorecht, das er nutzen kann, wenn die Nichtanwesenheit eines Angestellten einen negativen Effekt auf das Geschäft hat. Gemeint sind damit schwere Sicherheitsrisiken, unlösbare Probleme in der Dienstplanung oder untragbare finanzielle Schäden. In diesen Fällen kann der Arbeitgeber dem Angestellten die Heimarbeit verwehren. Allerdings muss er die genannten Auswirkungen glaubhaft nachweisen. Vermeintliche Ängste der Arbeitgeber, dass Remote-Arbeit zu Ineffizienz und Prokrastination führe, haben sich in den Niederlanden nicht bestätigt. Ganz im Gegenteil. Man fand heraus, dass Telearbeiter mindestens genauso produktiv wie ihre büro-ansässigen Kollegen sind, in vielen Fällen sogar produktiver.[18]

Anfang Mai 2018 forderte auch eine deutsche Institution, nämlich der Deutsche Gewerkschaftsbund (DGB), ein Recht auf Arbeit von zuhause für Angestellte. Der DGB begründet seine Forderung damit, dass die Arbeitswelt immer flexibler und digitaler werde und sich viele Arbeiten problemlos außerhalb des Büros erledigen ließen.[19]

Zusammenfassend lässt sich sagen, dass Telearbeit weltweit auf dem Vormarsch und nicht bloß eine kurzfristige Trenderscheinung ist. Dies gilt sowohl für Selbständige als auch für Unternehmen und Beschäftigte. Laut eines Artikels der *Wirtschaftswoche* wünschen sich mehr als ein Drittel der Arbeitnehmer die Möglichkeit vom Home-Office aus zu arbeiten. Der Artikel verweist z. B. darauf, dass Japan mit Blick auf die Olympischen Spiele 2020 zunehmend Telearbeit einführt, um das Verkehrssystem zu entlasten. In den skandinavischen Ländern, in Luxemburg und der Schweiz arbeitet aktuell schon jeder Fünfte von zuhause aus. Deutschland liegt im Vergleich noch immer im Rückstand, jedoch mit positiver Tendenz. Im Mai 2017 arbeiteten neun Prozent der Beschäftigten remote.[20]

---

18 Vgl. Benjamin Dürr: Neues Gesetz in den Niederlanden: Ich will Heimarbeit - du darfst, auf Spiegel Online am 14.04.2015: http://www.spiegel.de/karriere/home-office-niederlande-garantieren-heimarbeit-per-gesetz-a-1028521.html, abgerufen am 29.03.2018.
19 Vgl. Tina Groll: DGB fordert Recht auf Arbeit von zu Hause, auf Zeit Online am 30.04.2018: https://www.zeit.de/wirtschaft/2018-04/homeoffice-arbeitnehmer-recht-dgb-annelie-buntenbach, abgerufen am 17.08.2018.
20 Vgl. Louisa Lagé: Telearbeit - Das Home-Office macht nicht nur produktiv, auf Wirtschafts Woche Online am 16.05.2017, unter: https://www.wiwo.de/erfolg/telearbeit-das-home-office-macht-nicht-nur-produktiv/19808462.html, abgerufen am 20.08.2018.

2.2 WELCHE VORTEILE BIETET DIESE FORM DER ARBEIT?

Ortsunabhängiges Arbeiten birgt viele Vorteile – sowohl für dich als Individuum als auch für die Unternehmenswelt. In diesem Abschnitt erfährst du, welche. Fangen wir mit den Vorteilen an, die dir zugutekommen, wenn du als Person ortsunabhängig arbeitest.

DEINE VORTEILE

1. Du kannst arbeiten und leben, wo du dich wohlfühlst
Das kann daheim bei deiner Familie, auf Reisen unterwegs oder im Rahmen verlängerter Aufenthalte an anderen Orten oder in anderen Ländern dieser Welt sein.

Ein Beispiel: Manche Menschen lieben den Winter und laufen gerne Ski, andere bevorzugen einen endlosen Sommer und möchten lieber der Sonne hinterherreisen.

Genau hier setzt der Vorteil ein, wenn du ortsunabhängig bist. Du kannst deinen Aufenthalts- und Arbeitsort frei wählen. Bist du ein Winter-Fan, kannst du in die Berge zum Skilaufen fahren. Liebst du die Sonne, kannst du den Winter überspringen und ihn in einem warmen Land wie Australien, Südafrika, Brasilien oder Thailand verbringen. Gefällt es dir in deiner Heimat gut, du wünschst dir jedoch mehr Zeit mit deiner Familie, bietet sich Home-Office ebenfalls an.

2. Du hast geringere Kosten
Indem du deinen Arbeits- und Aufenthaltsort bei ortsunabhängiger Arbeit selbst bestimmst, kannst du entscheiden, wie viel Geld du für deine Miete und deinen Lebensunterhalt im Monat ausgibst. Viele Menschen wohnen z. B. in der Stadt, weil hier die Büros der Firmen sind, für die sie arbeiten. Mieten in Städten sind jedoch in der Regel höher als auf dem Land. Indem du entscheidest, auf dem Land statt in der Stadt zu wohnen, stehen die Chancen gut, dass du bei der Miete Geld sparst.

Ein weiterer Punkt, bei dem sich leicht Kosten reduzieren lassen, ist das Essen. Weil im Büro nur selten die Möglichkeit besteht zu kochen, greift man häufig auf auswärtiges Essen (z. B. Café, Restaurant, Take-Away, etc.) oder die Kantine zurück, wenn der Hunger kommt. Das geht auf Dauer ins Geld, denn fertiges Essen ist in der Regel teurer, als wenn man selbst etwas zubereitet. Abgesehen davon ist letztere Variante zudem oftmals gesünder.

Entscheidest du dich dafür, deinen Arbeits- und Aufenthaltsort in ein anderes Land zu verlagern, profitierst du unter Umständen von sogenannter Geo-Arbitrage. Geo-Arbitrage bedeutet, Geld in einer „harten" Währung wie beispielsweise Euro oder US-Dollar zu erwirtschaften und es in Ländern mit einer schwächeren Währung auszugeben. Die Miete für ein Zimmer kostet dann z. B. nicht mehr 1.000 Euro pro Monat, sondern nur noch 300 Euro, wenn du die lokale Währung in deine Währung umrechnest. Eine Person kann in Thailand (in der Stadt Chiang Mai) z. B. schon für knapp 1.000 US-Dollar im Monat ein gutes Leben führen. Diese Kosten basieren auf einer Kurzfrist-Unterkunft (bis zu 3 Monate) in einem Hotel mit privatem Zimmer in der Stadtmitte und drei auswärtigen Mahlzeiten am Tag.[21]

Möchtest du wissen, wie sich die Situation in anderen Ländern und Städten verhält, schau auf der Website Nomadlist.com nach. Hier findest du Informationen zu Kosten, (Arbeits-)Infrastruktur, Unterkünften und vieles mehr, was du wissen solltest, wenn du deinen Arbeitsort in ein anderes Land bzw. eine andere Stadt verlegst.

3. Du bist flexibler in deiner Tagesgestaltung

Ortsunabhängig zu arbeiten bedeutet nicht unbedingt auch zeitunabhängig zu arbeiten. Jedoch bedingt sich beides oftmals. Allein der Umstand, ortsunabhängig zu arbeiten, verschafft dir bereits mehr Flexibilität und Freiheit. Arbeitest du z. B. aus dem Home-Office heraus, musst du private Termine nicht zwangsläufig auf Uhrzeiten vor oder nach der Arbeit legen, sondern kannst sie oft auch während deiner Arbeitszeit wahrnehmen. Das gilt insbesondere dann, wenn du selbständig bist.

Auch als Angestellter kannst du verschiedene Arten privater Termine in deinen Arbeitsalltag einbauen. Denk z. B. an Handwerker, die vorbeikommen, um ein defektes Gerät bei dir zuhause auszubessern oder an Paketlieferungen, die für einen bestimmten Zeitpunkt terminiert sind. Termine wie diese kannst du ohne Probleme während deiner Arbeit wahrnehmen, weil sie nicht viel Zeit kosten, aber deine Präsenz vor Ort erfordern. Außerdem kannst du auch viel leichter deine Familie organisieren und bspw. deine Kinder zur Schule bringen und abholen.

---

[21] Vgl. Sebastian Kühn: Was Geo-Arbitrage ist und wie du es für dich nutzen kannst, auf Wirelesslife.de am 23.12.2016: https://wirelesslife.de/geo-arbitrage, abgerufen am 28.04.2018.

4. Du bist produktiver

Verschiedene Untersuchungen belegen, dass die Arbeitsweise Auswirkungen auf die Produktivität hat. Das Management Magazin *Harvard Business Review* hat bspw. eine Studie mit Call Center Mitarbeitern eines Internet-Reiseportals in China durchgeführt. Ausgewählte Mitarbeiter des Call Centers haben neun Monate lang aus dem Home-Office gearbeitet. Zur Validierung der Studienergebnisse hat die gleiche Anzahl Mitarbeiter weiterhin aus dem Büro des Call Centers gearbeitet. Ergebnis der Studie ist, dass die Mitarbeiter im Home-Office 13,5 Prozent mehr Anrufe entgegennahmen als die büro-basierte Kontrollgruppe. Das entspricht in etwa einem vollen Arbeitstag mehr pro Woche.[22]

Eine Studie des Markt- und Meinungsforschungsinstituts *Gallup* hatte zum Ergebnis, dass Remote-Arbeiter ein höheres Engagement als ihre office-basierten Kollegen zeigen. Arbeiteten Mitarbeiter drei bis vier Tage in der Woche von zuhause aus, stieg das Engagement, das sie für ihre Arbeit zeigten, um 33 Prozent im Vergleich zur Kontrollgruppe, an.[23] Wichtig zu erwähnen in diesem Kontext ist, dass das Engagement von Mitarbeitern eng mit ihrer Produktivität verknüpft ist. Steigt das Engagement für die eigene Arbeit, so steigt auch das Produktivitätslevel und umgekehrt.

5. Du bist seltener krank

Remote Worker sind erwiesenermaßen seltener krank als Büroarbeiter. Das hat verschiedene Gründe: einer davon findet sich im Verhalten von Büroarbeitern im Krankheitsfall wieder. Viele Büroarbeiter gehen trotz Krankheit ins Büro. Nicht selten aus sozialem Zwang („Was soll nur der Chef denken, wenn ich (schon wieder) krank bin?") oder schlechtem Gewissen („Ohne mich müssen meine Kollegen Überstunden machen!"). Der Gang ins Büro scheint jedoch nur vordergründig das Richtige zu sein, denn er erhöht die Ansteckungsgefahr. Ein Nieser und die Keime werden im ganzen Büro verteilt und stecken weitere Kollegen an. Als Remote-Arbeiter passiert dir das nicht. Du kannst dir dein Arbeitsumfeld aussuchen und dafür Sorge tragen, dich ausschließlich mit gesunden Menschen zu umgeben.[24]

---

22 Vgl. Nicholas Bloom: To Raise Productivity, Let More Employees Work from Home, in Havard Business Review (Januar-Februar Ausgabe 2014): https://stayinthegame.net/wp-content/uploads/2018/04/HBR-To-Raise-Productivity-Let-More-Employees-Work-from-Home.pdf, abgerufen am 16.08.2018.
23 Vgl. Gallup-Studie: State of the American Workplace - Employee Engagement Insights For U.S. Business Leaders: http://www.gallup.com/file/services/176708/State_of_the_American_Workplace_20Report_202013.pdf, abgerufen am 16.08.2018.
24 Vgl. Artikel: Is Remote Working Healthier? auf der Seite Remote: https://remote.com/learn/is-remote-working-healthier, abgerufen am 16.08.2018.

Als jemand, der ortsunabhängig arbeitet, bist du zudem weniger Stressfaktoren ausgesetzt als es Büroarbeiter im Normalfall sind. Ein Beispiel dafür ist der Anfahrtsweg zur Arbeit. Als Remote Worker im Home-Office entfällt dieser. Möchtest du mal nicht von zuhause aus arbeiten, suchst du dir einfach einen anderen Ort in deiner Nähe. Befindet sich dein Arbeitsplatz hingegen an einem festen Ort, kommst du um das Pendeln nicht herum. Je nachdem, wie weit dein Büro entfernt liegt, kann es sein, dass du mehrere Stunden am Tag für Hin- und Rückfahrt einplanen musst. Studien weisen nach, dass Pendeln die Gesundheit beeinträchtigt. Probanden berichten von Nacken- und Rückenproblemen, hohen Cholesterinwerten und Fettleibigkeit.[25] Weitere Stressfaktoren sind wenig Schlaf, mangelnde Bewegung und schlechte Ernährung. Auch diesbezüglich liegen Remote Worker gegenüber Büroarbeitern vorne. Eine Umfrage des *Inititiative Committee of Sponsoring Organizations of the Treadway Commission (CoSo)* unter Mitarbeitern verschiedener Unternehmen zeigt, dass Remote Worker 45 Prozent mehr Schlaf und 35 Prozent mehr Bewegung als ihre büro-basierten Kollegen bekommen, 42 Prozent ernähren sich zudem gesünder.[26]

6. Du trägst aktiv zum Umweltschutz bei
Der Klimawandel ist da und er ist unverkennbar. Höchste Zeit, selbst aktiv zu werden, und sei es nur durch das Verringern deines ökologischen Fußabdrucks. Wie bereits zuvor angesprochen, pendeln jeden Tag Milliarden von Menschen überall auf der Welt zur Arbeit ins Büro. Viele von ihnen mit dem (eigenen) Auto, andere mit öffentlichen Verkehrsmitteln und einige wenige zu Fuß oder mit dem Rad. In der Spitze ergeben sich für manche Pendler Pendelzeiten von mehreren Stunden täglich, was ökologisch gesehen gravierende Folgen nach sich zieht.

Laut dem Bayerischen Rundfunk pendeln allein in die bayrische Landeshauptstadt München jeden Tag ca. 400.000 Autos zur Arbeit. Jedes Auto legt dabei durchschnittlich 34 Kilometer pro Strecke zurück. Multipliziert man diese Zahlen miteinander, ergeben sich daraus mehrere Millionen gefahrene Kilometer, die durch Remote-Arbeit eingespart werden könnten

---

25 Vgl. Steve Crabtree: Well-Being Lower Among Workers With Long Commutes - Back pain, fatigue, worry all increase with time spent commuting, am 30.08.2010 auf Gallup.com: https://news.gallup.com/poll/142142/wellbeing-lower-among-workers-long-commutes.aspx, abgerufen am 16.08.2018.
26 Vgl. Umfrage "CoSo Cloud survey" von Committee of Sponsoring Organizations of the Treadway Commission (CoSo): https://www.cosocloud.com/press-release/connectsolutions-survey-shows-working-remotely-benefits-employers-and-employees, abgerufen am 16.08.2018.

und somit zur Reduktion von CO2, Feinstaub und Stickoxiden beitragen würden.[27]

Auch in den USA gibt es verschiedene Studien zum Thema. So fand die US-amerikanische Non-Profit Organisation *Telework Coalition* heraus, dass 74 Millionen Gallonen Benzin (umgerechnet ca. 280 Millionen Liter) eingespart werden könnten, wenn 32 Millionen Amerikaner von zuhause aus arbeiten würden. Dies entspricht einer Menge, die es erlauben würde, 51.000 Mal den Globus zu umkreisen. Eine weitere Studie kommt von der US-basierten *Consumer Electronics Association*, die aufzeigt, dass eine Umstellung auf Remote Work den Energieverbrauch der USA um 9 bis 14 Milliarden Kilowattstunden pro Jahr senken könnte.[28] Gute Gründe, um noch heute deinen Teil beizutragen.

VORTEILE FÜR UNTERNEHMEN

1. Geringere Infrastrukturkosten

Wenn ein Unternehmen einen Mitarbeiter einstellt, benötigt der einen Arbeitsplatz mit Schreibtisch, Stuhl und Büromaterial. Diese Dinge bereitzustellen, kostet Geld. Außerdem fallen noch ganz allgemein Kosten für die Büromiete, die Mietnebenkosten, Parkplätze etc. sowie für das Beheizen, Kühlen und Reinigen der Büros an. Das alles zusammen sind sogenannte Infrastrukturkosten. Diese fallen 365 Tage im Jahr an, also auch, wenn du nicht im Büro bist. Arbeitest du als Mitarbeiter remote, spart dein Arbeitgeber dementsprechend sehr viel Geld ein.

2. Geringere Mitarbeiterfluktuation und bessere Einstellungsmöglichkeiten

Die Kosten für Mitarbeiterfluktuation sind weitaus höher als man zunächst annehmen mag. Die Suche nach passendem Ersatz ist für Unternehmen äußerst kostspielig und nicht selten mit Kosten in Höhe kompletter Jahresgehälter verbunden. Darin enthalten ist die Recherche nach potenziellen Jobkandidaten, der Rekrutierungs- und Einstellungsprozess sowie die

---

27 Vgl. Tobias Chmura: Schadstoffe vermeiden - Homeoffice statt Pendeln, in Bayerischer Rundfunk am 26.02.2018: https://www.br.de/nachrichten/schadstoffe-vermeiden-homeoffice-statt-pendeln-100.html, abgerufen am 23.03.2018.
28 Vgl. Melanie Pinola: Save the Environment by Working from Home, auf Lifewire.com am 25.05.2018: https://www.lifewire.com/how-telecommuting-is-good-for-the-environment-2378101, abgerufen am 16.08.2018.

Einarbeitung in den Job.[29] Aufgrund der hohen Kosten ist Unternehmen sehr daran gelegen, Mitarbeiter möglichst lange zu halten.

Forschungsergebnisse zeigen, dass Remote-Arbeit der Mitarbeiterfluktuation entgegenwirkt. So fand die bereits oben zitierte Studie des *Harvard Business Review Magazines* mit chinesischen Call Center Mitarbeitern heraus, dass die home-office-basierten Mitarbeiter eine wesentlich höhere Jobzufriedenheit aufwiesen und während der neunmonatigen Studienzeit nur halb so viele von ihnen kündigten als bei der büro-basierten Kontrollgruppe.

Weiterhin gehen Wissenschaftler davon aus, dass Remote-Arbeit den Rekrutierungsprozess für Unternehmen erleichtert und damit die Einstellungsmöglichkeiten neuer Talente verbessert. Die Aussage stützt sich auf eine 2018 durchgeführte Studie der Universität Akron, die nachweist, dass 41 Prozent der befragten Uni-Absolventen, lieber digital über das Internet kommuniziert als klassisch vor Ort in Persona oder über das Telefon.[30]

3. Geringere Personalkosten

Personalkosten gehören zu den größten Kostenblöcken in Unternehmen. Bei kleinen Unternehmen und Start-ups machen sie nicht selten rund 30 Prozent des Umsatzes aus.[31] Unternehmen ist daher sehr daran gelegen, die Personalkosten so gering wie möglich zu halten. Remote Work ist insofern eine günstigere Alternative zu einem konventionellen Arbeitsmodell, da Arbeitnehmer bereit sind, bis zu 8 Prozent weniger zu verdienen, da sie Kosten, die durchs Pendeln anfallen, einsparen.[32] Zudem können sie sich aussuchen, wo sie leben und wohnen möchten, wodurch sie ihre Fixkosten möglicherweise reduzieren können (z. B. bei Aufenthalt in ländlichen Gebieten oder in Ländern mit grundsätzlich niedrigeren Lebenshaltungskosten).

---

29 Vgl. Heather Boushey unnd Sarah Jane Glynn: There Are Significant Business Costs to Replacing Employees, Center for American Progress am 16.11.2012: https://www.americanprogress.org/wp-content/uploads/2012/11/CostofTurnover.pdf, abgerufen am 16.08.2018.
30 Vgl. Mandy Kaur, Kaleb Oney, Joseph Chadbourne, Kayli Bookman und Benjamin Beckman: An Analysis of the Factors which Effectively Attract College Graduates, The University of Akron, Frühjahr 2018: http://ideaexchange.uakron.edu/cgi/viewcontent.cgi?article=1581&context=honors_research_projects, abgerufen am 16.08.2018.
31 Vgl. Amber Keefer: What Percentage of Expenses Should Payroll Be?, auf Chron.com: https://smallbusiness.chron.com/percentage-expenses-should-payroll-be-30772.html, abgerufen am 16.08.2018.
32 Vgl. Alexander Mas und Amanda Pallais: Valuing Alternative Work Arrangements, in American Economic Review 2017, 107(12): https://pubs.aeaweb.org/doi/pdfplus/10.1257/aer.20161500, abgerufen am 16.08.2018.

4. Produktivität, Effizienzsteigerung, Umweltschutz
Viele der Vorteile für dich als Person sind gleichzeitig auch ein Vorteil für dein Unternehmen: Eine höhere Mitarbeiterproduktivität führt zu Effizienzsteigerung und Kostenersparnis im Unternehmen, da in kürzerer Zeit mehr Output erreicht wird. Eine geringere Krankheitsrate sorgt für mehr Ergebnisse und kostet ein Unternehmen keine unnötigen Krankheitstage.

Der dritte Punkt „Umweltschutz" trägt eine ethische Komponente in sich. Umweltschutz appelliert an das „grüne Gewissen" eines Unternehmens. In Zeiten des Klimawandels ist es aus Unternehmenssicht schick und mancherorts sogar gesetzlich vorgeschrieben, etwas für die Umwelt zu tun und sich ökologisch fortschrittlich zu verhalten.

Du siehst, eigentlich handelt es sich bei Remote Work um eine Win-Win-Situation und dein Arbeitgeber sollte sich überlegen, ob er daran nicht teilhaben will.

2.3 WELCHE FÄHIGKEITEN BENÖTIGST DU, UM ORTSUNABHÄNGIG ZU ARBEITEN?

Ortsunabhängig zu arbeiten ist ein Traum für Viele. Wenn morgens der Wecker klingelt (wenn er denn überhaupt klingelt), erstmal entspannt aufstehen und dann mit einer Tasse Kaffee gemütlich zum Schreibtisch schlurfen. Keine Hetze, kein Berufsverkehr und keine mies gelaunten Kollegen. Dafür: selbstbestimmtes, effizientes und produktives Arbeiten. Klingt gut, oder?

Was sich so paradiesisch anhört, bringt in der Realität jedoch einige Herausforderungen mit sich. Irgendwann fehlen die Kollegen für den kurzen Smalltalk zwischendurch oder man schafft es nicht mehr aus dem Schlafanzug heraus, weil es keine Notwendigkeit gibt, sich anzuziehen.

Um langfristig erfolgreich remote arbeiten zu können, braucht es bestimmte Fähigkeiten. Eigenschaften, die dich als Remote-Arbeiter qualifizieren. Wie diese im Detail aussehen, erfährst du in diesem Kapitel.

1. Rausgehen und Leute kennenlernen
Wenn du remote arbeitest, genießt du den Luxus, deinen Arbeitsort selbst auswählen zu können. Viele entscheiden sich fürs Home-Office. Das ist

bequem und bietet neben vielen anderen Dingen den Vorteil, dass man das Haus nicht verlassen muss. Hast du Hunger, kochst du dir etwas oder bestellst was beim Lieferdienst. Abends dann ein bisschen lesen oder einen Film auf dem heimischen TV schauen. Wie schön!

Diese zunächst großartig klingende Lebensweise ist auf Dauer nicht ganz so großartig, denn sie birgt das Risiko von Vereinsamung. Menschen sind soziale Wesen und benötigen regelmäßig Interaktion mit anderen Menschen, damit es ihnen gut geht. Wenn du allerdings das Haus nicht verlässt, kommst du nur unter bestimmten Umständen mit anderen Menschen in Kontakt.

Das gilt selbst für Menschen mit Familie. Denn irgendwann kommt der Zeitpunkt, an dem man einen Lagerkoller bekommt und sich nach weiteren sozialen Kontakten sehnt, so gut das Verhältnis zur eigenen Familie oder dem Partner auch sein mag. Um Einsamkeit und sozialer Isolation vorzubeugen, haben wir im Folgenden ein paar Tipps für dich zusammengestellt.

TIPP 1: Verabrede dich regelmäßig mit anderen Menschen zum Mittagessen. Du machst während deiner Arbeit irgendwann sicherlich eine Mittagspause. Solltest du jedenfalls. Wie wäre es, wenn du deine Mittagspause nicht allein, sondern mit einem Freund, Bekannten oder Kollegen verbringst? Essen musst du ohnehin. Warum nicht Essen mit ein wenig sozialer Interaktion verbinden?

TIPP 2: Plane eine soziale Aktivität für die Zeit nach der Arbeit. Du könntest dich z. B. einer Sportgruppe anschließen, einem Lauftreff etc. Auf diesem Wege kommst du leicht mit anderen in Kontakt und tust nebenbei deiner Gesundheit etwas Gutes.
Bist du kein Lauf-Fan, gibt es jede Menge andere Sporttreffs, aus denen du auswählen kannst. Schau dafür am besten mal in den Veranstaltungsrubriken verschiedener Social-Media-Kanäle nach, z. B. auf Facebook Veranstaltungen. Natürlich kannst du dich auch so mit einem Freund oder Bekannten für eine Runde Sport nach der Arbeit verabreden oder dir eine anderweitige soziale Aktivität, wie ein gemeinsames Abendessen vornehmen.

TIPP 3: Geh zum Arbeiten an einen Ort, an dem du andere Remote-Arbeiter triffst. Dies kann ein Coworking Space oder ein Café sein. Während das Internet in Coworking Spaces in der Regel gut ist, gilt das für Cafés nicht immer. Um hier vor Frustration bewahrt zu sein, recherchiere zuvor nach Cafés mit guter Internetverbindung. Für viele Städte gibt es dezidierte Blogposts, die sich mit dem Thema befassen und dir wertvolle Tipps in Bezug auf die Caféwahl geben. Während wir diese Zeilen schreiben, sitzen wir z. B. in einem Coworking Space in Kapstadt, Südafrika.

TIPP 4: Vernetze dich virtuell mit anderen Menschen, um dich mit ihnen austauschen und ggf. gegenseitig unterstützen zu können. Zugegebenermaßen ist virtuelle Vernetzung nicht das Gleiche wie eine Vernetzung in Persona, jedoch ist erstere definitiv ein Schritt in die richtige Richtung und tut dir aus sozialer Sicht gut. Für manche Menschen mag virtuelle Vernetzung gar die präferierte Wahl sozialer Interaktion sein. Um dich virtuell zu vernetzen, hast du zahlreiche Möglichkeiten. Besonders gut eignen sich unserer Ansicht nach spezialisierte Facebook-Gruppen. Schau einfach mal nach Gruppen zu Schlagwörtern wie „Remote Work", „Home-Office", „Telearbeit", „Telecommute", „Digital Nomad", „DNX", etc.

2. Eigenmotivation

Eigenmotivation spielt bei Remote-Arbeit eine zentrale Rolle. Dadurch, dass du für Kollegen, Chefs (sofern du einen hast) und Kunden nicht im direkten Zugriff bist, liegt es an dir, ob und wann du morgens aus dem Bett kommst, um es überspitzt zu formulieren. Du musst dich selbst tagein tagaus für deinen Job motivieren können, denn nur wenn du das schaffst, wirst du letztlich produktiv sein und deine Arbeit als erfüllt ansehen. Fehlt dir hingegen das notwendige Maß an Motivation, läufst du Gefahr zu faulenzen oder Dinge aufzuschieben (im Fachjargon auch „prokrastinieren" genannt). Fensterputzen oder den Speicher entrümpeln werden hier schnell zu „unaufschiebbaren" Tätigkeiten. Damit du nicht in Versuchung kommst, hier ein paar Tipps für den täglichen Motivations-Boost.

TIPP 1: Stell sicher, dass du einem Job nachgehst, der dir Spaß macht. Hast du einen Job, der dir keinen Spaß macht, wirst du es nur unter widrigen Umständen schaffen, die nötige Eigenmotivation an den Tag zu legen, um ihn remote ausüben zu können. Dinge, die wir gern tun und für die wir uns begeistern, fallen uns in der Regel leicht, denn wir haben ein natürliches Interesse an ihnen. Die Motivation kommt bei diesen Dingen von ganz allein und muss nicht forciert oder künstlich beigebracht werden. Um langfristig motiviert zu bleiben, ist daher fundamental wichtig, einen Job zu haben, der dich interessiert und der dir gefällt.

TIPP 2: Belohne dich für geleistete Arbeit, z. B. wenn du gewisse Aufgaben abgeschlossen oder Ziele erreicht hast. Schreibe am Morgen auf, was du im Laufe eines Tages alles erledigen möchtest. Wichtig ist, dass du realistisch planst: Setz dir erreichbare Ziele und schätze die Zeit zur Erreichung der Ziele realistisch ein. Arbeite lieber mit einem Puffer von 50 Prozent als zu ambitioniert ans Werk zu gehen. So verhinderst du Frustrationen.

Wir Menschen neigen dazu, uns zu überschätzen und uns auf kurze Sicht zu viel vorzunehmen. Wir verkennen, dass ein Tag nur 24 Stunden hat und die meisten von uns nicht länger als 8 oder 9 Stunden pro Tag arbeiten können. Behalte dies im Hinterkopf und berücksichtige es bei deiner Planung. Wenn du festgelegt hast, was du erledigen möchtest, kannst du dir überlegen, in welcher Form du dich für das Erreichte belohnen möchtest. Was bereitet dir Freude? Abends eine Runde laufen? Mit Freunden ein leckeres Abendessen genießen? Oder ins Kino gehen? Was immer es ist, nimm es wahr, wenn du deine Aufgaben erledigt hast. Zusätzlich kannst du kleine „Mini-Belohnungen" in deinen Arbeitsalltag einbauen und dich dadurch kurzfristig motivieren. Wie wäre es z. B. mit einer kurzen Pause, einem frisch aufgebrühten Kaffee, einem leckeren Stück Obst oder einem (virtuellen) Schwatz mit einem Coworker, wenn du erfolgreich eine Aufgabe abgeschlossen hast?[33]

TIPP 3: Gliedere deine tägliche Arbeit in zeitliche Pakete. Schnüre deine Aufgaben für den Tag z. B. so, dass sich mehrere 90-Minuten-Arbeitspakete ergeben. Nach jedem Arbeitspaket legst du eine fünfzehnminütige Pause ein. Indem du so vorgehst, stellst du sicher, dass du dich nicht zu lange mit einzelnen Aufgaben aufhältst und nicht den Überblick verlierst. Alle Aufgaben haben eine konkrete Deadline, die es einzuhalten gilt. Erledigst du die Pakete innerhalb der vorgegebenen Frist, generierst du so über den Arbeitstag verteilt kleine Erfolgsmomente für dich.[34]

3. Disziplin und Selbstverantwortung

Im Büroalltag hat man einen festen Arbeitsrhythmus und -rahmen, innerhalb dessen man sich bewegt. Man hat geregelte Anfangs- und Feierabendzeiten, man hat Termine mit Kollegen und Mitarbeitern, die man wahrnimmt und der Chef guckt einem zwischendurch auf die Finger. In diesem Rahmen fällt ein Mangel an Disziplin schnell auf, was dazu führt, dass es hier tendenziell leichter fällt, diszipliniert die anfallenden Dinge zu erledigen.

---
[33] Vgl. Bettina Levecke: Sieben Tricks für mehr Elan bei der Arbeit, auf Welt.de am 18.05.2015: https://www.welt.de/gesundheit/psychologie/article141062193/Sieben-Tricks-fuer-mehr-Elan-bei-der-Arbeit.html, abgerufen am 06.04.2018.
[34] Vgl. ebd.

Bei Remote-Arbeit hast du weniger geregelte Arbeitszeiten und Kontrollmechanismen sind durch deine physische Abwesenheit nur begrenzt möglich. Du stehst weniger stark im Fokus und verfällst schnell dem Glauben, dass du für deine Arbeit ein „unendliches" Zeitkontingent zur Verfügung hast. Warum also die Eile? Warum diszipliniertes Abarbeiten von Aufgaben? Ganz einfach: Weil du sonst dein Tagessoll nicht erfüllst oder alternativ kein Ende bei der Arbeit findest.

Während erstgenanntes einen Mangel an Output und Produktivität nach sich zieht, führt das andere auf Dauer zu Unzufriedenheit, Erschöpfung und Burn-Out. Beides gilt es zu vermeiden, willst du ein erfülltes Leben führen.

Hier ein paar Tipps, die dir helfen, dein Tagessoll zu erfüllen und Überstunden zu vermeiden.

TIPP 1: Wende das Parkinsonsche Gesetz auf deine Arbeit an. Das Parkinsonsche Gesetz hat nichts mit der Nervenzellenkrankheit, dem Parkinson-Syndrom, gemein. Es führt zurück auf den britischen Soziologen und Historiker Cyril Northcote Parkinson, der in den 1950er Jahren seine Beobachtungen zur Arbeit und zur Verwaltungslehre äußerst zugespitzt formulierte. Seine vermutlich bekannteste Aussage bezieht sich auf die Zeit, die einer Person zur Erledigung einer Aufgabe zur Verfügung steht:

„Work expands so as to fill the time available for its completion."[35]

Demnach verwendet man so viel Zeit für eine Aufgabe, wie einem zur Verfügung steht. Soll heißen: Hast du viel Zeit, brauchst du viel Zeit; hast du wenig Zeit, geht's auch schneller.

Zeitverknappung ist daher ein probates Mittel, um am Ende des Tages nicht ohne Output dazustehen, sondern all die Dinge abgearbeitet zu haben, die für den Tag vorgesehen waren.

Setz dir für die zu erledigenden Aufgaben eines Tages ein klares Zeitbudget und weiche nicht davon ab. Halte es bewusst knapp, so dass dir keine Möglichkeit bleibt, unnötig Zeit zu vergeuden. Hast du Schwierigkeiten, die von dir vorgegebenen Zeiten einzuhalten, weil du dich durch andere Dinge ablenken lässt, kannst du von verschiedenen internetbasierten Diensten Gebrauch machen. Diese üben zusätzlichen Druck von außen

---

[35] Wikipedia: https://de.wikipedia.org/wiki/Parkinsonsche_Gesetze, abgerufen am 04.04.2018.

auf dich aus. Es handelt sich hierbei um Websites, auf denen du dein Vorhaben inklusive anvisiertem Zeithorizont einträgst. Weichst du von deinem Zeitbudget ab oder erfüllst deine Aufgaben nicht, wirst du sanktioniert. Beispiele für derartige Websites sind *Go fucking do it* (gofuckingdoit.com) und *Boss as a service* (bossasaservice.life).

TIPP 2: Folge deinem Biorhythmus und arbeite, sofern möglich, wenn du produktive Phasen hast, um deine Energie sinnvoll einzusetzen und keine Zeit zu vergeuden.[36] Die meisten von uns sind über die Jahre an einen bestimmten Tagesrhythmus gewöhnt worden: Aufstehen, zur Schule/Uni/Arbeit fahren, bis abends lernen oder arbeiten, dann nach Hause fahren, Haushalt, ein bisschen Fernsehen, Sport oder mit Freunden treffen, schlafen. Nur weil dieser Rhythmus sich weitläufig etabliert hat, heißt das nicht, dass er für jeden von uns optimal ist. Ganz im Gegenteil, einige Aspekte sind sogar eher kontraproduktiv. Im normalen Büroalltag wird nach einer einstündigen Mittagspause nahtlos mit der Arbeit weitergemacht. Dabei ist es erwiesen, dass Konzentration und Produktivität nach dem Mittagessen rapide abfallen und viele erst wieder am späten Nachmittag zur vollen Leistungsfähigkeit auflaufen.[37] Die Stunden zwischen 13 Uhr und 16 Uhr sind oftmals „verlorene" Stunden, in denen unser Körper eher mit der Verdauung des Mittagessens beschäftigt ist, als Denkarbeit bewältigen kann. Warum also nicht in diesem Zeitraum einer anderen Form von Beschäftigung nachgehen? Wie wäre es mit einem Mittagsschläfchen oder einem Spaziergang in der Natur? Alternativ könntest du dich in dieser Zeit auch ein paar Arbeiten im Haushalt widmen oder einkaufen gehen, damit du nach getaner Arbeit mehr Freizeit hast. Finde heraus, wann deine produktiven Phasen sind und schneidere dir darauf basierend deinen Arbeitsalltag zurecht. Hilfestellung zum Thema produktive Zeiten entdecken findest du auf der Seite der Universität Duisburg-Essen unter https://www.uni-due.de/edit/selbstmanagement/uebungen/ue3_6.html oder über das Gesundheitsportal *Onmeda* unter https://www.onmeda.de/selbsttests/eule_oder_lerche.html. Musst du als Remote-Arbeiter dieselben Zeiten wie deine Bürokollegen einhalten, kannst du deinem Biorhythmus nicht hundertprozentig folgen. Was du jedoch tun kannst, um deinen Arbeitsalltag zu optimieren und weniger Zeit zu verschwenden, ist, ein paar kleinere private Tätigkeiten

---

36 Vgl. Isabell Prophet: Homeoffice: 8 Tipps für mehr Produktivität, auf t3n am 26.05.2017: https://t3n.de/news/homeoffice-8-tipps-produktivitaet-824442, abgerufen am 07.04.2018.
37 Vgl. Artikel: Von wegen Schlafmangel - Warum Sie in ein Mittagstief fallen und was Sie dagegen tun können, auf Focus Online am 04.08.2017: https://www.focus.de/gesundheit/videos/von-wegen-schlafmangel-warum-sie-in-ein-mittagstief-fallen-und-was-sie-dagegen-tun-koennen_id_7436385.html, abgerufen am 23.08.2018.

während der Arbeit zu erledigen, wenn du z. B. eine Pause brauchst oder gerade ein Produktivitätstief hast. Das kann z. B. Wäschewaschen, Staubsaugen, Einkaufen oder Kochen sein. Indem du Tätigkeiten wie diese in deinen Arbeitsalltag integrierst, verschwendest du nicht nur keine Zeit, du fühlst dich im Nachgang durch die Bewegung, die du erhältst, aller Wahrscheinlichkeit nach revitalisierter und leistungsstärker. Plus, dir steht nach Feierabend mehr Zeit zur Verfügung.

TIPP 3: Vermeide Ablenkung bzw. versuche sie auf ein Minimum zu reduzieren. Grundsätzlich solltest du bei jedweder Arbeit darauf achten, dich so wenig wie möglich ablenken zu lassen, um fokussiert deiner Beschäftigung nachgehen zu können. Das ist in der Regel leichter gesagt als getan. Im Büro warten jede Menge Meetings und Kollegen auf dich, die auf einen kurzen Schwatz vorbeikommen oder Fragen stellen. Aber auch wenn du remote arbeitest, bist du vor Ablenkung nicht gefeit. Gerade im Home-Office kann es vorkommen, dass Familienmitglieder dich während der Arbeit ansprechen und dich ablenken. Um die Anzahl solcher Unterbrechungen so gering wie möglich zu halten, ist klare Kommunikation notwendig. Teile deiner Familie und allen weiteren Personen, mit denen du dich während der Arbeit umgibst, mit, wann du arbeitest und wann du Pausen bzw. Feierabend machst. Im Büro sind diese Sachverhalte meist offensichtlich, bei Telearbeit verlaufen die Grenzen jedoch fließend. Durch klare Kommunikation vermeidest du Missverständnisse und sorgst dafür, dass dich niemand ablenkt oder stört und du so keine Probleme hast, dein Tagespensum zu erfüllen.

Neben Familienmitgliedern und Freunden sind virtuelle (Push-)Benachrichtigungen durch E-Mail-Programme und Social Media ein echter Ablenkungsfaktor. Sie reißen dich aus deiner Arbeit und fordern durch audiovisuelle Signale deine Aufmerksamkeit ein. Dies ist besonders ärgerlich, wenn du gerade in eine Aufgabe vertieft bist, die viel Konzentration verlangt. Meist ist es nicht erforderlich, sofort auf eingehende E-Mails oder Benachrichtigungen zu reagieren. Um dich nicht unnötig ablenken zu lassen, solltest du dir angewöhnen, die Benachrichtigungsfunktion auf dem Smartphone, PC und sonstigen Endgeräten, die du nutzt, zu deaktivieren.[38] Dies gilt sowohl für den Eingang von E-Mails als auch für Social-Media-Benachrichtigungen und anderweitige Apps. Wenn du nicht gerade im Kundenservice arbeitest, wo eine sofortige Antwort oft vorausgesetzt wird, solltest du zur Bearbeitung deiner E-Mails und Benachrichtigungen bestimmte Zeiträume am Tag definieren und alles in einem Schwung erledigen.

---

[38] Barry Kim: Top 27 Productivity Hacks of 2018, auf Inc.com am 30.11.2017: https://www.inc.com/larry-kim/these-24-productivity-tips-will-help-you-start-off-2018-right.html, abgerufen am 07.04.2018.

4. Organisation und Strukturiertheit

Organisation und Strukturiertheit sind wichtig, um am Ende eines Arbeitstages alle Aufgaben erledigt zu haben und pünktlich Feierabend machen zu können und Überstunden in Grenzen zu halten. Das Gegenteil von Organisation und Strukturiertheit ist Unordnung. Anders ausgedrückt: Chaos. Ohne ein bisschen Organisationstalent und Struktur, wirst du es als Remote-Arbeiter schwer haben. Du musst deinen Tag weitestgehend selbst einteilen und planen. Du musst dafür Sorge tragen, dass du weißt, was wann zu tun ist und welche Fristen du einhalten musst. Bist du unterwegs auf Reisen und hast ein wechselndes Arbeitsumfeld, musst du sicherstellen, dass du zu den gewünschten Zeiten online bist (Stichwort Zeitzonen-Unterschiede) und ein ruhiges Plätzchen mit guter Internetverbindung zum Arbeiten findest. All das erfordert Organisation und Strukturiertheit. Während du im Büro „mal eben" informell den Chef (sofern du einen hast) nach der Agenda für den Tag fragen, oder dich schnell vom benachbarten Kollegen auf den aktuellen Stand der Dinge bringen lassen kannst, ist das remote nicht so einfach möglich, denn du bist nicht vor Ort. Um organisiert und strukturiert in deinem Arbeitsalltag handeln zu können, hier ein paar Tipps für dich.

TIPP 1: Mach Gebrauch von Organisationssoftware und führe tägliche To-Do-Listen. Als Organisationssoftware haben sich die Anbieter Wunderlist.com und Trello.com für uns bewährt. Beide Tools bieten die Erstellung und Nachhaltung von Checklisten und To-Do-Listen an. Aufgaben können auf Termin gelegt, bei Erledigung abgehakt und im Anschluss zur besseren Nachvollziehbarkeit archiviert werden. Zudem bieten beide Tools eine Kollaborationsfunktion an, über die du Informationen mit anderen teilen und Aufgaben Dritten zuweisen kannst.

TIPP 2: Erstelle am Vorabend eine Planung für den nächsten Arbeitstag. Welche Aufgaben musst du erledigen? Wem musst du was zuarbeiten? In welcher Reihenfolge möchtest du die anfallenden Tätigkeiten abarbeiten? Wie viel Zeit möchtest du jeweils pro Aufgabe einplanen bzw. wie viel Zeit kannst du maximal einplanen, um dein Tagessoll nicht zu gefährden? Erfasse die Parameter deiner Planung in einer Organisationssoftware. Starte den nächsten Arbeitstag, indem du, vor allen anderen Dingen, deine Planung aufrufst und sie systematisch abarbeitest. Wenn du es am Vortag nicht schaffen solltest, eine Planung für den Folgetag zu erstellen, solltest du dies zur ersten Aufgabe eines Tages machen.

TIPP 3: Baue eine Routine für deinen Arbeitsalltag auf und lebe danach. Setze einen harten Start- und End-Zeitpunkt für deine Arbeit und definiere Pausen, die du über den Tag verteilt in Anspruch nimmst. Versuche, so wenig wie möglich, von den definierten Zeiten abzuweichen, sondern sie ernst zu nehmen. Baue die Routine so auf, dass sie einfach für dich einzuhalten ist und dir und deinem Körper Balance verschafft. Starte den Tag z. B. mit ein bisschen Sport oder einem Spaziergang durch die Natur, bevor du dich hinter den Computer setzt. Arbeite anschließend ein paar Stunden konzentriert und verlasse dann deinen Arbeitsplatz, um zu Mittag zu essen, z. B. zusammen mit Freunden im Café um die Ecke, oder in deinen eigenen vier Wänden, mit deinem Partner bzw. deiner Familie. Tätige im Anschluss ans Mittagessen (während des Mittagstiefs) z. B. Einkäufe und Erledigungen und setze dich am Nachmittag für ein paar weitere Stunden hin, um zu arbeiten. Wenn du abends Feierabend machst, unternimm etwas Schönes. Versuche deine tägliche Routine so aufzubauen, dass sowohl dein Geist, als auch dein Körper und dein Herz davon profitieren und du dich, auch nach einem anstrengenden Arbeitstag, zufrieden und ausgeglichen fühlst. Nur wenn du das schaffst, wird es dir leichtfallen, auf Dauer deine tägliche Routine einzuhalten.

TIPP 4: Erledige dringende Aufgaben zuerst und gib ihnen oberste Priorität. Differenziere zwischen Aufgaben, die dringend taggleich erledigt werden müssen und Aufgaben, die weniger dringlich sind. Hast du alle Aufgaben eines Tages sortiert, beginne den Tag damit, zuerst die dringlichen Aufgaben abzuarbeiten. Das sind deine Must-Dos für den Tag. Dieses Konzept folgt übrigens dem sogenannten Eisenhower-Prinzip.[39]
Wenngleich diese Vorgehensweise auf der Hand zu liegen scheint, neigen viele Menschen bei ihrer Arbeit dazu, mit Aufgaben zu beginnen, die weder dringlich noch wichtig, dafür aber einfach sind. Die meisten Menschen wollen den schnellen Erfolg und der wird durch das Gefühl, eine Aufgabe erledigt zu haben, vermittelt. Wenn du zu Beginn eines Tages mehrere Stunden damit verbringst, Aufgaben zu erledigen, die weder dringlich noch wichtig sind und erst am Nachmittag anfängst, die harten Nüsse zu knacken, wirst du mit hoher Wahrscheinlichkeit länger arbeiten als du wolltest, weil du geistig nicht mehr so frisch bist und mehr Zeit für die Aufgaben brauchen wirst. Gewöhne dir daher an, die dringlichen Aufgaben an den Anfang eines Tages zu legen.

---

39 Vgl. Wikipedia: https://de.wikipedia.org/wiki/Eisenhower-Prinzip, abgerufen am 21.08.2018.

5. Kommunikationsstärke

Die Fähigkeit, aktiv zu kommunizieren, ist bei Remote-Arbeit fundamental. Da du ortsunabhängig arbeitest, siehst du Kollegen, Kunden und den Chef (wenn du einen hast) nicht von Angesicht zu Angesicht. Du kannst nicht sehen, mit was sie beschäftigt sind, woran sie arbeiten und wie die Stimmung ist. Im Gegenzug bist auch du physisch unsichtbar für deine Kollegen. Augen nehmen mehr wahr, als man denkt, und der spontane „Schnack" zwischendurch – sei es mit Kollegen, Kunden oder dem Chef – ist wichtiger, als du annimmst. Situationsbedingt offenbaren sich Informationen, die dir als Remote-Arbeiter aufgrund deiner physischen Abwesenheit nicht zuteilwerden. Dieses Defizit musst du durch aktive Kommunikation wieder ausgleichen. Tritt mit deinen Kollegen, Kunden und deinem Chef regelmäßig aktiv in Kontakt. Frage nach dem aktuellen Stand der Dinge, nach Entwicklungen und der Stimmung im Büro und erzähle ihnen im Gegenzug von deiner Arbeit, so dass sie sich ebenfalls „abgeholt" fühlen. Gerade in Firmen, in denen der Großteil der Mitarbeiter in einem Büro sitzt und nur die Minderheit remote arbeitet, läufst du Gefahr, als Mitarbeiter „vergessen" zu werden. Kommuniziere aktiv und berichte regelmäßig von deiner Arbeit und den Fortschritten, die du erzielst. Versuche, alle Involvierten permanent auf dem Laufenden zu halten. Nachfolgend ein paar Tipps für die Kommunikation:

TIPP 1: Definiere zusammen mit deinem Chef messbare Ziele für deine Arbeit und vereinbare mit ihm, diese zur Beurteilung deiner Leistung heranzuziehen. Ihr könnt Ziele auf Wochen-, Monats-, Quartals- und/oder Jahresebene festsetzen. Deine Performance wird anhand der Zielerreichung gemessen. Erreichst du Ziele innerhalb der vereinbarten Frist, sieht dein Chef, dass du gute Arbeit leistest und kann sich guten Gewissens „zurücklehnen". Ziele sind vor allen Dingen deshalb ein gutes Steuerungsinstrument, weil sie losgelöst von Arbeitszeiten funktionieren. Remote-Arbeit lässt sich nur schwer zeitlich messen. Daher besteht auch die Gefahr von Misstrauen. Indem du über Ziele gesteuert wirst, ist die investierte Arbeitszeit egal, denn im Fokus steht die Erreichung deiner Ziele innerhalb der vorgegebenen Frist.

Bist du als Freiberufler selbständig und hast keinen Chef, sondern nur Kunden, kannst du analog vorgehen. Definiere zusammen mit deinen Kunden Ziele für deine Arbeit, die innerhalb einer gewissen Frist erreicht werden müssen und setze alles daran, die definierte Zielvorgabe zu erfüllen.

TIPP 2: Schlage deinen Kollegen und deinem Chef vor, ein wöchentliches Team-Meeting als Videokonferenz einzuführen. In diesem berichtet jedes

Teammitglied kurz über den Fortschritt seiner Arbeit, so dass nach dem Call alle Beteiligten auf dem aktuellen Stand sind. Als Videokonferenz-Tools eignen sich z. B. Zoom, Appear oder Skype. Das Schöne an Videokonferenzen ist, dass du nicht nur die Stimme der anderen hörst, sondern die Personen, mit denen du sprichst, auch siehst. Du siehst ihren Gesichtsausdruck, ihre Mimik und nimmst ihre Körpersprache wahr.

TIPP 3: Schick deinem Chef und beteiligten Kollegen einmal pro Woche ein etwas detaillierteres schriftliches Status-Update deiner Arbeit zu. Informiere sie über Fortschritte, erreichte Ziele, Herausforderungen, Risiken, Chancen und Ähnliches. Baue dir dafür eine Vorlage (z. B. ein E-Mail Template, eine Präsentation, etc.), die du mehrfach verwenden kannst und nur um aktuelle Informationen ergänzen musst und versende deinen Bericht als E-Mail oder über anderweitige Kollaborationssoftware.

6. Technikaffinität und Problemlösungskompetenz

Technikaffinität und Problemlösungskompetenz gehen im Kontext von Telearbeit miteinander einher und sind ungemein wichtige Eigenschaften, wenn du eine Remote-Karriere anstrebst. Denn: Technik ist die Basis, auf der Telearbeit fußt. Ohne Technik keine Telearbeit. Um remote arbeiten zu können, benötigst du einen Computer, eine Internetverbindung, verschiedene Softwareprogramme, ein Smartphone und ggf. weiteres technisches Equipment wie Kopfhörer, Mikrofon, Kamera, etc. Nur wenn du die zugrundeliegende Technik eigenständig bedienen kannst, bist du remotefähig. Das setzt voraus, dass du eine gewisse Technikaffinität besitzt. Was ist, wenn technische Probleme auftreten? Was ist, wenn du Updates auf deinem PC durchführen musst? Was ist, wenn du ein neues Programm herunterladen und installieren und dann den Umgang mit dem Programm erlernen musst? Während du im Büro spontan einen Kollegen, der sich auskennt, fragen kannst, oder der IT-Support mit Rat und Tat zur Seite steht, ist das außerhalb des Büros nicht der Fall. Als Remote-Arbeiter, gerade wenn du selbständig bist, musst du mit diesen Dingen oftmals allein fertig werden. Neben einer allgemeinen Technikaffinität spielt daher auch Problemlösungskompetenz eine bedeutende Rolle. Du hast nicht ewig Zeit, um technische Probleme zu lösen. Schließlich ist die Technik nicht der Kern deiner Arbeit, nicht das, womit du Geld verdienst, sondern lediglich Mittel zum Zweck (außer du bist ITler). Steht z. B. eine Videokonferenz mit deinem Team an und dir ist es aufgrund von technischen Problemen nicht möglich, dich einzuwählen, musst du schnell eine Lösung finden, um pünktlich an der Konferenz teilnehmen zu können. Brauchst du zu lange, findet die Konferenz ohne dich statt und du hast vermeintlich wichtige Informationen verpasst. Im Folgenden findest du zwei Tipps, die dir in dieser Hinsicht weiterhelfen können.

TIPP 1: Tritt ein Problem auf, distanziere dich von ihm und nimm die Vogelperspektive ein. So kannst du das Problem aus größerer Entfernung betrachten. Vermutlich stellst du schnell fest, dass das Problem gar nicht so groß ist, wie es auf den ersten Blick aussieht. Stell dir vor, das Problem betrifft nicht dich, sondern jemand anderen. Einen Kollegen. Einen Freund. Oder einen Bekannten. Dieser bittet dich um Hilfe, weil er glaubt, dass du das Problem für ihn lösen kannst. Denk positiv und mach dich ans Werk. Du bist in diesem Stadium nicht mehr emotional involviert und lässt dich nicht von deinen Gefühlen leiten. Vielmehr gehst du sachlich und „mit kühlem Kopf" an die Sache heran und suchst rational nach einer Lösung des Problems.

TIPP 2: Google! Über die Google-Suche lässt sich vieles herausfinden. Streikt dein PC, hast du Probleme mit einer Software, App oder Internetseite, gib den Sachverhalt in die Google-Suchmaske ein und suche im Internet nach Lösungen. Versuche dabei den Sachverhalt klar und verständlich mithilfe passender Suchbegriffe zu formulieren. In der Regel erscheint auf dem Bildschirm deines PCs oder Smartphones eine Fehlermeldung, wenn Probleme auftreten. Kopiere diese und füge sie in die Suchmaske ein. Häufig haben sich bereits vor dir Menschen mit der Problematik beschäftigt und Lösungswege aufgezeigt, die du im Internet einsehen kannst. Gleiches gilt für neue Software, die du erlernen musst oder willst. Es gibt für alle möglichen Softwareprogramme Schritt-für-Schritt-Anleitungen und Tutorials im Internet. Viele sind kostenlos verfügbar, aber auch kostenpflichtiges Material ist oftmals für wenig Geld erhältlich. Schaue z. B. auf dem Social-Media-Kanal YouTube oder auf Lernplattformen wie Udemy oder Lynda nach.

3. ORTSUNABHÄNGIG GELD VERDIENEN

„Was man sucht – es lässt sich finden, was man unbeachtet lässt – entflieht." – Sophokles

Geld verdient man für gewöhnlich mit Produkten und Dienstleistungen. Dies gilt gleichermaßen für die Offline- wie für die Online-Welt. Produkte und Dienstleistungen können dabei sehr vielfältig ausfallen und unterschiedliche Formate haben.

3.1 VERKAUFE DEIN WISSEN

Jeder Mensch verfügt über gewisse Interessen, seien sie beruflicher oder privater Natur. Manche interessieren sich für Sport, andere fürs Heimwerken und wieder andere für Unternehmertum. Frage dich, wo deine Interessen liegen. Denn wenn du dich für etwas interessierst, baust du in diesem Bereich schnell Wissen auf. Du beschäftigst dich gerne mit der Thematik und informierst dich. Aller Wahrscheinlichkeit nach verfügst du auf einem bestimmten Gebiet bereits über einen reichen Wissensschatz. Denk nach und finde es heraus! Denn mit deinem Wissen kannst du auf unterschiedliche Weise ortsunabhängig Geld verdienen.

Eine Möglichkeit mit deinem Expertenwissen Geld zu verdienen, ist, ein eigenes **Buch** zu schreiben und es online zu verkaufen. Du könntest wahlweise ein eBook oder ein Print on Demand-Buch (d. h. ein Buch, das erst bei Bestellung gedruckt wird) verfassen und es über eine eigene Website sowie einen Online-Marktplatz wie Amazon vermarkten.

Eine weitere Option sind **Online-Kurse**. Erstelle einen Online-Kurs zu einem Thema, das dich interessiert und über das du Bescheid weißt. Wie bei allem, solltest du auch hier im Vorfeld prüfen, ob an dem von dir angedachten Thema Interesse bei anderen Menschen besteht (Stichwort Marktforschung). Gleichzeitig kannst du auch schauen, welche Aspekte deines Themas möglicherweise noch nicht betrachtet wurden bzw. wo du einen Mehrwert liefern kannst. Wenn dein Kurs fertig ist, kannst du ihn über eine eigene Website oder über Online-Plattformen wie Udemy.com, Lynda.com oder Skillshare.com vermarkten.

Auch Seminare, Vorträge und Konferenzen lassen sich über das Internet abhalten. **Online-Seminare** sind Seminare, die virtuell stattfinden und nicht an einen Ort gebunden sind. Sie haben ein fixes Start- und Enddatum und sind in der Regel für mehrere Teilnehmer buchbar. Die Kommunikation zwischen den Teilnehmern untereinander und der Seminarleitung findet über internetbasierte Software statt. Diese weist zumeist eine Instant Messaging Funktion, eine Videostreaming- und Videotelefonie-Funktion sowie eine Desktop-Sharing-Funktion auf. Vermarkte Online-Seminare über eine eigene Website und/oder über eine Plattform für Online-Seminare wie z. B. Edudip.com.

Online-Vorträge kannst du mithilfe bestimmter Software über das Internet durchführen. Zuschauer sehen dich und deinen Vortrag über einen Monitor oder über eine Projektion auf Leinwand. Nutze für die technische Umsetzung deines Online-Vortrages z. B. Skype (Business) oder die Live-Webinar Software von Edudip.com.

Führe eine **virtuelle Konferenz** zu einem Thema deiner Wahl durch oder biete externen Auftraggebern an (z. B. Remote-Unternehmen), eine virtuelle Konferenz für sie zu organisieren. Eine virtuelle Konferenz findet nicht physisch statt. Während die Teilnehmer einer physischen Konferenz alle am selben Ort sind, können die Teilnehmer einer virtuellen Konferenz auf dem ganzen Erdball verstreut sein. Virtuelle Konferenzen sind dann sinnvoll, wenn Teilnehmer keine Möglichkeit (z. B. kein Geld und/oder keine Zeit) für eine „vor-Ort-Konferenz" haben.

Nutze internetbasierte Technik zur Durchführung der Konferenz. Vermarkte sie über eine eigene Website und über Online-Plattformen wie z. B. Edudip.com. Achte bei der Auswahl der Konferenz-Speaker darauf, dass sie ein großes Netzwerk bzw. eine große Reichweite haben und mach dir diese für die Vermarktung der Konferenz zunutze. Ermutige die Speaker z. B. dazu, ihren Auftritt auf deiner Konferenz in ihrem Netzwerk zu promoten. Weitergehende Informationen zur Veranstaltung einer virtuellen Konferenz findest du in diesem Artikel: https://wirelesslife.de/virtuelle-konferenz.

Möchtest du Menschen in deinem Fachgebiet ausbilden, kannst du eine **Online Academy** gründen und Lerninhalte über das Web vermitteln. In deiner Online Academy gibst du den Teilnehmern das nötige Rüstzeug an die Hand, damit sie nach ihrer Ausbildung erfolgreich im jeweiligen Fachgebiet durchstarten können. Zur Wissensvermittlung kannst du z. B. Video-Tutorials, Live-Webinare und Download-Material verwenden. Richte für deine Schüler einen virtuellen Chatraum für die Dauer der Academy ein, in dem sie sich über ihre Fortschritte, Herausforderungen, Erfolge, etc.

austauschen können. Nach erfolgreichem Abschluss der Academy kannst du deinen Schülern ein Zertifikat ausstellen. Das ergibt insbesondere für Berufe ohne offiziellen Ausbildungsweg Sinn.

Für die technische Umsetzung eignen sich virtuelle Lernplattformen und Klassenräume wie z. B.:

- Moodle
- ProProfs
- LearnWorlds
- Coggno
- Google Classroom.

Darüber hinaus kannst du ein **Online-Programm** anbieten. Das ist ein Programm zu einem bestimmten Thema, das über einen gewissen Zeitraum läuft und ausschließlich online angeboten wird. Dafür zahlen die Teilnehmer eine Programm-Gebühr an dich. Die Programmteilnehmer können sich während des Programmes untereinander in Online-Gruppen austauschen sowie Fragen stellen (an dich und untereinander). Zur Umsetzung des Online-Programmes kannst du z. B. folgende Tools verwenden: Geheime Facebook-Gruppen für die Kommunikation der Programmteilnehmer untereinander, E-Mail Newsletter Dienste (z. B. MailChimp), um den Programmteilnehmern regelmäßig frische Inhalte zukommen zu lassen, (Instant) Chatdienste (z. B. Skype), über die du mit Programmteilnehmern in Kontakt treten und live Fragen beantworten kannst. Optional kannst du auch einen Mitgliederbereich auf deiner Website einrichten, über den Programmteilnehmer Informationen, Dokumente, Videos, Blog-Artikel, etc. ansehen und herunterladen können.

Eine weitere Möglichkeit, dein Wissen online zu verkaufen, besteht darin **Trainingsmaterial und Templates** zu entwickeln und diese Produkte anderen Professionals in deiner Sparte und/oder Unternehmen zur Verfügung zu stellen. Vermarkte deine Materialien und Templates über eine eigene Website und/oder über Online-Marktplätze wie z. B. Digistore24.com und biete sie hier zum Download gegen Gebühr an. Du könntest z. B. E-Mail Vorlagen, Fragebögen, Checklisten, Lernmaterialien, etc. anbieten. Gestalte deine Materialien und Vorlagen so, dass sie vom Nutzer bei Bedarf flexibel angepasst werden können.

Neben der Möglichkeit, dein Wissen rein virtuell zu vermitteln, gibt es einige interessante Offline-Formate, die du nutzen kannst, um dein Wissen an andere weiterzugeben. Diese finden zwar vor Ort und in Persona statt, ermöglichen dir jedoch ein hohes Maß an Freiheit bzgl. der Wahl des Veranstaltungsortes. Eines dieser Formate sind sog. **Retreats**. Retreat bedeutet ins Deutsche übersetzt Rückzug und wird heutzutage oft mit einer Auszeit in Verbindung gebracht. Gemeint ist eine Auszeit vom (Berufs-)Alltag und von klassischen Tagesroutinen. Ein Retreat bietet ein Umfeld der Ruhe und Besinnung, das Reflexion und Erkenntnisgewinn bei den Teilnehmern herbeiführt. Typische Merkmale sind z. B.: Konzentration auf ein festes Thema, Erarbeitung des Themas mithilfe bestimmter Übungen, Kombination aus geistiger, körperlicher (z. B. Sport) und spiritueller Arbeit (z. B. Meditation), eine feste Tagesstruktur sowie Führung und Begleitung durch dich als Lehrer. Wähle für dein Retreat einen Ort aus, der Ruhe und Besinnlichkeit vermittelt und Teilnehmer aus ihrem Alltag aussteigen lässt. Wie wäre z. B. eine Destination in einem anderen Land, das du gern bereist oder eine Location im Inland, die etwas abgelegen ist und dir gefällt? Lade Teilnehmer für ein paar Tage dorthin ein, sorge für Übernachtungsmöglichkeiten und Verpflegung und entwirf ein Programm mit passenden Inhalten. Biete das Retreat als Paketpreis an und vermarkte es über eine eigene Website und Social-Media-Kanäle.

Ein weiteres Offline-Format, das dir sehr viel Freiheit und Flexibilität ermöglicht, sind **Entdeckungen**. Zielgruppe sind Menschen, die sich an deinem aktuellen Aufenthaltsort (auf Reisen oder Zuhause) befinden. Vermarkte dein Angebot über Airbnb, einer der führenden Plattformen für Kurzzeit-Unterkünfte. Airbnb führt neben der Rubrik „Unterkünfte" auch eine Rubrik „Entdeckungen". Dort bieten Experten besondere Erlebnisse bzw. Entdeckungen an. Das kann z. B. ein „Schnupper"-Malkurs im Grünen sein, eine Stunde Yoga im Park, eine Wanderung in einem nahegelegenen Naturschutzgebiet, ein Privatkonzert in den eigenen vier Wänden oder einem kleinen Club um die Ecke, eine Fotoentdeckungstour, die Menschen die besten Foto-Spots einer Stadt zeigt, etc. Neben einer Vermarktung über Airbnb kannst du dein Angebot auch über Facebook publik machen. Suche dafür nach Facebook-Gruppen zu Events deines aktuellen Aufenthaltsortes und poste dort dein Angebot als Veranstaltung, für die sich Interessierte eintragen können.

3.2 VERKAUFE DEINE ARBEITSKRAFT

Falls du dich derzeit in einem Vor-Ort-**Anstellungsverhältnis** befindest und du dir keinen neuen Arbeitgeber suchen möchtest, für den du remote arbeiten kannst, suche das Gespräch mit deinem aktuellen Chef. Oft lassen sich bestimmte **Kerntätigkeiten** deiner Arbeit virtuell abbilden und erfordern keine Präsenz vor Ort. Erkläre deinem Vorgesetzten, welche deiner Aufgaben du ortsunabhängig erledigen kannst. Vielleicht kannst du dich auf diese Aufgaben in deiner Tätigkeit spezialisieren und deinen Job dadurch vollständig ortsunabhängig ausüben? Falls dies nicht möglich sein sollte, frage deinen Vorgesetzten, ob du z. B. an drei von fünf Tagen der Woche ortsunabhängig arbeiten darfst. Erkläre ihm deine Beweggründe und schlage ihm eine Testphase vor (z. B. vier Wochen lang an drei von fünf Tagen in der Woche ortsunabhängiges Arbeiten). Nach Ende der Testphase soll dein Vorgesetzter entscheiden, ob du das ortsunabhängige Arbeiten fortführen darfst oder nicht.

Versuche während der Testphase deine erbrachten Leistungen zu messen (erzielte Ergebnisse, erreichte Meilensteine, etc.) und nutze die Ergebnisse deiner Messung als Argumentationsgrundlage für eine Verlängerung deiner ortsunabhängigen Tätigkeit nach Ablauf der Testphase.

Empfehlenswert ist, während der Testphase eine deutlich höhere Produktivität zu erzielen als im normalen Büroalltag und das entsprechend zu dokumentieren und zu belegen. Ist die Testphase zu Ende, legst du deinem Vorgesetzten die Ergebnisse vor und bittest ihn um Verlängerung. Aus dieser Situation heraus dürfte es ihm schwerfallen Argumente gegen eine Verlängerung zu finden.

Du kannst auch auf **Freelancer**-Basis ortsunabhängig für ein Unternehmen tätig werden und es mit deinem Wissen im operativen Tagesgeschäft unterstützen. Du übernimmst konkrete Aufgaben und führst sie für das Unternehmen aus. Das können je nach Expertise z. B. Aufgaben wie

- Korrespondenz, Terminorganisation und Dokumentation,
- Marketing und Design,
- Buchhaltung,
- Dateneingabe,
- Datenanalyse,
- Controlling, etc. sein.

Virtuelle Kommunikation und virtuell erbrachte Leistungen sind für viele Menschen noch immer etwas Ungewöhnliches. Aus diesem Grund besteht eine gewisse Scheu ihnen gegenüber. Indem du (potenziellen) Auftraggebern (z. B. auf einer Website) die zahlreichen Vorteile von virtueller Kommunikation und virtuellen Leistungen deutlich machst, wirkst du der bestehenden Scheu entgegen und sorgst für höhere Akzeptanz. Du könntest z. B. folgende Argumente für virtuelle Kommunikation und virtuelle Leistungen anführen: Zeitersparnis aufgrund wegfallender Anfahrtswege, Kostenersparnis aufgrund wegfallender Fahrt- und Parkkosten, mehr Komfort, da Leistungen bequem von zuhause aus wahrgenommen werden können, etc.

Auch Tätigkeiten als **virtueller Berater, virtueller Coach** und **virtueller Trainer** sind mögliche Formate, mit denen sich online Geld verdienen lässt. Dabei bietest du wahlweise deine Expertise in Form von Beratung, Coaching oder Training an, z. B. im 1:1-Format über Videotelefonie, Chat und/oder E-Mail.

Wenn du etwas sehr gut kannst und zudem pädagogisches Talent hast, kannst du auch **(Nachhilfe-)Unterricht** anbieten. Vermarkte deinen (Nachhilfe-)Unterricht über eine eigene Website und/oder finde Schüler über Online-Vermittlungsportale/-Marktplätze. Sofern die von dir ausgewählten Online-Vermittlungsportale keine Infrastruktur für virtuellen Nachhilfeunterricht bereitstellen oder du deinen Unterricht über eine eigene Website anbietest, nutze virtuelle Klassenräume und Online-Lernplattformen wie z. B. Moodle.org, ProProfs.com, LearnWorlds.com, Coggno.com und/oder Google Classroom für deinen Unterricht.

3.3 VERKAUFE EIGENE PRODUKTE OHNE ZUGRUNDELIEGENDE BEAUFTRAGUNG

Mit eigenen Produkten sind **digitale und physische Produkte** gemeint, die entstehen, wenn ein Beruf in klassischer Weise ausgeübt wird. Nicht gemeint sind Wissensprodukte, die entstehen, wenn du dein Wissen als Produkt verpackst und verkaufst. Als Fotograf machst du bspw. Fotos und als Programmierer entwickelst du Software. Meistens machst du das basierend auf einem Auftrag, du kannst es aber auch „einfach so" machen und die Ergebnisse deiner Arbeit verkaufen. Im Internet gibt es zahlreiche Marktplätze, Plattformen und Börsen, über die du Produkte, die du im

Rahmen deiner klassischen Tätigkeit erstellt hast, vermarkten und verkaufen kannst:

- Amazon, Ebay und Etsy für physische Produkte,
- Adobe Stock, iStock und Shutterstock für Fotos, Grafikdesigns und Videos,
- Digistore24 für digitale Produkte aller Art,
- Codester für Software,
- TurboSquid für 3D-Modelle und KVR Audio für Audio- und Musikprodukte.

Ein Fotograf, der auf diese Weise schon seit längerem Geld verdient, ist beispielsweise Alan. Alan kommt eigentlich aus Kapstadt, ist dort jedoch nur noch selten anzutreffen, da er um die ganze Welt reist. Immer auf der Suche nach dem perfekten Fotomotiv. Alan hat durch seine Arbeit als Fotograf vor einigen Jahren erkannt, dass Automobilhersteller bestimmte Motiv-Hintergründe für die visuelle Inszenierung ihrer Fahrzeuge benötigen. Da er bereits seit langem im Automobilbereich unterwegs ist, hat er damit begonnen, verschiedene Landschaften zu fotografieren, die sich für ein Auto-Shooting anbieten. Seine bearbeiteten Bilder lädt Alan auf Online-Marktplätzen für Bilder hoch, wo sie von Marketingmitarbeitern der Autofirmen gekauft und heruntergeladen werden können. Das funktioniert für ihn so gut, dass er nun nicht mehr darauf angewiesen ist, jeden Tag in seinem Studio sein zu müssen.

Frage dich mal, welchen Output du im Rahmen deiner normalen Arbeit generierst und recherchiere dann Möglichkeiten, diesen online zu verkaufen.

3.4 VERKAUFE NEBENPRODUKTE

Dieser Punkt bezieht sich auf den Vorangegangenen: Wenn du dabei bist, ein neues Produkt anzufertigen, fallen oftmals Nebenprodukte an. Nebenprodukte sind „Abfälle", die bei der Herstellung des eigentlichen Produkts anfallen. Wenn du beispielsweise Computerspiele entwickelst, fertigst du u. a. Illustrationen (z. B. von Spielewelten), Animationen (z. B. von Spielfiguren) und Codes an, die letztlich nicht alle für das fertige Spiel zum Tragen kommen. Du erstellst im Normalfall eine Reihe von Entwürfen, die in sich zwar eine gute Qualität haben, jedoch für das fertige Spiel, aus welchen Gründen auch immer, nicht genutzt werden. Diese Nebenprodukte solltest du nicht achtlos im Nirvana verschwinden lassen, sondern zu Geld machen.

Recherchiere im Internet nach Möglichkeiten, wo du sie verkaufen kannst. Oftmals sind auch hier Online-Marktplätze eine gute Adresse. In diesem konkreten Fall könntest du deine Illustrationen, Animationen und Codes auf Plattformen wie Adobe Stock, Fantero und Codester hochladen und zum Verkauf anbieten. Wenn du also das nächste Mal an einem Projekt arbeitest, verwahre die Teile, die du für das Endresultat nicht benötigst und biete sie anderen zum Kauf an. Exemplarische Nebenprodukte sind z. B. Bilder, Grafiken, kleine PC- oder Handyspiele, Zeichnungen, Illustrationen, Templates/Vorlagen, Codes, Vorlagen und Arbeitsmaterialien, Dokumentation etc.

3.5 VERKAUFE EIGENE PRODUKTE ODER DIE VON DRITTEN

Neben selbst erstellten Produkten und Nebenprodukten kannst du auch Produkte von Dritten über deine Vertriebskanäle verkaufen. Das betrifft sowohl physische als auch digitale Produkte. Bist du z. B. Ernährungsberater, hast du neben deiner Beratungstätigkeit die Möglichkeit, Nahrungsergänzungsmittel, Diätkuren, Fasten-Retreats, Ernährungsratgeber, etc. von Dritten zu verkaufen. Das kannst du z. B. über einen eigenen Webshop wie Shopify oder über Online-Marktplätze wie Amazon oder Ebay tun. Wichtig dabei ist, wähle zum Verkauf ausschließlich Produkte aus, von denen du zu hundert Prozent überzeugt bist und die du ohne Vorbehalte empfehlen kannst.

Wenn du **eigene Produkte** verkaufst und ortsunabhängig sein möchtest, solltest du den Lagerhaltungs- und Versandprozess an einen externen Dienstleister auslagern oder deine Produkte als Download anbieten (z. B. MP3).

Wenn du eigene physische Produkte verkaufen möchtest, solltest du den Lagerhaltungs- und Versandprozess an einen externen Dienstleister auslagern. Das funktioniert z. B. mit **Amazon FBA**. Amazon FBA funktioniert, wenn es einmal aufgesetzt ist, zu hundert Prozent ortsunabhängig. Du kümmerst dich als Händler ausschließlich um den Vertrieb und den Einkauf deiner Produkte. Um die Lagerhaltung, den Versand und den Retourenprozess kümmert sich Amazon autonom. Für das Set-up von Amazon FBA bietet sich übergangsweise eine feste Adresse an, denn bevor du Produkte in großen Mengen von einem Produzenten oder

Großhändler einkaufst, solltest du dir zunächst Muster zur Begutachtung schicken lassen und sicherstellen, dass das Produkt absolut deinen Vorstellungen entspricht. Für mehr Informationen zum Thema Amazon FBA und zur Funktionsweise dieser Monetarisierungsidee schau dir das Berufsbild „Amazon FBA Händler" an.

Eine Alternative zu Amazon ist **Ebay**. Hierbei handelt es sich ebenfalls um ein hundertprozentig ortsunabhängiges Modell, denn Amazon übernimmt für Ebay das Fulfillment, d. h. die Lagerhaltung, den Versand und den Retourenprozess deiner Produkte. Indem du einen Ebay-Shop eröffnest, schaffst du einen zusätzlichen Vertriebskanal und sorgst für noch mehr Sichtbarkeit deiner Produkte. Ferner kannst du einen eigenen **Shopify** Webshop erstellen, auf dem du deine Amazon Produkte einbinden und das Fulfillment von Amazon erledigen lassen kannst.

Abseits des relativ klassischen Verkaufs von Produkten, gibt es noch die Möglichkeit des **Dropshippings**. Das funktioniert, wenn es einmal aufgesetzt ist, ebenfalls ortsunabhängig. Sobald ein Kunde ein Produkt in deinem Webshop (z. B. mit Shopify.com) bestellt, gibst du die Bestellung an deinen Lieferanten (Produzent der Ware oder Großhändler) weiter. Dein Lieferant kümmert sich um den Versand der Ware und stellt dir eine Rechnung. Du zahlst die Rechnung und gibst die dir entstandenen Kosten inklusive eines Gewinnaufschlages an deinen Kunden weiter. Für das Set-up eines Dropshipping Webshops bietet sich übergangsweise eine feste Adresse an, denn du solltest dir zunächst Muster der infrage kommenden Produkte zur Begutachtung zuschicken lassen und sicherstellen, dass ein Produkt zu hundert Prozent deinen Vorstellungen entspricht.

Amazon bietet dir als Dropshipper übrigens die Möglichkeit, Amazon als Vertriebsplattform für deine Produkte zu nutzen. So erreichst du mit deinen Produkten Millionen von Amazon Nutzern. Bestellt ein Kunde über Amazon dein Produkt, benachrichtigst du deinen Lieferanten und lässt die Ware direkt an den Kunden liefern, ohne dass du sie physisch anfassen musst.

Ein ähnliches Modell bietet dir auch Ebay. Theoretisch ist es sogar möglich, einen anderen Ebay Händler als Lieferanten zu nutzen. Dieses Konstrukt solltest du jedoch nur in Erwägung ziehen, wenn der Verkaufspreis deines Ebay Lieferanten unterhalb von deinem Verkaufspreis liegt. Beim **Ebay-to-Ebay-Modell** leitest du deine Kundenbestellungen an einen anderen Ebay Händler, der als dein Lieferant fungiert, weiter und lässt diesen deinen Kunden beliefern. Gleichermaßen kannst du einen Amazon Händler als Lieferanten heranziehen und diesen die Ware an deinen Kunden schicken lassen. Hier könnte allerdings problematisch sein, dass die bestellte Ware in Amazon Verpackung (und nicht in Ebay Verpackung) zum Kunden kommt. Für mehr Informationen zum Thema Dropshipping schau dir das entsprechende Berufsbild „Dropshipper" an.

Eine Variante, bei der du weniger mit dem Produkt zu tun hast, ist das **Affiliate Marketing.** Hierbei wirst du Affiliate eines Werbepartners (z. B. von Amazon), dessen Produkte du über deine Website oder deinen Blog vermarktest. Kaufen Interessenten die Affiliate-Produkte über deine Seite, werden sie zur Website deines Werbepartners weitergeleitet und du erhältst eine Vermittlungsprovision. Für mehr Informationen zum Thema Affiliate Marketing schau dir das Berufsprofil „Affiliate Marketer" an, das du in Band 1 der Go Remote! Bücherserie findest (Go Remote! für Kreative und Texter).

Falls der Verkauf von Fremdprodukten für dich infrage kommt, überlege dir, in welcher Nische dein Kerngeschäft liegt und welche nischen-bezogenen Produkte Dritter du häufig und gerne nutzt.

3.6 DENK UM DIE ECKE UND VERKAUFE ARTVERWANDTE LEISTUNGEN

Jeder Mensch besitzt ein bestimmtes Set an Fähigkeiten. Sie ermöglichen es ihm, bestimmte Berufe auszuüben. Hast du z. B. ein gutes Auge für Texte und bist wortgewandt, arbeitest du womöglich als Lektor. Als Lektor überprüfst du typischerweise Texte von Dritten auf Grammatik, Zeichensetzung, Kohärenz, Stil, Logik, etc. Was aber wäre, wenn du deine Fähigkeit für gute Texte in einen anderen logischen Kontext bringen würdest? Welche Möglichkeiten hättest du, damit Geld zu verdienen? – Du könntest z. B. selbst Texte schreiben. Dabei kannst du als Ghostwriter im Auftrag für Dritte handeln oder eigene Texte als Schriftsteller verfassen. Du kannst dich auf Bücher, Werbetexte, Blog-Artikel, SEO-Texte und vieles mehr spezialisieren. Vielleicht beherrschst du neben deiner Muttersprache eine weitere Sprache auf Muttersprachler-Niveau? In diesem Fall könntest du zusätzlich eine Übersetzung der lektorierten Texte anbieten.

Alle genannten Leistungen sind auf bestimmte Weise artverwandt, denn sie basieren auf deiner Fähigkeit zu schreiben. Mach dir Gedanken zu deinen Skills und filtere die heraus, die am wichtigsten für dich sind. Versuche dann auf Basis dieser primären Fähigkeiten, artverwandte Tätigkeitsfelder zu identifizieren, mit denen du ortsunabhängig Geld verdienen kannst. Manchmal musst du dazu ein wenig um die Ecke denken.

3.7 ERSCHAFFE EIN KOMPLETT NEUES PRODUKT VON GRUND AUF, DAS NICHT DEM KERN DEINER EIGENTLICHEN ARBEIT ENTSPRICHT

Hier geht es darum, ein Produkt von der Pike auf neu zu entwickeln. Das Produkt ist nicht das Ergebnis deines eigentlichen Berufs, sondern das Resultat außergewöhnlicher Maßnahmen. Dennoch liegt es thematisch in einem ähnlichen Bereich wie dein Kerngeschäft, so dass du deine Expertise in die Entwicklung einfließen lassen kannst. Je nach Produkt müssen ggf. externe Leistungen für die Entwicklung hinzugekauft werden. Da die Entwicklung eines neuen Produktes in der Regel mit Arbeit und Kosten verbunden ist, sollte das Produkt gut überlegt sein und eine solide Basis haben. Konkret bedeutet das, es muss eine ausreichende Nachfrage für das Produkt bestehen und der Wettbewerb muss sich in Grenzen halten. Bevor du ein Produkt entwickelst, solltest du dir folgende Fragen stellen:

- Welchen Mehrwert liefert mein Produkt? Löst mein Produkt ein bestehendes Problem?
- Wie groß wird die Nachfrage nach meinem Produkt sein? Mit wie vielen Kunden kann ich rechnen?
- Welche Alleinstellungsmerkmale hat mein Produkt und wie grenzt es sich vom Wettbewerb ab? Wie viele direkte Wettbewerber gibt es?
- Wie hoch sind die Entwicklungskosten für mein Produkt und wie schnell können diese wieder hereingeholt werden?
- Welche Kostenstruktur hat mein Produkt und mit welchen Umsätzen kann ich rechnen?

Einige Produkttypen eignen sich besonders gut, um mit ihnen online Geld zu verdienen und stellen eine gute Basis für die Entwicklung eines neuen Produktes dar. Wie wäre es z. B. mit der Entwicklung einer eigenen Softwarelösung (die z. B. bestimmte Prozesse automatisiert)? Oder mit der Programmierung eines Online-Marktplatzes, der Anbieter mit Kaufinteressenten auf einem gewissen Gebiet zusammenbringt? Oder vielleicht mit einer (mobilen) **App** (die über das Smartphone z. B. das Lernen neuer Inhalte ermöglicht)? Eine App kannst du z. B. über Google Play für Android

Apps oder Apple App Store für Apple Apps zum Verkauf anbieten. Schau zuvor im App Store nach, welche Apps es am Markt schon gibt, welche davon erfolgreich sind (hohe Download-Zahlen und gute Bewertungen) und wie viel Konkurrenz diese haben. Hol dir zur Entwicklung deiner App entweder einen Programmierer oder nutze spezielle App Baukästen, wie z. B. GoodBarber, Siberian CMS oder Swiftic. App Baukästen sind speziell für Laien entworfen und ermöglichen es dir, ohne Programmierkenntnisse oder besonderes technisches Know-how, deine eigene App zu entwickeln und zu vermarkten.

Nutze die genannten Produkttypen als „Hülle" für dein Produkt und überlege dir auf Basis der oben genannten Fragen, wie du die Hülle mit Leben, sprich Inhalt, füllen kannst.

Werde **Designer** und entwerfe Designs für T-Shirts, Hoodies, Tassen, Babystrampler, Handyhüllen etc. Die kannst du mithilfe von Print on Demand-Anbietern wie z. B. Spreadshirt, Shirtee und Merch by Amazon auf Kleidungsstücke und Accessoires drucken. Print on Demand-Anbieter stellen dir eine Plattform zur Verfügung, über die du Kleidung und Accessoires mit deinen Designs ausstatten, deine fertigen Produkte vermarkten und bei Bestellung produzieren lassen kannst. Die Produkte werden von den Druck on Demand-Anbietern hergestellt und nur auf Bestellung produziert. Du trägst daher keinerlei Risiko, auf deinem Lagerbestand „sitzen zu bleiben", wenn du deine Produkte nicht verkaufen solltest.

3.8 LASS DICH SUPPORTEN

Über Plattformen wie Patreon.com hast du die Möglichkeit finanzielle Anerkennung von deinen Fans / Followern zu erhalten. Patreon.com ist eine **Crowdfunding-Plattform** für (digitalen) künstlerischen Content wie z. B. Texte, Videos, Podcasts, Kunst, Tanz, Musik, Games, Designs, Fotos, etc. Gelistete Künstler können mit Patreon.com ihren Followern bzw. Fans die Möglichkeit geben, ihnen einfach und direkt regelmäßig einen selbstbestimmten Geldbetrag zu zahlen – entweder in Form eines Trinkgeldes, als Zeichen der Wertschätzung oder für exklusiven Zugang zu bis dato unveröffentlichtem Material.

Alternativ kannst du dir auch mittels **Livestream** bei deiner Arbeit über die Schulter schauen lassen. Du zeigst deinen Followern, was du so machst, bspw. wie ein Videospiel Schritt für Schritt entsteht, du Bilder bearbeitest oder Grafiken anfertigst. Gleichzeitig kannst du über eine Chat Funktion mit deinen Zuschauern interagieren und ggf. Fragen beantworten. Dafür zahlen diese einen Betrag an dich. Du kannst den Livestream entweder über eine eigene Website anbieten oder über spezialisierte Livestream Plattformen wie z. B. Twitch oder YouTube Gaming.4. Ortsunabhängige Berufe für

4. ORTSUNABHÄNGIGE BERUFE FÜR TECHNIK, ZAHLEN UND ORGANISATIONSTALENTE

„Ein verfehlter Beruf verfolgt uns durch das ganze Leben." – Honoré de Balzac

Jetzt haben wir sie oft angesprochen und dich hoffentlich neugierig gemacht. Im Folgenden stellen wir dir nun unsere ausgewählten Berufsbilder im Einzelnen vor.

4.1 AMAZON FBA HÄNDLER

Als Amazon FBA Händler identifizierst du zu allererst interessante und profitable Marktnischen. Für diese Nische suchst du Produkte, die du auf Amazon verkaufen kannst. Dabei ist es egal, ob du die Ware direkt von einem Produzenten oder über einen Großhändler beziehst. Zudem hast du zwei Möglichkeiten, Produkte zu verkaufen: erstens, du verkaufst Produkte einer bestehenden Marke (bspw. importierst du ein stark nachgefragtes Produkt aus einem anderen Land); oder zweitens: du entwickelst eine eigene Marke (Private Labeling). Nachdem du geeignete Produkte ausgewählt bzw. für dich hast produzieren lassen, erwirbst du sie vom Produzenten/Großhändler und lässt sie direkt ins Lager von Amazon schicken. Hier werden sie von Amazon eingelagert bis sie verkauft werden. Amazon kümmert sich stellvertretend für dich um die Lagerhaltung deiner Produkte, den Versand und das Retouren Management. Du hast folglich keinen physischen Kontakt mit deinen Produkten.

WAS SIND MÖGLICHE AUFGABEN?
- Interessante Produkte identifizieren und Lagerbestand kaufen
- Hersteller instruieren, die bestellten Produkte direkt an das Amazon Warehouse zu versenden
- Eingangsrechnungen deiner Lieferanten/Produzenten bezahlen
- Ggf. Importmodalitäten bearbeiten
- Marketingaktivitäten für den Verkauf deiner Produkte konzipieren und umsetzen

- Amazon Listing deiner Produkte erstellen, pflegen und aktuell halten
- Lagerbestand deiner Ware tracken und bei Bedarf nachbestellen
- Ausgangsrechnungen an Kunden deiner Produkte versenden
- Kundenfragen im Bestell- und Retourenprozess beantworten
- Kundenbewertungen für verkaufte Produkte einholen

WELCHE AUSBILDUNG BENÖTIGST DU?

Um mit Amazon FBA dein Geld zu verdienen benötigst du keine spezielle Ausbildung, solltest dich aber mit Hilfe diverser Bücher, Blogs und Udemy-Kursen bzw. YouTube-Videos entsprechend bilden. Grundsätzlich gibt es hierfür weder Eingangsbarrieren noch eine spezialisierte Ausbildung.

WELCHE FÄHIGKEITEN SOLLTEST DU MITBRINGEN?

- Kommunikationsstärke
- Vertriebsorientiertheit
- Kreativität
- Unternehmerisches Denken und Handeln
- Risikobewusstsein

UNSER ROLEMODEL FÜR DEN BERUF DES AMAZON FBA HÄNDLERS

Name: Gil Lang
Unternehmen: Private Label Journey
Homepage: http://privatelabeljourney.de | http://commerceand.eu
Kontakt: info@gillang.de

Gil ist Amazon FBAler durch und durch. Er verkauft nicht nur selbst Produkte auf Amazon, sondern ist gleichzeitig in verschiedene andere Themen rund um das Verkaufen auf dem Amazon-Marktplatz involviert. Mit seinem Geschäftspartner Thomas Albiez informiert er auf den Seiten der *Private Label Journey* alle Interessierten darüber, wie man ein Produkt auf Amazon verkauft und über die neuesten Entwicklungen auf dem Marktplatz. Einmal jährlich laden Gil und Thomas zu einer Konferenz mit inspirierenden Speakern ein, die ihre Erfolgsgeschichten mit Amazon teilen. Zudem bietet Gil mit seiner Agentur *Commerce&* einen Shortcut für den Erfolg auf Amazon und unterstützt seine Kunden bei einem erfolgreichen

Produkt-Launch.[40] Als Speaker und Amazon Business Coach teilt er sein Wissen auch auf fremden Bühnen mit.[41]
Bevor Gil sich mit seinem Amazon-Geschäft selbständig gemacht hat, hat er einen Bachelor-Abschluss von der Saxion University of Applied Sciences, im niederländischen Enschede, in Textile Engineering und Management erworben und in verschiedenen Unternehmen als Sportartikel-Einkäufer gearbeitet.[42]

WOMIT KANNST DU ORTSUNABHÄNGIG GELD VERDIENEN? – EINIGE IDEEN

Beschäftigungsformen: Du arbeitest in der Regel für dich selbst und wirst unternehmerisch tätig.

Die folgenden Zeilen geben dir ein paar Ideen an die Hand, wie du ortsunabhängig mit diesem Beruf Geld verdienst. Der Abschnitt ist bewusst kurzgehalten, da viele der Ideen bereits in Kapitel 3 angesprochen wurden. Solltest du an der ein oder anderen Stelle den Wunsch nach mehr Inhalt verspüren, blättere einfach nochmal zum Anfang zurück. Nähere Informationen, wie du Themen für Bücher und Online-Kurse findest, erhältst du in Kapitel 5. Schau außerdem gerne auf unserem Blog vorbei, für alle genannten Tools und Ressourcen im Überblick: https://new-work-life.com/portfolio/amazon-fba-haendler.

Betreibe Amazon FBA
Verkaufe über den Marktplatz von Amazon Produkte, für die eine große Nachfrage besteht und von denen du überzeugt bist. Zudem kannst du auch einen Ebay-Shop mit deinen Produkten ausstatten und diese über den Amazon Logistikdienst verschicken lassen.

Biete anderen Amazon Händlern deinen Service an
Andere Amazon Händler können von deiner Expertise profitieren. Biete ihnen an, ihre Produkte für sie auf Amazon zu managen. D. h. du kümmerst dich um das Amazon Listing der Produkte, die Sichtbarkeit, um Werbung

---
40 Profil von Gil Lang auf den Seiten der Private Label Journey: http://privatelabeljourney.de/ueber-uns, abgerufen am 05.09.2018.
41 Profil von Gil Lang auf Gil Lang.de: http://www.gillang.de, abgerufen am 05.09.2018.
42 Profil von Gil Lang auf Linkedin: https://www.linkedin.com/in/gil-lang-b86a021b, abgerufen am 05.09.2018.

und Vertrieb sowie die Kundenkommunikation. Bei Bedarf kannst du dich auch um den Einkauf kümmern, wenn dein Kunde nicht selbst Produzent oder Großhändler ist. Du kannst deinen Service sowohl für Amazon FBA Händler anbieten als auch für Amazon FBM Händler. Letztere übernehmen die Lagerhaltung, den Versand und den Retourenprozess selbst. Um relevante Händler als Kunden zu gewinnen, durchforste die Listings auf Amazon nach aussichtsreichen Kategorien (=hohe Nachfrage/hoher Absatz und relativ wenige und/oder unterdurchschnittliche Bewertungen) und schau nach, welche Listings in den Kategorien optimierungswürdig sind. Achte dabei auf die Qualität der Produktbilder, die Beschreibung, etc. Wenn du ein ausbaufähiges Listing gefunden hast, kontaktiere den Händler und biete ihm gezielt deinen Service an.

Werde virtueller Berater

Berate angehende und bestehende Amazon Händler (FBA + FBM) zu Themen wie Amazon Produkt-Listing, Fotos und Amazon SEO, Amazon Werbung und Vertrieb, Amazon Seller Central, Amazon FBA Business Set-up, Kundenkommunikation über Amazon, Einkauf über Alibaba, etc., Private Labeling, Import aus Asien, Türkei, etc.

Biete Online-Seminare an

Ein mögliches Thema für ein Online-Seminar könnte z. B. sein: Aufbau eines Amazon FBA Business: Nische finden, Produkte finden, Anbieter finden, Marke aufbauen (inkl. Logo, Name, Farbgebung, Firmierung, etc.), Produkt-Listing erstellen, Import und Einkauf der Produkte, Produktfotos, Amazon Werbung (PPC), Amazon SEO, usw.

STARTER TOOLKIT – DAS BRAUCHST DU, UM LOSZULEGEN

Notebook, Smartphone, Amazon FBA (Fulfillment), Alibaba (Lieferantenverzeichnis).

SOFTWARE:
- Office: z. B. Microsoft Office oder Google Docs
- Kommunikation: z. B. Skype, WhatsApp, Slack, Gmail
- Amazon Analysetool: z. B. Sellics, CamelCamelCamel
- Amazon Verkäufer Verwaltung: Amazon Seller Central

BÜCHER UND TUTORIALS:
- Buch: „Amazon FBA: Import, Verkauf, Versand: Wie Sie mit Amazon und Private Label Ihr eigenes Business aufbauen", von Trutz Fries

- Buch: „Amazon Marketplace: Das Handbuch für Hersteller und Händler - inkl. FBA (Fulfillment by Amazon)", von Trutz Fries
- Buch: „Der Amazon FBA Guide: von der ersten Produktidee zur eigenen Marke", von Nina Klose
- Blog: Private Label Journey: http://privatelabeljourney.de
- Tutorial: „Amazon FBA – Erfolgreich Private Label Produkte verkaufen. Mit Amazon FBA Basics erfolgreich sein", von Markus Knopp, Damir Serbecic, auf Udemy

Detaillierte Informationen zu Tools und Ressourcen, die dir helfen können, ein ortsunabhängiges Einkommen aufzubauen, findest du auf unserem Blog unter: https://new-work-life.com/portfolio/amazon-fba-haendler.

4.2 AMAZON VENDOR CONSULTANT

Als Amazon Vendor Consultant besteht deine Aufgabe darin, Hersteller und Marken, die auf Amazon als Vendor gelistet sind, dabei zu unterstützen ihre Aktivitäten auf Amazon dahingehend zu optimieren, dass sie mehr verkaufen.

WAS SIND MÖGLICHE AUFGABEN?
- Amazon Vertriebsstrategie entwickeln und Optimierungsbedarf identifizieren
- Produktdaten, Content und Fotos von Amazon Listings optimieren
- Marketingaktivitäten für Amazon Listings planen und steuern
- Eine einheitliche Qualität des Markenauftritts sichern
- Berichte zur Performance der Optimierungsmaßnahmen erstellen

WELCHE AUSBILDUNG BENÖTIGST DU?
Um als Amazon Vendor Consultant tätig zu werden, benötigst du keine dezidierte Ausbildung. Diese gibt es auch gar nicht. Grundsätzlich gilt „learning by doing". Betriebswirtschaftliche Grundkenntnisse schaden sicherlich nicht. Was dich aber auf jeden Fall weiterbringt, ist Erfahrung im E-Commerce, sei es als eigener Shop-Betreiber oder mit Amazon FBA.

WELCHE FÄHIGKEITEN SOLLTEST DU MITBRINGEN?
- Kommunikation
- Analytisches Verständnis

- Methodik und Strukturiertheit
- Stressresistenz
- Kreativität

UNSER ROLEMODEL FÜR DEN BERUF DES AMAZON VENDOR CONSULTANTS

Name: William (Will) Tjernlund
Unternehmen: Goat Consulting
Homepage: goatconsulting.com

Will ist selbständig mit einem eigenen Amazon-Beratungsunternehmen, *Goat Consulting*, das er vor einiger Zeit, zusammen mit einem Partner, gegründet hat. Vor der Gründung seines Unternehmens hat Will einen Bachelor in Wirtschaftswissenschaften gemacht, war laut eigenen Angaben aber nie ein guter Student. Er sagt, er sei während seines Studiums kaum zur Uni gegangen und hätte generell nicht viel aus seinem Studium mitnehmen können. Schon früh hat Will Amazon für sich entdeckt. Während seines Studiums fing er an, Produkte über das E-Commerce Portal zu verkaufen und damit Geld zu verdienen. Als er sein Studium beendet hatte, ist er dann Vollzeit ins Amazon-Geschäft eingestiegen und gründete bald darauf seine eigene Beratungsfirma.

Auf die Frage, wie Familie und Freunde Will als Person beschreiben würden, antwortet er wie folgt: „Meine Familie und Freunde würden mich als exzentrische, verrückte Person beschreiben, der es schwerfällt, sich an Regeln zu halten. Sie würden sagen, dass ich generell unorganisiert bin, dass jedoch ab und an ein intelligenter Gedanke aus mir herauskommt."
Will stand uns in seiner Heimat Minneapolis Rede und Antwort.

INTERVIEW MIT WILL TJERNLUND VON GOAT CONSULTING

Wie verdienst du dein Geld als Remote Worker?
Den Großteil meines Einkommens verdiene ich mit Beratung. Ich betreibe zusammen mit ein paar Kollegen eine Amazon-Beratungsfirma, die Marken und Herstellern hilft, ihre Verkäufe auf Amazon zu steigern. Für

unsere Beratungsleistung erhalten wir einen monatlichen Fixbetrag und einen prozentualen Anteil an den Amazon-Verkäufen unserer Kunden. Im Moment betreut unsere Firma ca. 16 Kunden. Hauptsächlich sind dies Unternehmen aus den USA, die Umsätze im Millionen-Bereich machen.

Wie hast du deine ersten Kunden gefunden, mit denen du remote zusammengearbeitet hast?

Ich habe nicht die Kunden, sondern die Kunden haben mich gefunden. Ursprünglich hatte ich gar keine Absicht, eine Beratungsfirma zu gründen. Ich hatte andere Dinge im Kopf. Dann, eines Tages, kamen drei große Firmen innerhalb von 48 Stunden auf mich zu und fragten, ob ich ihren Amazon-Account für sie managen könne. Jedes der Unternehmen bot mir eine Summe, die sich im Bereich von 150.000 US-Dollar pro Jahr bewegte. Dies gab mir zu denken. Ich stellte mir die Frage: Was wäre, wenn ich die drei Jobs annehme und Leute anstelle, die diese stellvertretend für mich erledigen? Das klang gut. Ich setzte meine Überlegungen fort: Wenn ich es schaffen könnte, weitere Kunden wie diese zu akquirieren, könnte ich mit dieser Art von Tätigkeit gutes Geld verdienen und ein solides Beratungsunternehmen aufbauen. Dieser Gedankengang hat mich letztlich dazu bewogen, eine Beratungsfirma zu gründen und mein Kundenportfolio weiter auszubauen. Ich habe folglich nicht meine Kunden, sondern meine Kunden haben zuallererst mich gefunden.

Wie findest du neue Kunden?

Neukunden kommen in der Regel durch unsere organische Platzierung in den Suchergebnissen der großen Suchmaschinen zu uns. Wir geben kein Geld für Suchmaschinenwerbung oder ähnliches aus. Interessenten suchen z. B. nach „Amazon Consultant" auf Google und unsere Firma taucht in den Suchergebnissen auf. Abgesehen von unserer guten Platzierung in den Ergebnissen von Suchmaschinen, trete ich öfter als Speaker auf Konferenzen auf und beziehe darüber neue Kunden, oder unser Service wird per Mund-zu-Mund-Propaganda Dritten weiterempfohlen. Dies ist auch ein gutes Akquise Medium.

Was war deine Motivation, ortsunabhängig zu arbeiten?

Ich wusste schon immer, dass ich anders war, als die Anderen und dass mein Gehirn anders tickt. Dies spiegelt sich z. B. darin wider, dass mir schon recht früh bewusst war, keinen 40-Stunden-Job in einem Büro machen zu können. Als ich studiert habe, habe ich einige Zeit in Florenz, Italien verbracht. Während dieser Zeit bin ich quer durch Europa gereist und fand es großartig. Damals war ich zwanzig. Schon von klein auf bin ich immer gern auf Reisen gegangen. Meine Leidenschaft fürs Reisen ist über die Jahre immer stärker gewachsen. Irgendwann im Studium kam mir der Gedanke, dass ich einen Weg finden musste, dauerhaft im Ausland studieren zu können und nebenbei Dinge über Amazon zu verkaufen. Durch Zufall hörte ich von der 4-Hour Work Week von Tim Ferriss - zu diesem Zeitpunkt genau das, was ich brauchte. Tim Ferriss beschrieb in seinem Buch das, was ich mir zum Ziel gesetzt hatte. Er legte dar, wie man ein Online-Business aufbaut und bewies anhand seiner eigenen Entwicklung, dass ein online-only Business tatsächlich ein praktikables Geschäftsmodell sein kann. Das Buch von Tim Ferriss war für mich der Grundstein für alles, was folgte. Ich fing an, sämtliche Podcasts zum Thema Internetmarketing zu hören und mir so viele Infos wie möglich zum Thema Online-Business zu besorgen. Ich hatte ein Ziel vor Augen: Ich wollte Reisen und nebenbei ein Online-Business betreiben. Die vielen Podcasts, das Buch von Tim Ferriss und all die Informationen, die ich zum Thema Online-Marketing aufgesogen habe, haben mich letztlich dahin geführt, wo ich heute stehe. Zusammengefasst lässt sich also sagen, dass meine Leidenschaft fürs Reisen und die Erkenntnis, nie einen „richtigen" Bürojob zu bekommen, meine Motivation ausmachten, ein ortsunabhängiges Geschäft aufzubauen.

Wie hast du deine Remote-Karriere begonnen? Gab es irgendwelche Tools, die dir dabei geholfen haben, ortsunabhängig zu arbeiten?
Ich hatte ziemlich großes Glück, was meine bisherige berufliche Karriere anbelangt. Vieles ist gut gelaufen und hat mir in die Karten gespielt. Wenn ich einen Rat geben sollte für Leute, die mit dem Gedanken spielen, ein eigenes Online-Business aufzubauen, dann wäre das dieser: Überleg dir, welchen Lifestyle du verfolgen möchtest, bevor du ein Business aufbaust. Damit meine ich: Stell Überlegungen dahingehend an, wie du in Zukunft leben möchtest und überleg dir dann, welche Eigenschaften dein Unternehmen besitzen muss, damit du so leben kannst, wie du es dir vorstellst. Ist es z. B. dein Ziel, den ganzen Tag am Strand zu sitzen und nebenbei dein Business zu führen, benötigst du dafür nicht viel Geld. Um in Thailand am Strand zu sitzen, brauchst du vermutlich nicht mehr als 600 US-Dollar pro Monat. Wenn das dein Lebensziel ist, ist es sinnvoll ein Geschäftsmodell zu entwickeln, das es dir erlaubt, den ganzen Tag am Strand in Thailand zu sitzen. Wenn du im Gegensatz dazu zum Ziel hast, viel Geld zu verdienen, bietet es sich an, ein Geschäftsmodell zu entwickeln, das Cashflow-getrieben ist und auf leichte Art und Weise skaliert werden kann. Viele Menschen gründen ein eigenes Unternehmen, weil sie in den Gedanken verliebt sind, ein eigenes Unternehmen zu besitzen. Sie denken

weniger darüber nach, welchem Lifestyle das Unternehmen dienen soll. Wenn sie dann ein Unternehmen gegründet haben, merken sie schnell, dass es nicht zu ihrem Lebensstil passt. Das ist eine bittere Erkenntnis. Daher meine Empfehlung: Erst über den Zweck der Unternehmung im Hinblick auf den eigenen Lebensstil nachdenken und dann ein kompatibles Unternehmen gründen.

Ein weiterer Tipp in diese Richtung bezieht sich auf das Thema Skalierung. Man sollte frühzeitig sicherstellen, dass das eigene Geschäft, auch ohne einen selbst, skaliert und wächst. Sollte es in deinem Unternehmen z. B. viele Dinge geben, zu denen nur du allein befähigt bist, besteht eine starke Abhängigkeit zu deiner Person. Aufgaben können nicht auf mehrere Köpfe verteilt werden und das Wachstum deines Unternehmens wird geschwächt. Dein Geschäft wird folglich nicht so wachsen, wie es ohne die Abhängigkeit von deiner Person vielleicht könnte. Daher sollte man immer auf die Skalierungsmöglichkeiten eines Geschäftsmodells achten, wenn man anfängt.

Mein letztes Learning ist, dass es nie gut ist, das Geschäft von anderen 1:1 zu kopieren. Nur weil jemand anderes sein Geschäft auf eine bestimmte Art und Weise führt und damit erfolgreich ist, bedeutet das nicht, dass dies auch auf dich zutreffen wird. Ich habe Leute Dinge sagen gehört wie „Hey, lass uns einen Podcast machen wie XY", nur weil XY damit erfolgreich geworden ist. Diese Leute replizieren die Vorgehensweise eines Vorbildes und versuchen dessen Erfolg nachzubilden. Dies führt allerdings nur in den seltensten Fällen zum Erfolg. Natürlich kann man erfahrenen Leuten zuhören und sich anschauen, wie sie erfolgreich geworden sind, jedoch ist es wichtig zu begreifen, dass man am Ende immer seinen eigenen Weg gehen muss.

Was waren deine größten Herausforderungen, um ein Remote-Einkommen zu generieren und wie hast du diese bewältigt?
Meine größte Herausforderung war und ist es, hungrig zu bleiben. Wenn man ein Geschäft aufbaut, das gut funktioniert, ist es sehr einfach, faul zu werden. Du lehnst dich zurück und sagst dir: „Wow, das Geschäft läuft von selbst. Das ist fantastisch!" Wenn man sich in einer solchen Situation befindet, glaubt man in der Regel nicht, dass das eigene Unternehmen morgen theoretisch keine Rolle mehr spielen könnte. Dies kann jedoch schneller passieren, als einem lieb ist. Daher ist es wichtig, alternative Optionen zu entwickeln und ausreichend Geld zur Seite zu legen. Auch wenn das eigene Unternehmen nie bankrott geht, solltest du ein paar alternative Geschäftsideen parat haben, aus denen du im Ernstfall ein Business aufbauen kannst. Was mein Amazon-Consulting Business anbelangt, denke

ich nicht, dass ich dies noch mit 50 betreiben werde. Ein Beispiel: Als ich jung war, war Myspace der Platzhirsch unter den Social Media Netzwerken. Im Vergleich dazu, schau dir Myspace heute an. Wo steht Myspace heute? Welche Rolle spielt es? Stell dir vor, du hast deine gesamte Zeit und all dein Geld dahingehend investiert, ein Myspace Marketing-Genie zu werden und dann stellt sich heraus, dass Myspace keine Rolle mehr spielt. Wie fühlt sich das an? Ohne alternative Optionen in der Hand wäre dies ein Desaster, eine Vollkatastrophe. Dieses Risiko versuche ich zu umgehen, indem ich versuche hungrig und wach zu bleiben und auf ein Worst Case Szenario vorbereitet zu sein, denn ich habe keine Ahnung, wie sich Amazon in der Zukunft entwickeln wird und ob mein Job dann noch gebraucht wird.

Wie sieht ein normaler Arbeitstag in deinem Leben als Remote Worker aus? Hast du eine tägliche Routine?
Ich bin kein wirklich produktivitäts-getriebener Mensch. Wenn ich wollte, könnte ich vermutlich mehr arbeiten. Meine Routine ist, dass ich morgens in der Regel ziemlich früh aufwache. Heute Morgen war ich z. B. um 5:45 Uhr wach. Mein Arbeitstag beginnt gegen 7 Uhr und fängt damit an, dass ich für ein bis zwei Stunden meine E-Mails checke. Bin ich damit fertig, nehme ich Meetings wahr und beantworte gegen Mittag für weitere 45 Minuten E-Mails. Ich versuche gegen 14 Uhr mit der Arbeit fertig zu sein, um den verbleibenden Tag genießen zu können. Manchmal habe ich Phasen, in denen arbeite ich auch nachts. Ich weiß nicht warum, aber aus irgendeinem Grund genieße ich es, genau dann zu arbeiten, wenn niemand sonst arbeitet. Meine Lieblingszeiten sind entweder spät in der Nacht oder früh am Morgen.

Last but not least: Hast du noch weitere hilfreiche Tipps für unsere Leser?
Ja, ich habe noch einen Tipp: Lass dich von nichts abschrecken und warte nicht zu lange damit, ein Online-Business aufzubauen. Ich habe in der Vergangenheit viele Menschen getroffen, die toll fanden, was ich mache und in meine Fußstapfen als Online-Unternehmer treten wollten. Viele von ihnen haben es letztlich nicht getan, weil sie zu viele Verbindlichkeiten angesammelt haben. Einige von ihnen hatten Kinder, andere ein Eigenheim mit Hypothek etc. Je älter du wirst, desto mehr Verbindlichkeiten häufst du in deinem Leben an. Das ist schade, denn die vielen Verbindlichkeiten halten dich davon ab, die Risiken einzugehen, die notwendig sind, um ein Online-Unternehmen aufzubauen. Hast du z. B. Kinder, riskierst du nicht das Essen deiner Kinder, nur weil du ein ortsunabhängiges Business

aufbauen möchtest, das du vom Strand in Thailand aus betreiben kannst. Kinder prägen dein Leben auf eine Weise, die sich nicht umkehren lässt. Ich habe weder eine Freundin noch ein Eigenheim, das ich abbezahlen muss. Das Schlimmste, was mir passieren kann, ist, dass meine Firma bankrott geht und ich in den Keller meiner Eltern ziehen muss. Das war's. Wenn du jedoch Kinder hast, kannst du nicht einfach in den Keller deiner Eltern mit deinen Kindern ziehen. Deshalb lautet mein Ratschlag an dich: Mach dir Gedanken darüber, wie dein Leben aussehen soll, plan dein Business im Einklang mit deinen Lebenszielen und warte nicht zu lange, bevor du loslegst.

WOMIT KANNST DU ORTSUNABHÄNGIG GELD VERDIENEN? – EINIGE IDEEN

Beschäftigungsformen: Du kannst entweder als Freelancer für verschiedene Auftraggeber arbeiten, Angestellter einer Firma sein, die es dir ermöglicht ortsunabhängig zu arbeiten, oder du wirst unternehmerisch tätig. In Kapitel 6 findest du verschiedene Jobportale, die sich auf ortsunabhängiges Arbeiten spezialisiert haben.

Die folgenden Zeilen geben dir ein paar Ideen an die Hand, wie du ortsunabhängig mit diesem Beruf Geld verdienst. Der Abschnitt ist bewusst kurzgehalten, da viele der Ideen bereits in Kapitel 3 angesprochen wurden. Solltest du an der ein oder anderen Stelle den Wunsch nach mehr Inhalt verspüren, blättere einfach nochmal zum Anfang zurück. Nähere Informationen, wie du Themen für Bücher und Online-Kurse findest, erhältst du in Kapitel 5. Schau außerdem gerne auf unserem Blog vorbei, für alle genannten Tools und Ressourcen im Überblick: https://new-work-life.com/portfolio/amazon-vendor-consultant.

Biete deine Leistungen als Amazon Vendor Consultant externen Auftraggebern an
Akquiriere Auftraggeber wie z. B. Produktherstellern, Marken, (Groß-) Händlern, etc. und hilf ihnen dabei, ihre Verkäufe auf Amazon zu steigern. Du kannst im Rahmen deiner Consulting-Tätigkeit die entwickelten Optimierungsmaßnahmen entweder selbst durchführen oder du konzentrierst dich auf die reine Beratungsleistung. Natürlich ist auch eine Mischform denkbar. Alle anfallenden Aufgaben sind in der Regel ortsunabhängig durchführbar. Vermarkte dich entweder über eine eigene Website oder beziehe Aufträge über spezialisierte Jobvermittlungsportale.

Biete Online-Seminare an
Mögliche Themen für Online-Seminare sind z. B.: eine Amazon Vertriebsstrategie entwickeln, Preissetzung und Positionierung auf Amazon, Amazon Listings optimieren, Amazon SEO, Amazon Werbung schalten, etc.

Entwickle und verkaufe Online-Kurse
Entwickle z. B. einen Kurs mit dem Titel: „Amazon SEO – So platzierst du dich in der Amazon-Suche auf Seite 1", oder „Amazon Listing Optimierung für Hersteller und Marken".

Betreibe Amazon FBA
Verkaufe über den Marktplatz auf Amazon Produkte, für die eine große Nachfrage besteht und von denen du überzeugt bist. Für mehr Infos schau dir den Beruf „Amazon FBA Händler" an.

Betreibe Dropshipping
Verkaufe Produkte als Dropshipper. Als Vertriebsplattformen kannst du einen eigenen Webshop (z. B. mit Shopify) nutzen oder die Online-Marktplätze Amazon und/oder Ebay verwenden. Für mehr Infos schau dir den Beruf „Dropshipper" an.

STARTER TOOLKIT – DAS BRAUCHST DU, UM LOSZULEGEN

Notebook, Smartphone

SOFTWARE:
- Office: z. B. Microsoft Office oder Google Docs
- Kommunikation: z. B. Skype, WhatsApp, Slack, Gmail
- Amazon Analyse-Tool: z. B. Sellics
- Amazon Verkäufer Verwaltung: Amazon Seller Central

BÜCHER UND TUTORIALS:
- Buch: „Amazon SEO Code: Das Handbuch für mehr Erfolg auf Amazon | für FBA, FBM, Vendoren & Agenturen", von Ronny Marx
- Buch: „Amazon Marketplace: Das Handbuch für Hersteller und Händler - inkl. FBA (Fulfillment by Amazon)", von Trutz Fries
- Tutorial: „Amazon SEO Optimierung mit dem Produkt-Ranking Algorithmus", von Markus Knopp und Damir Serbecic, auf Udemy

Detaillierte Informationen zu Tools und Ressourcen, die dir helfen können, ein ortsunabhängiges Einkommen aufzubauen, findest du auf unserem Blog unter: https://new-work-life.com/portfolio/amazon-vendor-consultant.

4.3 BABY PLANNER

Als Baby Planner hilfst du angehenden Eltern während und nach der Schwangerschaft. Du beantwortest Fragen zur Schwangerschaft, Geburt, Säuglingszeit etc., erledigst Formalitäten für die werdenden Eltern, berätst sie in Sachen Schwangerschafts- und Babyprodukten und stehst ihnen als erster Ansprechpartner in allen nicht-medizinischen Aspekten der Schwangerschaft zu Verfügung.

WAS SIND MÖGLICHE AUFGABEN?
- Nicht-medizinische Fragen rund um die Themen Schwangerschaft, Geburt, Nachsorge, Säuglingsphase, etc. beantworten
- Schwangerschafts- und Babyprodukte für die werdenden Eltern recherchieren, testen und kaufen
- Behördliche Angelegenheiten der werdenden Eltern regeln
- Anträge für die angehenden Eltern ausfüllen, wie z. B. den Antrag für Elterngeld
- Hilfestellung bei der Auswahl der richtigen Krankenkasse, der richtigen Hebamme sowie eines passenden Ortes für die Geburt
- Schwangerschafts- und Geburtskurse recherchieren und buchen

WELCHE AUSBILDUNG BENÖTIGST DU?
Die Berufsbezeichnung Baby Planner ist nicht geschützt. Um Baby Planner zu werden, benötigst du keine spezielle Ausbildung. Sicherlich ist es von Vorteil, selbst Mutter eines Kindes zu sein und/oder eine Ausbildung zur Hebamme absolviert zu haben. Wer auf eine fachspezifische Weiterbildung zum Baby Planner nicht verzichten möchte, findet hier entsprechende Angebote: http://www.maternita.de/maternita-academy oder bei der http://babyplanneracademy.com

WELCHE FÄHIGKEITEN SOLLTEST DU MITBRINGEN?
- Flexibilität und Einsatzbereitschaft
- Einfühlungsvermögen und sympathisches Auftreten

- Organisationstalent und Strukturiertheit
- Sehr gutes Kommunikationsvermögen
- Selbstvermarktungskompetenz

UNSER ROLEMODEL FÜR DEN BERUF DES BABY PLANNERS

Name: Julie McCaffrey
Unternehmen: BabyNav Baby Planners
Homepage: https://babynavbabyplanners.com

Julie ist selbständig als Baby Planner. Sie ist stolze Mutter dreier Kinder und begeistert sich für alles, was mit dem Thema Schwangerschaft und Kind zu tun hat. Nach der Highschool hat Julie Englisch auf Bachelor studiert und war dann mehrere Jahre für die Hotelkette Starwood Hotels & Resorts Worldwide als Managerin im Gästebereich zuständig. Im Jahr 2011 gründete sie ihre eigene Firma *BabyNav*, die sie seitdem führt. Julie verdient als Baby Planner online Geld, indem sie über ihre Website https://babynavbabyplanners.com virtuelle Beratung und Services rund um die Themen Schwangerschaft und Kind anbietet.[43]

WOMIT KANNST DU ORTSUNABHÄNGIG GELD VERDIENEN? – EINIGE IDEEN

Beschäftigungsformen: Du kannst entweder als Freelancer für verschiedene Auftraggeber arbeiten, Angestellter einer Firma sein, die es dir ermöglicht ortsunabhängig zu arbeiten, oder du wirst unternehmerisch tätig. In Kapitel 6 findest du verschiedene Jobportale, die sich auf ortsunabhängiges Arbeiten spezialisiert haben.

Die folgenden Zeilen geben dir ein paar Ideen an die Hand, wie du ortsunabhängig mit diesem Beruf Geld verdienst. Der Abschnitt ist bewusst kurzgehalten, da viele der Ideen bereits in Kapitel 3 angesprochen wurden. Solltest du an der ein oder anderen Stelle den Wunsch nach mehr Inhalt verspüren, blättere einfach nochmal zum Anfang zurück. Nähere Informationen, wie du Themen für Bücher und Online-Kurse findest, erhältst du

---

[43] Quellen: https://babynavbabyplanners.com/about und https://www.linkedin.com/in/juliemccaffrey1, abgerufen am 02.08.2018.

in Kapitel 5. Schau außerdem gerne auf unserem Blog vorbei, für alle genannten Tools und Ressourcen im Überblick: https://new-work-life.com/portfolio/baby-planner.

Führe bestimmte Kernaufgaben ortsunabhängig aus

Sieh dir die typischen Aufgaben eines Baby Planners an und überlege dir, welche davon du ortsunabhängig ausüben kannst. Kannst du mit Kunden, Geschäftspartnern, Kollegen, etc. virtuell kommunizieren und sie beraten, indem du von Kommunikations- und Kollaborationsmedien, wie Videotelefonie (z. B. Skype), Web-Konferenz (z. B. FreeConferenceCall), Desktop Sharing (z. B. Skype), Chat (z. B. Slack), E-Mail (z. B. Gmail) Gebrauch machst? Kannst du ortsunabhängig für werdende Eltern Babyprodukte recherchieren, diese online bestellen und an die Adresse der Eltern schicken lassen? Kannst du Formulare und Anträge für die werdenden Eltern online ausfüllen und versenden? Vermarkte deine Leistungen über eine eigene Website und über Social Media.

Gründe eine Online Academy

Bilde angehende Baby Planner aus, ggf. mit Zertifizierung nach erfolgreichem Abschluss der Academy. Die Zertifizierung könnte als eine Art Gütesiegel dienen, denn für den Beruf als Baby Planner gibt es keine offizielle Ausbildung. In der Academy gibst du deinen Schülern das nötige Rüstzeug an die Hand, damit sie nach ihrer Ausbildung erfolgreich als Baby Planner durchstarten und mit ihren neu erworbenen Kenntnissen Geld verdienen können. Für mehr Inspiration zum Thema schau dir die Website der Baby Planner Academy an: http://babyplanneracademy.com. Das Angebot der Baby Planner Academy ist zwar stationär, ließe sich aber ebenso gut virtuell abbilden.

Entwickle und verkaufe Online-Kurse

Wie wäre es z. B. mit einem Kurs, der Frauen gezielt darauf vorbereitet, ein Kind zu bekommen und ihnen durch die Schwangerschaft hilft (Für mehr Infos und Inspiration siehe hier: https://www.udemy.com/childbirth-preparation-a-complete-guide-for-pregnant-women). Oder du entwickelst einen Kurs, der angehenden Eltern zeigt, wie sie sichere und preisgünstige Babyprodukte finden, ohne dabei an der Vielfalt an Produkten und Information zu ersticken.

Biete ein Online-Programm an

Unterstütze werdende Eltern in der Schwangerschaftszeit und in den Wochen nach der Geburt. Du könntest z. B. ein Programm zum Thema

„Sorglos und gut informiert durch die Schwangerschaft" entwerfen, indem du werdende Eltern durch den Dschungel der Informationsfülle rund um das Thema Schwangerschaft und die Geburt führst, ihnen zeigst, wie sie Anträge und Formulare wie z. B. für das Elterngeld ausfüllen und ihnen Testberichte und Tipps für Babyprodukte zukommen lässt (Stichwort Affiliate!). Die am Programm teilnehmenden Eltern können sich während des Programmes untereinander in Online-Gruppen austauschen sowie Fragen stellen (an dich und untereinander). Das Programm läuft für die Dauer der Schwangerschaft und ggf. für die Wochen danach.

STARTER TOOLKIT – DAS BRAUCHST DU, UM LOSZULEGEN

Notebook, Smartphone

SOFTWARE:
- Office: z. B. Microsoft Office oder Google Docs
- Kommunikation: z. B. Skype, WhatsApp, Slack, Gmail
- Website / Webshop: z. B. WordPress oder Shopify
- Organisation: z. B. Evernote

BÜCHER UND TUTORIALS:
- Buch: „300 Fragen zur Schwangerschaft (GU Großer Kompass Partnerschaft & Familie)", von Brigitte Holzgreve
- Buch: „Babypedia: Elternzeit, Anträge, Finanzen, Rechtsfragen, Ausstattung, - Checklisten, Links, Apps, Literatur", von Anne Nina Simoens und Anja Pallasch
- Buch: „Das große Buch zur Schwangerschaft: Umfassender Rat für jede Woche (GU Einzeltitel Partnerschaft & Familie)", von Prof. Dr. med. Franz Kainer und Annette Nolden

Detaillierte Informationen zu Tools und Ressourcen, die dir helfen können, ein ortsunabhängiges Einkommen aufzubauen, findest du auf unserem Blog unter: https://new-work-life.com/portfolio/baby-planner.

4.4 BERATER FÜR ORGANISATIONSDESIGN

Als Berater für Organisationsdesign definierst und organisierst du die Personalstruktur von Unternehmen. Du überarbeitest Hierarchiegebilde, verteilst Mitarbeiter um und sorgst dafür, dass die Personalinfrastruktur eines Unternehmens optimiert wird. Übergeordnetes Ziel deiner Arbeit ist es, die Unternehmensperformance zu steigern und Konfliktsituationen zu lösen.

WAS SIND MÖGLICHE AUFGABEN?
- IST-Zustand eines Unternehmens ermitteln (Prozesse, Aufgaben, Mitarbeiter, etc.)
- Interviews mit Mitarbeitern führen
- Unternehmensdaten und -infos auswerten
- Neue Jobtitel für Organisation definieren
- Mitarbeitereinsparpotentiale ermitteln
- Neue HR-Prozesse definieren
- Zielbild der Organisationsstruktur entwickeln, mit Vorschlägen für Verbesserungen
- Maßnahmenpakete aus Zielbild ableiten und Projektplan entwerfen
- Projektmanagement während der Umsetzungsphase von Maßnahmen
- Richtlinien für das Recruiting neuer Mitarbeiter entwickeln
- Mitarbeiterentwicklungs- und Incentivierungsprogramme entwerfen
- Enge Abstimmung mit Management des Unternehmens während eines Beratungsmandates

WELCHE AUSBILDUNG BENÖTIGST DU?
Die Berufsbezeichnung Berater für Organisationsdesign ist gesetzlich nicht geschützt. Du benötigst folglich nicht zwingend eine bestimmte Ausbildung für den Job. Dennoch ist es ratsam, zuvor ein paar Jahre als Personaler im HR-Bereich eines Unternehmens gearbeitet zu haben, da der Job einen diesbezüglichen Erfahrungsschatz voraussetzt. Um Personaler zu werden, wird zumeist ein Studium, z. B. in den Bereichen Personalwesen, BWL, Psychologie oder Sozialwissenschaften oder zumindest eine kaufmännische Ausbildung vorausgesetzt.

WELCHE FÄHIGKEITEN SOLLTEST DU MITBRINGEN?
- Ausgezeichnete Kommunikationsfähigkeiten
- Präsentationsgeschick und Glaubwürdigkeit
- Überzeugungsvermögen

- Analytisches Denkvermögen und Strukturiertheit
- Problemlösungskompetenz und Stressresistenz

UNSER ROLEMODEL FÜR DEN BERUF DES BERATERS FÜR ORGANISATIONSDESIGN

Name: Angelique Slob
Unternehmen: Hello Monday
Homepage: https://hellomondayclub.com
Kontakt: welcome@hellomondayclub.com

Angelique ist als Organisationsberaterin selbständig. Ihre Fima *Hello Monday* ist eine Netzwerkorganisation, die sich aus ihr und weiteren Professionals zusammensetzt. Vor Beginn ihrer beruflichen Karriere hat Angelique einen Bachelor-Abschluss in Personalmanagement und einen Master in Organisationssoziologie absolviert und danach für verschiedene Unternehmen gearbeitet. Den Großteil ihres Arbeitslebens hat Angelique im Personalbereich verbracht und ist nun seit rund 10 Jahren selbständige Interimsmanagerin auf Senior- und Führungsebene. Familie und Freunde bezeichnen Angelique als Freigeist, der gerne reist und unkonventionell denkt. Gleichzeitig sei sie jemand, der hohe professionelle Ansprüche an sich selbst, an ihr Team und an ihre Kunden stellt.

Während unseres Interviews befindet sich Angelique in Amsterdam, in den Niederlanden.

INTERVIEW MIT ANGELIQUE SLOB VON HELLO MONDAY

Wie verdienst du dein Geld als Remote Worker?
Meine Haupteinnahmequelle ist meine Beratungstätigkeit. Normalerweise führe ich Projekte über einen längeren Zeitraum durch. Aber von Zeit zu Zeit mache ich auch Online-Coaching. Ich halte zudem viele Vorträge auf Events.

Wie bist du auf die Ideen für deinen Service gekommen? Hast du eine bestimmte Methodik verfolgt?
Es ist im Grunde eine Kombination aus dem, was einem Business-Coaches

sagen, meiner persönlichen Erfahrung in der Branche und meinen eigenen Gedanken darüber, wie ich Menschen helfen kann. Wenn du ortsunabhängig tätig werden willst, solltest du immer prüfen, wie du etwas mittels eines Online-Services oder Online-Produkts abbilden kannst. Frage dich, wie du etwas skalierbar machen kannst, damit du nicht auf Stundenbasis arbeiten musst.

Wie lange hat es gedauert, bis du deine ersten 1.000 Euro an monatlichem Einkommen durch deine ortsunabhängige Arbeit generiert hast?
Es hat ziemlich lange gedauert, aber am Anfang habe ich viele Fehler gemacht, die nichts mit der Ortsunabhängigkeit zu tun hatten, sondern damit, ein eigenes Geschäft aufzubauen. Nach Überwindung meiner Startschwierigkeiten dauerte es drei bis vier Monate.

Wie hast du deine ersten Kunden gefunden, mit denen du remote zusammengearbeitet hast?
Über mein Netzwerk. Ich bin Netzwerkerin und arbeite schon seit 20 Jahren in der Branche. Also hatte ich zuvor schon ein gutes Business-Netzwerk.

Wie findest du neue Kunden?
Aus Online-Perspektive habe ich eine Website mit wertvollen Inhalten und ein Online-Magazin, aus dem ich regelmäßig Inhalte an meine E-Mail Liste verschicke.
Die andere Sache, die ich tue, um Kunden zu akquirieren, ist, an Netzwerkveranstaltungen teilzunehmen. Ich gehe zu Startup- und Networking-Events und spreche auf diesen. So habe ich mein Netzwerk aufgebaut. Das mache ich hauptsächlich in Amsterdam und in Lissabon.

Was war deine Motivation, ortsunabhängig zu arbeiten?
Für mich persönlich ging es um zwei Dinge: Ich wollte meine persönliche Freiheit und ich reise schon seit vielen Jahren. Wenn ich in der Vergangenheit als Interimsmanagerin tätig war, nutzte ich in der Regel die Zeit zwischen zwei Projekten, um zu reisen. Das war mir jedoch nicht genug, weil ich manchmal ein Jahr und acht Monate oder anderthalb Jahre an einem Projekt gearbeitet habe und entsprechend lange gebunden war. Ich wollte häufiger reisen und diesen Lebensstil intensiver leben. Es war mein Ziel, ein eigenes Beratungsunternehmen aufzubauen, und das sollte ortsunabhängig sein.

Wie hast du deine Remote-Karriere begonnen? Gab es irgendwelche Tools, die dir dabei geholfen haben, ortsunabhängig zu arbeiten?

Als ich anfing remote zu arbeiten, habe ich gerade meine Masterarbeit geschrieben und darauf basierend einen Blog zum Thema *Future of Work* gestartet. Der Blog war eine Art Spin-off, der in der weiteren Folge als Basis für mein Beratungsunternehmen diente.

Welche drei Dinge würdest du vermeiden, wenn du die Zeit zurückspulen könntest?

Ein Unternehmen auf einem Blog zu gründen, war nicht der richtige strategische Ansatz. Heute denke ich, dass es wichtig ist, gute Leute um sich herum zu haben, die einem bei der Unternehmens- und Markenstrategie helfen und diese in eine Marketing- und Verkaufsstrategie überführen können. Mein Rat ist: Investiere in Experten, anstatt Bücher zu lesen und viele allgemeine Informationen zu sammeln. Ich kam aus einer leitenden Position in großen Unternehmen und habe dort viel Projektmanagement gemacht. In diesem Bereich besitze ich ziemlich gute Fähigkeiten. Der Aufbau eines Unternehmens war allerdings neu für mich und etwas komplett anderes. Ich denke, es ist sehr wichtig, zu erkennen und zu verstehen, dass das Lesen von Büchern oder die Teilnahme an Webinaren nicht zwingend zielführend sind.

Was waren deine größten Herausforderungen, um ein Remote-Einkommen zu generieren und wie hast du diese bewältigt?

Es ist schwer, online die gleiche Art von Beziehung mit Menschen aufzubauen wie es offline der Fall ist. Gerade in der Beratungsbranche ist es schwer, ausschließlich virtuell mit Kunden zusammenzuarbeiten. Viele Kunden wollen dich zunächst vor Ort sehen und kennenlernen, bevor sie mit dir zusammenarbeiten.

Wie sieht ein normaler Arbeitstag in deinem Leben als Remote Worker aus? Hast du eine tägliche Routine?

Ein normaler Arbeitstag startet damit, dass ich aufstehe und meine E-Mails lese, während ich meinen Morgenkaffee trinke und entspannt in den Tag starte. Nach dem Frühstück und zwei Tassen Kaffee fange ich an zu arbeiten. Normalerweise arbeite ich von zu Hause aus. Wenn ich irgendwann Hunger bekomme oder mein Körper sich bewegen will, gehe ich an die frische Luft. Für nachmittags terminiere ich Meetings und Skype-Calls und mache ein paar kreative Sachen. Ich versuche, den Abend so frei wie möglich zu halten,

d. h. nicht zu viele Aktivitäten, Veranstaltungen oder Treffen einzuplanen, sondern stattdessen für Bewegung und Entspannung zu sorgen. Ich mag es, am nächsten Tag wieder produktiv und frisch zu sein.

Was sind die Vor- und Nachteile ortsunabhängiger Arbeit aus deiner Sicht?

Ich denke, der größte Vorteil von Remote-Arbeit ist, dass man dort sein kann, wo man sein will. Das bedeutet, man kann seiner Energie und seinem eigenen Tagesrhythmus folgen. Diese beiden Dinge sind für mich sehr wichtig. Ebenfalls wichtig ist, dass man sich auf das konzentrieren kann, was für einen wichtig ist. Man kann sein, wie man ist und man kann anziehen, was man will. Will man im Schlafanzug arbeiten, arbeitet man im Schlafanzug, ohne dass es irgendwelche Leute kümmert.

Neben den Vorteilen gibt es einige Nachteile, mit denen ich zu kämpfen habe. Zum Beispiel Produktivität versus Freiheit. Besonders bei hoher Arbeitsbelastung ist es schwierig, abends abzuschalten und zu entspannen. Wenn ich nichts zu tun habe, fühle ich mich, als müsste ich arbeiten. Ich fühle mich schuldig, auch wenn ich den ganzen Tag gearbeitet habe. Ich denke, dass man als Unternehmer ohnehin immer mit diesem inneren Kampf konfrontiert ist. Es wird allerdings noch schwieriger, wenn man ortsunabhängig arbeitet.

Eine andere Sache, mit der ich manchmal zu kämpfen habe, ist, viel Zeit auf Reisen zu verlieren. Wenn du an einen neuen Ort kommst, musst du immer deine Arbeitsumgebung einrichten und Orte mit gutem WLAN finden. Das kann sehr zeitaufwendig sein.

Eine weitere Sache, die mir in den Sinn kommt, die ich allerdings nicht als Nachteil empfinde, ist die Tatsache, kein Teil eines Teams zu sein. Ich kann mir vorstellen, dass es manchen Menschen schwerfällt und sie sich isoliert und vielleicht sogar verloren fühlen, wenn sie kein Team um sich herum haben. Ich selbst habe kein Problem damit.

Last but not least: Hast du noch weitere hilfreiche Tipps für unsere Leser?

Erzähl deinen Kunden, was du tust, warum du es tust und wie du arbeitest. Wähle ein Geschäftsmodell, das zu deinem Leben passt, aber vergiss dabei nicht deine Kunden. Biete deinen Kunden einen Mehrwert, denn es geht in erster Linie um sie, wenn du Erfolg haben möchtest.

Eine andere Sache betrifft Outsourcing. Ich vertrete die Meinung, dass man nicht zwangsläufig alles selbst lernen und machen muss. Engagiere stattdessen einen externen Dienstleister für Dinge, die du noch nicht beherrschst oder die nicht dein Ding sind. Sonst läufst du Gefahr den Fokus zu verlieren.

WOMIT KANNST DU ORTSUNABHÄNGIG GELD VERDIENEN? – EINIGE IDEEN

Beschäftigungsformen: Du kannst entweder als Freelancer für verschiedene Auftraggeber arbeiten, Angestellter einer Firma sein, die es dir ermöglicht ortsunabhängig zu arbeiten, oder du wirst unternehmerisch tätig. In Kapitel 6 findest du verschiedene Jobportale, die sich auf ortsunabhängiges Arbeiten spezialisiert haben.

Die folgenden Zeilen geben dir ein paar Ideen an die Hand, wie du ortsunabhängig mit diesem Beruf Geld verdienst. Der Abschnitt ist bewusst kurzgehalten, da viele der Ideen bereits in Kapitel 3 angesprochen wurden. Solltest du an der ein oder anderen Stelle den Wunsch nach mehr Inhalt verspüren, blättere einfach nochmal zum Anfang zurück. Nähere Informationen, wie du Themen für Bücher und Online-Kurse findest, erhältst du in Kapitel 5. Schau außerdem gerne auf unserem Blog vorbei, für alle genannten Tools und Ressourcen im Überblick: https://new-work-life.com/portfolio/berater-fuer-organisationsdesign.

Führe bestimmte Kernaufgaben ortsunabhängig aus

Sieh dir die typischen Aufgaben eines Beraters für Organisationsdesign an und überlege dir, welche davon du ortsunabhängig ausüben kannst. Kannst du mit Kunden, Geschäftspartnern, Kollegen, etc. virtuell kommunizieren, indem du von Kommunikations- und Kollaborationsmedien wie Videotelefonie (z. B. Skype), Web-Konferenz (z. B. FreeConferenceCall), Desktop Sharing (z. B. Skype), Chat (z. B. Slack), E-Mail (z. B. Gmail) Gebrauch machst? Kannst du Mitarbeiterinterviews zur Aufnahme des IST-Zustandes einer Organisation mithilfe von Videotelefonie virtuell führen? Kannst du dir für deine Arbeit benötigte Unternehmensdaten und Infomaterialien digital zuschicken lassen anstatt sie vor Ort selbst abholen zu müssen? Kannst du Konzepte, Maßnahmenpakete und Projektpläne ortsunabhängig ausarbeiten und sie deinem Kunden per E-Mail oder per cloudbasierter Lösung wie z. B. über Dropbox.com zukommen lassen? Kannst du das Ergebnis deiner Arbeit dem Management virtuell z. B. über eine Webkonferenz vorstellen? Vermarkte deine Leistungen über eine eigene Website und/oder über Online-Marktplätze wie z. B. Upwork.com, Freelance.de und Twago.de.

Entwickle Arbeitsvorlagen bzw. Templates für Organisationsberater

Du könntest z. B. Templates zu folgenden Themen entwickeln und verkaufen:

E-Mail Vorlagen, Fragebögen für Mitarbeiter-Interviews, Checklisten zur Ermittlung von Unternehmensanforderungen, Vorlagen für Projektplanung, Chancen-Risiken-Charts, Prozessmodellierungstemplates, etc.

Entwickle und verkaufe Online-Kurse

Wie wäre es z. B. mit einem Kurs zum Thema Organisationsdesign? Du könntest einen Kurs für Anfänger konzipieren, in dem du die Basics zum Thema erklärst. Alternativ könntest du einen Kurs erstellen, der sich mit Themen wie Agile Organisation, Remote Teams und neue Arbeitswelt oder Change Management befasst. Du könntest den Kurs für unterschiedliche Zielgruppen aufbereiten, z. B. für Berater, für die Unternehmensleitung oder für HR-Manager.

Biete Online-Seminare an

Mögliche Themen für Online-Seminare sind z. B.: Organisationsstrukturen im Zeitalter der Digitalisierung; Remote Teams aufbauen und erfolgreich steuern; Change-Management – wie du Veränderungen gewinnbringend kommunizierst; Business Culture Design, etc.

Gründe eine Online Academy

Bilde angehende Berater für Organisationsdesign aus, ggf. mit Zertifizierung nach erfolgreichem Abschluss der Academy. Die Zertifizierung könnte als eine Art Gütesiegel dienen, denn für den Beruf als Berater für Organisationsdesign gibt es keine offizielle Ausbildung. In der Academy gibst du deinen Schülern das nötige Rüstzeug an die Hand, damit sie nach ihrer Ausbildung erfolgreich als Berater für Organisationsdesign durchstarten und mit ihren neu erworbenen Kenntnissen Geld verdienen können. Dein Angebot kann sich an selbständige Berater und/oder an HR Abteilungen in Unternehmen richten.

STARTER TOOLKIT – DAS BRAUCHST DU, UM LOSZULEGEN

Notebook, Smartphone

SOFTWARE:
- Office: z. B. Microsoft Office oder Google Docs
- Kommunikation: z. B. Skype, WhatsApp, Slack, Gmail
- Website / Webshop: z. B. WordPress oder Shopify
- Projektmanagement: z. B. Trello

- Visualisierung von Prozessen, Netzwerkdiagrammen und Organisationsstrukturen: z. B. Gliffy oder Creately
- Organisation: z. B. Evernote

BÜCHER UND TUTORIALS:
- Buch: „Reinventing Organizations: Ein Leitfaden zur Gestaltung sinnstiftender Formen der Zusammenarbeit", von Frederic Laloux
- Buch: „Organisationsdesign: Modelle und Methoden für Berater und Entscheider (Systemisches Management)", von Reinhart Nagel
- Buch: „Designing Dynamic Organizations: A Hands-on Guide for Leaders at All Levels", von Jay Galbraith
- Tutorial: „Introduction to Organizations - University course as being teached at Swedish universities that will introduce you to the Theory of Organisations", von Robert Barcik, auf Udemy
- Tutorial: „Organizational Design - University course as being teached at Swedish universities that will cover the scope of Organizational Design", von Robert Barcik, auf Udemy

Detaillierte Informationen zu Tools und Ressourcen, die dir helfen können, ein ortsunabhängiges Einkommen aufzubauen, findest du auf unserem Blog unter: https://new-work-life.com/portfolio/berater-fuer-organisationsdesign.

HIER FINDEST DU WEITERE INFORMATIONEN

Bundesverband Deutscher Unternehmensberater BDU e.V.:
https://www.bdu.de
Die KMU-Berater - Bundesverband freier Berater e. V.:
https://www.kmu-berater.de

4.5 BUCHHALTER

Als Buchhalter kümmerst du dich um die Aufbereitung der Finanzdaten von Unternehmen. Du sorgst dafür, dass alle Erträge und Aufwände eines Unternehmens periodengerecht erfasst und abgebildet werden. Deine Arbeitgeber können große Unternehmen, aber auch Freelancer sein.

WAS SIND MÖGLICHE AUFGABEN?
- Eingangsrechnungen und Ausgangsrechnungen in Buchhaltungssystemen erfassen
- Sorge tragen, dass alle Rechnungen fristgerecht gezahlt werden
- Bezahlte Rechnungen strukturiert ablegen und archivieren
- Forderungs- und Verbindlichkeitsbestände überwachen und nachhalten
- Finanzanalysen und -berichte erstellen
- Mitarbeit bei der Budgetplanung
- Monats-, Quartals- und Jahresabschlüsse erstellen
- Zusammenarbeit mit Steuerberater
- Umsatzsteuervoranmeldung vorbereiten und beim Finanzamt einreichen
- Löhne und Gehälter vorbereiten und auszahlen

WELCHE AUSBILDUNG BENÖTIGST DU?
Die Berufsbezeichnung Buchhalter ist nicht geschützt. Um Buchhalter zu werden, benötigst du keine spezielle Ausbildung. Üblich ist, dass Buchhalter eine kaufmännische Ausbildung bzw. ein kaufmännisches Studium (z. B. BWL mit Schwerpunkt Accounting) absolvieren, bevor sie den Beruf als Buchhalter ausüben.

WELCHE FÄHIGKEITEN SOLLTEST DU MITBRINGEN?
- Interesse an Zahlen und Finanzen
- Strukturierte Arbeitsweise
- Präzision und Detailgenauigkeit
- Diskretion
- Analysestärke

UNSER ROLEMODEL FÜR DEN BERUF DES BUCHHALTERS

Name: Amanda Altman
Unternehmen: Magnolia Virtual Solutions
Homepage: https://www.magnoliavirtual.com

Amanda ist Buchhalterin und bietet virtuelle Buchhaltungsdienstleistungen für kleine Unternehmen an. Hierfür bedient sie sich der cloud-basierten Buchhaltungssoftware Quickbooks, wofür sie zertifiziert ist. Vor ihrer Tätigkeit als virtuelle Buchhalterin hat Amanda an der University of

Central Florida, USA, einen Bachelor in Psychologie absolviert und dann mehrere Jahre in unterschiedlichen Funktionen in verschiedenen Unternehmen gearbeitet. Zur Buchhaltung ist sie durch Zufall gekommen. Als sie bei einer lokalen Marketingagentur angestellt war, hatte die Besitzern Probleme mit ihren Büchern, woraufhin Amanda anbot, sich der Aufgabe anzunehmen und Buchhaltung im Selbststudium zu lernen. Buchhaltung machte ihr so viel Spaß, dass sie irgendwann entschied, sich darauf zu spezialisieren. Mittlerweile hat Amanda ein breites Spektrum an Berufserfahrung gesammelt und mit Kunden in unterschiedlichen Branchen zusammengearbeitet. Amanda verdient als Buchhalterin online Geld, indem sie über ihre Website https://www.magnoliavirtual.com cloudbasierte Buchhaltungsservices wie z. B. Kreditorenbuchhaltung, Debitorenbuchhaltung, Anlagenbuchhaltung, Lohnabrechnung, etc. anbietet.[44]

WOMIT KANNST DU ORTSUNABHÄNGIG GELD VERDIENEN? – EINIGE IDEEN

Beschäftigungsformen: Du kannst entweder als Freelancer für verschiedene Auftraggeber arbeiten, Angestellter einer Firma sein, die es dir ermöglicht ortsunabhängig zu arbeiten, oder du wirst unternehmerisch tätig. In Kapitel 6 findest du verschiedene Jobportale, die sich auf ortsunabhängiges Arbeiten spezialisiert haben.

Die folgenden Zeilen geben dir ein paar Ideen an die Hand, wie du ortsunabhängig mit diesem Beruf Geld verdienst. Der Abschnitt ist bewusst kurzgehalten, da viele der Ideen bereits in Kapitel 3 angesprochen wurden. Solltest du an der ein oder anderen Stelle den Wunsch nach mehr Inhalt verspüren, blättere einfach nochmal zum Anfang zurück. Nähere Informationen, wie du Themen für Bücher und Online-Kurse findest, erhältst du in Kapitel 5. Schau außerdem gerne auf unserem Blog vorbei, für alle genannten Tools und Ressourcen im Überblick: https://new-work-life.com/portfolio/buchhalter.

Führe bestimmte Kernaufgaben ortsunabhängig aus
Sieh dir die typischen Aufgaben eines Buchhalters an und überlege dir, welche davon du ortsunabhängig ausüben kannst. Kannst du mit Kunden, Geschäftspartnern, Kollegen, etc. virtuell kommunizieren und sie beraten,

---

[44] Quelle: https://www.magnoliavirtual.com/aboutme, abgerufen am 28.08.2018.

indem du von Kommunikations- und Kollaborationsmedien wie Videotelefonie (z. B. Skype), Web-Konferenz (z. B. FreeConferenceCall), Desktop Sharing (z. B. Skype), Chat (z. B. Slack), E-Mail (z. B. Gmail) Gebrauch machst? Kannst du die Buchhaltung deiner Auftraggeber / deines Arbeitgebers online, cloudbasiert mit entsprechender Software erledigen? Vermarkte deine Leistungen über eine eigene Website und über Online-Marktplätze wie z. B. Upwork.com, Freelancer.com, Twago.de und ggf. Fiverr.com.

Entwickle Arbeitsvorlagen bzw. (Excel)Templates

Diese stellst du Freelance-Controllern, -Buchhaltern und/oder kleinen Unternehmen ohne umfangreiche Buchhaltungs- und Controllingsoftware online gegen eine Gebühr zum Download zur Verfügung. Du könntest z. B. Vorlagen für die Planung von Budgets, für die Planung der Liquidität (Cashflowrechnung), für die Deckungsbeitragsrechnung, für Soll-Ist-Analysen, etc. entwickeln und verkaufen. Gestalte deine Vorlagen so, dass sie vom Nutzer bei Bedarf flexibel angepasst werden können. Vermarkte deine Templates über eine eigene Website und/oder über einen Online-Marktplatz für digitale Produkte wie z. B. Digistore24.com.

Gründe eine Online Academy

Bilde angehende Buchhalter aus, ggf. mit Zertifizierung nach erfolgreichem Abschluss der Academy. Die Zertifizierung könnte als eine Art Gütesiegel dienen, denn für den Beruf als Buchhalter gibt es keine offizielle Ausbildung. In der Academy gibst du deinen Schülern das nötige Rüstzeug an die Hand, damit sie nach ihrer Ausbildung erfolgreich als Buchhalter durchstarten und mit ihren neu erworbenen Kenntnissen Geld verdienen können.

Entwickle und verkaufe Online-Kurse

Du kannst z. B. Buchhalter in der Ausbildung adressieren oder Geschäftsführer von kleinen Unternehmen bzw. Freelancer, die ihre Finanzen besser verstehen möchten. Wie wäre es z. B. mit einem Kurs zum Thema „Einführung in die Buchhaltung für angehende Buchhalter – Lerne die Basics in 10 Schritten", oder „Buchhaltung für Geschäftsführer – So verstehen Sie ihre Zahlen auch ohne Buchhalter".

STARTER TOOLKIT – DAS BRAUCHST DU, UM LOSZULEGEN

Notebook, Smartphone

SOFTWARE:
- Office: z. B. Microsoft Office oder Google Docs
- Kommunikation: z. B. Skype, WhatsApp, Slack, Gmail
- Website / Webshop: z. B. WordPress oder Shopify
- Cloudbasierte Datenspeicherung: z. B. Dropbox oder Google Drive
- Buchhaltungssoftware: z. B. QuickBooks

BÜCHER UND TUTORIALS:
- Buch: „Buchführung und Bilanzierung für Dummies – Jubiläumsausgabe", von Michael Griga und Raymund Krauleidis
- Buch: „Übungsbuch Buchführung für Dummies", von Michael Griga und Carmen Schönleben
- Buch: „Basiswissen Rechnungswesen: Buchführung, Bilanzierung, Kostenrechnung, Controlling", von Volker Schultz
- Buch: „Buchhaltung und Jahresabschluss: Mit Aufgaben und Lösungen", von Prof. Dr. Ulrich Döring und Prof. Dr. Rainer Buchholz
- Tutorial: „Bookkeeping Basics: Understand the Fundamentals. Learn bookkeeping terms and concepts to make owners, employees & students more confident and successful!", von Ron Trucks, auf Udemy

Detaillierte Informationen zu Tools und Ressourcen, die dir helfen können, ein ortsunabhängiges Einkommen aufzubauen, findest du auf unserem Blog unter: https://new-work-life.com/portfolio/buchhalter.

HIER FINDEST DU WEITERE INFORMATIONEN

Bundesverband der Bilanzbuchhalter und Controller e.V.:
https://www.bvbc.de/bundesverband-der-bilanzbuchhalter-und-controller
Bundesverband selbständiger Buchhalter & Bilanzbuchhalter:
https://www.bbh.de

4.6 BUSINESS ANALYST

Als Business Analyst hilfst du dabei, Veränderungsprozesse in einem Unternehmen umzusetzen. Dabei achtest du darauf, dass die zukünftige Ausrichtung mit den Unternehmenszielen in Einklang steht. Um das zu gewährleisten, musst du die aktuelle organisatorische Situation verstehen und die zukünftigen Bedürfnisse identifizieren. Im Anschluss daran entwickelst du Lösungen, die den entsprechenden Anforderungen gerecht werden. Das können sowohl organisatorische als auch technische Lösungen sein.

WAS SIND MÖGLICHE AUFGABEN?
- Bedürfnisse der Organisation identifizieren
- Chancen und Risiken identifizieren
- Interviews mit Mitarbeitern aus unterschiedlichen Fachbereichen führen
- Prozesse modellieren
- Lösungsvorschläge erarbeiten, präsentieren und Feedback einholen
- Präsentationen erstellen und dem Management vorstellen

WELCHE AUSBILDUNG BENÖTIGST DU?
Um als Business Analyst zu arbeiten solltest du im Idealfall ein wirtschaftswissenschaftliches bzw. betriebswirtschaftliches Studium absolviert haben. Grundsätzlich existiert kein vorgeschriebener Ausbildungsweg und ein Quereinstieg ist möglich. Es gibt unterschiedliche Schulungen, Lehrgänge und Weiterbildungen, die konkret auf die Aufgaben eines Business Analysten vorbereiten. Beim International Institute of Business Analysis (IIBA) kannst du ein Zertifikat erlangen, das internationalen Standards entspricht und besonders dann sinnvoll ist, wenn du im Ausland arbeiten möchtest.

WELCHE FÄHIGKEITEN SOLLTEST DU MITBRINGEN?
- Ausgezeichnete Kommunikationsfähigkeiten
- Präsentationsgeschick
- Motivator
- Stressresistenz
- Organisation und Strukturiertheit
- Lösungsorientierung

UNSER ROLEMODEL FÜR DEN BERUF DES BUSINESS ANALYST

Name: Laura Brandenburg
Unternehmen: Bridging the Gap
Homepage: https://www.bridging-the-gap.com | https://www.laurabrandenburg.com
Kontakt: info@bridging-the-gap.com

Laura hat das Online-Schulungsunternehmen *Bridging the Gap* gegründet, das Business Analysten dabei hilft, ihre Karriere zu beginnen. Sie arbeitet von zu Hause aus und hat ein Team von sechs freien Mitarbeitern, die in den Vereinigten Staaten verteilt und in einigen Fällen außerhalb der USA leben und arbeiten.

Bevor Laura mit ihrem Online-Dienst begonnen hat, hat sie einen Bachelor-Abschluss in Philosophie und Englisch und einen Master in Bibliotheks- und Informationswissenschaften erworben. Ihren Master-Abschluss hat sie parallel zu ihrer Vollzeit-Arbeit gemacht.

Bevor sie im Jahr 2008 *Bridging the Gap* gründete, hat Laura in verschiedenen Funktionen in den Bereichen Qualitätssicherung, Geschäftsanalyse und im Management in verschiedenen Unternehmen gearbeitet.

Ihre Freunde und Familie bezeichnen Laura als eine fokussierte und leidenschaftliche Person, die einen unabhängigen, aktiven und kreativen Geist hat. Sie versuche immer, sich zu verbessern und ihre Fähigkeiten auszubauen. Sie sagen, dass sie für einen größeren Zweck lebe und die Welt zu einem besseren Ort machen möchte.

Unsere Fragen beantwortet Laura aus dem Home-Office in North Carolina.

INTERVIEW MIT LAURA BRANDENBURG VON BRIDGING THE GAP

Wie verdienst du dein Geld als Remote Worker?
Wir verkaufen Online-Kurse und digitale Toolkits an Business Analysten und Business-Analysten-Teams. Zudem habe ich ein Buch veröffentlicht, „How to Start a Business Analyst Career", das ein Bestseller geworden ist. Weiterhin biete ich ausgewählte High-Level-Coachings für diejenigen an, die ihr Online-Geschäft starten oder erweitern wollen.

Wie bist du auf die Ideen für deine Produkte und Services gekommen? Hast du eine bestimmte Methodik verfolgt?

Als ich anfing zu bloggen, schickten mir die Leute E-Mails mit Fragen zum Einstieg in den Beruf eines Business Analysten und zu den Vorlagen, die ich verwendet habe zu. Ebenfalls wollten sie wissen, wie sie ihre Fähigkeiten in bestimmten Bereichen erweitern können. Unsere erfolgreichsten Produkte haben wir immer aus dem abgeleitet, was unsere Community sich wünscht.

Wie findest du neue Kunden?

Primär gewinnen wir unsere Kunden durch unsere organische Platzierung in Suchmaschinen wie Google. Wir bekommen aber auch viele Empfehlungen von lokalen Business-Analyst-Communities und Berufsverbänden.

Was war deine Motivation, ortsunabhängig zu arbeiten?

Als ich in der Beratung begonnen hatte, wurde mir schnell klar, dass diese Arbeit mir nicht den Raum und die Zeit bieten würde, die ich haben wollte, wenn ich Mutter würde. Lustigerweise war ich zu diesem Zeitpunkt noch nicht einmal mit meinem Freund (jetzt Ehemann) verheiratet. Man kann mir unterstellen, dass ich gerne im Voraus plane!

Als ich Mutter wurde, habe ich angefangen, mein Online-Training und Coaching aufzubauen, um weiterhin Geld zu verdienen und um mich in beruflicher Hinsicht fit zu halten. Ursprünglich hatte ich immer den Plan, wieder in ein traditionelles Berufsumfeld zurückzukehren.

Als ich aber mein Unternehmen gründete und einige frühe Erfolge verzeichnen konnte, wurde mir schnell klar, dass ich damit viel mehr erreichen konnte, als ich initial gedacht hatte. Ich könnte mit meinem Geschäft, wenn ich es ausbaute, eine viel größere Wirkung entfalten, mehr Einkommen erzielen und mehr Freiheit genießen als in einem herkömmlichen Umfeld. Mein Geschäft erfüllt mich voll und ganz und ermöglicht mir das Leben zu leben, das ich leben möchte.

Was waren deine größten Herausforderungen, um ein Remote-Einkommen zu generieren und wie hast du diese bewältigt?

Sales und Marketing. Ich wusste nicht viel über diese Bereiche, als ich meine Firma gegründet habe. Oft fühlte ich mich überrannt von Leuten, die nach kostenlosen Ressourcen und Ratschlägen fragten. Ich investiere permanent und sehr viel in meine persönliche Entwicklung in den Bereichen Marketing und Vertrieb. Ich möchte, dass diese Bereiche authentisch sind und meinen Kunden einen Mehrwert bieten.

Wie sieht ein normaler Arbeitstag in deinem Leben als Remote Worker aus? Hast du eine tägliche Routine?
Ich liebe es, aufzuwachen, für ein paar Stunden zu arbeiten, dann zu trainieren (und dann zu duschen). Diese Routine passt gut zu meinem Körperrhythmus und ermöglicht mir einen intensiven, fokussierten Kreativzyklus am frühen Morgen, der in den meisten traditionellen Jobs nicht realisierbar wäre.

Was sind die Vor- und Nachteile ortsunabhängiger Arbeit aus deiner Sicht?
Es gibt so viele Vorteile! Wir sind kürzlich mit unserer Familie von Colorado nach North Carolina gezogen. Wir liebten Colorado, aber wir haben gemerkt, dass wir die Nähe zum Wasser noch mehr lieben. Der Ozean rief förmlich nach uns.

Im Sommer verbringen wir auch viel Zeit in Michigan, in der Nähe meiner Familie und abseits der stark besuchten Strände von North Carolina. In der Zeit vermieten wir unser Haus und generieren nicht unerhebliche Mieteinnahmen. Ansonsten liebe ich es, aufzuwachen und das Wasser zu sehen. Es nährt meine Seele und beflügelt meine Kreativität.

Dort, wo wir leben, müssen die meisten Menschen fast eine Stunde fahren, um zu ihren gut bezahlten Bürojobs zu kommen. Wir hingegen verlassen unser Home-Office eigentlich nur, um unsere Kinder von der Schule abzuholen oder für gelegentliche Geschäftsreisen. Sowohl mein Mann als auch ich benötigen für unsere Arbeit lediglich unsere Laptops und eine Internetverbindung. Ansonsten können wir von überall aus arbeiten.

Der einzige Nachteil, an den ich denken kann, ist, dass es Disziplin erfordert, sich frei zu nehmen und die Arbeit zu unterbrechen. Ich sehe das nicht so sehr als eine Folge des ortsunabhängigen Arbeitens, da fast jeder heute seine Arbeit überall mit hinnehmen kann. Aber weil unser Lebensstil so flexibel ist und wir in Gebieten leben, in denen andere gerne Urlaub machen, müssen wir uns wirklich disziplinieren und eine Auszeit nehmen und auch selbst mal Urlaub machen.

Last but not least: Hast du noch weitere hilfreiche Tipps für unsere Leser?
Überlege dir genau, was dir wichtig ist und was du willst. Denke nicht darüber nach, wovor du Angst hast.

Wenn du dieses Buch liest, gehe ich davon aus, dass du bereit bist für Mehr und dass du nach Möglichkeiten suchst, mit der Konvention, einfach jeden Tag in ein Büro zu gehen, zu brechen. Mich hat diese Entscheidung zur Gründung eines Online-Geschäfts geführt, was eine von vielen Möglichkeiten ist.

Unabhängig davon, was du am Ende machen wirst, sei bereit, deine Zeit zu schätzen, deine eigenen Routinen zu finden und zu überdenken, was Arbeit für dich bedeutet. Warum bist du wirklich hier? Was ist dein größerer Zweck? Was soll dein Vermächtnis sein? Wem willst du helfen?

Hab keine Angst, den ersten Schritt zu gehen und den Kurs zu korrigieren, wenn du dich erstmal auf den Weg begeben hast. Du wirst viele gute Ideen aus diesem Buch mitnehmen und herausfinden, was für dich funktioniert, wenn du loslegst. Am Ende des Tages musst du auch nicht alles allein machen. Egal, welchen Weg du einschlägst, es gibt immer Ressourcen und Menschen, die dir weiterhelfen. Suche ein Programm, einen Coach oder einen Mentor, der dir den Weg zeigen kann. So wirst du deine Ziele schneller erreichen und herausfinden, was alles möglich ist.

WOMIT KANNST DU ORTSUNABHÄNGIG GELD VERDIENEN? – EINIGE IDEEN

Beschäftigungsformen: Du kannst entweder als Freelancer für verschiedene Auftraggeber arbeiten, Angestellter einer Firma sein, die es dir ermöglicht ortsunabhängig zu arbeiten, oder du wirst unternehmerisch tätig. In Kapitel 6 findest du verschiedene Jobportale, die sich auf ortsunabhängiges Arbeiten spezialisiert haben.

Die folgenden Zeilen geben dir ein paar Ideen an die Hand, wie du ortsunabhängig mit diesem Beruf Geld verdienst. Der Abschnitt ist bewusst kurzgehalten, da viele der Ideen bereits in Kapitel 3 angesprochen wurden. Solltest du an der ein oder anderen Stelle den Wunsch nach mehr Inhalt verspüren, blättere einfach nochmal zum Anfang zurück. Nähere Informationen, wie du Themen für Bücher und Online-Kurse findest, erhältst du in Kapitel 5. Schau außerdem gerne auf unserem Blog vorbei, für alle genannten Tools und Ressourcen im Überblick: https://new-work-life.com/portfolio/business-analyst.

Werde virtueller Berater
Berate Unternehmen in Veränderungsprozessen. Identifiziere den Veränderungsbedarf eines Unternehmens, indem du Interviews mit dem Management und den Fachabteilungen durchführst. Erarbeite auf Basis deiner Erkenntnisse Lösungsvorschläge und modelliere künftige Prozesse.

Schreibe ein eBook

Finde ein Thema, das dich interessiert und für das Nachfrage besteht. Du könntest z. B. einen Ratgeber für Menschen mit Karrierewechselabsicht schreiben, indem du erklärst, welche Vorteile der Beruf als Business Analyst mit sich bringt und wie man Business Analyst werden kann. Oder du schreibst ein Buch für Menschen, die bereits Business Analysten sind und auf der Suche nach einem Job sind. Du könntest diese Menschen mit deinem Buch gezielt auf Job-Interviews für Business Analysten vorbereiten. Wie genau du Themen findest, kannst du im Kapitel 5 nachlesen.

Entwickle Arbeitsvorlagen bzw. Templates für Business Analysten

Du könntest z. B. Templates zu folgenden Themen entwickeln und verkaufen: E-Mail Vorlagen für Business Analysten, Fragebögen für Mitarbeiter-Interviews, Checklisten zur Ermittlung von Unternehmensanforderungen, Vorlagen für Projektplanung, Chancen-Risiken-Charts, Prozessmodellierungstemplates, etc.

Entwickle und verkaufe Online-Kurse

Wie wäre es z. B. mit einem Kurs zur Vorbereitung auf das CCBA-Examen (Certification of Competency in Business Analysis) des IIBA? Oder einem Kurs zu Themen wie z. B. Datenmodellierung, Prozessanalyse für Business Analysten?

STARTER TOOLKIT – DAS BRAUCHST DU, UM LOSZULEGEN

Notebook, Smartphone

SOFTWARE:
- Office: z. B. Microsoft Office oder Google Docs
- Kommunikation: z. B. Skype, WhatsApp, Slack, Gmail
- Website / Webshop: z. B. WordPress oder Shopify
- Projektmanagement: z. B. Trello
- Visualisierung von Prozessen, Netzwerkdiagrammen und Organisationsstrukturen: z. B. Gliffy oder Creately

BÜCHER UND TUTORIALS:
- Buch: „Business Analysis For Dummies", von Kupe Kupersmith

Detaillierte Informationen zu Tools und Ressourcen, die dir helfen können, ein ortsunabhängiges Einkommen aufzubauen, findest du auf unserem Blog unter: https://new-work-life.com/portfolio/business-analyst.

4.7 BUSINESS COACH

Als Business Coach unterstützt du Unternehmer und Angestellte (vorrangig Führungskräfte) dabei, sich beruflich (weiter) zu entwickeln, Ziele zu erreichen und Herausforderungen zu bewältigen. Durch aktives Zuhören und spezielle Fragetechniken führst du deine Klienten zu Reflektion und Selbsterkenntnis und hilfst ihnen, verborgene Potenziale und Motivatoren zu erkennen, die ihnen beruflich weiterhelfen. Anders als dies Berater oder Trainer tun, gibst du deinen Kunden keine vorgefertigten Lösungsvorschläge an die Hand oder lehrst sie bestimmtes Wissen. Vielmehr sorgst du dafür, dass Kunden selbst auf die Lösung eines Problems, einer Frage oder eines Sachverhaltes kommen.

WAS SIND MÖGLICHE AUFGABEN?
- IST-Situation eines Klienten erörtern, durch aktives Zuhören und gezielte Fragetechniken
- Selbstreflektion und Erkenntnisgewinn beim Klienten herbeiführen, z. B. in Bezug auf eigene Stärken und Fähigkeiten
- Hilfestellung geben, um berufliche Ziele zu definieren und/oder zu erreichen
- Hilfestellung geben, um berufliche Herausforderungen zu meistern und Veränderungen im eigenen Business bzw. Geschäftsfeld zuzulassen
- Motivation in Bezug auf anstehende Veränderungsprozesse geben
- Klienten bei Veränderungsprozessen begleiten und unterstützen

WELCHE AUSBILDUNG BENÖTIGST DU?
Die Berufsbezeichnung Business Coach ist gesetzlich nicht geschützt. Du benötigst folglich nicht zwingend eine bestimmte Ausbildung für den Job. Dennoch ist es ratsam, zuvor ein paar Jahre als Unternehmer oder als Führungskraft in einem Unternehmen gearbeitet zu haben, da der Job einen diesbezüglichen Erfahrungsschatz voraussetzt. Von Vorteil ist ebenfalls eine Ausbildung zum zertifizierten Coach.

WELCHE FÄHIGKEITEN SOLLTEST DU MITBRINGEN?
- Sehr gute Zuhörerqualitäten und Empathie
- Analysekompetenz
- Gutes Kommunikationsvermögen
- Kontaktfreude und Spaß am Umgang mit Menschen
- Fähigkeit, andere zu motivieren

UNSERE ROLEMODELS FÜR DEN BERUF DES BUSINESS COACHES

Name: Johanna Fritz
Unternehmen: Johanna Fritz - Kreative Rockstars
Homepage: https://byjohannafritz.de
Podcast: Kreative Rockstars
Kontakt: hallo@byjohannafritz.de |
Instagram: byjohannafritz

Johanna ist selbständig. Eigentlich ist sie Illustratorin, hat sich aber mehr und mehr zu einem Business Coach für kreative Frauen entwickelt. Als solche bietet sie Coaching Sessions und einen Online-Kurs an. Im Jahr 2006 hat Johanna einen Abschluss als Kommunikationsdesignerin gemacht. In die Selbständigkeit als Illustratorin hat sie sich bereits während des Studiums im Jahr 2005 gewagt.

Freunde und Familie sagen über Johanna, sie sei immer gut gelaunt, denke positiv und sprudele nur so vor Ideen. Dabei wisse sie genau, was sie will und setze es um. Man könne auch sagen, sie sei ein kleiner Sturkopf.

Unsere Interview-Fragen beantwortet Johanna am äußersten Rande Stuttgarts, wo sie zuhause ist.

INTERVIEW MIT JOHANNA FRITZ VON JOHANNA FRITZ – KREATIVE ROCKSTARS

Wie verdienst du dein Geld als Remote Worker?
Ich verdiene mein Geld als Business Beraterin für kreative Frauen. Hier habe ich Onlinekurse, eBooks und ab Ende September 2018 eine

Membership-Seite. Hinzu kommen Einnahmequellen aus Coaching, Affiliate Marketing, meinem Podcast, Influencer-Kampagnen und Illustration. Letzteres mache ich mittlerweile jedoch kaum noch. Aus dem einfachen Grund, dass die Nachfrage nach meinem jetzigen Angebot so hoch ist, und weil ich nach dreizehn Jahren Illustrieren einfach mal etwas Neues brauchte.

Wie bist du auf die Ideen für deine Produkte gekommen? Hast du dabei eine bestimmte Methodik verfolgt?
Meine Online-Kurse, die bisher sehr auf Illustratoren zugeschnitten waren, ergaben sich einfach aus der Nachfrage heraus. Das berühmte „gut zuhören" kam hier wohl zum Einsatz. Mir wurden so viele Fragen über die Livestreams zu meinem Beruf gestellt, dass mir schnell klar wurde, dass hier scheinbar Bedarf für mehr Informationen besteht. Daher war es auch sehr einfach, diesen Kurs zu vermarkten und erste Käufer dafür zu gewinnen.

Mit der Membership-Seite ist es so, dass sie allgemein für starke Frauen ist, die ihr eigenes Business rocken wollen. Durch den Podcast habe ich gemerkt, wie sehr die Zielgruppe sich ausgeweitet hat und dass meine Inhalte längst nicht mehr nur für Illustratoren gelten.

Von daher: Es ist gar nicht so schwierig Produktideen zu generieren. Eigentlich muss ich nur gut hinhören, worüber meine Community sich unterhält, um zu wissen, wie ich ihnen helfen kann.

Wie lange hat es gedauert, bis du deine ersten 1.000 Euro an monatlichem Einkommen durch deine ortsunabhängige Arbeit generiert hast?
Das war damals meine erste Illustration, noch während des Studiums. Von daher könnte man sagen, ich hatte den ersten Auftrag ehe ich mich überhaupt offiziell angemeldet hatte. Zuerst habe ich mein Portfolio verschickt, dann kam der Auftrag und schwupps habe ich die Anmeldung fürs Finanzamt ausgefüllt. Ich glaube es ist ein toller Vorteil, wenn man sich bereits während des Studiums selbständig macht. So hat man nicht das berühmte schwarze Loch nach dem Abschluss, in das man fallen kann, wenn die Kunden nicht gleich Schlange stehen. Damals habe ich vom Wohnzimmertisch aus gearbeitet.

Wie hast du deine ersten Kunden gefunden, mit denen du remote zusammengearbeitet hast?
Ich habe damals einfach meine Illustrationen zu Verlagen geschickt und hatte dann das Glück, dass ich so einen Fuß in die Tür bekam.

Wie findest du neue Kunden?
Meine Kunden sind meist Teil meiner Community, die ich mir über die Jahre via Instagram, Facebook und Livestreams (angefangen noch mit Periscope) aufgebaut habe. Hinzu kommt seit 2017 mein Podcast „Kreative Rockstars" und das dadurch immer größer werdende Netzwerk. Ohne Netzwerk geht alles halb so langsam und macht nur halb so viel Spaß.

Was war deine Motivation, ortsunabhängig zu arbeiten?
Für mich war zuallererst wichtig, selbständig zu sein, weil ich keinen Chef im klassischen Sinne haben wollte. Dass ich durch meine damalige Berufswahl als Illustratorin und heute als Business Beraterin ortsunabhängig arbeiten kann, ist natürlich wunderbar.
Ich wusste schon während des Studiums, dass ich mal Kinder haben möchte. Durch das remote arbeiten, kann ich diese beiden Teile meines Lebens wunderbar miteinander kombinieren. Heute ist es so, dass ich es toll finde, zu wissen, dass ich auch aus dem Urlaub heraus mal eine Stunde coachen kann, wenn es nicht anders passt, oder dass der Onlinekurs auch läuft, obwohl ich nicht selbst gerade darin involviert bin.

Was waren deine größten Herausforderungen, um ein Remote-Einkommen zu generieren und wie hast du diese bewältigt?
Zu Beginn war es bestimmt der ganze Prozess, einen Online-Kurs zu erstellen. Das Launchen mit allem, was dazugehört. Ich habe mir damals einen Coach aus den USA geholt, weil ich wusste, dass es auf diese Weise viel schneller und besser funktionieren würde. Ich hätte mir natürlich auch alles allein zusammensuchen können. Aber auf diese Weise hatte ich jemanden mit einer Anleitung an meiner Seite und wusste, dass ich ihr alle zwei Wochen bei unseren Calls etwas liefern wollte. Für mich war das eine perfekte Lösung und das Geld hat sich mit dem Launch des dadurch entstandenen Kurses mehrfach wieder eingespielt. Worüber sie sich mindestens genauso gefreut hat wie ich.

Wie sieht ein normaler Arbeitstag in deinem Leben als Remote Worker aus? Hast du eine tägliche Routine?
Ich habe tatsächlich zum Teil ganz klassische Arbeitszeiten von 9 Uhr bis 15.30 Uhr, weil da meine Kinder in Kindergarten und Schule sind. Manchmal arbeite ich noch abends ein wenig, mittlerweile aber seltener. Je nachdem wie das Wetter ist, arbeite ich an unterschiedlichen Orten. Wenn die Sonne lacht, arbeite ich sehr gerne einfach auf der Terrasse. Wenn es zu heiß wird, verkrieche ich mich in mein externes Büro, dass ich neben vielen anderen Kreativen in einem Gebäude habe. Wenn mir da die Decke auf

den Kopf fällt, schnappe ich mir auch gerne den Laptop, hole mir einen Iced Latte und ziehe mich in den Schatten der Weinberge zurück.

Name: Michelle Ohana
Unternehmen: Michelle Ohana
Homepage: http://www.michelleohana.com
Kontakt: http://www.michelleohana.com/contact

Michelle ist seit 2017 selbständiger Intuitive Success Coach. In dieser Rolle hilft sie Frauen dabei, ihr volles Potenzial auszuschöpfen. Bevor Michelle ihre eigene Berufung fand, hat sie einen Abschluss in Bildender Kunst gemacht, als Barkeeper gearbeitet und bis 2009 die Welt bereist. Dann wurde sie Animatorin und hat für Pixar und andere Studios gearbeitet.

Freunde und Familie sagen, dass sie ein empathischer, kreativer, freier Geist sei, der sich um alle Lebewesen kümmere und nach der tieferen Wahrheit dürste. Ihr Mann bezeichnet sie als unbeschwert und verrückt (im positiven Sinne). Sie sagt von sich selbst, dass sie einen ultra-sensiblen Geist habe.

Unsere Fragen beantwortet Michelle in einem Van, während eines Roadtrips durch Kalifornien, USA.

INTERVIEW MIT MICHELLE OHANA IN IHRER ROLLE ALS BUSINESS COACH

Wie verdienst du dein Geld als Remote Worker?

Ich bin Intuitive Success Coach und helfe Unternehmerinnen dabei, alles zu überwinden, was sie davon abhält, ein erfolgreiches Geschäft und ein erfolgreiches Leben zu führen. Ich sehe in der Regel, was sie von ihrem Erfolg abhält und gemeinsam gehen wir auf ihre Probleme ein und versuchen, sie zu lösen. Ich arbeite mit Frauen auf 1:1 Basis und wir kommunizieren via Zoom oder Skype, daher habe ich Kunden auf der ganzen Welt. Mein Haupteinkommen beziehe ich aus meiner 1:1 Coaching-Arbeit.

Wie lange hat es gedauert, bis du deine ersten 1.000 Euro an monatlichem Einkommen durch deine ortsunabhängige Arbeit generiert hast?

Im ersten Monat meiner Selbständigkeit habe ich gleich 4.500 Euro verdient, was für einen ersten Monat wirklich erstaunlich war. Ich habe etwa fünf Monate gebraucht, um mein Geschäft aufzubauen. Dann hatte ich meine Pakete gut durchdacht und alles online eingerichtet. Nun, nicht alles, aber genug, um loszulegen. Es hat so lange gedauert, weil ich anfänglich nicht einmal wusste, welche Art Coach ich sein wollte.

Wie hast du deine ersten Kunden gefunden, mit denen du remote zusammengearbeitet hast?
Über meine Facebook-Gruppe. In meiner Facebook-Gruppe hatte ich zu einer Challenge aufgerufen, die ein großer Erfolg war. Es ging darum, eine Brand Story zu schreiben. Durch diese Aktion habe ich gleich im ersten Monat erste Kunden gewonnen. Es war eine riesige Überraschung und eine sehr schöne noch dazu!

Wie findest du neue Kunden?
Bis dato vermarkte ich mich nur auf Facebook und Instagram. Der Großteil meiner Kunden kommt über Facebook und über Empfehlungen. Ich habe eine Facebook-Community, die ich liebe, und ich poste Inhalte auf meiner Facebook-Business-Seite.
Auf Instagram poste ich Dinge, über die ich zum jeweiligen Zeitpunkt nachdenke. Das zieht auch die richtigen Leute an. Ich habe zudem eine kleine E-Mail-Liste, ich schicke allerdings eher selten E-Mails. Ich glaube fest daran, dass es egal ist, wie viele Menschen man auf seiner Liste hat. Wenn man weiß, was einen von anderen unterscheidet und wovon man spricht, kommen die richtigen Kunden von alleine, ohne, dass man sich eine große Followerschaft aufbauen muss. Außerdem liebe ich, was ich tue, und ich weiß, wie mächtig das ist. Das Vertrauen in das, was man tut, ist der Schlüssel zum Marketing und Verkauf.

Was war deine Motivation, ortsunabhängig zu arbeiten?
Ich passe nicht wirklich in die normale Arbeitswelt, dafür bin ich einfach nicht gemacht. Ich habe es gehasst, von neun bis fünf zu arbeiten. Ich wollte mir ein Leben schaffen, in dem ich z. B. Mittwochnachmittage mit meinem Mann verbringen kann und dann stattdessen bis 2 Uhr nachts arbeite, wenn ich mich inspiriert fühle.
Ich liebe es, zu reisen und ich möchte in der Lage sein, wann immer ich möchte, lange Urlaub zu machen. Außerdem langweile ich mich schnell, wenn ich über einen zu langen Zeitraum das Gleiche mache. Was ich an meiner Selbständigkeit toll finde, ist die Tatsache, dass sich mein Geschäft mit mir zusammen entwickelt, dass ich so kreativ sein kann, wie ich es will und dass ich die Dinge so ändern kann, wie ich es für richtig halte.

Wie hast du deine Remote-Karriere begonnen? Gab es irgendwelche Tools, die dir dabei geholfen haben, ortsunabhängig zu arbeiten?
Am Anfang stand der innige Wunsch, das Leben anderer Menschen hin zum Besseren zu verändern. Daraufhin habe ich in ein 6-monatiges Business-Coaching-Programm investiert. Im Anschluss an das Programm habe ich mit zwei Mentoren auf 1:1 Basis zusammengearbeitet, mir eine Mastermind Gruppe gesucht und haufenweise Bücher gelesen und Kurse gemacht, um zu lernen, wie ich ein erfolgreiches Online-Geschäft führen kann. Es gibt so viele Bücher, die ich gut finde, dass es mir schwerfällt, eine Auswahl zu treffen und diese zu empfehlen. Meines Erachtens ist es am wichtigsten, an seinem Mindset zu arbeiten. Von daher kann ich nur jedem raten, Bücher zu lesen, die dabei helfen, das eigene Mindset und Leben zu verbessern. Meine persönlichen Favoriten dafür sind „The Big Leap" von Gay Hendricks, „Denke nach und werde reich" von Napoleon Hill und „Du bist der Hammer!" von Jen Sincero. Neben den Büchern würde ich definitiv jedem empfehlen, sich einen Mentor zu suchen. Es spart viel Zeit, Stress und Geld, wenn jemand einem zeigt, wie man erfolgreich seinen Weg geht. Es ist nicht einfach, ein Geschäft zu gründen, ansonsten würde es jeder tun. Ich sehe viele Leute, die versuchen, alles alleine zu machen und einfach kopieren, was andere tun. Das kann funktionieren, aber meistens sind das genau die Leute, die am Ende vor Überforderung scheitern und ausbrennen. Es ist sehr wichtig, sich mit gleichgesinnten Unternehmern zu verbinden, die einen auf dem Weg zum Unternehmertum unterstützen. Ich weiß nicht, ob ich es ohne sie hätte schaffen können. Für jeden, der Kontakte in dieser Richtung sucht, gibt es eine Menge Facebook-Gruppen und Masterminds für die unterschiedlichsten Gebiete.

Welche drei Dinge würdest du vermeiden, wenn du die Zeit zurückspulen könntest?
Wenn ich noch einmal von vorne beginnen würde, würde ich nicht so viel Geld für die Website und all die externen Dinge ausgeben. Du brauchst keine Website, du brauchst keine riesige E-Mail Liste, du kannst anfangen, indem du einfach ein paar Videos auf YouTube oder Facebook postest. Ich sehe eine Menge Leute, die sich hinter all den technischen Dingen verstecken, die sie tun müssen, bevor sie denken starten zu können. Aber die meiste Zeit ist das nur die Angst davor, anzufangen. Außerdem wird dein Geschäft sich im ersten Jahr vermutlich so oft und so sehr ändern, dass es keinen Sinn ergibt, viel Geld für eine Website auszugeben, weil du sie immer und immer wieder anpassen musst.

Was waren deine größten Herausforderungen, um ein Remote-Einkommen zu generieren und wie hast du diese bewältigt?
Meine größte Herausforderung war Überforderung. Ich habe die ganze Zeit immer nur vor dem Computer gesessen und mir keine Pause gegönnt. Das kommt ziemlich häufig vor, wenn man am Anfang einer Selbständigkeit steht. Deshalb helfe ich heute vielen Menschen, dieses Problem zu vermeiden. Der Umstand, dass alle immer davon redeten, dass man sich über diese Zeit freuen müsse und stolz darauf sein könne, machte es nicht besser. In dieser Zeit verbrannte ich mich selbst und es begann, alles darunter zu leiden: Meine Gesundheit, mein Verstand und mein Business.

Nachdem ich mein Geschäft für einige Monate lang stabil am Laufen gehalten hatte, habe ich mir schließlich eine Pause gegönnt und meine Akkus aufgeladen. Ich hatte zu dieser Zeit keine Energie mehr, mich zu vermarkten und war völlig uninspiriert. Das merkten auch meine Kunden. Ich habe daraufhin alles verändert. Ich habe weniger gearbeitet und mir Zeit für Inspiration gelassen. Ich habe mir Freiraum für Dinge gegönnt, an denen ich Freude hatte. Und dann, irgendwann, begann meine Kreativität wieder zu sprudeln. Im weiteren Verlauf erhöhte ich meine Preise und nahm weniger Kunden an als zuvor. Ich stellte fest, dass Kunden, die meine neuen Preise akzeptierten, engagierter und loyaler waren als die bisherigen. Sie profitierten davon, dass ich mehr Zeit für sie hatte und für sie mein Bestes geben konnte. In dieser Zeit habe ich auch begonnen, stärker auf die Kraft meiner Intuition zu setzen. Das hat mir eine Menge Zeit gespart und meinen Kunden bessere Ergebnisse geliefert. Heute bringe ich meinen Kunden bei, dasselbe zu tun. Ich bin der Meinung, dass Menschen wissen müssen, dass sie kein Sklave ihres eigenen Unternehmens sein müssen, um erfolgreich zu sein, und sie sich nicht bis zum Burnout stressen müssen.

Was sind die Vor- und Nachteile ortsunabhängiger Arbeit aus deiner Sicht?
Der wohl größte Vorteil ist die Freiheit. Die Freiheit, deinen eigenen Zeitplan zu erstellen. Die Freiheit, alles machen zu können, was du willst. Die Freiheit, so viel Geld zu verdienen, wie du möchtest.

Nachteile sind, dass deine Einnahmen und deine Geschäftsentwicklung schwanken können. Außerdem stellt ein eigenes Unternehmen viele deiner bisherigen Überzeugungen in Frage. Dafür musst du bereit sein. Diese Überzeugungen beschränken dich in deinem Handeln und du musst viel innere Arbeit leisten, um erfolgreich sein. Meines Erachtens ist das zwar kein Nachteil, aber viele Menschen sind am Anfang darauf nicht vorbereitet.

Last but not least: Hast du noch weitere hilfreiche Tipps für unsere Leser?
Ja! Du kannst absolut alles tun oder haben, was dein Herz begehrt. Verschwende also keine Zeit mehr mit dem, was du nicht gerne machst. Zieh los und verfolge deine Träume, denn schlimmer als Versagen ist, nicht zu wissen, ob du Erfolg hättest haben können.

WOMIT KANNST DU ORTSUNABHÄNGIG GELD VERDIENEN? – EINIGE IDEEN

Beschäftigungsformen: Du kannst entweder als Freelancer für verschiedene Auftraggeber arbeiten, Angestellter einer Firma sein, die es dir ermöglicht ortsunabhängig zu arbeiten, oder du wirst unternehmerisch tätig. In Kapitel 6 findest du verschiedene Jobportale, die sich auf ortsunabhängiges Arbeiten spezialisiert haben.

Die folgenden Zeilen geben dir ein paar Ideen an die Hand, wie du ortsunabhängig mit diesem Beruf Geld verdienst. Der Abschnitt ist bewusst kurzgehalten, da viele der Ideen bereits in Kapitel 3 angesprochen wurden. Solltest du an der ein oder anderen Stelle den Wunsch nach mehr Inhalt verspüren, blättere einfach nochmal zum Anfang zurück. Nähere Informationen, wie du Themen für Bücher und Online-Kurse findest, erhältst du in Kapitel 5. Schau außerdem gerne auf unserem Blog vorbei, für alle genannten Tools und Ressourcen im Überblick: https://new-work-life.com/portfolio/business-coach.

Führe bestimmte Kernaufgaben ortsunabhängig aus
Sieh dir die typischen Aufgaben eines Business Coaches an und überlege dir, welche davon du ortsunabhängig ausüben kannst. Kannst du mit deinen Klienten virtuell kommunizieren und sie beraten, indem du von Kommunikations- und Kollaborationsmedien wie Videotelefonie (z. B. Skype), Web-Konferenz (z. B. FreeConferenceCall), Desktop Sharing (z. B. Skype), Chat (z. B. Slack), E-Mail (z. B. Gmail) Gebrauch machst? Kannst du ortsunabhängig Coachingmaterialien entwickeln und diese deinen Klienten digital (z. B. per E-Mail) zur Verfügung stellen? Falls du dich derzeit in einem Vor-Ort-Anstellungsverhältnis befindest, erklär deinem Vorgesetzten, welche deiner Aufgaben du ortsunabhängig erledigen kannst. Vielleicht kannst du dich auf diese Aufgaben in deiner Tätigkeit spezialisieren und deinen Job dadurch vollständig ortsunabhängig ausüben? Vermarkte

deine Leistungen über eine eigene Website und über Online Markplätze wie z. B. Coachimo.de und Coachfox.com sowie über LinkedIn und Xing.

Veranstalte virtuelle Gruppen-Coachingsessions
In Gruppen-Coachingsessions coachst du mehrere Teilnehmer gleichzeitig in der Gruppe. Die Coachingteilnehmer können miteinander interagieren, sich gegenseitig zuhören, Fragen stellen und Hilfestellung leisten. Gruppencoaching hat gegenüber Einzelcoaching den Vorteil, dass durch unterschiedliche Sichtweisen und Erfahrungen der Gruppenteilnehmer Synergieeffekte, im Hinblick auf die Entwicklung von Problemlösungen erzielt werden können. Zudem sind Gruppencoachings für dich als Coach lukrativer, da du bei gleichem Zeitaufwand mehr Geld verdienst (indem du pro Teilnehmer abrechnest). Um Gruppencoaching virtuell durchführen zu können, nutze internetbasierte Medien, wie z. B. Videotelefonie (Skype) und Web Conferencing (FreeConferenceCall). Vermarkte deine Coachingsessions über eine eigene Website.

Biete an deinem aktuellen Aufenthaltsort Business Coaching-Sessions an
Deine Zielgruppe können z. B. Digital Nomads, Solopreneure, Startups, etc. sein, die sich an deinem aktuellen Aufenthaltsort (auf Reisen oder Zuhause) befinden. Vermarkte dein Angebot über die Plattform Meetup.com und/oder entsprechende Facebook-Gruppen für deinen Ort. Poste dein Angebot als Veranstaltung, für die sich Interessenten eintragen können, unter Benennung von Thema, Ort, Zeit und Teilnahmegebühr. Je nach Wetter, Laune und örtlichen Gegebenheiten, kannst du deine Sessions z. B. draußen in der Natur (z. B. in einem Park) oder in einer angemieteten Location abhalten. Lokalitäten wie Cafés und Restaurants besitzen oftmals einen separaten Raum, den man für wenig Geld oder sogar umsonst gegen Verzehr von Getränken und Speisen anmieten kann.

Organisiere Retreats
Business Retreats haben gegenüber (Gruppen-)Coachings den Vorteil, dass sie aufgrund der mehrtätigen räumlichen Nähe wesentlich intensiver sind. Sie eignen sich hervorragend, um Entwicklungspotenziale für das eigene Unternehmen zu erkennen, um den Teamzusammenhalt unter Führungskräften zu stärken und um neue Talente und Stärken von Personen zu entdecken. Mögliche Themen für ein Business Retreat könnten z. B. sein: Visions- und Strategieentwicklung, Entdeckung neuer Aufgaben, Produkte und Märkte für ein Unternehmen, Gestaltung von Veränderungsprozessen, Unternehmenskultur, Werte, Führung, etc.

Entwickle Arbeitsvorlagen bzw. Templates für Business Coaches
Du könntest z. B. Templates zu folgenden Themen entwickeln und verkaufen: Planung von Geschäftszielen, Vorlagen für Übungen, z. B. zu Themen wie Priorisierung, Effizienz im Business-Alltag, (Mitarbeiter-)Führung, Ziel- und Geschäftsplanung, Visionsfindung, etc. Für mehr Inspiration zum Thema schau auf der Website *The Coaching Tools Company* vorbei (https://www.thecoachingtoolscompany.com). Hier findest du eine Reihe unterschiedlicher Coaching Tools und Übungen, die du als Inspiration für deine eigenen Templates und Vorlagen verwenden kannst.

STARTER TOOLKIT – DAS BRAUCHST DU, UM LOSZULEGEN

Notebook, Smartphone

SOFTWARE:
- Office: z. B. Microsoft Office oder Google Docs
- Kommunikation: z. B. Skype, WhatsApp, Slack, Gmail
- Website / Webshop: z. B. WordPress oder Shopify

BÜCHER UND TUTORIALS:
- Buch: „Business Coaching: Wie man Menschen wirksam unterstützt und sich als Coach erfolgreich am Markt etabliert", von Silvia Richter-Kaupp, Gerold Braun und Volker Kalmbacher
- Buch: „Die 500 besten Coaching-Fragen: Das große Workbook für Einsteiger und Profis zur Entwicklung der eigenen Coaching-Fähigkeiten", von Martin Wehrle
- Buch: „Die 100 besten Coaching-Übungen: Das große Workbook für Einsteiger und Profis zur Entwicklung der eigenen Coaching-Fähigkeiten", von Martin Wehrle
- Buch: „Who The F*ck Am I To Be A Coach?!: A Warrior's Guide to Building a Wildly Successful Coaching Business From the Inside Out", von Megan Jo Wilson
- Buch: „Taking the Leap: How to Build a World-Class Coaching Business", von Kasia Wezowski
- Tutorial: „Business Coach Certificate", von Fearless Entrepreneur Academy, auf Udemy
- Tutorial: „Marketing: How to Market Yourself as a Coach or Consultant - Learn How To Package, Brand, Market, & Sell Your Services to Create an Enjoyable, Profitable, Successful Business", von Debbie LaChusa, auf Udemy

Detaillierte Informationen zu Tools und Ressourcen, die dir helfen können, ein ortsunabhängiges Einkommen aufzubauen, findest du auf unserem Blog unter: https://new-work-life.com/portfolio/business-coach.

HIER FINDEST DU WEITERE INFORMATIONEN

Deutscher Bundesverband Coaching e.V.: http://www.dbvc.de/home.html
Deutscher Verband für Coaching und Training (dvct) e.V.: https://www.dvct.de
BDVT e.V. – Der Berufsverband für Training, Beratung und Coaching: https://www.bdvt.de

4.8 CONTROLLER

Als Controller analysierst du die finanzwirtschaftliche Lage von Unternehmen anhand von Kennzahlen (KPIs) und finanzwirtschaftlichen Berichten. In der Regel arbeitest du dafür mit großen Datenbanken, die dir den Input für deine Arbeit liefern. Du bist in vielfältige Unternehmensprozesse eingebunden wie z. B. die Erstellung von Jahresabschlüssen, die Erstellung von Budgets, das Cashflowmanagement, die Überwachung von Soll-Ist-Abweichungen im Finanzwesen, etc. Durch deine Planungs-, Koordinations- und Kontrollfunktionen nimmst du wichtige Aufgaben zur Steuerung eines Unternehmens wahr.

WAS SIND MÖGLICHE AUFGABEN?
- Finanzreportings konzipieren und regelmäßig erstellen
- KPI-Cockpits für Datenbanken entwickeln
- Finanzanalysen durchführen und Gründe für Soll-Ist-Abweichungen von Kosten und Umsätzen finden
- Das Management mit notwendigen Information zur Unternehmensteuerung versorgen
- Finanzwirtschaftliche Planungsrechnungen und Budgets erstellen und Einhaltung tracken
- Mitarbeit bei unternehmensübergreifenden Prozessen wie z. B. der Erstellung von Monats-, Quartals- und Jahresabschlüssen, etc.

WELCHE AUSBILDUNG BENÖTIGST DU?
Um als Controller zu arbeiten, benötigst du entweder ein abgeschlossenes

wirtschaftswissenschaftliches Studium und/oder einen MBA mit den Schwerpunkten Controlling, Rechnungswesen, Bilanzierung, Steuern oder Revision. Du kannst dich auch mit einer entsprechenden kaufmännischen Ausbildung, mehrjähriger Erfahrung und entsprechender Weiterbildung in den Bereichen Controlling, Finanz- und Rechnungswesen qualifizieren. Auch ein Quereinstieg mit einem anderen Studienhintergrund, bspw. als Maschinenbauer mit betriebswirtschaftlicher Vertiefung im Bereich Controlling bzw. einer entsprechenden Weiterbildung ist möglich.

WELCHE FÄHIGKEITEN SOLLTEST DU MITBRINGEN?
- Ausgezeichnete Rechenfähigkeiten
- Sehr gute analytische Kompetenz
- Sehr gute Kommunikationsfähigkeiten
- Durchsetzungsstärke
- Detailgenauigkeit und Strukturiertheit

UNSER ROLEMODEL FÜR DEN BERUF DES CONTROLLERS

Name: Iain Weston
Unternehmen: Axis Cloud Accounting
Homepage: http://www.axisaccounts.com

Iain ist selbständiger Controller und Inhaber der Firma Axis Cloud Accounting, die er im Jahr 2014 gegründet hat. Seine Firma ist auf kleine Unternehmen spezialisiert und dient diesen als Anlaufstelle für sämtliche Finanzangelegenheiten. Neben Controlling bietet Iain Dienstleistungen im Bereich Buchhaltung und Steuern an. Seine Services erbringt er über eine cloudbasierte Finanzsoftware, die es ihm erlaubt, über einen Remote-Zugang auf die Finanzdaten seiner Kunden zuzugreifen. Dadurch muss er nicht vor Ort sein und kann Kunden überall in den USA betreuen. Iain verfügt über einen breiten Erfahrungsschatz in Sachen Controlling. Vor seiner Selbständigkeit hat er viele Jahre in verschiedenen Unternehmen als Controller und Finanzbuchhalter gearbeitet. Vor seiner beruflichen Laufbahn hat Iain am Institute of Chartered Accountants in England und Wales (ICAEW) und am Chartered Institute of Management Accountants (CIMA) gelernt.[45]

---

[45] Quellen: http://www.axisaccounts.com/about-us und https://www.linkedin.com/in/iain-weston-49a87778, abgerufen am 30.08.2018.

WOMIT KANNST DU ORTSUNABHÄNGIG GELD VERDIENEN? – EINIGE IDEEN

Beschäftigungsformen: Du kannst entweder als Freelancer für verschiedene Auftraggeber arbeiten, Angestellter einer Firma sein, die es dir ermöglicht ortsunabhängig zu arbeiten, oder du wirst unternehmerisch tätig. In Kapitel 6 findest du verschiedene Jobportale, die sich auf ortsunabhängiges Arbeiten spezialisiert haben.

Die folgenden Zeilen geben dir ein paar Ideen an die Hand, wie du ortsunabhängig mit diesem Beruf Geld verdienst. Der Abschnitt ist bewusst kurzgehalten, da viele der Ideen bereits in Kapitel 3 angesprochen wurden. Solltest du an der ein oder anderen Stelle den Wunsch nach mehr Inhalt verspüren, blättere einfach nochmal zum Anfang zurück. Nähere Informationen, wie du Themen für Bücher und Online-Kurse findest, erhältst du in Kapitel 5. Schau außerdem gerne auf unserem Blog vorbei, für alle genannten Tools und Ressourcen im Überblick: https://new-work-life.com/portfolio/controller.

Führe bestimmte Kernaufgaben ortsunabhängig aus

Sieh dir die typischen Aufgaben eines Controllers an und überlege dir, welche davon du ortsunabhängig ausüben kannst. Kannst du mit Kunden, Geschäftspartnern, Kollegen, etc. virtuell kommunizieren und sie beraten, indem du von Kommunikations- und Kollaborationsmedien wie Videotelefonie (z. B. Skype), Web-Konferenz (z. B. FreeConferenceCall), Desktop Sharing (z. B. Skype), Chat (z. B. Slack), E-Mail (z. B. Gmail) Gebrauch machst? Kannst du Konzepte für Controlling-Berichte und Vorschläge für KPI Cockpits ortsungebunden ausarbeiten und mit deinem Team / deinem Manager über Funktionen wie z. B. Videotelefonie und „Bildschirm teilen" abstimmen? Kannst du Controlling Berichte und Analysen anfertigen, ohne dafür an einem bestimmten Ort sein zu müssen? Vermarkte deine Leistungen über eine eigene Website und über Online-Marktplätze wie z. B. Upwork.com, Freelancer.com, Twago.de und ggf. Fiverr.com.

Werde virtueller Berater

Berate Unternehmen mit deiner Expertise als Controller zu unterschiedlichen finanzbezogenen Fragestellungen. Potenzielle Beratungsfelder könnten sein: Aufbau und Weiterentwicklung eines internen und externen Berichtswesens bzw. Finanzreportings, Entwicklung von KPI-Cockpits für Datenbanken, Analyse der finanzwirtschaftlichen Leistung von

Unternehmen und Identifizierung von Schwachstellen / Risiken, Entwicklung von Maßnahmenpaketen zur Verbesserung der finanzwirtschaftlichen Performance von Unternehmen, etc.

Entwickle und verkaufe Online-Kurse
Du könntest z. B. einen Kurs entwickeln, in dem du eine bestimmte Controlling Software erklärst wie z. B. SAP FICO, QlikView, DATEV Controlling-Report, etc., so dass Anwender damit arbeiten können. Oder du kreierst einen Kurs, der aufzeigt, wie man ein KPI Cockpit aufbaut, welche Kennzahlen (KPIs) dafür zur Verfügung stehen und welche KPIs jeweils für welche Zwecke eingesetzt werden sollten. Alternativ kannst du auch einen Kurs entwerfen, der Controller, Unternehmer und andere Finanzexperten bei der Analyse von Finanzkennzahlen und Soll-Ist-Abweichungen unterstützt, indem du Methoden aufzeigst, wie Kennzahlen zu interpretieren und Soll-Ist-Abweichungen zu werten sind.

Entwickle Arbeitsvorlagen bzw. (Excel)Templates
Diese stellst du Freelance-Controllern, -Buchhaltern und/oder kleinen Unternehmen ohne umfangreiche Buchhaltungs- und Controllingsoftware, online gegen eine Gebühr zum Download zur Verfügung. Du könntest z. B. Vorlagen für die Planung von Budgets, für die Planung der Liquidität (Cashflowrechnung), für die Deckungsbeitragsrechnung, für Soll-Ist-Analysen, etc. entwickeln und verkaufen. Gestalte deine Vorlagen so, dass sie vom Nutzer bei Bedarf flexibel angepasst werden können. Vermarkte deine Templates über eine eigene Website und/oder über einen Online-Marktplatz für digitale Produkte wie z. B. Digistore24.com.

Gründe eine Online Academy
Bilde angehende Controller aus, ggf. mit Zertifizierung nach erfolgreichem Abschluss der Academy. Die Zertifizierung könnte als eine Art Gütesiegel dienen, denn für den Beruf als Controller gibt es keine offizielle Ausbildung. In der Academy gibst du deinen Schülern das nötige Rüstzeug an die Hand, damit sie nach ihrer Ausbildung erfolgreich als Controller durchstarten und mit ihren neu erworbenen Kenntnissen Geld verdienen können.

STARTER TOOLKIT – DAS BRAUCHST DU, UM LOSZULEGEN
Notebook, Smartphone

SOFTWARE:
- Office: z. B. Microsoft Office oder Google Docs
- Kommunikation: z. B. Skype, WhatsApp, Slack, Gmail
- Website / Webshop: z. B. WordPress oder Shopify

BÜCHER UND TUTORIALS:
- Buch: „Einführung in das Controlling", von Jürgen Weber und Utz Schäffer
- Buch: „Controlling für Dummies", von Michael Griga, Raymund Krauleidis und Arthur Johann Kosiol
- Buch: „Controlling: Das Basiswissen für die Praxis", von Volker Schultz
- Buch: „Controlling", von Péter Horváth, Ronald Gleich und Mischa Seiter
- Buch: „Excel 2016 im Controlling: Zuverlässige und effiziente Praxislösungen für Controller. Ab Excel 2010. Alle Beispiele zum Download", von Stephan Nelles

Detaillierte Informationen zu Tools und Ressourcen, die dir helfen können, ein ortsunabhängiges Einkommen aufzubauen, findest du auf unserem Blog unter: https://new-work-life.com/portfolio/controller.

HIER FINDEST DU WEITERE INFORMATIONEN

Bundesverband der Bilanzbuchhalter und Controller e.V. (BVBC): https://www.bvbc.de

4.9 CYBER SECURITY ARCHITECT

Als Cyber Security Architect fokussiert sich deine Arbeit auf die Abwehr informationstechnologischer Sicherheitsrisiken, die innerhalb von Organisationen auftreten können. Du analysierst, wo Sicherheitslücken zu Informations- und Datenverlust führen können oder bereits geführt haben, reparierst sicherheitsgefährdende Systeme und entwirfst Strategien und Maßnahmen zur Vermeidung von Sicherheitsrisiken wie z. B. Hackerangriffen. Gesamtheitlich betrachtet bist du für die Netzwerk- und Computersicherheit innerhalb von Organisationen verantwortlich.

WAS SIND MÖGLICHE AUFGABEN?
- Cyber Security Strategie und Architekturkonzepte entwickeln und implementieren
- Mitarbeit in Projekten, um sicherzustellen, dass Security bei künftigen Architekturentwicklungen berücksichtigt wird
- Sicherheitsstrukturen testen
- Cloud Architekturen entwickeln und bewerten
- Programme zur rechtzeitigen Erkennung von Cyberangriffen einführen
- Systeme optimieren, um Sicherheitsangriffen schnell entgegenwirken zu können
- Sicherheitsrichtlinien entwickeln und implementieren

WELCHE AUSBILDUNG BENÖTIGST DU?
Um als Cyber Security Architect tätig zu werden, solltest du ein Studium im Bereich (Wirtschafts-)Informatik oder einer verwandten Studienrichtung, mit Schwerpunkt Informationstechnologie absolviert haben. In Einzelfällen wird auch ein Abschluss im Bereich Ingenieurwesen oder Mathematik von Arbeitgebern akzeptiert. In solchen Fällen wird allerdings zumeist eine anerkannte Cyber Security Zertifizierung erwartet, als Nachweis für die erforderlichen IT Kenntnisse.

WELCHE FÄHIGKEITEN SOLLTEST DU MITBRINGEN?
- Kommunikationsstärke (du musst in der Lage sein, nichttechnischen Menschen komplexe Sachzusammenhänge zu erklären)
- Problemlösungskompetenz
- Methodik und Strukturiertheit
- Stressresistenz
- Kreativität und Geduld

UNSER ROLEMODEL FÜR DEN BERUF DES CYBER SECURITY ARCHITECTS

Name: Timber Wolfe
Unternehmen: Dark Wolfe Consulting
Homepage: http://darkwolfeconsulting.com
Kontakt: timber@darkwolfeconsulting.com | lonegray@gmail.com | LinkedIn: timberwolfe

Timber ist selbständiger Cyber Security Architect. Er hat einen Abschluss in Informatik von der University of Florida und hat bereits Software geschrieben und Computersysteme gebaut, bevor er mit dem eigentlichen Arbeiten begonnen hat. Er hat sich schon immer für Computer und Software interessiert und viele Bücher dazu gelesen. Während andere freitagabends loszogen und feierten, ist Timber zu Hause geblieben und hat gelesen.

Mittlerweile arbeitet er seit etwa zehn Jahren als Cyber Security Architect. Bevor Timber sich als Cyber Security Architect selbständig gemacht hat, hatte er zwei Jobs als Angestellter. Bei einem ging es um Malware, bei dem anderen um Penetrationstests bzw. um Security Assessments. Auf die Frage, wie Freunde und Familie Timber als Person sehen, bezieht sich Timber zunächst auf Menschen, die ihn nicht gut kennen. Viele der Menschen, die ihn nicht gut kennen, würden von ihm denken, dass er ein komischer Typ sei, weil er viele Witze mache. Witze machen ist für Timber eine Form des Stressabbaus. Er sagt, sein Job sei sehr anspruchsvoll und stressig und es gebe wenig Raum für Fehler. Man könne nie schnell genug arbeiten. Aufgrund dessen fühle er sich die ganze Zeit über wie in einem Schnellkochtopf. Um das zu kompensieren, tendiert er nach eigener Aussage dazu, viel zu scherzen, was auf Fremde, die ihn nicht näher kennen, etwas seltsam wirken könne. Seine Familie und seine Freunde bezeichnen Timber hingegen als wirklich guten Kerl.

Während unseres Interviews befindet sich Timber, der eigentlich in Las Vegas lebt, in Minot, North Dakota, in den USA.

INTERVIEW MIT TIMBER WOLFE VON DARK WOLFE CONSULTING

Wie verdienst du dein Geld als Remote Worker?
Geld verdiene ich durch meine Tätigkeit als Cyber Security Architect. Diese stelle ich meinen Kunden stundenweise in Rechnung. Teilweise rechne ich auch pauschal auftragsbezogen ab, wenn ich bspw. einen Penetrationstest durchführe und der Scope des Auftrags vorab hundertprozentig definiert ist. Außerdem unterrichte ich in meinem Arbeitsgebiet und rechne dies auf Stundenbasis ab.

Wie lange hat es gedauert, bis du deine ersten 1.000 Euro an monatlichem Einkommen durch deine ortsunabhängige Arbeit generiert hast?
Tag eins. Meine ersten tausend Euro habe ich an meinem ersten Arbeitstag als Selbständiger verdient.

Wie hast du deine ersten Kunden gefunden, mit denen du remote zusammengearbeitet hast?
Grundsätzlich beschäftige ich mich bereits seit den 1990er Jahren im weitesten Sinne mit Cyber Security. Damals habe ich Viren von Computern entfernt. Darüber habe ich meine ersten Kunden gewonnen. Und so ist das Thema organisch gewachsen.

Wie findest du neue Kunden?
Meine Kunden finden mich häufig über mein LinkedIn-Profil. Oft ist es so, dass sie mich gerne fest anstellen wollen, sich das aber nicht leisten können bzw. ich es nicht möchte und wir uns dann darauf einigen, dass ich sie für ein paar Stunden pro Woche freiberuflich unterstütze. Des Weiteren finden mich Kunden darüber, dass ich auf Konferenzen spreche und in meinem Fachgebiet unterrichte. Es gab für mich noch nie die Notwendigkeit der Kaltakquise. Das liegt aber natürlich an dem Bereich, in dem ich arbeite.

Was war deine Motivation, ortsunabhängig zu arbeiten?
Ich habe einfach irgendwann angefangen remote zu arbeiten und war begeistert. Dadurch, dass ich ortsunabhängig und selbständig bin, kann ich mir die Projekte aussuchen, die ich bearbeiten möchte. Wenn ich dieses Jahr an industriellen Sicherheitssystemen arbeiten will, dann suche ich mir die entsprechenden Kunden. Wenn ich im Bereich Enterprise Security

arbeiten will, bewege ich mich entsprechend in diese Richtung. Oder wenn ich merke, dass ich meine Fähigkeiten in einem bestimmten Feld ausbauen will, kann ich das problemlos tun und mir ein entsprechendes Mandat suchen. Diese Freiheit gewährt mir meine Selbständigkeit. Dadurch, dass ich ortsunabhängig arbeite, habe ich wiederum eine größere Auswahl potentieller Kunden. Würde ich nur mit Auftraggebern in der Region arbeiten, in der ich wohne, könnte ich nur etwa zehn Prozent von dem tun, was ich heute mache.

Wie hast du deine Remote-Karriere begonnen?

Ich hatte es satt, an Projekten zu arbeiten, an denen ich nicht arbeiten wollte. Also habe ich mir eine Arbeit gesucht, die ich interessant fand. So bin ich zur Beratung gekommen.

Welche drei Dinge würdest du vermeiden, wenn du die Zeit zurückspulen könntest?

Wenn ich nochmal von vorne anfangen würde, würde ich mich mehr darauf konzentrieren, ein Team an Leuten aufzubauen, anstatt eine One-Man-Show zu sein. Ich hätte zu all den Leuten, die ich im Laufe der Jahre ausgebildet habe, Kontakt halten sollen und härter daran arbeiten sollen, Beziehungen zu ihnen aufzubauen, so dass ich jetzt ein Team hätte. Auf diese Weise hätte ich in der Vergangenheit zehnmal mehr erreichen können.

Was waren deine größten Herausforderungen, um ein Remote-Einkommen zu generieren und wie hast du diese bewältigt?

Die größte Herausforderung ist, sich nicht teilen zu können, um all die Arbeit zu bewältigen. Wenn du für dich selbst arbeitest, musst du dich um Steuern, Buchhaltung und Co. kümmern. Du musst sicherstellen, dass du von deinen Kunden bezahlt wirst. Du musst sicherstellen, dass du die langfristige Geschäftsstrategie im Auge behältst. Und du musst schauen, wofür du Geld ausgibst. Dafür braucht man eigentlich ein Team von Leuten. Ich bin allein. Daher ist es eine große Herausforderung, das alles auf die Reihe und unter einen Hut zu bekommen.

Eine andere Herausforderung ist Dokumentation. Man kann es sich wie bei einem Arzt vorstellen. Wenn ein Arzt mit einem Patienten spricht, notiert er alles, was er feststellt, in der Patientenakte. Ähnlich ist es bei mir. Ich mache mir auch zu allem, was besprochen wird und was ich herausfinde, Notizen. Auf diese Weise stelle ich sicher, dass ich nichts vergesse und bin meinem Kunden gegenüber immer auskunftsfähig. Das ist ehrlicherweise zwar recht nervig, gibt mir jedoch Sicherheit in dem, was ich tue und trägt zur Transparenz bei.

Wie sieht ein normaler Arbeitstag in deinem Leben als Remote Worker aus? Hast du eine tägliche Routine?

An einem normalen Arbeitstag stehe ich gegen drei oder vier Uhr morgens auf, lese Nachrichten und informiere mich über die neuesten technischen Entwicklungen. Dann gehe ich an meinen Computer und fange an zu arbeiten. Wenn es bei mir sechs Uhr morgens ist, ist es an der Ostküste der USA bereits neun Uhr und die Leute fangen an, mich anzurufen. Ich habe dann Termine für die nächsten vier oder fünf Stunden. Ich plane meine Meetings immer so, dass ich sie vormittags habe, um mich nachmittags voll und ganz der Arbeit am Computer widmen zu können. An einem normalen Tag arbeite ich zwischen zwölf und vierzehn Stunden. Am liebsten arbeite ich von zu Hause aus, da ich dort meinen Computer und meine gesamte technische Ausrüstung habe. Für meine Arbeit benötige ich diverse Zugänge, einen Haufen Daten, diverse Festplatten und virtuelle Maschinen. Natürlich kann ich auf all das auch via VPN zugreifen, wenn ich unterwegs bin, aber dann wird es langsamer. Daher sitze ich am liebsten an meinem eigenen Schreibtisch.

Was sind die Vor- und Nachteile ortsunabhängiger Arbeit aus deiner Sicht?

Ich würde sagen, Agilität ist ein Vorteil. Du kannst in kurzer Zeit viel erreichen. Einerseits bist du viel flexibler und andererseits in deiner Komfortzone. In Kalifornien stellen die Arbeitgeber Tischtennisplatten und kostenloses Essen zur Verfügung, damit man länger arbeitet. Sie wollen, dass man die ganze Zeit im Büro rumhängt und arbeitet. Das kann ich auch zu Hause haben. So gesehen wende ich die gleiche Strategie für mich selbst an. In meinem Zuhause fühle ich mich sehr wohl und wenn ich will, springe ich in den Pool, schwimme für 20 Minuten und setze mich wieder an den Schreibtisch. Ich kann mich auch eine Runde aufs Mountainbike setzen, wenn mir danach ist oder mir etwas zu Essen machen, wenn ich mal ein paar Minuten vom Bildschirm weg möchte. In meinen Pausen kann ich einkaufen gehen und Erledigungen machen. Das sind klare Vorteile.

Andererseits kann diese Arbeitsform schwierig für Leute sein, die viel soziale Interaktion benötigen. Mich selbst kann man für zehn Jahre hinter den Computer setzen und ich würde nichts vermissen.

Zudem ist es so, dass mein Job oftmals sehr stressig sein kann. Manchmal habe ich mehr Arbeit, als ich in einer Woche bewältigen kann und ich muss Prioritäten setzen, um alles zu schaffen. Man muss also in der Lage sein, mit Stress und Druck umgehen zu können.

Last but not least: Hast du noch weitere hilfreiche Tipps für unsere Leser?
Sei keine One-Man-Show, arbeite mit einem Team, sei kooperativ. Wenn du eine One-Man-Show bist, bist du besser dran, dir einen festen Job zu suchen. Als One-Man-Show wirst du wahrscheinlich nicht erfolgreich sein. Es ist nur eine Menge Arbeit. Du musst unglaublich hartnäckig sein. Das ist es zum Beispiel, was mich auszeichnet. Ich bin hartnäckig. Würde ich allerdings nicht so hartnäckig sein, wäre es sehr schwer für mich. Daher ist es wichtig, sich ein Team an Leuten aufzubauen.

WOMIT KANNST DU ORTSUNABHÄNGIG GELD VERDIENEN? – EINIGE IDEEN

Beschäftigungsformen: Du kannst entweder als Freelancer für verschiedene Auftraggeber arbeiten, Angestellter einer Firma sein, die es dir ermöglicht ortsunabhängig zu arbeiten, oder du wirst unternehmerisch tätig. Mögliche Arbeit- / Auftraggeber sind z. B. staatliche Einrichtungen, Finanzinstitute, IT Unternehmen und Beratungen, Gesundheitsbranche, etc. In Kapitel 6 findest du verschiedene Jobportale, die sich auf ortsunabhängiges Arbeiten spezialisiert haben.

Die folgenden Zeilen geben dir ein paar Ideen an die Hand, wie du ortsunabhängig mit diesem Beruf Geld verdienst. Der Abschnitt ist bewusst kurzgehalten, da viele der Ideen bereits in Kapitel 3 angesprochen wurden. Solltest du an der ein oder anderen Stelle den Wunsch nach mehr Inhalt verspüren, blättere einfach nochmal zum Anfang zurück. Nähere Informationen, wie du Themen für Bücher und Online-Kurse findest, erhältst du in Kapitel 5. Schau außerdem gerne auf unserem Blog vorbei, für alle genannten Tools und Ressourcen im Überblick: https://new-work-life.com/portfolio/cyber-security-architect.

Übe deine Kerntätigkeit aus
Du kannst deine Kerntätigkeit als Cyber Security Architect ohne Probleme ortsunabhängig ausüben, denn dein Berufsbild ist virtueller Natur. Vermarkte deine Leistungen über eine eigene Website und über Social-Media-Kanäle bzw. Netzwerke wie Xing und Linkedin.

Betreibe White-Hat-Hacking und lass dich dafür bezahlen
Als Cyber Security Architect bist du auf die Sicherheit von

Informationstechnologie und Daten spezialisiert. Aufgrund deiner Kenntnisse in diesem Bereich bist du ebenfalls in der Lage das Gegenteil zu bewirken, nämlich Sicherheitsmechanismen auszuhebeln bzw. Hacking zu betreiben. Hacking ist dabei nicht zwangsläufig negativ zu betrachten. Es gibt eine Vielzahl von sog. White-Hat-Hackern, die Unternehmen dabei helfen, durch gezielte Hacking Angriffe ihre Systeme zu verbessern. Diese Art Hacker dringen zwar in die Systeme der Unternehmen ein, klauen aber keine Daten. Im Gegenteil: Sie teilen den Unternehmen mit, wo ihre Schwachstellen liegen und lassen sich dafür bezahlen. White-Hat-Hacking stellt daher eine weitere Möglichkeit dar, Geld zu verdienen. Schau nach, welche Unternehmen am Markt dir eine Prämie zahlen, wenn du sie hackst und ihnen ihre Defizite aufzeigst. Wenn dir dies zu mühselig ist, werde Mitglied einer sog. Bug Bounty Plattform. Bug Bounty Plattformen sind Online-Plattformen, auf denen sich White-Hat-Hacker und Unternehmen registrieren und treffen. Unternehmen schreiben über die Plattformen ein „Kopfgeld" (Bounty) aus, woraufhin registrierte Hacker versuchen, die Unternehmen zu hacken. Gelingt ihnen dieses, zeigen die Hacker den Unternehmen ihre Sicherheitsschwachstellen auf und erhalten das ausgeschriebene Kopfgeld. Die Plattform hat den Vorteil, dass Unternehmen so auf simple Art und Weise auf eine Vielzahl von Hackern zugreifen können ohne aufwendige Suchen betreiben zu müssen. Folgende Bug Bounty Plattformen könnten für dich von Interesse sein: Bounty Factory. io/de, Bugcrowd, Synack, Hackerone.

Bau eine webbasierte Bug Bounty Plattform
Bau eine Plattform speziell für den deutschen oder europäischen Markt. Bring darüber White-Hat-Hacker mit Unternehmen zusammen. Unternehmen schreiben auf der Plattform aus, welche Sicherheitsmechanismen geprüft werden sollen und erhalten darauf basierend Vorschläge für entsprechende White-Hat-Hacker, die sich auf der Plattform registriert haben. Monetarisieren könntest du die Plattform, indem du den suchenden Unternehmen und/oder den Hackern eine Vermittlungsgebühr in Rechnung stellst. Für mehr Inspiration schau dir die Websites der bereits bestehenden, überwiegend US-amerikanischen Plattformen Bounty Factory. io/de, Bugcrowd, Synack und Hackerone an. Entwickler zur technischen Umsetzung der Plattform findest du z. B. auf Upwork.com, Freelancer. com oder Twago.de.

Schreibe eigene Security Software Programme
Halte Black-Hat-Hacker (= Hacker mit böswilligen Absichten) davon ab, in die Systeme von Unternehmen einzudringen. Du kannst die Programme

maßgeschneidert als Auftragsarbeit für bestimmte Firmen entwickeln oder du erstellst Programme für den Allgemeingebrauch, die für eine Vielzahl von Unternehmen relevant sind. Vermarkte deine Programme bei Letzterem über eine eigene Website (z. B. mithilfe Elopage.com, einem Content Management System für digitale Produkte) und/oder über Online-Plattformen wie z. B. Steam, Fantero, Envato Market, Codester und Codeclerks. Du kannst deine Programme entweder als Lizenzmodell vertreiben oder du entscheidest dich für den klassischen Verkauf, bei dem du alle Rechte an den Käufer abtrittst.

Entwickle und verkaufe Online-Kurse
Du könntest z. B. einen Kurs entwickeln, der IT-Interessierten das White-Hat-Hacking beibringt („Ethisches Hacking für Beginner"). Oder du kreierst einen Kurs, der sich an Menschen richtet, die sicher im Internet surfen und ihre privaten Geräte wie PC, Handy, Tablet, etc. gegen Cyberkriminalität absichern möchten („Sicher im Internet surfen – So schützt du dich und deine Geräte gegen Cyberkriminalität").

Gründe eine Online Academy
Bilde angehende Cyber Security Architects aus, ggf. mit Zertifizierung nach erfolgreichem Abschluss der Academy. Die Zertifizierung könnte als eine Art Gütesiegel dienen, denn für den Beruf als Cyber Security Architect gibt es keine offizielle Ausbildung. In der Academy gibst du deinen Schülern das nötige Rüstzeug an die Hand, damit sie nach ihrer Ausbildung erfolgreich als Cyber Security Architect durchstarten und mit ihren neu erworbenen Kenntnissen Geld verdienen können. Dein Angebot kann sich an Privatpersonen und/oder an Unternehmen, die interne Cyber Security Architects ausbilden wollen, richten. Für mehr Inspiration zum Thema schau dir die Website Cyber Training 365 (https://www.cybertraining365.com) an.

STARTER TOOLKIT – DAS BRAUCHST DU, UM LOSZULEGEN

Notebook, Smartphone

SOFTWARE:
- Office: z. B. Microsoft Office oder Google Docs
- Kommunikation: z. B. Skype, WhatsApp, Slack, Gmail
- Website / Webshop: z. B. WordPress oder Shopify
- Risk und Incident Management: z. B. Resolver
- Netzwerkmonitoring: z. B. Event Sentry

BÜCHER UND TUTORIALS:
- Buch: „Cybersecurity Best Practices: Lösungen zur Erhöhung der Cyberresilienz für Unternehmen und Behörden", von Michael Bartsch und Stefanie Frey
- Buch: „INFORMATIONSSICHERHEIT kompakt, effizient und unter Kontrolle: Praxisorientierte Prinzipien für ein profitables und effizientes Security-Management und -Controlling für Unternehmen", von Jens Libmann

Detaillierte Informationen zu Tools und Ressourcen, die dir helfen können, ein ortsunabhängiges Einkommen aufzubauen, findest du auf unserem Blog unter: https://new-work-life.com/portfolio/cyber-security-architect.

HIER FINDEST DU WEITERE INFORMATIONEN

VDE Verband der Elektrotechnik Elektronik Informationstechnik: https://www.vde.com/de

4.10 DATENANALYST

Als Datenanalyst wertest du Daten aus und bereitest sie auf. Je nach Auftrag beschäftigst du dich mit den unterschiedlichsten Themen. Einerseits kann es sein, dass du Daten aufarbeitest, um Logistikabläufe zu optimieren, andererseits kannst du dazu beitragen, dass ein Unternehmen besser auf die Wünsche seiner Kunden eingeht oder du erstellst Prognosen für Naturkatastrophen. Deine Hauptaufgabe besteht jedenfalls darin, Datensätze in lesbare Ergebnisse umzuwandeln und die Informationen in allgemein verständlicher Sprache darzustellen. Dies kann für eine Produktionsabteilung genauso hilfreich sein wie für die Finanz- oder Marketingabteilung. Im Gegensatz zum Data Scientist wird dem Datenanalysten vom betreffenden Unternehmen eine Fragestellung an die Hand gegeben, die es zu lösen gilt. Der Data Scientist hingegen formuliert die Fragestellung anhand der gesammelten Daten selbst und weist betreffende Unternehmen auf neue Sachverhalte hin.

WAS SIND MÖGLICHE AUFGABEN?
- Fragestellungen zu bestimmten Sachverhalten von Unternehmen entgegennehmen

- Daten zur Fragestellung sammeln
- Daten auswerten und aufbereiten mithilfe von Statistik, Systemabfragen, etc.
- Lösungs- und Optimierungsvorschläge für Fragestellung ausarbeiten
- Erkenntnisse kommunizieren

WELCHE AUSBILDUNG BENÖTIGST DU?

Um als Datenanalyst zu arbeiten, solltest du ein abgeschlossenes Studium an einer Hochschule absolviert haben, bei dem du dich auf den Bereich Wirtschaftsinformatik beziehungsweise Informatik spezialisiert hast. Weitere sinnvolle Studienabschlüsse sind: BWL, Mathematik oder Statistik, jedoch ist die Berufsbezeichnung gesetzlich nicht geschützt.

WELCHE FÄHIGKEITEN SOLLTEST DU MITBRINGEN?
- Analytisch denken
- Zahlenaffinität
- Präsentationsgeschick
- Strukturiertheit
- Wissensbegierde
- Dolmetscher zwischen IT und Business

UNSER ROLEMODEL FÜR DEN BERUF DES DATENANALYSTEN

Name: Simon Ouderkirk
Unternehmen: Automattic
Homepage: https://automattic.com | https://s12k.com
Kontakt: simon@wordpress.com

Simon arbeitet als angestellter Datenanalyst für die Firma *Automattic*. *Automattic* ist die Firma, die hinter Produkten wie WordPress.com und Jetpack steht und über sechs Kontinente verteilt remote tätig ist. Simon bezeichnet sich selbst als ein Produkt des öffentlichen Bildungssystems des Staates New York, durch das er einen Master-Abschluss in Philosophie von der State University of New York in Binghamton erhalten hat. Bevor er zu *Automattic* kam, hat er als Operations Manager für die Café-Kette *SPoT Coffee* gearbeitet. Eine Zeit lang hat er zudem Philosophie unterrichtet. Freunde und Familie sagen, dass Simon neugierig und nachdenklich sei, und dass er viele gute Fragen stelle.

INTERVIEW MIT SIMON OUDERKIRK VON AUTOMATTIC

Was war deine Motivation, ortsunabhängig zu arbeiten?
Für mich ist Remote Work eine hervorragende Sache. Meine Frau ist Professorin und meine Kinder besuchen, wie die meisten Kinder, eine normale Schule. Was wir in unserer Familie sehr schätzen, sind Reisen und der Zugang zu anderen Völkern und Kulturen. Wenn ich durch meine Arbeit örtlich gebunden wäre, könnten wir nicht die langen Schulferien nutzen, um die Welt zu sehen.

Darüber hinaus schätze ich die Art von Arbeitsplatz, die (gut geführte) Remote-Firmen ihren Mitarbeitern bieten. Mitarbeiter werden in Remote-Firmen in vollem Umfang befähigt. Es besteht ein hohes Maß an gegenseitigem Vertrauen. Jeder Mitarbeiter wird in die Lage versetzt, durch seine Leistung erfolgreich sein zu können. Eine gute Remote-Firma arbeitet nicht nach dem Modell „butts-in-seats" (Hintern im Sessel), sondern ist ergebnis- und nicht arbeitszeitorientiert.

Das alles sind für mich sehr attraktive Charakteristika und sie alle sind in gut geführten Remote-Firmen zu finden.

Wie hast du deine Remote-Karriere begonnen? Gab es irgendwelche Tools, die dir dabei geholfen haben, ortsunabhängig zu arbeiten?
Folge nicht deiner Leidenschaft: Das ist ein schlechter Ratschlag. Finde vielmehr einen Job oder ein Unternehmen, für das du dich begeistern kannst.
Die Methode, mit der ich meine Karriere vorangetrieben habe, war diese:
- Erstelle ein neues Tabellenkalkulations- oder Google Sheets-Dokument
- Füge Spalten für „Firma", „Berufsbezeichnung", „Fähigkeit 1", „Fähigkeit 2" und „Fähigkeit 3" hinzu.

Melde dich bei der ausgezeichneten Remote Jobs Github-Liste an, die von meinem Freund Doug kuratiert wird (hier die Homepage: https://github.com/remoteintech/remote-jobs)
Füge jeden Job, der so aussieht, als könnte er zu dir passen, zu deiner Tabelle hinzu: sei großzügig, füge alles hinzu, was irgendwie interessant klingt. Mach das so lange, bis du mindestens fünfzig Jobs zusammen hast.

Analysiere nun die Tabelle hinsichtlich der wichtigsten wiederkehrenden Fähigkeiten. Lerne diese Fähigkeiten.

Das hat bei mir funktioniert: Es kann bei dir funktionieren oder auch nicht. Das Schöne daran ist, dass, wenn du so viele Stellenangebote gefunden hast, die Art von Fähigkeiten, die sehr gefragt sind, auch dann noch gefragt sein werden, wenn du erstmal sechs Monate damit zubringst, sie zu erlernen. Soll heißen, wenn die von dir herausgesuchten Jobs nicht mehr verfügbar sind, wird es neue geben, die eben diese Fähigkeiten erfordern.

Welche drei Dinge würdest du vermeiden, wenn du die Zeit zurückspulen könntest?
Ich würde folgende drei Dinge vermeiden:
1. Gehe nicht davon aus, dass du jetzt für einen Remote-Job oder einen Tech-Job konkurrenzfähig bist – du musst erst konkurrenzfähig werden, was ein wenig Training oder eine andere persönliche Entwicklung erfordern kann.
2. Gib dich nicht mit etwas remote-ähnlichem zufrieden: Jeder Job, bei dem du Tracking-Software installieren oder zwei bis drei Mal pro Woche in ein Büro kommen musst, ist kein Remote-Job. Und du liest dieses Buch, weil du der Revolution beitreten willst und nicht nur schauen willst, wie es sich anfühlt.
3. Scheue dich nicht zu verhandeln: Auch wenn du einen Remote-Job als einen großartigen Lebensstil und als berufliche Verbesserung ansiehst, liegt es immer noch in deiner Verantwortung, eine Bulldogge zu sein, wenn es darum geht, dich selbst und deine Interessen beim Vorstellungsgespräch zu vertreten.

Wie sieht ein normaler Arbeitstag in deinem Leben als Remote Worker aus? Hast du eine tägliche Routine?
Normalerweise beginne ich meinen Arbeitstag, wenn meine Frau und meine Kinder zur Schule gehen. Im Allgemeinen ist das zwischen 8:00 Uhr und 8:30 Uhr. Einige meiner Teamkollegen leben in entfernten Zeitzonen, so dass es hilfreich ist, wenn man auf der früheren Seite online geht und sich am Ende des Tages mit ihnen überschneidet.

Normalerweise teile ich meine Zeit ungefähr gleichmäßig zwischen meinem Home-Office und ein paar lokalen Cafés auf. Das wird oft von meinem Kalender bestimmt. Wenn ich einen Videoanruf habe, bleibe ich meist zu Hause, um eine bessere Internetgeschwindigkeit und weniger Hintergrundgeräusche zu haben.

Ich mache gerne eine Pause von etwa einer Stunde um die Mittagszeit herum. Normalerweise nutze ich diese Zeit, um zu trainieren, eine geistige und körperliche Pause von meinem Arbeitstag zu bekommen (um einfach mal vom Bildschirm wegzukommen). Diese kognitive Pause zu haben, hilft mir, meine Aufgaben für den Tag zu bewältigen. Ich finde, dass ich ein neues Gefühl von Konzentration erhalte, wenn ich zu meinem Laptop zurückkomme, nachdem ich körperlich und geistig weg war.

Ich glaube fest an die Macht des Unterbewusstseins. Oft bekomme ich Geistesblitze für ein Problem, an dem ich arbeite, während ich im Fitnessstudio oder bei einem Spaziergang in meiner Nachbarschaft bin. Manchmal ist es weniger produktiv, auf ein Problem zu starren, als es beiseite zu legen und das Gehirn das tun zu lassen, was es am besten kann.

In der Regel beende ich meine Arbeit zwischen 16 Uhr und 17 Uhr, was mir Zeit gibt, das Haus aufzuräumen und das Abendessen für die Familie vorzubereiten. An manchen Abenden gehe ich nochmal an meinen Laptop, um an Telefonkonferenzen oder anderer Teamarbeit teilzunehmen, die außerhalb meiner lokalen Zeitzone stattfindet. Aber das ist keine normale Sache und kommt vielleicht einmal pro Woche vor.

Was sind die Vor- und Nachteile ortsunabhängiger Arbeit aus deiner Sicht?

Ich bin ein großer Evangelist der ortsunabhängigen Arbeit. Ich denke, dass es in Zukunft immer mehr Arbeitsplätze und Unternehmen geben wird, die sich auf das Remote-Modell zubewegen werden. Besonders für Amerikaner fühlen sich Remote-Jobs wie Arbeitsplätze für Menschen mit Verantwortungsbewusstsein an: Du nimmst dir die Zeit, die du für eine Aufgabe brauchst und machst deine Arbeit gut und mit Stolz. Du und dein Arbeitgeber habt eine starke Vertrauensbasis und so weiter. Ich selbst spüre ein starkes Gefühl von Verantwortung für das Unternehmen, für das ich arbeite, und fühle mich dazu befähigt, durch meine Arbeit aktiv einen Teil zum Unternehmenserfolg beitragen zu können. Ich vergleiche mich und meine Arbeit des Öfteren mit Freunden und ihrer Arbeit und sehe, dass Remote Work ganz klar die Zukunft gehört.

Ich denke, man muss in diesem Kontext auch etwas zu ortsunabhängiger Arbeit im Sinne einer moderierenden Kraft für die kulturelle und geografische Zerrüttung des modernen Kapitalismus sagen: Jason Kander sagte in einem Interview einmal, dass Menschen wollen, dass ihre Familien gesund, sicher und vor allem in ihrer Nähe sind. Seit Jahrzehnten wandern Menschen aus kleinen Gemeinden in städtische und vorstädtische Zentren ab, weil dort die Arbeitsplätze sind. Das hat verheerende Auswirkungen auf kleine Gemeinden (wie auf die, aus der ich komme) und hat viele Familien voneinander getrennt. Wenn nur die Hälfte der Jobs, die heute remote erledigt werden könnten, tatsächlich remote erledigt würden, stünden Menschen nicht vor der Wahl, ob sie einen guten Job in der Stadt annehmen oder in der Nähe ihrer Familie bleiben wollen. Es würde den Menschen mehr Möglichkeiten bzgl. der Wahl ihres Wohnortes geben und es wäre zudem ein Weg kleinere Gemeinschaften und Großfamilien beieinander zu halten.

Last but not least: Hast du noch weitere hilfreiche Tipps für unsere Leser?

Remote-Arbeit hat eine Menge Vorteile, aber eines musst du auf deiner Reise beachten: Ortsunabhängig zu arbeiten, erfordert ein Maß an Verbindlichkeit, mit dem du dich derzeit vielleicht noch nicht wohlfühlst. Du musst dir darüber bewusst sein, wie du deine Zeit nutzen und deinen Tag strukturieren willst. Gleichzeitig musst du anfangen, dich mehr um persönliche und berufliche Beziehungen zu kümmern. Büros haben einige Nachteile, aber sie bieten ausreichend Zeit, um Kontakte zu knüpfen und Kollegen kennenzulernen.

In einer Remote-Umgebung gibt es diese Art von Interaktion nicht mehr „kostenlos". Du musst einen virtuellen Kaffeetermin vereinbaren. Du musst über deinen eigenen Schatten springen, wenn du ein nettes Gespräch führen willst. Es ist einfach, in seinem eigenen Kopf zu leben, aber von Zeit zu Zeit muss man raus. Vereinbare daher soziale Termine mit Kollegen und triff dich mit Freunden vor Ort.

WOMIT KANNST DU ORTSUNABHÄNGIG GELD VERDIENEN? – EINIGE IDEEN

Beschäftigungsformen: Du kannst entweder als Freelancer für verschiedene Auftraggeber arbeiten, Angestellter einer Firma sein, die es dir ermöglicht ortsunabhängig zu arbeiten, oder du wirst unternehmerisch tätig. Möglich Arbeit- / Auftraggeber sind: Hochschuleinrichtungen, Handelsunternehmen, Versicherungen, Marketingagenturen, Pharmaunternehmen, Telekommunikationsfirmen, Beratungen, Behörden, etc. In Kapitel 6 findest du verschiedene Jobportale, die sich auf ortsunabhängiges Arbeiten spezialisiert haben.

Die folgenden Zeilen geben dir ein paar Ideen an die Hand, wie du ortsunabhängig mit diesem Beruf Geld verdienst. Der Abschnitt ist bewusst kurzgehalten, da viele der Ideen bereits in Kapitel 3 angesprochen wurden.

Solltest du an der ein oder anderen Stelle den Wunsch nach mehr Inhalt verspüren, blättere einfach nochmal zum Anfang zurück. Nähere Informationen, wie du Themen für Bücher und Online-Kurse findest, erhältst du in Kapitel 5. Schau außerdem gerne auf unserem Blog vorbei, für alle genannten Tools und Ressourcen im Überblick: https://new-work-life.com/portfolio/datenanalyst.

Führe bestimmte Kernaufgaben ortsunabhängig aus

Sieh dir die typischen Aufgaben eines Datenanalysten an und überlege dir, welche davon du ortsunabhängig ausüben kannst. Kannst du mit Kunden, Geschäftspartnern, Kollegen, etc. virtuell kommunizieren und sie beraten, indem du von Kommunikations- und Kollaborationsmedien wie Videotelefonie (z. B. Skype), Web-Konferenz (z. B. FreeConferenceCall), Desktop Sharing (z. B. Skype), Chat (z. B. Slack), E-Mail (z. B. Gmail) Gebrauch machst? Kannst du ortsunabhängig Daten sammeln, auswerten und aufbereiten? Kannst du deine Ergebnisse und Befunde in einer Web-Konferenz teilen und sie über E-Mail an Adressanten verschicken? Vermarkte deine Leistungen über eine eigene Website und über Online-Marktplätze wie z. B. Upwork.com, Freelancer.com, Experfy.com, Codementor.io, Twago.de und ggf. Fiverr.com.

Werde virtueller Berater

Berate Unternehmen, Behörden, Agenturen, Versicherungen, etc. zum Thema Datenanalyse und -auswertung.

Gründe eine Online Academy

Bilde angehende Datenanalyst aus, ggf. mit Zertifizierung nach erfolgreichem Abschluss der Academy. Die Zertifizierung könnte als eine Art Gütesiegel dienen, denn für den Beruf als Datenanalyst gibt es keine offizielle Ausbildung. In der Academy gibst du deinen Schülern das nötige Rüstzeug an die Hand, damit sie nach ihrer Ausbildung erfolgreich als Datenanalyst durchstarten und mit ihren neu erworbenen Kenntnissen Geld verdienen können. Dein Angebot kann sich an Privatpersonen und/oder an Unternehmen, die interne Datenanalysten ausbilden wollen, richten.

Entwickle und verkaufe Online-Kurse

Wie wäre es z. B. mit einem Kurs für Einsteiger in die Datenanalyse („Datenanalyse für absolute Beginner – Lerne die Grundlagen in X Schritten") oder du konzipierst einen Kurs zu bestimmten Tools, die Datenanalysten für ihren Job nutzen, wie z. B. SQL (= Datenbanksprache zur Definition von Datenstrukturen und Durchführung von Datenbankabfragen),

Tableau (= Visualisierung von Daten in Form von Dashboards), Python (= Programmiersprache für Datenanalyse) oder R (= Open-source Programmiersprache für statistisches Rechnen).

Entwickle Arbeitsvorlagen bzw. Templates für Datenanalysten
Du könntest z. B. Templates zu folgenden Themen entwickeln und verkaufen: Datenmodellierung, Datenabfrage, Datenauswertung (z. B. KPI-Dashboard), Reporting (z. B. Berichte), etc.

STARTER TOOLKIT – DAS BRAUCHST DU, UM LOSZULEGEN

Notebook, Smartphone

SOFTWARE:
- Office: z. B. Microsoft Office oder Google Docs
- Kommunikation: z. B. Skype, WhatsApp, Slack, Gmail
- Website / Webshop: z. B. WordPress oder Shopify
- Cloudbasierte Datenspeicherung: z. B. Dropbox oder Google Drive
- Visualisierung von Daten und Reporting: z. B. Tableau oder QlikView
- Erstellung von Berichten: z. B. D3
- Business Intelligence: z. B. Rapid Miner

BÜCHER UND TUTORIALS:
- Buch: "Head First Data Analysis: A learner's guide to big numbers, statistics, and good decisions", von Michael Milton
- Buch: „Analytics in a Big Data World: The Essential Guide to Data Science and its Applications", von Bart Baesens

Detaillierte Informationen zu Tools und Ressourcen, die dir helfen können, ein ortsunabhängiges Einkommen aufzubauen, findest du auf unserem Blog unter: https://new-work-life.com/portfolio/datenanalyst.

HIER FINDEST DU WEITERE INFORMATIONEN

Digital Analytics Association (DAA): https://digital-analytics-association.de

4.11 DATA SCIENTIST

Als Data Scientist verwandelst du Rohdaten in nutzbare Informationen. Du sammelst Daten aus verschiedenen Quellen und bereitest sie mit Hilfe von Algorithmen, Statistik und Programmierungen auf, um Erkenntnisse aus ihnen zu gewinnen. Diese Erkenntnisse präsentierst du deinen Kunden woraufhin sie daraus Entscheidungen für ihr Geschäft ableiten können. Im Gegensatz zum Datenanalysten benötigst du für deine Tätigkeit keine Ausgangsfragestellung, die erörtert werden soll. Du bist derjenige, der Unternehmen auf die notwendigen Fragestellungen zur Optimierung des Unternehmenserfolges bringt und darauf basierend Lösungsvorschläge erarbeitet.

WAS SIND MÖGLICHE AUFGABEN?
- Daten von Unternehmen sammeln
- Unternehmen auf bestimmte Fragestellungen hinweisen, die es zu erörtern gilt, um den Unternehmenserfolg zu optimieren
- Daten auswerten mithilfe von Statistik und Systemabfragen
- Programme und Datenmodelle entwickeln
- Präsentationen und Berichte erstellen
- KPI (Key Performance Indicators) entwickeln
- Daten-Dashboards und Fahrplan für künftige Ausrichtung erstellen
- Ergebnisse präsentieren
- Lösungen für Entscheidungsfindung vorschlagen

WELCHE AUSBILDUNG BENÖTIGST DU?
Um als Data Scientist zu arbeiten, kannst du einen Data-Scientist-Studiengang absolvieren. Alternativ kommt auch ein abgeschlossenes Studium der Informatik oder eines IT-verwandten Faches infrage. Auch möglich ist ein Studium in Wirtschaftsinformatik oder ein Mathematikstudium mit Schwerpunkt Statistik. Zudem bietet das Fraunhofer-Institut für Intelligente Analyse- und Informationssysteme (IAIS) Schulungen für Data Scientists an. Die EMC Academic Alliance bietet ein Curriculum Data Science and Big Data Analytics an.

WELCHE FÄHIGKEITEN SOLLTEST DU MITBRINGEN?
- Sehr gute Kommunikationsfähigkeiten
- Detailgenauigkeit
- Durchhaltevermögen
- Fokussierung
- Selbstmotivation

UNSER ROLEMODEL FÜR DEN BERUF DES DATA SCIENTISTS

Name: Yanir Seroussi
Unternehmen: Automattic
Homepage: https://automattic.com | https://yanirseroussi.com

Yanir arbeitet als Angestellter remote für das Unternehmen *Automattic*. *Automattic* ist die Firma, die u. a. hinter Produkten wie WordPress.com und Jetpack steht. Zum Zeitpunkt des Interviews befindet sich Yanir in Ballina, einer Stadt an der Küste von New South Wales in Australien, wo er seit ein paar Monaten wohnt. Er ist kürzlich von Sydney hierhergezogen. Yanir hat vor seiner Tätigkeit als Data Scientist einen Bachelor-Abschluss in Computerwissenschaften in Israel gemacht, wo er ursprünglich auch herkommt. Mit seinem Bachelor in der Tasche hat er in der Folgezeit als Software-Entwickler für große Technologieunternehmen wie z. B. *Intel*, *Qualcomm* und *Google* gearbeitet. Nachdem er eine Weile im Berufsleben verbracht hatte, beschloss er zu promovieren. Er ging nach Australien und machte einen Doktor im Bereich Data Science. Das war vor rund neun Jahren. Schwerpunkte seiner Promotion waren künstliche Intelligenz, Text Mining und die Verarbeitung natürlicher Sprache (auch bekannt als Natural Language Processing). Vor ca. sechs Jahren hat er seinen Doktor erfolgreich abgeschlossen und arbeitet seither als Data Scientist. Im Laufe seiner Karriere hat Yanir für Start-ups in Melbourne und Sydney gearbeitet und nebenher versucht, ein eigenes Lifestyle Business und eine Consulting-Karriere aufzubauen. Er war viel als Freelancer unterwegs. Irgendwann hat er jedoch gemerkt, dass Freelancing nicht das ist, was er dauerhaft machen möchte, weil ihm zu wenig Zeit für die Sache an sich, sprich das Entwerfen von Datenmodellen, Datenauswertungen, etc., bleibt und er stattdessen zu viel Zeit mit Themen wie Kundenakquise, Marketing, Buchhaltung, etc. beschäftigt ist. Daher ist Yanir in eine Festanstellung bei *Automattic* gewechselt, über die er mit uns im Interview spricht.

INTERVIEW MIT YANIR SEROUSSI VON AUTOMATTIC

Wie hast du deinen Remote-Job gefunden?
Ich habe von *Automattic* über das Buch „The Year Without Pants: WordPress.com and the Future of Work" von Scott Berkun erfahren. Einer der

Gründe, warum ich für *Automattic* arbeiten wollte, war, dass das Unternehmen Produkte herstellt, die mir persönlich wichtig sind und die ich selbst nutze, wie z. B. WordPress. Ich benutze WordPress für meine Website und bin sehr zufrieden damit. Ich denke, es ist immer gut, an etwas zu arbeiten, das man auch selbst nutzt. Software-Entwickler und Data Scientists sind aktuell am Markt sehr gefragt und es gibt ein großes Angebot an Jobs. Daher versuche ich, bei der Suche nach möglichen Arbeitgebern Unternehmen auszuwählen, die meinen persönlichen Werten entsprechen. Ich mag z. B. den Gedanken, dass das Internet ein frei zugänglicher Raum für Jedermann ist. Open-Source-Software wie WordPress unterstützt diesen Gedanken, indem sie es Jedermann ermöglicht, eine kostenlose Website zu erstellen.

Was war deine Motivation, ortsunabhängig zu arbeiten?

Ich lebe jetzt seit neun Jahren in Australien. Bevor ich nach Ballina gezogen bin, habe ich aufgrund meiner persönlichen Umstände in größeren Städten wie Sydney und Melbourne gewohnt. Unter anderem auch deshalb, weil dort die meisten Jobs in Australien sind. Ich bin generell ein Mensch, der stark mit der Natur verwurzelt ist und eine tiefe Leidenschaft für das Meer verspürt. Australische Städte wie Sydney und Melbourne sind aus meiner Sicht überbevölkert und haben horrende Mieten. Durch die Überbevölkerung reißt die Verbindung zur Natur ab. Aus diesem Grund habe ich den Entschluss gefasst, in eine ländliche Gegend von Australien zu ziehen. Auf dem Land sind jedoch fast keine Jobs. Ich musste also nach einer Lösung suchen, wie ich mein Leben auf dem Land finanzieren kann, ohne jeden Tag mehrere Stunden lang pendeln zu müssen. Die einzige Möglichkeit, die ich sah, war Remote-Arbeit. Das war wohl meine Hauptmotivation, ortsunabhängig zu arbeiten.

Wie hast du deine Remote-Karriere begonnen? Gab es irgendwelche Tools, die dir dabei geholfen haben, ortsunabhängig zu arbeiten?

Ich habe vor nicht allzu langer Zeit einen relativ langen Blogpost über meinen Einstieg bei *Automattic* geschrieben. Den Post habe ich auf meiner Website veröffentlicht. Du findest ihn unter folgendem Link: https://yanirseroussi.com/2017/07/29/my-10-step-path-to-becoming-a-remote-data-scientist-with-automattic/. In meinem Blogpost referenziere ich u. a. auf das Buch „The year without pants: WordPress.com and the Future of Work" von Scott Berkun. Scott ist ehemaliger Mitarbeiter von *Automattic* und gibt in seinem Buch interessante behind-the-scenes Einblicke in das Arbeitsleben bei *Automattic*. Ich fand das Buch sehr inspirierend.

Neben meinem Blogpost habe ich außerdem eine Liste mit etablierten Unternehmen, die remote arbeiten, angelegt und diese auf der Entwicklerplattform Github.com veröffentlicht. Die Liste ist öffentlich einsehbar und kann von jedem nach Belieben weiter ergänzt werden. Vielleicht bringt sie dem ein oder anderen einen Mehrwert, der auf der Suche nach einer Remote-Firma ist. Sie kann unter folgendem Link eingesehen werden: https://github.com/yanirs/established-remote.

Welche drei Dinge würdest du vermeiden, wenn du die Zeit zurückspulen könntest?

Es war ein langer Prozess bis ich endlich die finale Zusage von *Automattic* erhalten habe. Nach meiner Bewerbung für den Job wurde ich zunächst zum Interview eingeladen. Das erfolgreiche Abschneiden im Interview ist Voraussetzung, um überhaupt im Rennen zu bleiben. Als ich das Interview erfolgreich „bestanden" hatte, musste ich mein Können in der Praxis unter Beweis stellen und für ungefähr einen Monat an einem Projekt von *Automattic* mitarbeiten. Dies war eine Art Testballon, um mein Wissen und meine Fähigkeiten unter realen Bedingungen zu zeigen. Zwischen den einzelnen Bewerbungsphasen habe ich viel Zeit mit Warten zugebracht. Während ich wartete kam ein Jobangebot von einer anderen Firma rein. Es wäre für mich zu der Zeit viel einfacher gewesen, das Angebot anzunehmen und für die andere Firma zu arbeiten, anstatt weiter auf *Automattic* zu warten.

Zur Frage: Ich bin mir nicht wirklich sicher, ob ich etwas anders machen würde, wenn ich den Prozess noch einmal durchlaufen würde. Das Einzige, woran ich denke, ist, dass ich ggf. ein wenig faul war. Das ist etwas, das ich nächstes Mal vielleicht versuchen würde zu ändern. Nachdem ich mich entschieden hatte, einen Job in Festanstellung zu suchen, habe ich mich bei *Automattic* beworben und darüber hinaus nicht wirklich weitere Bewerbungen abgeschickt. Ich konnte mich einfach nicht dazu aufraffen. Wenn ich mich das nächste Mal für einen Job bewerbe, werde ich versuchen, etwas mehr Initiative zu zeigen anstatt alles auf eine Karte zu setzen wie bei *Automattic*.

Was waren deine größten Herausforderungen, um ein Remote-Einkommen zu generieren und wie hast du diese bewältigt?

Zusammengefasst würde ich sagen, dass die größte Herausforderung darin bestand, das notwendige Maß an Geduld aufzubringen, bis *Automattic* endlich grünes Licht gegeben hat, und dabei den Impuls zu unterdrücken, aufzugeben.

Wie sieht ein normaler Arbeitstag in deinem Leben als Remote Worker aus? Hast du eine tägliche Routine?

Ich bin ein Frühaufsteher und wache in der Regel früh morgens auf. Mein Körper funktioniert so am besten. Wenn ich aufgestanden bin, starte ich den Tag mit ein paar Stunden Arbeit für *Automattic*. Am späten Vormittag lege ich für gewöhnlich eine längere Pause ein. In meiner Pause gehe ich surfen (besonders jetzt, wo die Tage kürzer werden) oder mache andere Dinge, die ich mir für den Tag vorgenommen habe. Gegen Nachmittag bzw. Abend beende ich meine Pause und setze meine Arbeit für *Automattic* fort. Dieser Zeitplan hat sich als relativ gut erwiesen, weil er die meiste Überschneidung mit meinen Kollegen im Ausland bietet. Die meisten Mitarbeiter von *Automattic* arbeiten in den USA und Europa. Der Zeitunterschied zu Australien ist ziemlich groß. Auch wenn ich arbeitstechnisch nicht zwingend auf einen Echtzeit-Austausch mit meinen Kollegen angewiesen bin, ist es dennoch nett, die Möglichkeit dafür zu haben. Was meinen Arbeitsplatz betrifft, arbeite ich viel und oft von zu Hause aus dem Home-Office. Mir gefällt es, eine stabile Arbeitsumgebung zu haben. Dafür ist das Home-Office sehr gut geeignet. Wenn ich einen Tapetenwechsel brauche, gehe ich manchmal auch zum Arbeiten in ein Café. Das kommt generell aber recht selten vor.

Was sind die Vor- und Nachteile ortsunabhängiger Arbeit aus deiner Sicht?

Ein großer Vorteil ist, dass ich im Prinzip von überall aus arbeiten kann. Ich nehme diesen Vorteil regelmäßig in Anspruch und genieße ihn. Zum Beispiel fällt bei Remote-Arbeit der Anfahrtsweg zur Arbeit weg. Dies erspart mir nerviges Pendeln und nutzlose Zeitverschwendung. Weiterhin mag ich die Möglichkeit zur Stillarbeit. Stillarbeit ist in einem normalen Büro nur selten möglich. Ein typisches Büro-Szenario ist, dass du konzentriert an etwas arbeitest und dann ein Kollege mit einer Frage hereinkommt. In dem Moment, wo er seine Frage stellt, wird deine Stillarbeit unterbrochen und deine Konzentration ist dahin. Bei *Automattic* verwenden wir Slack als Hauptkommunikationstool. Du kannst Slack jederzeit ausschalten, wenn du dich konzentrieren musst. Auf diese Weise kannst du unnötige Ablenkung auf einfache Art und Weise vermeiden.

Demgegenüber ist ein Nachteil von Remote-Arbeit Isolation. Vor allem, wenn du von Australien aus arbeitest und alle deine Kollegen in den USA und in Europa sitzen, fühlst du dich streckenweise recht allein. Wie bereits gesagt, gibt es zwischen Australien und den USA bzw. Europa einen großen Zeitunterschied. Wenn es in Australien früh am Morgen ist, ist es Abend in den USA. Mit Europa verhält es sich umgekehrt. Wenn es spät nachmittags in Australien ist, ist Morgen in Europa. *Automattic* begegnet der Isolationsproblematik mit regelmäßigen persönlichen Team-Meetings. Jedes Jahr finden mehrere standortbezogene Team-Meetings statt, bei denen sich Teammitglieder vor Ort treffen und sich persönlich (besser) kennenlernen. Das Gute an diesen Team-Meetings ist, dass sie sehr intensiv sind. Man verbringt eine Woche non-stop miteinander und jeder freut sich, auf die gemeinsame Zeit. Säßen wir hingegen alle zusammen in einem Büro und es würde nicht diese Art von Team-Meetings geben, würden wir uns womöglich nie so gut kennenlernen.

Der zweite Nachteil von Remote-Arbeit steht in unmittelbarem Zusammenhang mit dem wohl größten Vorteil der Arbeitsweise: Dem hohen Maß an Freiheit. Die viele Freiheit kann leicht dazu führen, sich ablenken zu lassen und anderen Dingen mehr Aufmerksamkeit zu schenken als der Arbeit. Du musst eine gute Portion Selbstdisziplin besitzen, um nicht schwach zu werden. Wenn du jeden Tag von 9 Uhr bis 17 Uhr im Büro sitzt, wird diese Zeit automatisch als Arbeitszeit angesehen. Es ist dabei egal, ob du tatsächlich arbeitest oder nur mit deinen Kollegen Kaffee trinkst. Ich als Remote-Arbeiter sehe meine Kaffeepausen nicht als Arbeitszeit an. Wenn ich Kaffee trinke, fällt die Zeit dafür in den Bereich Freizeit. Um sicherzustellen, dass ich nicht zu wenig, aber auch nicht zu viel arbeite, dokumentiere ich meine Arbeitszeiten. Dies ist von Firmenseite zwar keine Pflicht, ich tue es jedoch trotzdem. Würde ich meine Arbeitszeiten nicht erfassen, würde es mir schwerfallen, eine Grenze zwischen Arbeit und Freizeit zu ziehen.

Last but not least: Hast du noch weitere hilfreiche Tipps für unsere Leser?
Ich habe eine ganze FAQ-Seite auf meiner Website mit Tipps für angehende Data Scientists. Zu finden sind die FAQs unter folgendem Link auf meiner Website: https://yanirseroussi.com/2017/10/15/advice-for-aspiring-data-scientists-and-other-faqs.

WOMIT KANNST DU ORTSUNABHÄNGIG GELD VERDIENEN? – EINIGE IDEEN

Beschäftigungsformen: Du kannst entweder als Freelancer für verschiedene Auftraggeber arbeiten, Angestellter einer Firma sein, die es dir ermöglicht ortsunabhängig zu arbeiten, oder du wirst unternehmerisch tätig. In Kapitel 6 findest du verschiedene Jobportale, die sich auf ortsunabhängiges Arbeiten spezialisiert haben.

Die folgenden Zeilen geben dir ein paar Ideen an die Hand, wie du ortsunabhängig mit diesem Beruf Geld verdienst. Der Abschnitt ist bewusst kurzgehalten, da viele der Ideen bereits in Kapitel 3 angesprochen wurden. Solltest du an der ein oder anderen Stelle den Wunsch nach mehr Inhalt verspüren, blättere einfach nochmal zum Anfang zurück. Nähere Informationen, wie du Themen für Bücher und Online-Kurse findest, erhältst du in Kapitel 5. Schau außerdem gerne auf unserem Blog vorbei, für alle genannten Tools und Ressourcen im Überblick: https://new-work-life.com/portfolio/data-scientist.

Führe bestimmte Kernaufgaben ortsunabhängig aus
Sieh dir die typischen Aufgaben eines Data Scientist an und überlege dir, welche davon du ortsunabhängig ausüben kannst. Kannst du mit Kunden, Geschäftspartnern, Kollegen, etc. virtuell kommunizieren und sie beraten, indem du von Kommunikations- und Kollaborationsmedien wie Videotelefonie (z. B. Skype), Web-Konferenz (z. B. FreeConferenceCall), Desktop Sharing (z. B. Skype), Chat (z. B. Slack), E-Mail (z. B. Gmail) Gebrauch machst? Kannst du ortsunabhängig Daten sammeln, auswerten und Datenmodelle entwickeln? Kannst du deine Ergebnisse und Befunde in einer Web-Konferenz teilen und sie über E-Mail an Adressanten verschicken? Vermarkte deine Leistungen über eine eigene Website und über Online-Marktplätze wie z. B. Upwork.com, Freelancer.com, Twago.de und ggf. Fiverr.com.

Werde virtueller Berater
Berate Unternehmen, Behörden, Agenturen, Versicherungen, etc. zum Thema Datenanalyse und -auswertung. Als Data Scientist deckst du alle Beratungsbereiche ab, die auch von einem Datenanalysten angeboten werden, allerdings mit dem Unterschied, dass deine Beratungskompetenz, die eines Datenanalysten übersteigt. Im Gegensatz zu einem Datenanalysten berätst du Unternehmen zum Big Picture und nicht nur bzgl. einer spezifischen Fragestellung. Du weist Unternehmen auf Missstände hin, die sie selbst noch gar nicht festgestellt haben. Ein Datenanalyst hingegen ist immer auf eine konkrete Fragestellung des betreffenden Unternehmens für seine Arbeit angewiesen.

Gründe eine Online Academy
Bilde angehende Data Scientists aus, ggf. mit Zertifizierung nach erfolgreichem Abschluss der Academy. Die Zertifizierung könnte als eine Art Gütesiegel dienen, denn für den Beruf als Data Scientist gibt es keine offizielle Ausbildung. In der Academy gibst du deinen Schülern das nötige Rüstzeug

an die Hand, damit sie nach ihrer Ausbildung erfolgreich als Data Scientist durchstarten und mit ihren neu erworbenen Kenntnissen Geld verdienen können. Dein Angebot kann sich an Privatpersonen und/oder an Unternehmen, die interne Data Scientists ausbilden wollen, richten.

Entwickle und verkaufe Online-Kurse
Wie wäre es z. B. mit einem Kurs für Einsteiger in die Datenanalyse („Datenanalyse für absolute Beginner – Lerne die Grundlagen in X Schritten") oder du konzipierst einen Kurs zu bestimmten Tools, die Data Scientists für ihren Job nutzen, wie z. B. SQL (= Datenbanksprache zur Definition von Datenstrukturen und Durchführung von Datenbankabfragen), Tableau (= Visualisierung von Daten in Form von Dashboards), Python (= Programmiersprache für Datenanalyse) oder R (= Open-source Programmiersprache für statistisches Rechnen).

Entwickle eine Datenanalyse Software für Unternehmen
Du könntest z. B. eine Software entwickeln, die den Traffic der Unternehmenswebsite misst und darauf basierend dem Unternehmen sagt, was auf der Website verändert werden sollte, um z. B. eine höhere Verkaufsquote zu erzielen. Vermarkte deine Software über eine eigene Website (z. B. mithilfe Elopage.com, einem Content Management System für digitale Produkte) und/oder über Online-Plattformen wie z. B. Steam, Fantero, Envato Market, Codester und Codeclerks. Du kannst deine Software entweder als Lizenzmodell vertreiben oder du entscheidest dich für den klassischen Verkauf, bei dem du alle Rechte an den Käufer abtrittst.

Entwickle eine Datenanalyse Software für dich selbst
Du könntest z. B. eine Software entwickeln, die automatisch Aktien einkauft und zu einem höheren Kurs wieder verkauft. Oder du baust ein Tool, das vorhersagt, in welche Immobilien du investieren solltest, um kurz-, mittel- oder langfristig einen Gewinn aus deiner Investition zu generieren.

STARTER TOOLKIT – DAS BRAUCHST DU, UM LOSZULEGEN

Notebook, Smartphone

SOFTWARE:
- Office: z. B. Microsoft Office oder Google Docs
- Kommunikation: z. B. Skype, WhatsApp, Slack, Gmail
- Website / Webshop: z. B. WordPress oder Shopify

- Cloudbasierte Datenspeicherung: z. B. Dropbox oder Google Drive
- Visualisierung von Daten und Reporting: z. B. Tableau oder QlikView
- Erstellung von Berichten: z. B. D3
- Business Intelligence: z. B. Rapid Miner

BÜCHER UND TUTORIALS:
- Buch: „Data Science For Dummies", von Lillian Pierson
- Buch: „Data Smart: Using Data Science to Transform Information into Insight", von John W. Foreman
- Buch: „Data Science für Unternehmen: Data Mining und datenanalytisches Denken praktisch anwenden", von Foster Provost und Tom Fawcett
- Tutorial: „Data Science A-Z™: Real-Life Data Science Exercises Included - Learn Data Science step by step through real Analytics examples. Data Mining, Modeling, Tableau Visualization and more!", von Kirill Eremenko, SuperDataScience Team auf Udemy.com
- Tutorial: „The Data Science Course 2018: Complete Data Science Bootcamp - Complete Data Science Training: Mathematics, Statistics, Python, Advanced Statistics in Python, Machine & Deep Learning", von 365 Careers auf Udemy.com

Detaillierte Informationen zu Tools und Ressourcen, die dir helfen können, ein ortsunabhängiges Einkommen aufzubauen, findest du auf unserem Blog unter: https://new-work-life.com/portfolio/data-scientist.

HIER FINDEST DU WEITERE INFORMATIONEN

Digital Analytics Association (DAA): https://digital-analytics-association.de

4.12 DROPSHIPPER

Als Dropshipper betreibst du ein Online-Handelsgeschäft. Im Wesentlichen nimmst du über deinen Webshop Bestellungen von Kunden entgegen und gibst diese an den Produzenten der Produkte oder einen Großhändler weiter. Der Produzent/Großhändler verschickt die Ware gemäß deinen Angaben direkt an den Kunden, ohne dass du in Kontakt mit der Ware kommst. Die Rechnungsstellung des Produzenten/Großhändlers erfolgt auf deinen Namen. Du bezahlst folglich den Produzenten/Großhändler für seine Lieferung an deinen Kunden. Im Gegenzug stellst du eine Rechnung an deinen Kunden aus und holst dir darüber deine Auslagen an den Produzenten/Großhändler inklusive eines Aufschlages (=Gewinnmarge) wieder herein. Mit diesem Modell hast du keinerlei Lagerhaltung oder Bestand, denn du kaufst erst beim Produzenten/Großhändler Ware ein, wenn dein Kunde sie über deinen Webshop bestellt und du sie somit bereits verkauft hast.

WAS SIND MÖGLICHE AUFGABEN?
- Interessante Produkte identifizieren
- Preis- und Lieferkonditionen mit Lieferanten verhandeln
- Webshop mit deinen Produkten bauen, pflegen und aktuell halten
- Marketingaktivitäten konzipieren und umsetzen
- Traffic auf Webshop bringen
- Ausgangsrechnungen an Kunden deiner Produkte versenden
- Eingangsrechnungen deiner Lieferanten bezahlen
- Kundenfragen im Bestell- und Retourenprozess beantworten
- Retouren bearbeiten Eingangsrechnungen deiner Lieferanten bezahlen
- Ggf. Kunden-Bewertungen für verkaufte Produkte einholen

WELCHE AUSBILDUNG BENÖTIGST DU?
Um als Dropshipper dein Geld zu verdienen benötigst du keine spezielle Ausbildung, solltest dich aber mit Hilfe diverser Bücher, Blogs und Udemy-Kurse bzw. YouTube-Videos entsprechend bilden. Grundsätzlich gibt es hierfür weder Eingangsbarrieren noch eine spezialisierte Ausbildung.

WELCHE FÄHIGKEITEN SOLLTEST DU MITBRINGEN?
- Kommunikationsstärke
- Vertriebsorientierung
- Kreativität
- Unternehmerisches Denken und Handeln
- Risikobewusstsein

UNSER ROLEMODEL FÜR DEN BERUF DES DROPSHIPPERS

Name: Anton Kraly
Unternehmen: Drop Ship Lifestyle
Homepage: https://www.dropshiplifestyle.com
Kontakt: LinkedIn: anton-kraly

Anton ist Gründer und CEO von *Drop Ship Lifestyle*. Nachdem er 2006 einen Bachelor in Marketing und Management von der University of Albany erhalten hatte, hat Anton in New York Kekse verkauft.[46] Durch Zufall fiel ihm 2007 Tim Ferriss Buch „The 4-Hour Work Week" in die Hände und es inspirierte ihn dazu, seine Situation zu überdenken. Statt jeden Tag mit einem Transporter in die Stadt zu fahren und Cookies zu verkaufen, entschied er sich dazu, seine Kekse online zu verkaufen. Danach verkaufte er Möbel, die er aus China importierte und in den USA verkaufte. Als sein Geschäft einen Umsatz von 1,8 Millionen US-Dollar erzielte, entschieden sein Business-Partner und er es zu verkaufen.

Im Verlauf der Zeit fragten ihn immer mehr Menschen um Rat, weil sie wissen wollten, wie er es geschafft hatte, ein so erfolgreiches Geschäftsmodell zu entwickeln. Die Fragen veranlassten ihn dazu 2012 die Firma *Drop Ship Lifestyle* zu gründen. Über seine Website verkaufen Anton und sein Geschäftspartner Online-Kurse für Internet-Händler. Zudem veranstalten sie Live-Events.[47] Nachdem Anton sich in Vietnam und Thailand aufgehalten hat, lebt er seit 2016 in Austin, Texas.

WOMIT KANNST DU ORTSUNABHÄNGIG GELD VERDIENEN? – EINIGE IDEEN

Beschäftigungsformen: Du arbeitest in der Regel für dich selbst und wirst unternehmerisch tätig.

Die folgenden Zeilen geben dir ein paar Ideen an die Hand, wie du ortsunabhängig mit diesem Beruf Geld verdienst. Der Abschnitt ist bewusst

---

[46] Vgl. Profil von Anton Kraly auf Linkedin: https://www.linkedin.com/in/anton-kraly, abgerufen am 04.09.2018.
[47] Vgl. Elaine Pofeldt: This Millennial Created A $1M, Ultra-Lean Business While Traveling Abroad, auf Forbes.com am 28.05.2017: https://www.forbes.com/sites/elainepofeldt/2017/05/28/this-millennial-created-a-1m-ultra-lean-business-while-traveling-abroad, abgerufen am 04.09.2018.

kurzgehalten, da viele der Ideen bereits in Kapitel 3 angesprochen wurden. Solltest du an der ein oder anderen Stelle den Wunsch nach mehr Inhalt verspüren, blättere einfach nochmal zum Anfang zurück. Nähere Informationen, wie du Themen für Bücher und Online-Kurse findest, erhältst du in Kapitel 5. Schau außerdem gerne auf unserem Blog vorbei, für alle genannten Tools und Ressourcen im Überblick: https://new-work-life.com/portfolio/dropshipper.

Betreibe Dropshipping
Verkaufe Produkte als Dropshipper. Als Vertriebsplattformen kannst du einen eigenen Webshop (z. B. mit Shopify) nutzen oder die Online-Marktplätze Amazon und/oder Ebay verwenden.

Werde virtueller Berater
Berate angehende und bestehende Dropshipper zu Themen wie Nischen- und Produktsuche, Supplier-Suche, Webshop bauen, Produktvermarktung, Preisverhandlungen und Konditionen, rechtliche Rahmenbedingungen, Verkauf über Amazon, Verkauf über Ebay, etc.

Biete Online-Seminare an
Ein mögliches Thema für ein Online-Seminar ist z. B.: Aufbau eines Dropshipping Business: Nische finden, Produkte finden, Anbieter finden, Marke aufbauen (inkl. Logo, Name, Farbgebung, Firmierung, etc.), Produkt-Listings erstellen, Produktfotos, Werbung und Marketing, SEO, usw.

STARTER TOOLKIT – DAS BRAUCHST DU, UM LOSZULEGEN

Notebook, Smartphone, Wer liefert Was (Zulieferer-Suche), Worldwide Brands (Dropshipping-Verzeichnis)

SOFTWARE:
- Office: z. B. Microsoft Office oder Google Docs
- Kommunikation: z. B. Skype, WhatsApp, Slack, Gmail
- Website / Webshop: z. B. WordPress oder Shopify
- Dropshipping Add-on für Shopify: Oberlo

BÜCHER UND TUTORIALS:
- Artikel: „How to Start a Dropshipping Store on a Budget or Even For Free!", von Jonny FD unter: http://www.johnnyfd.com/2017/09/how-to-start-dropshipping-store-on.html
- Buch: „Dropshipping für Anfänger: Passives Einkommen durch Dropshipping. Wie Sie mit Ihrem eigenen Webshop ortsunabhängig Geld verdienen und finanziell frei werden", von Robert Bank

- Tutorial: „Shopify Meisterkurs: Der Komplette Shopify Dropshipping Kurs #1 Shopify Meisterkurs: Der komplette Kurs für all die Leute die mit Shopify durchstarten möchten!", von Leon Chaudhari, auf Udemy
- Kostenloses Shopify Training: „How to quickly start a profitable dropshipping store", unter: https://www.shopify.com/courses/dropship

Detaillierte Informationen zu Tools und Ressourcen, die dir helfen können, ein ortsunabhängiges Einkommen aufzubauen, findest du auf unserem Blog unter: https://new-work-life.com/portfolio/dropshipper.

HIER FINDEST DU WEITERE INFORMATIONEN

bevh – Bundesverband E-Commerce und Versandhandel Deutschland: https://www.bevh.org

4.13 ENTWICKLUNGSINGENIEUR

Als Entwicklungsingenieur entwickelst (oder verbesserst) du Produkte, Maschinen oder anderweitige Dinge. Du überlegst dir, was die bestmögliche Lösung für ein vorhandenes Problem ist und wie sie technisch umgesetzt werden kann. Von der Produktidee, über technische Berechnungen und Zeichnungen bis zur Anfertigung eines fertigen Prototypens kümmerst du dich um alle anfallenden Aufgaben bzw. delegierst Teile davon an Abteilungen, die dir zuarbeiten. Dabei hast du stets die Kosten im Blick und achtest darauf, dass das Budget nicht überschritten wird.

WAS SIND MÖGLICHE AUFGABEN?
- Ideen entwickeln, wie bestehende Probleme mithilfe von Produkten, Maschinen, etc. gelöst werden können
- Technische Berechnungen für neue Produktideen anstellen
- Budget für neue Produktideen berechnen und Budgeteinhaltung bei Umsetzung einer Idee sicherstellen
- Technische Zeichnungen anfertigen, mithilfe von Computer-aided design (CAD) Technologie

- Angrenzende Tätigkeiten, die für die Umsetzung der Idee relevant sind, an andere Fachrichtungen delegieren (z. B. an technische Produktdesigner und die Produktion) und alle fremdausgeführten Arbeiten überwachen
- Anfertigung eines Prototyps
- Fehlerbehebung
- Projektplanung und -steuerung
- Anfertigung von technischen Begleitunterlagen und Montageplänen

WELCHE AUSBILDUNG BENÖTIGST DU?

Um als Entwicklungsingenieur zu arbeiten, solltest du zuvor ein ingenieurtechnisches Studium absolvieren. Klassiker unter den möglichen Studiengängen sind Maschinen- und Anlagenbau, Mechatronik und Elektrotechnik. Darüber hinaus eignen sich ebenfalls die Studiengänge Werkstofftechnik, Produktionstechnik, Informatik, Physik oder Bauingenieurwesen für einen Einstieg in den Beruf.

WELCHE FÄHIGKEITEN SOLLTEST DU MITBRINGEN?

- Technisches und mathematisches Verständnis
- Kreativität und Kostenbewusstsein
- Sehr gutes visuelles Vorstellungsvermögen
- Analytisches Denken
- Liebe zum Detail und Verantwortungsbewusstsein

UNSER ROLEMODEL FÜR DEN BERUF DES ENTWICKLUNGSINGENIEURS

Name: Jason Vander Griendt
Unternehmen: JCAD International | Render 3D Quick
Homepage: https://jcadusa.com | https://render3dquick.com | https://jasonvandergriendt.com

Jason ist selbstständiger technischer Produktdesigner, Konstrukteur und Inhaber der Firmen *JCAD International* und *Render 3D Quick*. Über seine Firma *JCAD International* bietet er CAD Services, 3D-Druck, Prototypenerstellung und Serienfertigung an. Damit hilft er seinen Kunden, deren Produktidee Schritt für Schritt von der ersten Skizze über das 3D-Rendering bis hin zum gedruckten 3D-Prototypen und ggf. anschließender Serienproduktion umzusetzen. Jasons zweite Firma *Render 3D Quick* ist auf 3D-Rendering und Architektur-Visualisierungen spezialisiert. Im Fokus der Firma stehen qualitativ hochwertige Rendering-Services zu günstigen Preisen, die innerhalb kurzer Zeit für gewerbliche und private Kunden angefertigt werden.

Jason ist als digitaler Nomade viel unterwegs und hat in Sachen Online Business schon Vieles ausprobiert. Seine Businessexpertise teilt er auf seiner Seite https://jasonvandergriendt.com. Hier berichtet er von den Anfängen seines Unternehmertums, von den Firmen, die er im Laufe der Jahre gegründet hat, und den Herausforderungen und Schwierigkeiten, denen er sich zu Anfang stellen musste. Basierend auf seinen Erfahrungen bietet Jason auf seiner Seite einen Mentoren-Service an, der angehenden Unternehmern bei der Validierung und beim Aufbau ihres Geschäftes helfen und sie vor typischen Anfängerfehlern bewahren soll.

Bevor Jason Unternehmer geworden ist, hat er zwei Jahre am kanadischen Fanshawe College Maschinenbau studiert und dann im Anschluss für verschiedene Produktions- und Ingenieurbüros als Entwicklungsingenieur gearbeitet. Ehemalige Arbeitgeber von ihm sind z. B. *Gerdau Ameristeel*, *Hatch Ltd.*, *Siemens* und *SNC-Lavalin Inc.* Als er ausreichend Erfahrung gesammelt hatte, gründete er nebenberuflich ein eigenes Ingenieurbüro. Dieses betrieb er als Side-Business so lange, bis es groß genug war, dass er von den Einnahmen leben und seinen Job kündigen konnte. Auf die Frage, wie Familie und Freunde Jason als Person beschreiben würden, sagt er, dass sie ihn als sehr ehrgeizig, engagiert, konzentriert, abenteuer- und lebenslustig ansehen. Unsere Interviewfragen beantwortet Jason im kanadischen Toronto.

INTERVIEW MIT JASON VANDER GRIENDT VON JCAD INTERNATIONAL UND RENDER 3D QUICK

Wie verdienst du dein Geld als Remote Worker?
Ich verdiene Geld, indem ich Ingenieurdienstleistungen für Jedermann anbiete und das überall auf der Welt. Ich habe außerdem einige andere Geschäfte und ich probiere immer wieder neue Ideen aus. Grundsätzlich habe ich ungefähr vier bis fünf Haupteinnahmequellen. Meine Unternehmen verdienen online Geld durch den Verkauf von Dienstleistungen. Die Gewinne aus diesen Geschäften gehen an eine Investmentgesellschaft, die

ich gegründet habe. Diese investiert das Kapital in Dividendenaktien und andere Investitionsmöglichkeiten, so dass die Rendite der Investitionen eine weitere Einnahmequelle ist (ROI, Dividendenausschüttungen etc.).

Wie bist du auf die Ideen für deine Services gekommen? Hast du dabei eine bestimmte Methodik verfolgt?

Ich habe meine Fähigkeiten als Maschinenbauingenieur verkauft und diese skaliert. Als ich merkte, dass die Arbeit für mich allein zu viel wurde, begann ich, Auftragnehmer und Freiberufler zu engagieren, die dasselbe taten wie ich. Stand heute arbeite ich mit 40 von ihnen auf der ganzen Welt zusammen. Durch den 3D-Druck war ich in der Lage, mein Geschäft weiter zu skalieren. Die heutige Technologie hat die Erstellung von Prototypen erheblich vereinfacht, so dass nun Tausende von Menschen ihre Ideen drucken lassen und in die Realität umsetzen können. Indem ich darauf basierend Serienfertigung in mein Angebotsportfolio mit aufgenommen habe, kann nun jede Idee in tausenden Einheiten produziert werden.

Wie lange hat es gedauert, bis du deine ersten 1.000 EUR an monatlichem Einkommen durch deine ortsunabhängige Arbeit generiert hast?

Nicht lange. Vielleicht ein paar Monate nach der Gründung des Unternehmens. Kunden zu bekommen, war einfach und ist es immer noch.

Wie hast du deine ersten Kunden gefunden, mit denen du remote zusammengearbeitet hast?

Direktmarketing an Zielunternehmen und später Online-Marketing über die wichtigsten Kanäle.

Wie findest du neue Kunden?

Neue Kunden kommen über Google-Anzeigen, Facebook-Anzeigen, SEO und viele andere Wege zu mir. Ich habe ein effizientes System gefunden, das auf der Grundlage des Verhaltens von 1.000 Kunden und deren Reaktion auf bestimmte Marketingmethoden entwickelt wurde. Ich habe es verfeinert und perfektioniert und jetzt funktioniert es beständig.

Was war deine Motivation, ortsunabhängig zu arbeiten?

Als ich jung war habe ich Männer bewundert, die in ihrem Lebensstil völlig frei waren. Finanziell frei, Single, ortsunabhängig - Männer vom Typ James Bond. Ich bin mir nicht sicher warum, aber ich habe diese Art Männer in jungen Jahren als Mentoren gewählt. Heute lebe ich das Leben meiner Idole von damals! Ich liebe es, frei zu sein. Freiheit hat eine magische Anziehungskraft auf mich.

Vor ungefähr zehn Jahren hatte ich einen Freund, der ein erfolgreiches Online-Dating-Geschäft hatte. Es faszinierte mich, dass er damit, egal wo er sich aufhielt, Geld verdienen konnte. Das wollte ich auch erreichen und so stellte ich mir immer wieder die Frage: „Wie kann ich das schaffen?". Zehn Jahre später bin ich an diesem Punkt angekommen. Ich habe ein Online-Ingenieur-Geschäft aufgebaut, das ich von überall auf der Welt aus betreiben kann.

Wie hast Du deine Remote-Karriere begonnen? Gab es irgendwelche Tools, die Dir dabei geholfen haben, ortsunabhängig zu arbeiten?
Ich habe nebenberuflich begonnen, meine Ingenieur-Skills als Dienstleistung anzubieten. Das war 2006, in den frühen Tagen des Internets. Damals hatte ich noch keine Idee, wie ich mich am besten vermarkte. Ich habe einfach die *Gelben Seiten* genommen und jedes Unternehmen in Toronto herausgesucht, das ansatzweise Interesse an meiner Dienstleistung haben könnte. Am Ende hatte ich eine Liste mit etwa 600 Unternehmen. Ich entwarf einen Flyer und eine Visitenkarte mit Adobe Photoshop, druckte beides aus und verschickte sie per Post. Ja, ich habe 600 Briefmarken gekauft! Es war ein ziemlich mühsames und zeitraubendes Marketingprojekt, aber es war sehr direktes Marketing! Ich bekam sofort einige Ergebnisse und mein Nebengeschäft war geboren.

Mit der Zeit fing ich an, ordentlich Geld damit zu verdienen. Mein Gehalt damals belief sich auf ca. 50.000 kanadische Dollar und mit meinem Nebenverdienst kamen weitere 10.000 bis 20.000 Dollar im Jahr hinzu. Das zusätzliche Einkommen half mir im Hinblick auf künftige Projekte sehr weiter. Zudem lernte ich eine Menge über Unternehmertum, über Überzeugungsarbeit, Verkaufen, Kundenservice usw. Ich lernte all die Dinge, die im geschäftlichen Alltag gebraucht werden und selbstverständlich sind. Und das tat ich neben meinem normalen Job.
In den nächsten fünf bis sechs Jahren baute ich meine Nebentätigkeit immer weiter aus, so dass ich das notwendige Selbstvertrauen gewann, ernsthaft über eine hundertprozentige Selbstständigkeit nachzudenken.

Es war während dieser Jahre, dass ich realisierte, dass ich mehr über Unternehmertum, Verkauf, etc. lernte musste, um mein Unternehmen schneller wachsen lassen zu können. Ich kaufte mir viele Bücher, Kurse, Seminare usw., um meinen Lernprozess zu beschleunigen. Zur Zeit lese ich zwei bis drei Bücher pro Woche, weil Lesen das Beste ist, was man meiner Meinung nach machen kann. (Tipp: Verkaufe die Bücher auf Amazon, wenn du sie gelesen hast. Dadurch kannst du für immer kostenlos lesen.)
Fünf bis sechs Jahre später erwirtschaftete ich bereits 10.000 kanadische

Dollar pro Monat nebenher und fragte meinen Chef daher, ob es möglich wäre, nur noch in Teilzeit zu arbeiten. Meine monatlichen Lebenshaltungskosten lagen bei lediglich 2.500 Dollar, also warum so viel Geld verdienen und so viele Stunden arbeiten? Ich wollte lieber mehr Zeit haben, um mich meinem Geschäft und meiner Work-Life-Balance zu widmen. Zuerst war mein Chef nicht damit einverstanden. Aber weil er ein wirklich großartiger Chef war und verstand, was ich vorhatte, sagte er nach etwa einer Woche, dass wir es versuchen könnten. Der Grund, warum er anfänglich dagegen war, war Angst, die anderen Mitarbeiter könnten es seltsam finden, dass ich in Teilzeit arbeite – und das zu Recht! Denn die meisten Menschen wollen mehr und nicht weniger Stunden arbeiten.

Dafür danke ich Tim Ferriss' Buch „The 4-Hour Work Week". In dem Buch sagt er, dass, wenn du darüber nachdenkst, deinen Job zu kündigen, solltest du als erstes deine monatlichen Ausgaben zusammenrechnen und nach Wegen suchen, sie so weit wie möglich zu reduzieren. Ich verkaufte mein Auto (und habe noch immer keins) und änderte meinen Lebensstil in Teilen, um meine Lebenshaltungskosten so weit wie möglich zu reduzieren – auf ungefähr 2.500 Dollar im Monat. Nachdem ich das getan hatte, schaute ich mir an, wie sich meine Nebentätigkeit entwickelte und wie viel Profit sie erwirtschaftete. Als ich feststellte, dass ich so viel verdiente, dass ich problemlos drei bis sechs Monate davon leben könnte, beschloss ich, meinen Job zu kündigen. Wenn du mit dem Wissen, dass du mit dem Verdienst aus deiner Selbständigkeit deine Rechnungen bezahlen kannst, deinen Job kündigst, ist es eine sehr entspannte Entscheidung.

Ich habe daraufhin einige Monate als Angestellter in Teilzeit gearbeitet und mein eigenes Geschäft entwickelte sich sehr schnell. Ich hatte zwei zusätzliche Tage pro Woche mehr Zeit, um Bücher zu lesen, zu lernen, und die Lektionen, die ich gelernt hatte, anzuwenden. Innerhalb kurzer Zeit schaffte ich es, meinen monatlichen Verdienst auf 20.000 kanadische Dollar zu steigern und das, obwohl ich weniger Zeit investierte!

Zu dieser Zeit endete gerade das Projekt, an dem ich als Angestellter in meinem festen Job gearbeitet hatte. Mein Chef kam auf mich zu und sagte mir: „Wie du weißt, ist das Projekt bald beendet und ich muss die Ressourcen und Zeiten für das nächste Projekt planen (die Projekte dauerten immer ein bis zwei Jahre). Willst du, dass ich dich für das nächste Projekt einplane oder willst du lieber nach Hause gehen und deinem Nebengeschäft eine Chance geben?" Ich dachte ein paar Sekunden über diese Frage nach, dann schüttelte ich ihm die Hand und sagte: „Ich gehe nach Hause." Das war im Jahr 2013. Seitdem hatte ich keinen Job in Festanstellung mehr. Ich hatte die Blaupause von Tim Ferriss, die mir zeigte, wie man seinen Job richtig und komfortabel aufgibt, und es hat alles funktioniert. Ich gebe allerdings zu, dass ich in den ersten Monaten ein wenig Angst um ein geregeltes Einkommen hatte. Es ist wirklich schwer, ein regelmäßiges Gehalt aufzugeben, auch wenn man weiß, dass man eigentlich wesentlich mehr verdient, als man zum Leben benötigt. Heute mache ich mit meinem Business 120.000 kanadische Dollar im Monat.

Welche drei Dinge würdest du vermeiden, wenn du die Zeit zurückspulen könntest?

Die drei Sachen, die ich vermeiden würde, sind erstens, Geld zu investieren in vermeintlich erfolgreiche Marketing-Methoden (*Gelbe Seiten*, Branchenverzeichnisse, SEO-Firmen, die sagen, dass sie dich auf Seite eins bringen können, etc.). Das meiste davon sind Betrügereien oder sie sind erfolglos. Ich bitte immer um einen kostenlosen Test, in dem sie mir beweisen, was sie für mich tun können. Wenn sie keinen kostenlosen Test anbieten, dann traue ich ihnen nicht. Insbesondere, wenn sie mit mir gleich einen Ein-Jahres-Vertrag abschließen wollen. Wenn es so effektiv ist, warum musst du dich dann für ein Jahr binden? Bitte darum, die Methode oder den Service gratis testen zu dürfen und versuche dann, einen kostenfreien Monat auszuhandeln. Wenn sie sich weigern, du sie aber wirklich testen willst, dann melde dich für einen Monat an, probiere es aus und kündige, wenn es nicht funktioniert. Auf diese Weise verlierst du nur Geld für einen Monat und nicht gleich für ein gesamtes Jahr.

Zweitens, versuche einen Weg zu finden, eine Idee für die geringstmöglichen Kosten zu testen und erst Geld zu investieren, wenn du siehst, dass die Idee funktioniert. Ich beginne jedes Geschäft für unter 1.000 Dollar und normalerweise unter 100 Dollar. Gib z. B. niemals tausende von Dollar für eine Website aus, die noch keinen Cent eingebracht hat. Die meisten Online Website-Baukästen bieten einen kostenlosen Probemonat. Nutze das, denn ein Monat reicht in der Regel aus, um eine Website aufzusetzen (das sollte eigentlich nur einen Tag dauern) und Traffic auf die Seite zu leiten. Wenn du während dieses Monats anfängst, Geld damit zu verdienen oder zumindest auf Interesse stößt, hast du vermutlich einen Sieger. Sollte sich jedoch niemand dafür interessieren, hast du zumindest kein Geld ausgegeben, um das herauszufinden. Du weißt nicht, wie man eine Website erstellt? Dann geh los und lerne es. Es ist viel einfacher, als du denkst!

Drittens: Nimm keine Anteilseigner in deine Firma, es sei denn, es ist absolut notwendig. Versuche, so viel wie möglich, auszulagern und durch Freelancer erledigen zu lassen. Unternehmensanteile als Gegenleistung für Arbeit abzugeben, führt in der Regel nur zu Problemen, vor allem wenn man sich kaum kennt. Mache lieber jemanden zu deinem Partner, wenn ihr bereits seit einiger Zeit zusammenarbeitet und das erwiesenermaßen gut funktioniert und die Zusammenarbeit dein Geschäft nach vorne bringt. Wenn du nicht umhinkommst, Partner haben zu müssen, dann trefft eure Entscheidungen immer basierend darauf, was für das Unternehmen am besten ist und nicht danach, was für eure Egos am besten ist.

Was waren deine größten Herausforderungen, um ein Remote-Einkommen zu generieren und wie hast du diese bewältigt?

Die größte Herausforderung war es, gute Leute zu finden. Von hundert ist vielleicht einer richtig gut und ich möchte nur mit richtig guten Leuten arbeiten. Ich verlange Exzellenz in allen Bereichen meines Lebens: Von Freunden, Kollegen, Geschäftspartnern, Mitarbeitern und allen anderen. Wenn jemand nicht erstklassig, respektvoll, verantwortungsbewusst, reif und ehrlich ist und ein paar andere Qualitäten mitbringt, will ich ihn nicht um mich haben. Meine Einstellung zu solchen Leuten ist, dass sie erst ihr Leben aufräumen sollen und dann wiederkommen können. Nur Menschen, die mit Ehrlichkeit, Respekt, Verantwortungsbewusstsein, etc. punkten, machen dein Leben einfach und stressfrei.

Behalte außerdem im Auge, wer in dein Leben kommt und wer geht:

- Wen hast du im letzten Jahr getroffen und wer ist geblieben?
- Wen hast du im letzten Jahr getroffen, der wieder gegangen ist?
- Wen hast du im letzten Jahr getroffen und du wolltest, dass er bleiben würde?
- Wen hast du im letzten Jahr getroffen und du wolltest, dass er wieder geht?
- Ziehst du seltsame Menschen oder Menschen mit fragwürdigen Eigenschaften an?
- Umgibst du dich eher mit bereichernden Menschen oder eher mit negativen Menschen?

Achte auf diese Faktoren in deinem Leben und beobachte dich im Zeitablauf. Bist du dir darüber bewusst, mit wem du dich umgibst, hast du die Chance, einen großen Freundeskreis aufzubauen und dich mit anderen großartigen Menschen zu verbinden. Dein Leben wird viel einfacher, wenn du großartige Menschen um dich herum hast.

Wie sieht ein normaler Arbeitstag in deinem Leben als Remote Worker aus? Hast du eine tägliche Routine?

Mein normales Leben ist ziemlich einfach und stressfrei. Ich wache auf wann ich will, normalerweise gegen acht oder neun Uhr morgens. Dann checke ich meine E-Mails und schaue, was in der Welt los ist (Social-Media). Danach beantworte ich verschiedene Textnachrichten und E-Mails und mache mir einen Espresso (ich bin süchtig danach, seit ich vor zehn Jahren in Italien gelebt habe).

Gegen 10 Uhr morgens fliegen die E-Mails und Telefonanrufe rein. Ich bekomme ca. 200 E-Mails pro Tag, so dass ich alle paar Minuten eine E-Mail beantworte. Das mag vielleicht nach viel klingen, aber 80 Prozent der Antworten sind „ja", „sollte bis 15 Uhr erledigt sein", „danke", also brauche ich nur ein paar Sekunden pro E-Mail. Hinzu kommen noch E-Mails, die ich mit entsprechenden Vorlagen beantworte, so dass ich selten mehr als zehn Wörter tippe. Das mache ich bis 16 oder 17 Uhr, dann wird es ruhiger.

Tagsüber mache ich, was ich will. Normalerweise gehe ich mit meinem Laptop in ein Café, an den Pool auf dem Dach eines Gebäudes in der Innenstadt von Toronto oder an einen anderen Ort auf der Welt, an dem ich unterwegs bin. In den letzten drei Jahren habe ich meine Ortsunabhängigkeit richtig ausgenutzt und mehr als 50 Länder bereist, davon 32 im letzten Jahr.

Abends bin ich gerne mit Freunden unterwegs, egal ob auf einen Drink, für ein Abendessen, einen Spaziergang oder einfach nur zum Abhängen. Ich denke, es ist wichtig, ein Leben im Gleichgewicht zu leben. Bewegung und Gesundheit sind für mich sehr wichtig. Das schließt guten, ununterbrochenen Schlaf ein. Ich bin niemand, der denkt, dass man mit vier Stunden Schlaf die doppelte Arbeit schafft - NEIN!

Außerdem sind Arbeit und Produktivität sehr wichtig für mich. Das kann auch die Weiterbildung des eigenen Wissens sein, wenn ich z. B. einen Dokumentarfilm sehe, durch den ich etwas Wichtiges lerne, oder ein gutes Buch lese (zwei bis drei Bücher pro Woche).

Zu guter Letzt sind mir gute Freunde, meine Familie und soziale Beziehungen wichtig. Es reicht nicht, Menschen alle drei Monate mal zu sehen und sie dann als gute Freunde zu betrachten. Beziehungen sind wie Pflanzen. Man muss sie regelmäßig gießen, damit sie wachsen. Persönliche Beziehungen zu haben, ist wahrscheinlich die wichtigste Zutat für ein glückliches Leben. Ich denke, wenn man diese drei Bereiche pflegt und sie alle in Balance zueinander stehen, lassen Glück und Freude im Leben nicht lange auf sich warten.

Was sind die Vor- und Nachteile ortsunabhängiger Arbeit aus deiner Sicht?

Die Vorteile liegen auf der Hand: Du kannst arbeiten, wann und wo du willst. Wenn du hart arbeitest und in der richtigen Nische unterwegs bist, wirst du viel mehr verdienen als mit deinem regulären Job. Freiheit ist der Vorteil.

Der Nachteil ist, dass es keine Bedienungsanleitung wie bei einem „normalen" Job gibt. Wenn bei der Arbeit etwas schiefgeht, musst du einfach die Richtlinien und Protokolle befolgen. Wenn du auf dich allein gestellt bist, musst du selbst eine Lösung finden. Wenn du nicht der Typ bist, der selbst gerne Lösungen findet und Dinge umsetzt, dann lass es lieber sein. Du musst bereit sein, eine Million Dinge zu lernen, von denen du anfangs keine Ahnung hast, um dein Business zum Laufen zu bringen.

Last but not least: Hast du noch weitere hilfreiche Tipps für unsere Leser?
Folge inspirierenden Menschen auf Social Media. Ich habe eine Menge zeitverschwendende Nachrichten aus meinen Social-Media-Feeds gelöscht, so dass ich jetzt immer etwas von Tim Ferriss, Simon Sinek oder Tony Robbins lerne, wenn ich das Bedürfnis habe, eine Pause einzulegen und durch meine Social-Media-Kanäle zu surfen.

Diese erfolgreichen Menschen tun erstaunliche Dinge und sind sehr inspirierend. Sie leben offensichtlich ein erfolgreiches Leben, also folge ihnen. Nimm ihre Gewohnheiten und Ratschläge an. Wir leben in einer erstaunlichen Zeit, in der wir das tun können! Nie zuvor war es möglich, Tai Lopez oder Gary Vaynerchuk jeden Tag zu „besuchen" und zu sehen, was sie zu sagen haben oder woran sie gerade arbeiten! Mach das täglich über Wochen, Monate und Jahre hinweg und die Art und Weise, wie sie die Welt sehen, wird anfangen, auf dich abzufärben.

WOMIT KANNST DU ORTSUNABHÄNGIG GELD VERDIENEN? – EINIGE IDEEN

Beschäftigungsformen: Du kannst entweder als Freelancer für verschiedene Auftraggeber arbeiten, Angestellter einer Firma sein, die es dir ermöglicht ortsunabhängig zu arbeiten, oder du wirst unternehmerisch tätig. Entwicklungsingenieure sind in vielen Branchen gefragt, insbesondere in der Automobilbranche, im Maschinen- und Anlagenbau sowie in der Elektroindustrie. Klassische Einsatzgebiete sind Weiße Ware (Haushaltsgeräte), Automatisierungstechnik sowie Fahrzeug- und Medizintechnik. In Kapitel 6 findest du verschiedene Jobportale, die sich auf ortsunabhängiges Arbeiten spezialisiert haben.

Die folgenden Zeilen geben dir ein paar Ideen an die Hand, wie du ortsunabhängig mit diesem Beruf Geld verdienst. Der Abschnitt ist bewusst kurzgehalten, da viele der Ideen bereits in Kapitel 3 angesprochen wurden. Solltest du an der ein oder anderen Stelle den Wunsch nach mehr Inhalt verspüren, blättere einfach nochmal zum Anfang zurück. Nähere Informationen, wie du Themen für Bücher und Online-Kurse findest, erhältst du in Kapitel 5. Schau außerdem gerne auf unserem Blog vorbei, für alle genannten Tools und Ressourcen im Überblick: https://new-work-life.com/portfolio/entwicklungsingenieur.

Führe bestimmte Kernaufgaben ortsunabhängig aus
Sieh dir die typischen Aufgaben eines Entwicklungsingenieurs an und überlege dir, welche davon du ortsunabhängig ausüben kannst. Kannst du mit Kunden, Geschäftspartnern, Kollegen, etc. virtuell kommunizieren, indem du von Kommunikations- und Kollaborationsmedien wie Videotelefonie (z. B. Skype), Web-Konferenz (z. B. FreeConferenceCall), Desktop Sharing (z. B. Skype), Chat (z. B. Slack) und/oder E-Mail (z. B. Gmail) Gebrauch machst? Kannst du ortsunabhängig Ideen für technische Lösungen entwickeln, technische Berechnungen anstellen und Zeichnungen anfertigen? Kannst du ortsungebunden Begleitunterlagen und Montagepläne erstellen und sie Kunden / Kollegen / Geschäftspartnern digital (z. B. per E-Mail oder über Filesharing-Dienste) zukommen lassen? Vermarkte deine Leistungen über eine eigene Website und über Online-Marktplätze wie z. B. Upwork.com, Freelance.de, Linkedin, Twago.de, etc.

Erstelle technische Zeichnungen
Fertige technische Zeichnungen, 3D-Modelle, 3D-Renderings, fotorealistische Visualisierungen und/oder 3D-Animationen gemäß Nachfrage am Markt an und stell diese online gegen Gebühr zum Download zur Verfügung. Vermarkte deine Produkte über eine eigene Website und/oder über Online-Marktplätze wie z. B. Turbosquid.com oder Shapeways.com.

Fertige 3D-Inhalte für Virtual Reality (VR) Visualisierungen an
Verkaufe sie auftragsbezogen und/oder über Online-Marktplätze für 3D- bzw. VR-Content, z. B. über Adobe Stock, CGTrader und TurboSquid. VR ist stark im Kommen, daher wächst die Nachfrage nach VR-Content.

Entwickle und verkaufe Online-Kurse
Wie wäre es z. B. mit einem Kurs zum Thema CAD? Du könntest in einem solchen Kurs, ein bestimmtes CAD Programm erklären und Teilnehmern zeigen, wie sie mithilfe des CAD Programmes selbst CAD Zeichnungen anfertigen können.

STARTER TOOLKIT – DAS BRAUCHST DU, UM LOSZULEGEN

Notebook, Smartphone, Stifte, Zeichenpapier oder Sketchbuch

SOFTWARE:
- Office: z. B. Microsoft Office oder Google Docs
- Kommunikation: z. B. Skype, WhatsApp, Slack, Gmail
- Website / Webshop: z. B. WordPress oder Shopify
- CAD Programm für Entwicklungsingenieure, z. B. AutoCAD, Autodesk Inventor, Solid Edge

BÜCHER UND TUTORIALS:
- Buch: „Dubbel: Taschenbuch für den Maschinenbau", von Karl-Heinrich Grote, Beate Bender und Dietmar Göhlich
- Buch: „Konstruktionslehre für Einsteiger: Easy Basiswissen für Maschinenbau-Techniker und -Studenten", von Paul Naefe und Michael Kott
- Buch: „Shigley's Mechanical Engineering Design (in SI Units)", von Richard G. Budynas und Keith J. Nisbett
- Tutorial: „Mechanisms and Motion – Robotics Focus", von John Devitry, auf Udemy
- Tutorial: „Mechanical Engineering & Drafting: Sketch to Success!", von Aaron Flanary, auf Udemy

Detaillierte Informationen zu Tools und Ressourcen, die dir helfen können, ein ortsunabhängiges Einkommen aufzubauen, findest du auf unserem Blog unter: https://new-work-life.com/portfolio/entwicklungsingenieur.

HIER FINDEST DU WEITERE INFORMATIONEN

Verein Deutscher Ingenieure (VDI) e.V.: https://www.vdi.de

4.14 EVENTMANAGER

Als Eventmanager konzipierst und organisierst du Veranstaltungen. Du übernimmst alle Aufgaben im Zusammenhang mit Planung, Durchführung und Nachbereitung eines Events und hast stets dessen Kosten im Blick. Die Bandbreite möglicher Veranstaltungen ist groß. Sie reicht von Konzerten, Partys, Hochzeiten, Festivals, Konferenzen, Retreats, Workshops, Messen, Seminaren und Sportveranstaltungen bis hin zu Lesebühnen, Firmenevents, Promotionen und Produkt-Launches. Du fungierst als zentraler Ansprechpartner für das Event und trägst die Verantwortung für einen reibungslosen Ablauf.

WAS SIND MÖGLICHE AUFGABEN?
- Kundenanforderungen für ein Event aufnehmen
- Veranstaltungsorte, Dienstleister (z. B. für Personal Veranstaltungslogistik, Catering, etc.) und Hauptattraktionen wie Künstler, Gastredner, Sportler, etc. recherchieren und kontaktieren
- Ein Veranstaltungskonzept erstellen, in dem u. a. Kriterien wie Budget, zeitlicher Ablaufplan, mögliche Veranstaltungsorte, mögliche Hauptattraktionen, Lieferantenoptionen, Personaloptionen und rechtliche Rahmenbedingungen beschrieben werden
- Preisverhandlungen mit Veranstaltungsorten, Dienstleistern, etc. führen und Aufträge vergeben
- Alle am Event beteiligten Firmen und Personen koordinieren und anfallende Aufgaben delegieren
- Promotion und Werbung für ein Event betreiben - über eigene Kanäle und Fremdkanäle
- Troubleshooting betreiben, wenn vor, während oder nach dem Event Probleme auftreten
- Rechtliche und versicherungstechnische Voraussetzungen klären und dafür sorgen, dass diese eingehalten werden, z. B. ausreichende Sicherheitsvorkehrungen (Erste Hilfe, Verkehrskontrollen, etc.), gesundheitsrechtliche Vorschriften, Versicherungsvorschriften, etc.
- Budgeteinhaltung überwachen und gewährleisten, dass das Budget nicht überschritten wird
- Nach dem Event: Abbau, Aufräumen, kaufmännische Abwicklung (z. B. Rechnungskontrolle, Rechnungsbegleichung, Erfolgskontrolle, etc.), Nachbesprechung des Events mit Kunden und andere Nachbereitungstätigkeiten erledigen

WELCHE AUSBILDUNG BENÖTIGST DU?
Die Berufsbezeichnung Eventmanager ist gesetzlich nicht geschützt. Um Eventmanager zu werden, musst du daher nicht zwingend eine Ausbildung durchlaufen. Ist dir jedoch an einer formellen Ausbildung gelegen, kannst du eine Ausbildung zum/r Veranstaltungskaufmann/-frau absolvieren. Alternativ kannst du auch Eventmanagement studieren.

WELCHE FÄHIGKEITEN SOLLTEST DU MITBRINGEN?
- Verhandlungs- und Durchsetzungsstärke
- Organisationstalent und Stressresistenz
- Kommunikationsstärke
- Zahlenverständnis und Problemlösungskompetenz

UNSER ROLEMODEL FÜR DEN BERUF DES EVENTMANAGERS

Name: Laura Bieschke
Unternehmen: Laura Bieschke – Events & Travels UG | Travel Festival – Das Event für Weltenbummler | Strandflohmarkt – Trödeln mit Beachflair
Homepage: http://laurabieschke.de | http://travel-festival.de | http://www.strandflohmarkt.com
Kontakt: info@laurabieschke.de |
Instagram: laurabieschke.de, travel_festival, strandflohmarkt |
Facebook: travelfestivalruhr, strandflohmarkt

Laura ist seit Februar 2017 selbständig als Eventmanagerin. Sie arbeitet in diesem Bereich sowohl als Freelancerin für Events von Dritten, als auch für sich selbst, indem sie eigene Events und Projekte plant und umsetzt.
Eine von Lauras größten Leidenschaften ist das Reisen. Die große weite Welt hat sie das erste Mal mit 20 Jahren während eines Praktikums in Australien kennengelernt. Das Praktikum fand in Sydney statt und sollte drei Monate dauern. Nach kurzer Zeit stellte Laura fest, dass es nicht das war, was sie sich vorgestellt hatte. Sie „schmiss" das Praktikum, packte ihren Rucksack und machte sich kurzerhand auf, Australien zu bereisen. Wieder zurück in der Heimat, war für Laura nichts mehr wie vorher. Sie wollte unbedingt wieder reisen. Dafür brauchte sie jedoch Geld. Sie war damals Studentin und verdiente nicht viel. Um ausreichend Geld ansparen zu

können, brach sie ihr Studium ab und begann eine Ausbildung zur Eventmanagerin. Das, was von ihrem Verdienst jeden Monat übrigblieb, legte sie auf ein Sparbuch und nutzte ihre Urlaubstage, um die Welt kennenzulernen. Nach Abschluss ihrer Ausbildung war für Laura klar, dass ihre Arbeit auf jeden Fall etwas mit Reisen zu tun haben sollte. In der Folgezeit sammelte sie Berufserfahrung in unterschiedlichen Bereichen – allesamt in Verbindung stehend mit dem Thema Reisen. Sie arbeitete als Projektleiterin für weltweite Incentive-Reisen, war Mitarbeiterin der Landausflugsabteilung auf einem Kreuzfahrtschiff und sie plante Veranstaltungen auf einem Weingut auf Mallorca.

Auf die Frage, wie Familie und Freunde Laura als Person sehen, antwortet Laura, dass ihre Freunde sie als aufrichtige, ehrliche, positive und energiegeladene Person mit einem Lachen, das man lieben muss, charakterisierten. Ihre Mutter sei zudem der Meinung, sie sei eine herzliche, hilfsbereite, liebevolle und verrückte Chaotin, die immer für eine Überraschung gut sei, wie z. B. für einen „Kurztrip" nach Panama. Unsere Interview-Fragen beantwortet Laura von ihrer Heimatstadt Hattingen im Ruhrgebiet aus.

INTERVIEW MIT LAURA BIESCHKE VON EVENTS & TRAVELS

Wie verdienst du dein Geld als Remote Worker?

Das ist bei mir sehr unterschiedlich. Ich habe an vielen Dingen Spaß und baue mir immer weitere Einnahmequellen auf. Aktuell beziehe ich Einnahmen aus eigenen Eventprojekten wie dem Travel Festival oder dem Strandflohmarkt und aus Projektassistenz für andere Selbständige. Daneben plane ich Reisen für Privatpersonen und Unternehmen und habe in diesem Bereich vor Kurzem mit einem Freund ein eigenes Reiseveranstaltungsunternehmen gegründet.

Wie bist du auf die Ideen für deine Produkte und Services gekommen? Hast du eine bestimmte Methodik verfolgt?

Meine Dienstleistungen, Events und Projekte sind alle aus Leidenschaft entstanden. Ich liebe es zu reisen und verbringe gerne Zeit mit tollen Menschen. Auf meinen Reisen bin ich so vielen tollen Menschen begegnet, dass ich zu Hause ebenfalls die Möglichkeit haben wollte, diese Art Menschen kennenzulernen. Ich besuchte einige Reise-Events, in der Hoffnung, dort auf interessante Leute zu treffen, jedoch waren diese nicht auf Austausch ausgelegt. Irgendwann war ich bei einem tollen Reisevortrag über Kuba mit mehr als 200 Besuchern. Ich hatte gehofft, nach dem Vortrag mit einigen von ihnen ins Gespräch zu kommen. Nach dem Vortrag sind alle jedoch aufgestanden und gegangen. Dabei war ich so neugierig: Wo die wohl schon überall waren und was sie dort alles erlebt haben? Ich konnte es leider nicht erfahren. Das war der Moment, in dem ich beschloss, mein eigenes Reise-Event ins Leben zu rufen. Ich hatte diese Idee schon länger und jetzt war der Zeitpunkt gekommen, sie umzusetzen. Das Travel Festival wurde geboren. Von der Idee bis zur Umsetzung dauerte es nur kurze Zeit. Mittlerweile fand das Travel Festival in der dritten Auflage statt und es wächst und gedeiht. Das letzte Mal fand es an einem langen Wochenende statt und mehr als hundert Gleichgesinnte campten vor Ort. Die Besucher und ich sind wie eine Familie zusammengewachsen und freuen uns jedes Mal, wenn wir uns zum Festival wiedersehen. Mit vielen stehe ich auch außerhalb des Events in Kontakt und wir treffen uns. So entstand übrigens auch mein neues Unternehmen *Backpack Circle*, das ich zusammen mit einem guten Freund (Daniel Tischer – Southtraveler Blog) gegründet habe. Mit *Backpack Circle* bieten wir weltweit authentische und individuelle Reisen für Gleichgesinnte an.

Dieses Jahr habe ich zudem meine zweite Veranstaltungsreihe ins Leben gerufen: Den Strandflohmarkt – Trödeln mit Beachflair! Ich liebe den Strand, Flohmärkte, gute Musik und ich liebe es, Zeit mit netten Menschen zu verbringen. Das alles habe ich in meiner Veranstaltungsreihe Strandflohmarkt vereint. Der Strandflohmarkt ist mehr als nur ein Trödelmarkt. Sand, Palmen, kühle Getränke, leckeres Essen und Live-Musik. Hier kann man mit seinen Freunden einen tollen Sonntag mit schönem Beach-Ambiente verbringen.

Wie hast du deine ersten Kunden gefunden, mit denen du remote zusammengearbeitet hast?
Ich habe nie Kaltakquise betrieben und niemanden aktiv angeschrieben. Vielmehr habe ich von Anfang an meine eigenen Projekte umgesetzt. Durch meine Projekte habe ich im Laufe der Zeit mehr und mehr Aufmerksamkeit bekommen und konnte so meinen Bekanntheitsgrad steigern. Ich war in Zeitungen, Magazinen, im Fernsehen, im Radio und im Social-Media-Bereich ist auch einiges passiert. Dadurch sind Menschen auf mich und meine Dienstleistung aufmerksam geworden.

Einige kamen auch durch Internetrecherche auf meine Seite und es entstanden darüber Beauftragungen. Zum Beispiel die Planung einer Incentive Reise nach Lissabon für ein Unternehmen aus Stuttgart. Mit dem Kunden habe ich per E-Mail und per Telefon alle Absprachen getroffen und ihm und seinen Mitarbeitern eine schöne Reise nach Lissabon konzipiert und organisiert. Die Macher dieses Buches sind z. B. ebenfalls durch Internetrecherche auf meine Homepage gestoßen und haben mich zu diesem tollen Interview hier eingeladen.

Generell muss man aber auch sagen, dass gerade in der Eventbranche nichts über Kontakte und Weiterempfehlungen geht, wie bei vielen anderen Berufen auch. Auf Menschen zuzugehen und neue Kontakte zu knüpfen, fiel mir nie wirklich schwer, weil ich eine sehr offene und kommunikative Persönlichkeit bin. Das ist meiner Meinung nach in meinem Beruf sehr wichtig.

Wie findest du neue Kunden?

Durch meine eigenen Veranstaltungen lerne ich viele neue Menschen kennen und erlange dadurch eine immer größere Reichweite. Dadurch entstehen neue Kontakte und es kommen neue Kundenanfragen zustande. Des Weiteren bin ich sehr präsent auf Social-Media und lasse die Menschen an meinem privaten und beruflichen Leben teilhaben. Hierdurch sind auch schon tolle Zusammenarbeiten oder Kooperationen entstanden.

Was war deine Motivation, ortsunabhängig zu arbeiten?

Ich hatte schon immer den starken Drang nach persönlicher Freiheit und habe schon immer das gemacht, was ich wollte, ohne mir in mein Leben reinreden zu lassen. Frei zu sein, ist für mich sehr wichtig, um glücklich zu sein. Ich bin ein Freigeist, der das Abenteuer liebt. Mir ist es in Festanstellungen schon immer schwergefallen, mich zurechtzufinden. Dass jemand, der mir nicht nahesteht, so viel Einfluss auf mich hat, bestimmt wann ich wo zu sein habe, was ich zu tun und zu lassen habe und wann ich Urlaub nehmen darf, hat mir schon immer Bauchschmerzen bereitet. Für mich hieß die Lösung Selbständigkeit und zwar mit einem Business, dass ich ortsunabhängig führen kann. Der Schritt in die Selbständigkeit war die beste Entscheidung, die ich in meinem Arbeitsleben bislang getroffen habe. Es ist am Anfang natürlich nicht immer einfach und man hat viele Hürden zu überwinden, aber ich habe mich noch nie so gut und so frei gefühlt. Was ich in den letzten Monaten alles erlebt, gesehen und dazu gelernt habe und was für tolle Menschen ich kennenlernen durfte, die so ticken wie ich und von denen mich seitdem viele in meinem Leben begleiten, ist unbezahlbar. Freiheit ist für mich wichtiger als finanzielle Sicherheit. Ich fühle mich wie eine Lebenskünstlerin, die irgendwie immer alles schafft, auch wenn es mal eng wird. Natürlich wünsche ich mir finanziellen Erfolg, aber das war nicht ausschlaggebend für meine Entscheidung für die ortsunabhängige Arbeitswelt. Zeit mit geliebten Menschen zu verbringen, eigene Herzensprojekte umzusetzen und Erlebnisse fürs Leben auf der ganzen Welt zu sammeln, das sind Faktoren, die mir viel wichtiger als alles Materielle sind: *Collect moments, not things!*

Gerade das Reisen hat bei meiner Entscheidung, ortsunabhängig zu arbeiten, eine große Rolle gespielt. Für mich war die Welt schon immer das reinste Abenteuerland, was ich, so gut es geht, für mich entdecken wollte. Bisher war ich schon in mehr als vierzig Ländern unterwegs und habe Erfahrungen und Erlebnisse gesammelt, die mein bisheriges Leben sehr geprägt haben und die ich nie vergessen werde. Davon möchte ich noch mehr erleben und dafür eignet sich der ortsunabhängige Lebensstil natürlich besonders gut. Bei mir ist es nicht so extrem wie bei anderen, die so arbeiten, dass das ganze Hab und Gut in einen Rucksack passt und man nur unterwegs ist. Ich mag mein Nest zuhause in meiner Heimat, wo meine Familie und Freunde sind, die mir sehr wichtig sind. Die Freiheit zu haben, meinen Rucksack zu packen, wenn mir wieder danach ist die Welt zu entdecken, ist ein großartiges Gefühl, für das ich sehr dankbar bin.

Wie hast du deine Remote-Karriere begonnen? Gab es irgendwelche Tools, die dir dabei geholfen haben, ortsunabhängig zu arbeiten?

Ich habe vorab viel im Internet recherchiert, Menschen online verfolgt, die so arbeiten, Bücher zum Thema gelesen wie z. B. die inoffizielle Nomadenbibel von Timothy Ferriss „Die 4-Stunden Woche", Events besucht und mich in Facebook-Gruppen zum Thema aufgehalten. Mittlerweile findet man zu diesem Lebensstil ja immer mehr.

Ganz zu Anfang meiner Selbständigkeit habe ich die Nomadweek besucht. Die Nomadweek ist eine Workshop-Woche in Portugal für angehende digitale Nomaden, Freiheitsliebende und Menschen, die orts- und zeitunabhängig leben möchten. Ich habe daraus sehr viel Wissen mitgenommen. Der Austausch mit den Coaches, die bereits ortsunabhängig arbeiteten und den anderen Teilnehmern, war Gold wert. Wir haben uns gegenseitig von unseren Träumen erzählt und uns dabei unterstützt, unsere Träume in die Wirklichkeit umzusetzen. Wir sind zu einer Art Familie zusammengewachsen und ich kann jedem, der sich für das Thema interessiert und den ersten Schritt wagen möchte, die Nomadweek nur ans Herz legen.

Mittlerweile tausche ich mich am liebsten mit Freunden und Bekannten aus, die auch ortsunabhängig arbeiten. Wir schreiben, telefonieren oder treffen uns. Diese Menschen habe ich überwiegend durch die Nomadweek oder meine eigene Veranstaltungsreihe – das Travel Festival – kennengelernt. Für mich ist der Austausch mit gleichgesinnten Menschen am hilfreichsten. Hinzu kommt, dass es auch eine Menge Spaß macht, mit Gleichgesinnten Zeit zu verbringen. Wir unterstützen und helfen uns gegenseitig, und von unseren Erfahrungen können wir alle voneinander lernen.

Welche drei Dinge würdest du vermeiden, wenn du die Zeit zurückspulen könntest?

Es gibt eigentlich nichts, was ich vermeiden würde, wenn ich die Zeit zurückspulen könnte. Es wäre am Anfang sicher einfacher gewesen, erstmal Kunden zu generieren, um sich ein stabiles Einkommen zu sichern. Ich bereue es aber nicht, den Weg so eingeschlagen zu haben und meine eigenen Herzensprojekte direkt umgesetzt zu haben. Sonst wären viele Dinge sicher nicht so passiert und viele Menschen wohl nicht in mein Leben getreten, wofür ich wiederum sehr dankbar und worüber ich glücklich bin.

Was waren deine größten Herausforderungen, um ein Remote-Einkommen zu generieren und wie hast du diese bewältigt?

Meine größte Herausforderung war es, zu Beginn meiner Selbständigkeit meine Fixkosten zu decken, während ich an meinen eigenen Projekten arbeitete. Es wäre bestimmt einfacher gewesen, zu Beginn ein paar Auftragsarbeiten entgegenzunehmen, um damit Geld zu verdienen. Ich wollte aber direkt mit eigenen Projekten starten und habe es bisher nicht bereut, diesen Weg gegangen zu sein. Anfangs steckt man viel Zeit und Arbeit in seine eigenen Projekte, um diese bekannt zu machen, damit sie wachsen. Diese Arbeit bezahlt jedoch niemand. Wenn ich zum Beispiel tagelang an einer Homepage sitze, Flyer entwerfe oder Social-Media-Beiträge plane, bezahlt mich am Ende des Tages niemand dafür. Zu Beginn konnte ich folglich nicht von meiner Arbeit leben. Deshalb musste ich ein bisschen „jonglieren", um mich finanzieren zu können. Ich habe zum Beispiel im ersten Winter meiner Selbständigkeit, wo es eher ruhig am „Eventhimmel" war, zwischendurch gekellnert, um meine Fixkosten zu decken. Ich habe tagsüber an meinen Projekten gearbeitet und mich abends in eine schwarze Hose und weiße Bluse gesteckt und die Theke in einem Restaurant geschmissen. Für mich war dieser Mix zu diesem Zeitpunkt ideal. Ich konnte vorgeben, zu welchen Zeiten ich konnte und wann ich nicht konnte und wurde dementsprechend eingeteilt. So habe ich tagsüber meine Projekte vorangebracht und konnte abends nach dem Kellnern ruhig schlafen, weil Geld aufs Konto kam.

Wie sieht ein normaler Arbeitstag in deinem Leben als Remote Worker aus? Hast du eine tägliche Routine?

Einen normalen Arbeitstag gibt es bei mir eigentlich nicht, und genau das ist es, was ich so an meinem Job als Eventmanagerin liebe. Ich liebe die

Abwechslung, die dieser Job mit sich bringt. Ein normaler Arbeitstag mit gleichen Abläufen wäre nichts für mich.
Bestimmte Arbeitszeiten gibt es bei mir auch nicht. Und da meine Leidenschaften mit meinem Beruf sehr stark verbunden sind, mischt sich bei mir Privates und Berufliches schnell. Wenn ich zum Beispiel privat in einer coolen Location bin, fange ich ganz schnell an, in meinem Kopf ein Event auf die Beine zu stellen, habe Dekoideen im Kopf und achte auf die Abläufe vor Ort. Wenn ich auf Reisen bin, halte ich sehr viel fest und sammle Ideen, falls ich mal eine Reise dorthin für andere/Kunden planen soll.

Ich arbeite meistens jeden Tag, und das in Hochphasen auch ein paar Wochen lang am Stück. Nach diesen Hochphasen versuche ich mir dann ein paar Tage Ruhe zu gönnen, auch wenn mir das nicht immer leichtfällt. Mein Hauptarbeitsplatz ist mein Zuhause. Gerne gehe ich aber auch zu meiner besten Freundin rüber, die ein paar Häuser weiter wohnt. Sie ist auch selbständig und wir arbeiten zusammen. Bei schönem Wetter arbeite ich auch gerne bei meinen Eltern im Garten.

Wenn ich keine Termine in Deutschland habe, packe ich gern meinen Laptop in den Rucksack und fliege weg. Im Frühjahr war ich zum Beispiel vier Wochen auf Mallorca und in Portugal unterwegs und habe von dort Projekte, die anstanden, vorbereitet. Urlaub war das nicht. Ich habe den ganzen Tag vor dem Laptop gesessen und gearbeitet, auch wenn es draußen warm war und die Sonne schien. Für mich ist es purer Luxus, den Morgen z. B. mit einem Tauchgang zu beginnen, dann ein paar Stunden am Laptop zu arbeiten, in der Mittagspause eine Runde schwimmen zu gehen und den Tag bei einem leckeren Abendessen am Meer ausklingen zu lassen. Wenn ich mal weg von Zuhause bin und an anderen Orten arbeite, schöpfe ich frische Motivation und komme auf neue Ideen. Ich liebe diese Flexibilität. Immer mehr besuche ich auch andere tolle Menschen in ganz Deutschland, um ein paar Tage mit ihnen zusammenzuarbeiten. Das sogenannte Coworking wird bei mir mehr und mehr und das gefällt mir sehr gut.

Als Eventmanagerin bin ich viel unterwegs. Ich nehme Termine wahr, zum Beispiel für Absprachen in der jeweiligen Eventlocation, fahre in den Baumarkt, um für meine Events Dekomaterial zu basteln, verteile Flyer und Plakate für meine Veranstaltungen usw. Dann kommen noch Dienstleistungen für andere hinzu, wie zum Beispiel das Einlassmanagement auf Festivals, Bühnenmanagement, etc. Ich habe in der Regel einen sehr abwechslungsreichen Alltag, es gibt aber auch mal Zeiten, in denen ich tagelang nur vor dem Computer sitze, um bestimmte Projekte fertigzustellen.

Was sind die Vor- und Nachteile ortsunabhängiger Arbeit aus deiner Sicht?
Für mich persönlich gibt es fast nur Vorteile. Ich liebe die Freiheit, die ich durch ortsunabhängiges Arbeiten erlange. Ich kann flexibel sein und meine Arbeit mitnehmen, meinen Arbeitsplatz frei wählen. Meine Zeit selbst einteilen zu können, ist ein weiterer Vorteil, den ich vor allem in Bezug auf mein Privatleben sehr schätze. Wenn zum Beispiel mal schönes Wetter ist und ich es mir gerade von der Auftragslage her erlauben kann, mach ich gerne mal den Nachmittag blau und setze mich abends nochmal an den Laptop. Bei bestimmten Ereignissen muss ich niemanden fragen, ob ich eher gehen kann oder frei bekommen kann, sondern teile mir meine Arbeit vorab so ein, dass ich diese Ereignisse wahrnehmen kann, wie zum Beispiel an Muttis Geburtstag schon nachmittags mit ihr Kuchen zu essen. Diese Flexibilität ist für mich Lebensqualität!
Das Wort Nachteil würde ich gerne mit dem Wort Herausforderung ersetzen. Herausforderungen betreffen für mich vor allem die Bereiche Motivation, Organisationsstruktur und von unterwegs arbeiten.

Motivation:
Manchmal fällt es mir schwer, mich zum Arbeiten zu motivieren. Jeder kennt die Tage, an denen man etwas lustlos ist. Wichtig hierbei ist, dass man Wege findet, damit umzugehen und sich zu motivieren. Wenn ich zum Beispiel merke, dass ich gerade keine Motivation habe, suche ich mir Andere, mit denen ich zusammenarbeiten kann. Wenn ich tagelang alleine zu Hause vor dem Laptop sitze, langweilt mich das schnell und meine Motivation nimmt ab. Sobald ich dann wieder rausgehe, meinen Arbeitsplatz wechsle und mit anderen, kreativen Menschen zusammenarbeite und mich während der Arbeit mit ihnen austauschen kann, geht es ganz schnell wieder bergauf.

Organisationsstruktur:
Wenn man selbständig ist, ist man sein eigener Chef und für sich selbst verantwortlich. Man bewältigt alle Aufgaben, die eine Selbständigkeit mit sich bringt, allein. Diese vielen Aufgaben unter einen Hut zu bekommen, kann manchmal etwas anstrengend und belastend sein. Es gibt Tage, an denen ich zahlreiche To-Dos habe, die alle eine hohe Priorität genießen. Da passiert es mir gerne, dass ich alles gleichzeitig mache und am Ende des Tages doch nichts fertig wird. Hier sind eine gewisse Organisationsstruktur und Zeitmanagement sehr wichtig. Die richtigen Strukturen für sich zu finden, dauert eine Weile. Ich selbst passe meine Strukturen auch immer noch fortlaufend an und verbessere sie. Sobald man es sich finanziell

erlauben kann, ist es sinnvoll, bestimmte Arbeitsabläufe auszulagern, also an andere abzugeben. Es gibt mittlerweile viele virtuelle Assistenten, die dir zeitraubende Arbeiten abnehmen. So hast du wieder mehr Zeit, dich auf deine Kernaufgaben zu konzentrieren.

Unterwegs arbeiten:
Wenn man von einem schönen Urlaubsziel aus arbeitet, ist es wichtig fokussiert zu bleiben und sich nicht von den vielen Möglichkeiten vor Ort ablenken zu lassen.

Manchmal nimmt es auch etwas Zeit in Anspruch, den für sich geeigneten Arbeitsplatz zu finden. Bei mir kam es schon vor, dass ich Daten verschicken musste und ein paar Mal das Café gewechselt habe, weil die Internetverbindung nicht stabil genug war. Das kostet Zeit und Nerven. Wenn du dein Reiseziel vorab schon kennst, solltest du dich im Vorfeld über geeignete Plätze zum Arbeiten erkundigen, um Situationen wie die beschriebene zu vermeiden.

Abgesehen von den vorangegangenen Herausforderungen zum Thema Motivation, Organisationsstruktur und von unterwegs arbeiten besteht eine weitere Herausforderung darin, sich von anderen nicht von seinem Ziel abbringen zu lassen. Die meisten Menschen führen ein eher konventionelles Leben und verstehen die unkonventionelle Lebensgestaltung, die mit ortsunabhängiger Arbeit einhergeht, nicht. Leider wird man hier manchmal mit Neid konfrontiert. Darauf muss man sich einfach einstellen, wenn man diesen Lebensstil wählt und darf sich nicht von seinem Ziel abbringen lassen.

Last but not least: Hast du noch weitere hilfreiche Tipps für unsere Leser?
Ich gehe mal davon aus, dass die meisten Menschen, die dieses Buch in der Hand halten, etwas in ihrem Leben verändern wollen. Weil ihnen irgendetwas fehlt, sie gerne mehr Zeit für Sachen hätten, die ihnen wichtig sind, sie vielleicht unzufrieden mit ihrem Job sind, oder schon lange einen Traum haben, diesen aber noch nicht wahr gemacht haben.
Diesen Menschen möchte ich von ganzem Herzen eine große Schüppe Mut mitgeben, damit sie ihrem Herzen folgen und ihr Ding machen.

Fang direkt heute damit an, etwas für deinen Traum zu tun. Das muss nichts Großes sein. Wenn du unzufrieden bist, dann finde dich nicht damit ab, sondern nimm es in die Hand, um diesen Zustand zu ändern. Es muss kein großer Schritt sein. Es funktioniert auch sehr gut, wenn du viele kleine Schritte hintereinander machst.
Immer mehr von uns wünschen sich mehr Freiheit und Flexibilität in ihrem

Leben, verfolgen diesen Wunsch aber oft nicht weiter, weil sie meinen, dass es für sie da draußen nichts gibt, mit dem sie das erreichen könnten, oder einfach Angst davor haben. Deshalb bin ich unfassbar stolz ein Teil dieses Buches zu sein und danke Bea und Jan dafür, andere mit unseren Geschichten zum Nachdenken anzuregen, den für sie richtigen Weg zu finden und diesen hoffentlich auch zu gehen.

Halte an deinen Zielen fest, egal was andere sagen. Es braucht Durchhaltevermögen am Anfang, aber du schaffst das!

Wer sich austauschen möchte, kann sich gerne bei mir melden. Aus eigener Erfahrung weiß ich, wie gut es tut, sich mit gleichgesinnten Menschen zu unterhalten. Menschen, die das gleiche Ziel haben, die deine Ideen nicht kleinmachen, sondern mit dir überlegen, wie du diese umsetzen kannst, um deinem Traum näherzukommen.

WOMIT KANNST DU ORTSUNABHÄNGIG GELD VERDIENEN? – EINIGE IDEEN

Beschäftigungsformen: Du kannst entweder als Freelancer für verschiedene Auftraggeber arbeiten, Angestellter einer Firma sein, die es dir ermöglicht ortsunabhängig zu arbeiten, oder du wirst unternehmerisch tätig. Mögliche Auftrag- / Arbeitgeber sind z. B. Charity-Unternehmen, Konferenzzentren, Event Venues, Hotels, PR Agenturen, Event Management Agenturen, große Unternehmen, etc.

Die folgenden Zeilen geben dir ein paar Ideen an die Hand, wie du ortsunabhängig mit diesem Beruf Geld verdienst. Der Abschnitt ist bewusst kurzgehalten, da viele der Ideen bereits in Kapitel 3 angesprochen wurden. Solltest du an der ein oder anderen Stelle den Wunsch nach mehr Inhalt verspüren, blättere einfach nochmal zum Anfang zurück. Nähere Informationen, wie du Themen für Bücher und Online-Kurse findest, erhältst du in Kapitel 5. Schau außerdem gerne auf unserem Blog vorbei, für alle genannten Tools und Ressourcen im Überblick: https://new-work-life.com/portfolio/eventmanager.

Führe bestimmte Kernaufgaben ortsunabhängig aus

Sieh dir die typischen Aufgaben eines Eventmanagers an und überlege dir, welche davon du ortsunabhängig ausüben kannst. Kannst du mit Kunden, Kollegen, Dienstleistern und Zulieferern, etc. virtuell kommunizieren, verhandeln und Abstimmungen treffen, indem du von Kommunikations- und

Kollaborationsmedien wie Videotelefonie (z. B. Skype), Web-Konferenz (z. B. FreeConferenceCall), Desktop Sharing (z. B. Skype), Chat (z. B. Slack), E-Mail (z. B. Gmail) Gebrauch machst? Kannst du ortsunabhängig die Planung für ein Event vornehmen, ein Veranstaltungskonzept ausarbeiten und dieses dem Kunden digital zukommen lassen (z. B. über E-Mail mit anschließender Videokonferenz zur gemeinsamen Durchsprache)? Vermarkte deine Leistungen über eine eigene Website, Social Media und/oder über Online-Marktplätze wie z. B. Upwork.com, Freelance.de und Twago.de.

Veranstalte eine virtuelle Konferenz
Du könntest z. B. eine virtuelle Konferenz zum Thema Remote-Arbeit und virtuelle Kollaboration veranstalten, zu der du Vertreter verschiedener Remote-Unternehmen und andere Experten auf dem Gebiet als Speaker einlädst. Teilnehmer der Konferenz könnten z. B. konventionell arbeitende Unternehmen sein, die auf Remote-Arbeit umstellen oder sich zum Thema Remote-Arbeit und den damit verbundenen Möglichkeiten informieren wollen. Alternativ könntest du auch eine virtuelle Konferenz zum Thema Eventmanagement abhalten, in der es z. B. um Themen wie Event-Konzeption, Ticket-Preissetzung, Budgetverwaltung, Erfolgskontrolle, Virtualität und/oder Risikomanagement gehen könnte.

Entwickle und verkaufe Online-Kurse
Wie wäre es z. B. mit einem Kurs zum Thema Eventplanung für Anfänger („In X Schritten zum Eventplaner – So meisterst du deine ersten Events mit Erfolg") oder zum Thema Projektmanagement („Das 1x1 des Projektmanagements – Lerne, wie du Projekte von Anfang bis Ende sicher und kompetent durchführst")? Alternativ könntest du auch einen Kurs konzipieren, der eine spezifische Eventkategorie (z. B. Hochzeitsplanung) oder eine bestimmte Projektmanagementsoftware (z. B. Trello oder Evernote) aufgreift und diese erklärt.

Werde virtueller Eventmanagement-Coach
Hilf Menschen dabei, ein Event zu veranstalten. Berate sie mithilfe moderner Technik zu allen anfallenden Aufgaben rund um ihr Event und/oder übernimm konkrete Tätigkeiten stellvertretend für sie. Du kannst z. B. dabei unterstützen, eine passende Event Location zu finden, Preisverhandlungen mit Dienstleistern zu führen, ein schlüssiges Veranstaltungskonzept auszuarbeiten, ein Budget festzulegen und vieles mehr. Nutze für deine virtuelle Beratung Kommunikations- und Kollaborationsmedien wie Videotelefonie (z. B. Skype), Remote Desktop Zugriff (z. B. TeamViewer),

Chat (z. B. Slack), E-Mail (z. B. Gmail), etc. Vermarkte dein Angebot über eine eigene Website und/oder über Online-Plattformen wie z. B. Linkedin.com, Upwork.com und Freelancer.com, etc. Für Inspiration zum Thema schau z. B. auf der Website von Eventmanagerin Carolien Mertens vorbei, unter: https://www.carolienmertens.com.

STARTER TOOLKIT – DAS BRAUCHST DU, UM LOSZULEGEN

Notebook, Smartphone, ggf. Tablet

SOFTWARE:
- Office: z. B. Microsoft Office oder Google Docs
- Kommunikation: z. B. Skype, WhatsApp, Slack, Gmail
- Website / Webshop: z. B. WordPress oder Shopify
- Projektmanagement: z. B. Trello
- Organisation: z. B. Evernote

BÜCHER UND TUTORIALS:
- Buch: „Events professionell managen: Das Handbuch für Veranstaltungsorganisation", von Melanie von Graeve
- Buch: „Event Marketing: Professionelles Event-Management von der Planung bis zur Umsetzung", von Maximilian Bauer
- Buch: „Event Planning: Management & Marketing For Successful Events: Become an event planning pro & create a successful event series", von Alex Genadinik
- Tutorial: „Event Management & Planning for Success - How to Make Every Event You Plan Net Profitable", von Theresa Pinto, auf Udemy
- Tutorial: „One Month Project Management - Learn Project Management in Under One Month", von One Month, auf Udemy

Detaillierte Informationen zu Tools und Ressourcen, die dir helfen können, ein ortsunabhängiges Einkommen aufzubauen, findest du auf unserem Blog unter: https://new-work-life.com/portfolio/eventmanager.

HIER FINDEST DU WEITERE INFORMATIONEN

bdv Bundesverband der Veranstaltungswirtschaft e.V.: https://bdv-web.com
Verband der Veranstaltungsorganisatoren e.V. (VDVO): https://vdvo.de

4.15 FINANZBERATER

Als Finanzberater berätst du Menschen zu ihren Finanzen. Du kannst dich auf bestimmte Themenfelder spezialisieren wie z. B. Vorsorge, Schuldentilgung, Sparen, Investment, Kreditaufnahme oder eine übergreifende Beratung anbieten. Deine Aufgabe besteht darin, den Markt im Überblick zu haben und für deine Klienten die jeweils bestgeeigneten Produkte zu finden.

WAS SIND MÖGLICHE AUFGABEN?
- Finanzlage von Klienten prüfen und Zielvorstellungen abklären
- Markt bzgl. passender Produkte analysieren und Vorschläge für Klienten erarbeiten
- Risikoanalysen durchführen
- Finanzstrategie(n) für Klienten aufstellen
- Klienten in der Umsetzungsphase von Strategien unterstützen und begleiten
- Networking mit Bestandskunden, Information zu Produktneuerungen und Hilfestellung bei sich ändernden Bedürfnissen und/oder Rahmenbedingungen
- Kontakt zu Anbietern von Finanzprodukten aufbauen und Networking betreiben
- Preisverhandlungen mit Anbietern von Finanzprodukten führen, um bestmögliche Konditionen für Finanzprodukte zu erzielen
- Finanzberichte für Klienten und Anbieter von Finanzprodukten erstellen
- Up-to-date bzgl. Finanzinnovationen und aktueller Gesetzeslage bleiben

WELCHE AUSBILDUNG BENÖTIGST DU?
Die Berufsbezeichnung Finanzberater ist nicht geschützt. Um Finanzberater zu werden, benötigst du keine spezielle Ausbildung. Erfahrung im Finanzbereich und/oder eine kaufmännische Ausbildung/Studium sind von Vorteil. Weiterbildungsangebote zum Finanzberater findest du z. B. bei der IHK oder unter http://www.iwwb.de.

WELCHE FÄHIGKEITEN SOLLTEST DU MITBRINGEN?
- Gute Zuhörerqualitäten
- Analysestärke und Zahlenaffinität
- Fähigkeit, komplexe Sachverhalte einfach verständlich zu erklären
- Networking-Skills
- Verhandlungsstärke

UNSER ROLEMODEL FÜR DEN BERUF DES FINANZBERATERS

Name: Katie Brewer
Unternehmen: Your Richest Life
Homepage: http://yourrichestlifeplanning.com

Katie ist selbständig als unabhängige Finanzberaterin. Sie hilft vielbeschäftigten Menschen, zumeist Berufstätigen unter 50 Jahren, dabei, ihre Finanzen zu planen. Selbständig gemacht hat sie sich im Jahr 2014. Zuvor hat sie für die US-amerikanische Finanzberatungsfirma *LearnVest* gearbeitet und dort Kunden zu ihren Finanzen beraten. Vor Beginn ihrer Karriere als Finanzplanerin hat Katie einen Bachelor of Science an der Texas A&M Universität erlangt, den sie später berufsbegleitend um einen MBA von der Texas Tech Universität ergänzt hat. Heute lebt Katie mit ihrer Familie in der Dallas Region von Texas. In ihrer Freizeit liebt sie es, als Sopran in einem Chor zu singen, in Konzerte zu gehen oder zu wandern. Katie verdient als Finanzplanerin online Geld, indem sie über ihre Website http://yourrichestlifeplanning.com virtuelle Finanzberatung und -planung für Berufstätige anbietet.[48]

WOMIT KANNST DU ORTSUNABHÄNGIG GELD VERDIENEN? – EINIGE IDEEN

Beschäftigungsformen: Du kannst entweder als Freelancer für verschiedene Auftraggeber arbeiten, Angestellter einer Firma sein, die es dir ermöglicht ortsunabhängig zu arbeiten, oder du wirst unternehmerisch tätig. Mögliche Auftrag- / Arbeitgeber sind z. B. unabhängige Finanzberatungsinstitute, Privatpersonen, Investment Unternehmen und Versicherungskonzerne, In Kapitel 6 findest du verschiedene Jobportale, die sich auf ortsunabhängiges Arbeiten spezialisiert haben.

Die folgenden Zeilen geben dir ein paar Ideen an die Hand, wie du ortsunabhängig mit diesem Beruf Geld verdienst. Der Abschnitt ist bewusst kurzgehalten, da viele der Ideen bereits in Kapitel 3 angesprochen wurden. Solltest du an der ein oder anderen Stelle den Wunsch nach mehr Inhalt verspüren, blättere einfach nochmal zum Anfang zurück. Nähere

---

[48] Quellen: https://yourrichestlifeplanning.com/about und https://www.linkedin.com/in/katiebrewercfp, abgerufen am 28.08.2018.

Informationen, wie du Themen für Bücher und Online-Kurse findest, erhältst du in Kapitel 5. Schau außerdem gerne auf unserem Blog vorbei, für alle genannten Tools und Ressourcen im Überblick: https://new-work-life.com/portfolio/finanzberater.

Führe bestimmte Kernaufgaben ortsunabhängig aus
Sieh dir die typischen Aufgaben eines Finanzberaters an und überlege dir, welche davon du ortsunabhängig ausüben kannst. Kannst du mit Kunden, Geschäftspartnern, Kollegen, etc. virtuell kommunizieren und sie beraten, indem du von Kommunikations- und Kollaborationsmedien wie Videotelefonie (z. B. Skype), Web-Konferenz (z. B. FreeConferenceCall), Desktop Sharing (z. B. Skype), Chat (z. B. Slack), E-Mail (z. B. Gmail) Gebrauch machst? Kannst du ortsunabhängig Finanzstrategien für Kunden aufstellen und ihnen diese auf digitalem Wege zukommen lassen? Kannst du unabhängig von einem bestimmten Ort Marktrecherchen und Risikoanalysen durchführen? Vermarkte deine Leistungen über eine eigene Website und über Social Media.

Werde Online-Coach und biete virtuelle Coachingstunden an
Coache angehende Finanzberater zu Themen wie z. B. Unternehmensgründung, Gewinnung von Neukunden, Reaktivierung von Bestandskunden, Online-Marketing, Social Media, Preisverhandlungen mit Anbietern von Finanzprodukten, etc.

Entwickle und verkaufe Online-Kurse
Wie wäre es z. B. mit Kursen zum Thema Budgetmanagement („Wie du dir ein festes Budget setzt und dich erfolgreich daran hälst"). Alternativ kannst du einen Kurs entwickeln, der sich mit dem Sparen für langfristige Ziele befasst („Wie du erfolgreich für weit in der Zukunft liegende Großinvestitionen sparst") oder mit dem Thema Geldanlage („Erfahre, worauf du bei der Anlage deines Geldes achten solltest und wie du erfolgreich ein Anlageportfolio zusammenstellst").

Biete ein Online-Programm an
Unterstütze Menschen bei der Umsetzung finanzieller Pläne. Du könntest z. B. ein Programm zum Thema „Privat fürs Alter vorsorgen – Risikoarme Langzeitgeldanlage" entwerfen, das Programmteilnehmer lehrt, wie sie geschickt Geld fürs Alter sparen und dieses gewinnbringend anlegen. Versorge Teilnehmer über die Dauer des Programmes regelmäßig mit Inhalten zum Thema Geldanlage, Renditechancen, Portfoliostrategie, etc. und sei ihr Ansprechpartner in allen Belangen rund um ihre Finanzen. Die

Programmteilnehmer können sich bei Bedarf während des Programmes untereinander in Online-Gruppen austauschen sowie Fragen stellen (an dich und untereinander). Das Programm läuft für eine von dir bestimmte Dauer (z. B. drei Monate).

STARTER TOOLKIT – DAS BRAUCHST DU, UM LOSZULEGEN

Notebook, Smartphone

SOFTWARE:
- Office: z. B. Microsoft Office oder Google Docs
- Kommunikation: z. B. Skype, WhatsApp, Slack, Gmail
- Website / Webshop: z. B. WordPress oder Shopify
- Cloudbasierte Datenspeicherung: z. B. Dropbox oder Google Drive
- Ggf. Finanzberatungs- und Analysesoftware

BÜCHER UND TUTORIALS:
- Buch: „Cashkurs: So machen Sie das Beste aus Ihrem Geld: Aktien, Versicherungen, Immobilien", von Dirk Müller
- Buch: „Praxiswissen Finanzdienstleistungen: Band 1: Geld- und Vermögensanlage, Immobilien und Finanzierung, Organisation und Steuerung, Schwerpunkt Marketing und Betriebswirtschaft", von Wolfgang Kuckertz, Ronald Perschke, Frank Rottenbacher und Daniel Ziska
- Tutorial: „How To Build A Professional Financial Planning Website. The simple step-by-step guide to building a dynamic website that turns visitors into more financial advice leads", von Rich Peterson, auf Udemy

Detaillierte Informationen zu Tools und Ressourcen, die dir helfen können, ein ortsunabhängiges Einkommen aufzubauen, findest du auf unserem Blog unter: https://new-work-life.com/portfolio/finanzberater.

HIER FINDEST DU WEITERE INFORMATIONEN

Bundesverband Finanzdienstleistung AfW: http://www.afw-verband.de

4.16 FUNDRAISER

Als Fundraiser (auch: Spendensammler) versuchst du alle notwendigen Mittel zu beschaffen, die für die Erfüllung eines bestimmten Vorhabens oder zur Unterstützung einer Organisation notwendig sind. Dabei handelt es sich in der Regel um wohltätige Zwecke bzw. Organisationen oder um politische oder nichtpolitische Organisationen. Im Kontext von Crowdfunding kannst du auch Wirtschaftsunternehmen bei der Mittelbeschaffung unterstützen. Neben Geldleistungen kannst du, je nach Ausrichtung und Zweck der Organisation bzw. des Vorhabens, auch Sachleistungen wie z. B. Büromöbel oder Dienstleistungen wie ehrenamtliches Engagement sammeln bzw. dazu motivieren.

WAS SIND MÖGLICHE AUFGABEN?
- Spendenbedarf ermitteln
- Konzepte für Fundraising-Aktivitäten entwickeln
- Webbasierte Fundraising-Aktivitäten, wie Online-Auktionen oder Spenden-Websites aufbauen
- Fundraising-Kampagnen durchführen
- Fundraising bewerben
- Entwicklung von Fundraising-Aktivitäten überwachen

WELCHE AUSBILDUNG BENÖTIGST DU?
Um als Fundraiser zu arbeiten, benötigst du keine spezielle Ausbildung. Wichtiger ist hier deine Identifikation mit der Sache an sich. Du solltest hinter dem Vorhaben, für das du Spenden sammeln wirst, stehen. Grundsätzlich sind Erfahrungen im Bereich Marketing und PR für den Job von Vorteil.

WELCHE FÄHIGKEITEN SOLLTEST DU MITBRINGEN?
- Kreativität
- Proaktive Grundeinstellung (Motivation und Enthusiasmus)
- Ausgezeichnete Kommunikationsfähigkeiten
- Belastbarkeit und Stressresistenz
- Strukturiertheit und Organisationstalent

UNSER ROLEMODEL FÜR DEN BERUF DES FUNDRAISERS

Name: Mazarine Treyz
Unternehmen: Wild Woman Fundraising
Homepage: https://wildwomanfundraising.com

Mazarine ist selbständig als Fundraising Expertin mit ihrer Firma *Wild Woman Fundraising*. Hier unterrichtet und berät sie Non-Profit Organisationen sowie angehende Professionals zu allen Themen rund ums Fundraising. Neben ihrer Lehr- und Beratungstätigkeit ist sie außerdem Organisatorin zweier Online-Konferenzen, die jährlich stattfinden. Eine davon thematisiert Non-Profit Leadership und die andere Fundraising Karrieremöglichkeiten. Mazarine blickt auf 10 Jahre Berufserfahrung im Fundraising-Umfeld zurück und hat über die Jahre viele unterschiedliche Rollen auf dem Gebiet bekleidet. Mazarine verdient mit ihrer Firma online Geld, indem sie über ihre Website https://wildwomanfundraising.com Online-Kurse, Webinare, Bücher, ein Mitgliederprogramm Online-Konferenzen, virtuelle Beratung und virtuelles Coaching rund ums Thema Fundraising und Non-Profit Leadership anbietet.[49] Willst du mehr über Mazarine wissen, kannst du dir hier ihre Biographie ansehen: https://wildwomanfundraising.com/about-2.

WOMIT KANNST DU ORTSUNABHÄNGIG GELD VERDIENEN? – EINIGE IDEEN

Beschäftigungsformen: Du kannst entweder als Freelancer für verschiedene Auftraggeber arbeiten, Angestellter einer Firma sein, die es dir ermöglicht ortsunabhängig zu arbeiten, oder du wirst unternehmerisch tätig. In Kapitel 6 findest du verschiedene Jobportale, die sich auf ortsunabhängiges Arbeiten spezialisiert haben.

Die folgenden Zeilen geben dir ein paar Ideen an die Hand, wie du ortsunabhängig mit diesem Beruf Geld verdienst. Der Abschnitt ist bewusst kurzgehalten, da viele der Ideen bereits in Kapitel 3 angesprochen wurden. Solltest du an der ein oder anderen Stelle den Wunsch nach mehr Inhalt verspüren, blättere einfach nochmal zum Anfang zurück. Nähere

---

[49] Quellen: https://wildwomanfundraising.com/about-2 und https://www.linkedin.com/in/mazarine, abgerufen am 02.08.2018.

Informationen, wie du Themen für Bücher und Online-Kurse findest, erhältst du in Kapitel 5. Schau außerdem gerne auf unserem Blog vorbei, für alle genannten Tools und Ressourcen im Überblick: https://new-work-life.com/portfolio/fundraiser.

Führe bestimmte Kernaufgaben ortsunabhängig aus
Sieh dir die typischen Aufgaben eines Fundraisers an und überlege dir, welche davon du ortsunabhängig ausüben kannst. Kannst du mit Kunden, Geschäftspartnern, Kollegen, etc. virtuell kommunizieren und sie beraten, indem du von Kommunikations- und Kollaborationsmedien wie Videotelefonie (z. B. Skype), Web-Konferenz (z. B. FreeConferenceCall), Desktop Sharing (z. B. Skype), Chat (z. B. Slack), E-Mail (z. B. Gmail) Gebrauch machst? Kannst du ortsunabhängig Konzepte für Fundraising Aktivitäten entwickeln? Kannst du Fundraising Kampagnen online über das Internet durchführen? Vermarkte deine Leistungen über eine eigene Website und über Online-Marktplätze wie z. B. Upwork.com, Freelance.de, Twago.de und ggf. Fiverr.com.

Werde Online-Coach und biete virtuelle Coachingstunden an
Coache angehende und/oder etablierte Fundraiser zu Themen wie z. B. Unternehmensgründung als Fundraiser, Kundenakquise, Finanzen, Fundraising Techniken, Compliance, etc.

Veranstalte eine virtuelle Konferenz zum Thema Fundraising
Deine virtuelle Konferenz kann sich z. B. an NGOs und/oder Fundraiser richten. Lade Experten aus verschiedenen Themenbereichen als Speaker für deine Konferenz ein und mach von internetbasierter Technik zur Durchführung der Konferenz Gebrauch.

Entwickle und verkaufe Online-Kurse
Wie wäre es mit einem Kurs für angehende Fundraiser oder Fundraising-Interessierte, die gelegentlich Spenden sammeln? Du könntest in deinem Kurs die Grundlagen von Fundraising schulen und erläutern, wie man erfolgreiches Online-Fundraising betreibt. Weiterhin könntest du verschiedene Fundraising Methoden aufzeigen und Tipps an die Hand geben, das eigene Fundraising noch erfolgreicher zu machen.

Schreibe ein eBook
Finde ein Thema, das dich interessiert und für das Nachfrage besteht. Du könntest z. B. ein Buch zum Thema Online-Fundraising schreiben, in dem du erklärst, wie Fundraiser über das Internet und mithilfe von

Social Media Spenden sammeln können. Du könntest auf die Kostenvorteile durch den Einsatz von digitalen Medien eingehen, verschiedene Online-Spendensammeltechniken aufzeigen, Praxisbeispiele nennen, auf Planung und Bewertung von Fundraising-Kampagnen eingehen, etc. Wie genau du Themen findest, kannst du im Kapitel 5 nachlesen.

STARTER TOOLKIT – DAS BRAUCHST DU, UM LOSZULEGEN

Notebook, Smartphone

SOFTWARE:
- Office: z. B. Microsoft Office oder Google Docs
- Kommunikation: z. B. Skype, WhatsApp, Slack, Gmail
- Website / Webshop: z. B. WordPress oder Shopify
- Organisation: z. B. Evernote
- Projektmanagement: z. B. Trello

BÜCHER UND TUTORIALS:
- Buch: „Praxishandbuch Online-Fundraising: Wie man im Internet und mit Social Media erfolgreich Spenden sammelt", von Björn Lampe, Kathleen Ziemann und Angela Ullrich
- Buch: „NonProfit Crowdfunding Explained: Online Fundraising Hacks", von Salvador Briggman
- Tutorial: „Fundraising From Scratch: A Complete Guide To Growing Income - A practical guide to boosting the fundraising and income of your non-profit, organization, charity, cause or crowdfunder", von Simon Scriver auf Udemy.com
- Tutorial: „Crowdfunding Confidential: Easy Ways to Boost Fundraising - Learn to crowdfund online to gain support for you, your family, your community or cause using simple, proven techniques", von Kristen Palana auf Udemy.com

Detaillierte Informationen zu Tools und Ressourcen, die dir helfen können, ein ortsunabhängiges Einkommen aufzubauen, findest du auf unserem Blog unter: https://new-work-life.com/portfolio/fundraiser.

HIER FINDEST DU WEITERE INFORMATIONEN

Deutscher Fundraising Verband: https://www.dfrv.de

4.17 INVESTOR

Als Investor investierst du Teile deines Privatvermögens in bestimmte Anlageformen, um daraus Gewinne zu erzielen. Im Vordergrund steht die Mehrung deines Kapitals. In Abgrenzung zum Berufsbild des Traders hat ein Investor in der Regel einen längerfristigen Anlagehorizont und ist weniger aktiv am Markt. Als erfolgreicher Investor wählst du deine Investitionen nach erwarteter Gewinnhöhe und Risiko aus. Dazu analysierst und bewertest du mögliche Investitionsmöglichkeiten, bevor du investierst. Mögliche Investitionsformen sind z. B. Immobilien, Unternehmensbeteiligungen, Gold, Silber, Land, Kunst oder Fonds.

WAS SIND MÖGLICHE AUFGABEN?
- Ökonomische Trends recherchieren und Investitionspotenziale bewerten
- Finanzdaten von Unternehmen wie z. B. Bilanzen, GuV Statements, Cashflow Statements, etc. lesen, verstehen und analysieren
- Branchendaten lesen, verstehen und analysieren
- Chancen und Risiken von Märkten einschätzen
- Marktbewegungen beobachten, auch im globalen Kontext
- Effekte von (Natur-)Katastrophen wie z. B. Überschwemmungen, Erdbeben, Kriegen erkennen und in mögliche Investitionen mit einfließen lassen
- Regelmäßiges Studieren der Finanznachrichten
- Investitionen tätigen
- Investitionen verwalten
- Nicht lukrative Investitionen abstoßen und verkaufen

WELCHE AUSBILDUNG BENÖTIGST DU?
Um als Investor tätig zu werden bedarf es keiner speziellen Ausbildung. Investor kann jeder werden, der über ausreichende Mittel für eine Investition verfügt. Von Vorteil sind betriebswirtschaftliche Kenntnisse mit einem Schwerpunkt in Finance sowie ein finanzwirtschaftliches Studium. Entsprechende Ausbildungsangebote findest du z. B. bei staatlichen Hochschulen oder privaten Weiterbildungsinstituten wie z. B. ILS oder der Hamburger Akademie für Fernstudien (HAF).

WELCHE FÄHIGKEITEN SOLLTEST DU MITBRINGEN?
- Zahlenverständnis
- Analytisches Denkvermögen

- Ausdauer und Durchhaltevermögen
- Risikobewusstsein und -toleranz
- Interesse an vielen verschiedenen Bereichen und Themen
- Entscheidungsfreude

UNSER ROLEMODEL FÜR DEN BERUF DES INVESTORS

Name: Sam Dogen
Unternehmen: Financial Samurai
Homepage: https://www.financialsamurai.com

Sam, auch bekannt als *Financial Samurai*, ist selbständiger Investor und hat seine Karriere 1999 im Anschluss an sein Studium als Aktienhändler bei Goldman Sachs an der Wall Street begonnen. Als 2009 die Wall Street von der Finanzkrise getroffen wurde und das Geschäft stagnierte, startete Sam seinen Blog *Financial Samurai*. Hier verarbeitete er das, was er während der Finanzkrise erlebte. Zwei Jahre nach Start seines Blogs merkte er, dass ihn seine Arbeit an der Wall Street immer mehr Richtung Burnout trieb. Er hatte den Spaß an seinem Job verloren, nicht zuletzt aufgrund der Finanzkrise und der immer gleichen Tätigkeit als Aktienhändler.

Sam hegte schon lange den Wunsch unternehmerisch tätig zu werden. Also verhandelte er mit Goldman Sachs eine Abfindung und kündigte. Bei der Verhandlung seiner Abfindung schlug er eine sechsstellige Summe heraus. Diese ermöglichte es ihm, über sechs Jahre seines Lebens nicht mehr arbeiten zu müssen. Mit diesem Puffer im Rücken, begann Sam in Vollzeit sein Online-Business als Investor aufzubauen. Heute lebt er von seinen regelmäßig fließenden Investitionserträgen und seinen passiven Einkommenssträngen.

Möchtest du wissen, wie genau sich das Einkommen von Sam zusammensetzt, schau unter diesem Link nach: https://www.financialsamurai.com/about. Hier erfährst du ebenfalls mehr Details aus Sams Leben.[50]

---

[50] Quelle: https://www.financialsamurai.com/about, abgerufen am 03.08.2018.

WOMIT KANNST DU ORTSUNABHÄNGIG GELD VERDIENEN? – EINIGE IDEEN

Beschäftigungsformen: Du arbeitest in der Regel für dich selbst und wirst unternehmerisch tätig.

Die folgenden Zeilen geben dir ein paar Ideen an die Hand, wie du ortsunabhängig mit diesem Beruf Geld verdienst. Der Abschnitt ist bewusst kurzgehalten, da viele der Ideen bereits in Kapitel 3 angesprochen wurden. Solltest du an der ein oder anderen Stelle den Wunsch nach mehr Inhalt verspüren, blättere einfach nochmal zum Anfang zurück. Nähere Informationen, wie du Themen für Bücher und Online-Kurse findest, erhältst du in Kapitel 5. Schau außerdem gerne auf unserem Blog vorbei, für alle genannten Tools und Ressourcen im Überblick: https://new-work-life.com/portfolio/investor.

Führe bestimmte Kernaufgaben ortsunabhängig aus

Sieh dir die typischen Aufgaben eines Investors an und überlege dir, welche davon du ortsunabhängig ausüben kannst. Welche Art Investitionen kannst du von überall auf der Welt aus tätigen und für welche bist du an einen bestimmten Ort gebunden? Kannst du die Performance deiner getätigten Investitionen ortsunabhängig überwachen oder musst du dafür vor Ort sein? Kannst du mit Kunden und Geschäftspartnern virtuell kommunizieren, indem du von Kommunikations- und Kollaborationsmedien wie Videotelefonie (z. B. Skype), Web-Konferenz (z. B. FreeConferenceCall), Desktop Sharing (z. B. Skype), Chat (z. B. Slack), E-Mail (z. B. Gmail) Gebrauch machst? Vermarkte deine Leistungen über eine eigene Website und über Social Media.

Entwickle und verkaufe Online-Kurse

Wie wäre es z. B. mit einem Kurs zum Thema „Intelligent investieren – Finanzanalyse und Unternehmensbewertung für Anfänger" oder einem Kurs zum Thema „Wie finde ich ertragreiche Investitionsmöglichkeiten? – Eine Anleitung für Investoren"? Alternativ könntest du auch einen Kurs entwickeln, der Investoren die für sie wichtigsten Excel-Fertigkeiten beibringt („Excel Crashkurs – Die wichtigsten Excel Skills für Investoren").

Werde Online-Coach und biete virtuelle Coachingstunden an

Coache angehende und etablierte Investoren zu Themen wie z. B. Auswahl geeigneter Investitionen, Überwindung psychischer Stresssituationen, Aufbau bzw. Erweiterung des Investitions-Portfolios, etc.

Richte einen Mitgliederbereich auf deinem Blog oder deiner Website ein
Stelle Mitgliedern (regelmäßig) exklusiven Content zum Thema Investitionen und Investieren zur Verfügung. Das können Tutorials, Erklär-Videos, Arbeitsmaterialien, Vorlagen, Checklisten, eBooks, Trendprognosen, Tricks, Tipps, etc. sein. Mitglieder zahlen im Gegenzug für die Nutzung der exklusiven Inhalte eine (regelmäßige) Gebühr an dich.

Schreibe ein eBook
Finde ein Thema, das dich interessiert und für das Nachfrage besteht. Beispielsweise könntest du ein Buch über dein Leben als Investor schreiben. Du könntest beschreiben, wie du Investitionsmöglichkeiten ausfindig machst, wie du Chancen und Risiken bei Investitionsentscheidungen bewertest und gegeneinander abwägst, wie du in schwierigen Situationen die Nerven behältst und/oder wie du entscheidest, ob und wann du eine Investition abstößt. Eine weitere Option wäre ein Ratgeberbuch zum Thema Investitionen. Du könntest z. B. ein Buch für angehende Investoren schreiben, in dem du ihnen die Basics über Geldanlage und Investition erklärst oder du spezialisierst dich auf eine Anlageklasse und schreibst dazu einen Ratgeber. Wie wäre es z. B. mit „Clever Geld verdienen mit Airbnb Immobilien"? Wie genau du Themen findest, kannst du im Kapitel 5 nachlesen.

STARTER TOOLKIT – DAS BRAUCHST DU, UM LOSZULEGEN

Notebook, Smartphone

SOFTWARE:
- Office: z. B. Microsoft Office oder Google Docs
- Kommunikation: z. B. Skype, WhatsApp, Slack, Gmail
- Website / Webshop: z. B. WordPress oder Shopify
- Ggf. Investment-Analysesoftware
- Ggf. Investment-Verwaltungssoftware

BÜCHER UND TUTORIALS:
- Buch: „Intelligent Investieren: Der Bestseller über die richtige Anlagestrategie", von Graham Benjamin
- Buch: „A Beginner's Guide to Investing: How to Grow Your Money the Smart and Easy Way", von Ivy Bytes

- Tutorial: „Investing Success: Learn Keys From A Millionaire Investor! Learn insights to investing in stocks, bonds, mutual funds, real estate, ETF for retirement from a millionaire investor", von Steve Ballinger, auf Udemy

Detaillierte Informationen zu Tools und Ressourcen, die dir helfen können, ein ortsunabhängiges Einkommen aufzubauen, findest du auf unserem Blog unter: https://new-work-life.com/portfolio/investor.

HIER FINDEST DU WEITERE INFORMATIONEN

Business Angels Netzwerk Deutschland: https://www.business-angels.de

4.18 PERFORMANCE MARKETER

Als Performance Marketer besteht deine Aufgabe darin, Online-Anzeigen zu erstellen und diese zu platzieren. Dafür nutzt du sowohl Suchmaschinen wie Google, Bing, etc. als auch Plattformen wie Facebook, Instagram oder Marktplätze wie Amazon und Ebay. Natürlich bedienst du nicht alle genannten Optionen gleichzeitig, sondern wählst sie danach aus, ob sie dem zu vermarktenden Produkt dienlich sind. Dein Ziel ist es, dass deine Anzeigen in den verwendeten Werbemedien gut sichtbar platziert sind und das Investment dafür sich auszahlt.

WAS SIND MÖGLICHE AUFGABEN?
- Performance Marketing Strategien entwickeln
- Trends identifizieren und Zielgruppen erstellen
- Online Kampagnen entwickeln, erstellen und testen
- Online Kampagnen überwachen und optimieren
- Berichte erstellen und analysieren

WELCHE AUSBILDUNG BENÖTIGST DU?
Um als Performance Marketer dein Geld zu verdienen, benötigst du keine spezielle Ausbildung. Einen dezidierten Studiengang gibt es nicht. Allerdings sind Kenntnisse im Bereich (Online) Marketing, BWL und Informatik von Vorteil. Neben einem Studium in den genannten Bereichen kannst du auch einen Quereinstieg mit einem anderen

Bildungshintergrund wagen. Online findest du zu dem Thema zahlreiche Informationen.

WELCHE FÄHIGKEITEN SOLLTEST DU MITBRINGEN?

- Analytik
- Kreativität
- Wissbegierde (immer auf dem neuesten Stand bleiben)
- Datengetriebenes Denken
- Technisches Interesse

UNSER ROLEMODEL FÜR DEN BERUF DES PERFORMANCE MARKETERS

Name: Ricardo Kehbel
Unternehmen: RIKEMA LTD
Homepage: https://ricardokehbel.com
Kontakt: ricardo@rikema.de |
Facebook: rikkert3000 | Instagram: rikkert3000 | LinkedIn: ricardokehbel

Ricardo ist seit 2016 als Performance Marketer selbständig. Als solcher unterstützt er Unternehmen dabei, erfolgreiche Google- und Facebook-Werbekampagnen durchzuführen. Der Beruf Performance Marketing begleitet Ricardo schon seit seiner Studienzeit. Als er damals Soziologie und Kommunikationswissenschaften auf Bachelor studierte, absolvierte er parallel dazu ein Trainee-Programm in einer Google Ads- und Facebook Ads-Agentur. Nach dem Studium sammelte er weitere Erfahrung im Online-Marketing Bereich in Deutschland und Italien, bevor er sich im Anschluss daran für die Selbständigkeit entschied.

Freunde und Familie bezeichnen Ricardo als ruhigen Freund und Partner, auf den Verlass sei und in dessen Beisein es nie langweilig werde. Er sei ein Denkertyp und stets darauf bedacht, seine Ziele zu verfolgen. Gleichzeitig schaffe er es, immer unterwegs zu sein, so dass er bereits viel von der Welt gesehen hat. Unsere Interviewfragen beantwortet Ricardo, während er gerade in Burgas, Bulgarien ist.

INTERVIEW MIT RICARDO KEHBEL VON RIKEMA

Wie verdienst du dein Geld als Remote Worker?
Ich verdiene mein Geld im Performance-Marketing mit Fokus auf Google Ads und Facebook Ads. Hierbei stehe ich beratend zu Seite und führe ebenso die langfristige Betreuung der Werbemaßnahmen durch.

Wie bist du auf die Ideen für deinen Service gekommen? Hast du dabei eine bestimmte Methodik verfolgt?
Glücklicherweise konnte ich drei Jahre lang Berufserfahrung sammeln und bin – bis auf wenige Ausnahmen in einigen Projekten – der Branche treu geblieben.

Wie lange hat es gedauert, bis du deine ersten 1.000 Euro an monatlichem Einkommen durch deine ortsunabhängige Arbeit generiert hast?
Da ich mich erst einmal als „Sidepreneur" herangetastet habe und nur am Abend ein paar Stunden zur Verfügung hatte, schätze ich, dass ich ein bis zwei Monate gebraucht habe.

Wie hast du deine ersten Kunden gefunden, mit denen du remote zusammengearbeitet hast?
Meine ersten Kunden habe ich über Portale wie twago.de, upwork.com und freelancer.com gefunden. Diese Portale sind toll für den Start.

Wie findest du neue Kunden?
Neue Kunden finde ich in der Regel durch meine Präsenz in Online-Portalen wie Linkedin oder durch Partnerschaften mit (HR-)Agenturen.

Was war deine Motivation, ortsunabhängig zu arbeiten?
Als ich 2013 begonnen habe im Online-Marketing zu arbeiten, bemerkte ich schnell, dass die Tools, mit denen man arbeitet, im Großen und Ganzen über einen Internet-Browser genutzt werden. Dabei kam mir bereits der Gedanke, dass es doch sinnvoll wäre, flexible Home-Office-Lösungen in dieser Branche anzubieten. An Selbständigkeit habe ich da noch nicht gedacht. Parallel dazu habe ich meine Bachelorarbeit zum Thema „Flexibilisierung von Arbeitszeit und Work-Life-Balance" geschrieben, was natürlich auch schon ein Wink mit dem Zaunpfahl war.

Wie hast du deine Remote-Karriere begonnen? Gab es irgendwelche Tools, die dir dabei geholfen haben, ortsunabhängig zu arbeiten?
Im Rahmen eines Leonardo-Stipendiums wurde mir 2014 die Möglichkeit geboten, weitere Berufserfahrung in Italien zu sammeln, was meine Lust zu reisen nicht unbedingt minderte. Als ich dann 2015 in Berlin ankam, ging alles ganz schnell. Über Podcasts, YouTube, Meetups und Bücher bin ich auf die sogenannte Digitale Nomaden-Szene aufmerksam geworden und habe angefangen, alles Verfügbare zu diesem Lifestyle zu verschlingen. Auf einmal klang alles ganz logisch für mich, den Schritt vom Angestellten zum Angestellten mit Side-Business und anschließend in die ortsunabhängige Selbständigkeit zu wagen. Ortsunabhängig muss hierbei nicht heißen, dass man sofort zehn Flüge bucht und sich die halbe Welt in zwei Monaten anschauen muss. Ich neige zwar gerne dazu, überstürzt reisen zu wollen, aber empfehle mittlerweile, wenigstens zwei bis vier Wochen an einem Ort zu bleiben.

Was waren deine größten Herausforderungen, um ein Remote-Einkommen zu generieren und wie hast du diese bewältigt?
Zahlreiche Kunden wären glücklich, wenn man bei ihnen im Office arbeiten würde. Beweist man aber eine gute Erreichbarkeit und gute Ergebnisse, hat die Anwesenheit gar keine hohe Priorität mehr.

Wie sieht ein normaler Arbeitstag in deinem Leben als Remote Worker aus? Hast du eine tägliche Routine?
Um ortsunabhängig zu arbeiten benötigt man unglaublich viel Disziplin. Ich selbst habe schon zahlreiche Morgenroutinen und verschiedene Arbeitszeiten und -rhythmen ausprobiert und merke, dass ich das Optimum immer noch nicht gefunden habe. Dennoch kann ich eine stetige Verbesserung erzielen. Da ich mit zahlreichen Kunden und Freelancern zusammenarbeite, ist es für mich wichtig, gut erreichbar zu sein. Ich nutze beispielsweise eine deutsche Festnetznummer über Skype und bin somit immer für meine Kunden erreichbar. Während ich im letzten Jahr vorwiegend in Coworking Spaces in Bulgarien und Thailand gearbeitet habe, ziehe ich es mittlerweile vor, von meinem Airbnb oder von zu Hause aus zu arbeiten. Gerade an Tagen mit vielen Telefonaten ist es wenig sinnvoll, den Skype-Raum eines Coworking Spaces den ganzen Tag zu blockieren oder in einer lauten Café-Umgebung zu versuchen, einander am Telefon zu verstehen.
Meine Produktivität fördere ich durch Strukturen in meinem Arbeitsablauf. Ich versuche die Prozesse in meinem Arbeitsalltag durch Einsatz von

Tools für Task- und Zeitmanagement permanent zu verbessern und kann somit meinen Output fortlaufend optimieren. Absolute Ruhe ist dabei ein toller Produktivitätsboost.

Was sind die Vor- und Nachteile ortsunabhängiger Arbeit aus deiner Sicht?
Solange man produktiv bleibt, kann man quasi machen was man möchte. Niemand schreibt einem vor, wo man heute oder morgen zu sein hat. Ein größeres Gefühl von Freiheit gibt es meiner Meinung nach nicht.
Allerdings dreht sich die Welt permanent weiter und es ist manchmal nicht so einfach, sich alle fachlichen Updates auf eigene Faust zu besorgen. Das ist an der Kaffeemaschine im Büro natürlich einfacher.

Last but not least: Hast du noch weitere hilfreiche Tipps für unsere Leser?
Das Hauptziel sollte nicht sein, digitaler Nomade zu werden und ortsunabhängig zu arbeiten. Das ist eher das Ergebnis. Das Ziel sollte ein Business sein, das man von überall auf der Welt problemlos ausführen kann, das den Lebensunterhalt finanziert und einen erfüllt und glücklich macht. Ist das geschafft, ist die Freiheit zu reisen und von einem selbstbestimmten Ort zu arbeiten, die Belohnung der Mühe.

WOMIT KANNST DU ORTSUNABHÄNGIG GELD VERDIENEN? – EINIGE IDEEN

Beschäftigungsformen: Du kannst entweder als Freelancer für verschiedene Auftraggeber arbeiten, Angestellter einer Firma sein, die es dir ermöglicht ortsunabhängig zu arbeiten, oder du wirst unternehmerisch tätig. In Kapitel 6 findest du verschiedene Jobportale, die sich auf ortsunabhängiges Arbeiten spezialisiert haben.

Die folgenden Zeilen geben dir ein paar Ideen an die Hand, wie du ortsunabhängig mit diesem Beruf Geld verdienst. Der Abschnitt ist bewusst kurzgehalten, da viele der Ideen bereits in Kapitel 3 angesprochen wurden. Solltest du an der ein oder anderen Stelle den Wunsch nach mehr Inhalt verspüren, blättere einfach nochmal zum Anfang zurück. Nähere Informationen, wie du Themen für Bücher und Online-Kurse findest, erhältst du in Kapitel 5. Schau außerdem gerne auf unserem Blog vorbei, für alle genannten Tools und Ressourcen im Überblick: https://new-work-life.com/portfolio/performance-marketer.

Übe deine Kerntätigkeit aus
Du kannst deine Kerntätigkeit als Performance Marketer ohne Probleme ortsunabhängig ausüben, denn dein Berufsbild ist virtueller Natur.

Biete Online-Seminare an
Mögliche Themen für Online-Seminare sind z. B.: „Performance Marketer Masterclass – Alles, was du wissen musst, damit deine Werbeanzeigen einen maximalen RoI erzielen" oder „Werbekampagnen planen, steuern und überwachen."

Werde Agent
Bring suchende Unternehmen mit qualifizierten Performance Marketern (aus deinem Netzwerk) zusammen. Verlange dafür eine Provision vom suchenden Unternehmen und/oder dem vermittelten Performance Marketer. Die digitale Welt ist für viele Unternehmen (gerade Mittelständler) immer noch neu. Dementsprechend fehlt diesen Unternehmen das Netzwerk an Branchenexperten. Der Beruf Performance Marketer ist nicht geschützt, daher kannst du als vermittelnder Agent sicherstellen, dass ein suchendes Unternehmen an einen qualifizierten Experten gelangt.

Veranstalte eine virtuelle Konferenz
Wähle beispielsweise Online Werbung und Online-Marketing als Thema. Deine virtuelle Konferenz kann sich z. B. an Marketingfachleute aus großen Unternehmen, Solopreneure und Unternehmer, Performance Marketer und Online-Marketing-Professionals, etc. richten. Lade Experten aus verschiedenen Themengebieten im Bereich Online Werbung / Online-Marketing als Speaker für deine Konferenz ein.

Betreibe Affiliate Marketing
Werde Affiliate eines Affiliate Programmes (z. B. beim Amazon Partnerprogramm) und platziere Werbung für deine Affiliate Produkte auf Seiten von Dritten, die themenverwandt sind. Dies kann z. B. Bannerwerbung auf themenverwandten Blogs sein. Verdiene eine Affiliate Provision, wenn Besucher der Drittseite auf deine Werbung klicken und dein Affiliate Produkt kaufen. Achtung! Behalte die Kosten für deine Werbung im Auge und stelle sicher, dass deine Affiliate Einnahmen deine Werbekosten überkompensieren.

Platziere Werbung für Affiliate Produkte in Videos von Dritten
Lass dir von deinem Affiliate Anbieter einen kurzen Videoclip geben, der dein Affiliate Produkt bewirbt und binde den Videoclip in themenverwandte

Videos auf YouTube ein. Der Affiliate Videoclip enthält einen Link zum beworbenen Affiliate Produkt. Kauft der YouTube Besucher über diesen Link dein Produkt, erhälst du eine Provision. Achtung! Behalte die Kosten für deine Werbung im Auge und stelle sicher, dass deine Affiliate Einnahmen deine Werbekosten überkompensieren.

Entwickle Software
Finde eine Marktlücke und entwickle Software für Unternehmen, Solopreneure und/oder Performance Marketer, die diesen bei Fragestellungen / Problemen im Bereich Performance Marketing weiterhilft. Du könntest z. B. eine Software entwickeln, die dabei hilft, den Return on Invest (RoI) für Werbekampagnen zu optimieren. In die Software könnten Themen wie z. B. Keywordanalyse, PPC, Budgetierung, Reporting, etc. mit einfließen. Vermarkte deine Software über eine eigene Website (z. B. mithilfe Elopage. com, einem Content Management System für digitale Produkte) und/oder über Online-Plattformen wie z. B. Steam, Fantero, Envato Market, Codester und Codeclerks. Du kannst deine Software entweder als Lizenzmodell vertreiben oder du entscheidest dich für den klassischen Verkauf, bei dem du alle Rechte an den Käufer abtrittst.

STARTER TOOLKIT – DAS BRAUCHST DU, UM LOSZULEGEN

Notebook, Smartphone

SOFTWARE:
- Office: z. B. Microsoft Office oder Google Docs
- Kommunikation: z. B. Skype, WhatsApp, Slack, Gmail
- Website / Webshop: z. B. WordPress oder Shopify
- Projektmanagement: z. B. Trello
- Webanalyse: z. B. Google Analytics und Google Keyword Planner
- Werbekampagnen aufsetzen: z. B. Google Ads

BÜCHER UND TUTORIALS:
- Buch: „Performance Marketing: Der Wegweiser zu einem mess- und steuerbaren Marketing – Einführung in Instrumente, Methoden und Technik", von Ingo Kamps und Daniel Schetter
- Buch: „Online-Marketing-Konzeption - 2018: Der Weg zum optimalen Online-Marketing-Konzept. Digitale Transformation, wichtige Trends und Entwicklungen", von Erwin Lammenett

- Buch: „Der Online-Marketing Manager: Handbuch für die Praxis (Basics)", von Felix Beilharz, Nils Kattau, Karl Kratz, Olaf Kopp und Anke Probst
- Buch: „Facebook Marketing für Anfänger: Wie Sie mit gezieltem Facebook Marketing Ihre Reichweite erhöhen, neue Kunden gewinnen und Ihre Marke etablieren", von Tobias Kleine
- Buch: „Performance Partnerships: The Checkered Past, Changing Present & Exciting Future of Affiliate Marketing", von Robert Glazer
- Buch: „Marketing Metrics: The Manager's Guide to Measuring Marketing Performance", von Paul W. Farris, Neil T. Bendle, Phillip E. Pfeifer und David J. Reibstein
- Tutorial: „Amazon PPC Product Ads: Grow Your Private Label FBA Products. How create robust Amazon PPC product ads and sponsored campaigns to generate immediate traffic to your", von Justin Croxton, auf Udemy
- Tutorial: „Ultimate Google Ads Course 2017 – Stop SEO & Win With PPC! Learn how our clients have transformed their sales using Google Ads & get your AdWords certification!", von Isaac Rudansky, auf Udemy

Detaillierte Informationen zu Tools und Ressourcen, die dir helfen können, ein ortsunabhängiges Einkommen aufzubauen, findest du auf unserem Blog unter: https://new-work-life.com/portfolio/performance-marketer.

HIER FINDEST DU WEITERE INFORMATIONEN
Deutscher Marketing Verband e.V. (DMV): http://www.marketingverband.de

4.19 POKERSPIELER

Als professioneller Pokerspieler verdienst du deinen Lebensunterhalt damit, professionell Poker zu spielen. Poker ist ein Kartenspiel, das Strategie, Geld und Nervenkitzel beinhaltet. Poker wird mit insgesamt 52 Karten gespielt. Ein Blatt bzw. eine Hand umfasst fünf Karten. Gewinner eines Pokerspieles ist derjenige, der am Ende einer Runde, das beste Blatt auf der Hand hat.

WAS SIND MÖGLICHE AUFGABEN?
- Poker spielen
- An Pokerturnieren teilnehmen
- Konzentrationsvermögen trainieren
- Spielzüge analysieren und weiterentwickeln
- Mimik und Gestik trainieren
- Stressresistenz trainieren

WELCHE AUSBILDUNG BENÖTIGST DU?
Um als Pokerspieler dein Geld zu verdienen, benötigst du keine spezielle Ausbildung. Die Erfahrung ist in diesem Fall dein Lehrherr. Um erfolgreich zu sein, solltest du aber ein gutes mathematisches und statistisches Verständnis haben.

WELCHE FÄHIGKEITEN SOLLTEST DU MITBRINGEN?
- Ausgezeichnete Körpersprache
- Analytische Fähigkeiten
- Konzentration und Fokussierung
- Stressresistenz
- Reaktionsschnelligkeit

UNSER ROLEMODEL FÜR DEN BERUF DES POKERSPIELERS

Name: Nathan Williams
Unternehmen: Nathan Williams
Homepage: http://www.blackrain79.com

Nathan, der sich in Pokerkreisen *BlackRain79* nennt, ist selbständiger Online-Pokerspieler und Inhaber des gleichnamigen Blogs *BlackRain79*. Beim Pokerspiel liegt sein Augenmerk auf den Micro-Stakes, d. h. auf den unteren Limits. Hierauf hat er sich spezialisiert und hierauf gründet sein Erfolg als einer der erfolgreichsten Spieler der unteren Limits. Vor seiner Karriere als Online-Pokerspieler hat Nathan Geschichte und Philosophie auf Bachelor studiert. Seine Liebe zum Pokerspiel begann, kurz nachdem er sein Studium beendet hatte. Laut eigenen Angaben sei er damals absolut verrückt nach Poker gewesen und habe Tag und Nacht gespielt. Zu dieser Zeit hatte er noch einen Office-Job, den er jedoch kündigte, als er merkte, dass er genug Geld mit Poker verdiente, um seinen Lebensunterhalt zu finanzieren. Neben dem bloßen Pokerspielen verdient Nathan Geld online, indem er Online-Kurse und Bücher verkauft sowie Affiliate Marketing für Pokerprodukte betreibt. Willst du mehr über Nathan und seine Lebensgeschichte erfahren, schau unter diesem Link nach: https://www.blackrain79.com/p/about.html.[51]

WOMIT KANNST DU ORTSUNABHÄNGIG GELD VERDIENEN? – EINIGE IDEEN

Beschäftigungsformen: Du kannst entweder als Freelancer für verschiedene Auftraggeber arbeiten, Angestellter einer Firma sein, die es dir ermöglicht ortsunabhängig zu arbeiten, oder du wirst unternehmerisch tätig.

Die folgenden Zeilen geben dir ein paar Ideen an die Hand, wie du ortsunabhängig mit diesem Beruf Geld verdienst. Der Abschnitt ist bewusst kurzgehalten, da viele der Ideen bereits in Kapitel 3 angesprochen wurden. Solltest du an der ein oder anderen Stelle den Wunsch nach mehr Inhalt verspüren, blättere einfach nochmal zum Anfang zurück. Nähere Informationen, wie du Themen für Bücher und Online-Kurse findest, erhältst du in Kapitel 5. Schau außerdem gerne auf unserem Blog vorbei, für alle genannten Tools und Ressourcen im Überblick: https://new-work-life.com/portfolio/pokerspieler.

Spiel Online-Poker
Spiel auf Online-Poker Websites wie z. B. 888poker, PokerStars und/oder Bet-At-Home. Online-Poker spielt man in virtuellen Pokerräumen. Das Spiel funktioniert analog zum klassischen Pokerspiel, nur dass du online über das Internet spielst. Dir stehen für dein Spiel neben den oben genannten Poker-Anbietern viele weitere Online-Poker Websites zu Verfügung. Achte bei deiner Auswahl darauf, dass die jeweilige Seite seriös ist. Diesbzgl. kannst du dich zuvor anhand von Poker-Blogs und -Portalen informieren.

Such dir Sponsoren
Wenn du bereits einige Erfolge vorweisen kannst und ein begabter Pokerspieler bist, kannst du deine Fähigkeiten gegenüber Sponsoren vermarkten. Biete ihnen gegen Entlohnung bzw. einen Sponsorenvertrag an, für

---

[51] Quellen: https://www.blackrain79.com/p/about.html und https://www.linkedin.com/in/nathan-williams-7a824a45, abgerufen am 05.08.2018.

sie an Online Pokerspielen und -turnieren teilzunehmen. Um potenzielle Sponsoren zu finden, kontaktiere relevante Hersteller von Sportbekleidung und große Online-Poker Websites wie z. B. 888poker, PokerStars und/oder Bet-At-Home. Stell dich den potenziellen Sponsoren vor, weise auf deine Erfolge hin und unterbreite ihnen dein Angebot.

Werde Online-Coach und biete virtuelle Coachingstunden an
Coache (angehende) Pokerspieler und/oder Unternehmen zu Themen wie z. B. Stressmanagement und Gelassenheit, flexibles und objektives Denken, strategisches Handeln, etc. Erfolgreiche Pokerspieler weisen in bestimmten Bereichen überdurchschnittlich hohe Kompetenzen auf. Sie müssen während eines Spiels gelassen und stressresistent sein, dürfen sich nichts anmerken lassen, auch wenn das Blatt einmal nicht so gut ist. Erfolgreiche Pokerspieler müssen flexibel denken können. Sie dürfen sich nicht nur auf ein einziges Ziel versteifen, sondern müssen mehrere Möglichkeiten im Auge behalten. Darüber hinaus müssen erfolgreiche Pokerspieler dazu in der Lage sein, strategisch zu handeln. Sie müssen realistisch und objektiv einschätzen können, welche Konsequenzen bestimmte Spielzüge mit sich bringen und ihr Handeln danach ausrichten. Die Kompetenzliste von Pokerspielern lässt sich sicherlich beliebig fortführen.

Entwickle und verkaufe Online-Kurse
Wie wäre es z. B. mit einem Kurs für Poker-Neulinge, in dem du Anfängern die Grundlagen von Poker erklärst und sie fit für ihr erstes Spiel machst („Poker für Beginner – Lerne die Basics für erfolgreiches Pokerspielen")? Oder du entwickelst einen Kurs explizit für Fortgeschrittene, der verschiedene Strategien und Spielzüge aufzeigt, um als Pokerspieler (noch) mehr Erfolg zu haben („Online Poker für Profis – Strategien, Konzepte und Techniken für mehr Erfolg").

Schreibe Artikel für Poker-Blogs und Poker-Websites
Viele Poker-Seiten benötigen fortlaufend aktuellen Content. Biete diesen Seiten an, als Freelancer für sie (regelmäßig) Artikel zu schreiben und lass dich dafür entlohnen. Such im Internet nach den größten Anbietern von pokerbezogenem Content, schreib diese Anbieter an und offeriere deinen Service. Wenn du gute Englischkenntnisse hast, ziehe auch englischsprachige Poker-Seiten in Betracht. Um bestmöglich vorbereitet zu sein, halte dich zu aktuellen Poker-Themen auf dem Laufenden. Mögliche Artikel-Themen könnten z. B. sein: aktuelle Poker-Turniere und -Ergebnisse, neue Poker-Strategien, News zu bekannten Poker-Spielern, etc. Vermarkte deinen Schreibservice ggf. über eine eigene Website und/oder über Online-Plattformen für Poker.

Schreibe ein eBook
Finde ein Thema, das dich interessiert und für das Nachfrage besteht. Du könntest z. B. ein Buch schreiben, das erklärt, wie man mit Pokerspielen seinen Lebensunterhalt finanzieren kann bzw. wie man professioneller (Online) Pokerspieler wird („Poker als Beruf – Wie du professioneller Pokerspieler wirst und deinen Lebensunterhalt damit finanzierst"). Oder du schreibst ein Buch, das verschiedene Online Pokerstrategien erklärt. Wie genau du Themen findest, kannst du im Kapitel 5 nachlesen.

Setz einen Livestream auf, der dich beim Pokerspielen zeigt
Über den Livestream können dir Interessierte wie z. B. Hobby-Pokerspieler oder andere Professionals bei deiner Arbeit über die Schulter schauen und mit dir chatten. Du kannst ihnen zeigen, wie du bei deinen Pokerspielen vorgehst, welche Tricks zu anwendest, etc.

Leg ein Profil bei einer Crowdfunding-Plattform an
Lass dich von deinen Fans z. B. auf der Crowdfunding-Plattform Patreon.com finanziell unterstützen.

STARTER TOOLKIT – DAS BRAUCHST DU, UM LOSZULEGEN

Notebook, Smartphone

SOFTWARE:
- Kommunikation: z. B. Skype, WhatsApp, Slack, Gmail
- Website / Webshop: z. B. WordPress oder Shopify
- Poker spielen: z. B. Pokertracker, Table Ninja

BÜCHER UND TUTORIALS:
- Buch: „Texas Hold'em – Poker mit System, Band 1: Anfänger und Fortgeschrittene. Ein Lehrbuch über Theorie und Praxis im Online- und Live-Pokerspiel", von Eike Adler
- Buch: „Die Poker-Schule: Texas-Hold'em-Poker für Anfänger und Fortgeschrittene – ohne Limit spielend Geld verdienen", von Jan Meinert
- Tutorial: „Crush Micro Stakes Online Poker: The Complete Mastery Guide. Learn to Master Online Micro Stakes 6-Max and Full Ring No Limit Hold'em Poker Games!", von Alton Hardin, auf Udemy

Detaillierte Informationen zu Tools und Ressourcen, die dir helfen können, ein ortsunabhängiges Einkommen aufzubauen, findest du auf unserem Blog unter: https://new-work-life.com/portfolio/pokerspieler.

> **HIER FINDEST DU WEITERE INFORMATIONEN**

Deutscher Steuerberaterverband e.V.: https://www.dstv.de

4.20 PRICING CONSULTANT

Als Pricing Consultant berätst du Selbständige und Unternehmen zu allen Fragen rund um das Thema Preisfindung für Produkte und Services. Du entwickelst Preisstrategien, setzt Impulse für die Automatisierung von Preissetzungsprozessen und führst Kalkulationen durch. In die Strategieentwicklung lässt du neben einer Kosten- und Margenbetrachtung zudem die Wettbewerbssituation von Kunden einfließen und analysierst diese entsprechend.

WAS SIND MÖGLICHE AUFGABEN?
- Zielsetzung des Pricings zusammen mit Kunden definieren
- Pricing-Strategie unter Berücksichtigung der Wettbewerbersituation in Einklang mit der Unternehmensstrategie definieren
- Wettbewerber(daten) analysieren
- Preiskalkulationen für Produktgruppen, Sortimente oder Dienstleistungen durchführen
- Preissetzungsprozesse aufsetzen und automatisieren
- Pricing-Regeln definieren

WELCHE AUSBILDUNG BENÖTIGST DU?
Die Berufsbezeichnung Pricing Consultant ist gesetzlich nicht geschützt. Um Pricing Consultant zu werden, musst du daher nicht zwingend eine Ausbildung durchlaufen. Im Rahmen eines BWL-Studiums wird im Bereich Marketing das Thema Pricing behandelt und bildet neben praktischen Erfahrungen (optimalerweise in unterschiedlichen Branchen) eine gute Ausgangsbasis für den Beruf.

WELCHE FÄHIGKEITEN SOLLTEST DU MITBRINGEN?
- Verhandlungs- und Durchsetzungsstärke
- Organisationstalent und Stressresistenz
- Kommunikationsstärke
- Zahlenverständnis und Problemlösungskompetenz
- Analytische Fähigkeiten

UNSER ROLEMODEL FÜR DEN BERUF DES PRICING CONSULTANTS

Name: Jan C. Ollig
Unternehmen: Jan C. Ollig – Pricing Advice Online
Homepage: https://pricing-advice.online
Kontakt: jan@pricing-advice.online

Jan ist selbständiger Pricing Consultant. Als solcher berät er sowohl Selbständige als auch Unternehmen im internationalen Kontext. Er unterstützt seine Kunden dabei, die richtige Pricing Strategie zu finden, hilft bei der Analyse von preissetzungsrelevanten Daten (inkl. Wettbewerberdaten) und erarbeitet zusammen mit seinen Kunden Prozesse zur Automatisierung des Pricings. Das kann in Form von Workshops oder in Begleitung eines längerfristigen Projekts sein.

Dass Jan irgendwann einmal internationale Konzerne im Hinblick auf ihr Pricing beraten würde, war ihm während seines politikwissenschaftlichen Studiums nicht bewusst. Sein Studium schloss er 2009 mit einem Magister ab und heuerte kurz darauf als Berater für eine Unternehmensberatung an. Hier blieb er für einige Jahre, bevor er zu einem internationalen E-Commerce Konzern wechselte. Den letztlichen Schritt in die Selbständigkeit wagte Jan, nachdem er zwei Jahre für das Unternehmen gearbeitet hatte. Gemeinsam mit einem Partner gründete er eine Unternehmensberatung, die konsequent auf Pricing ausgerichtet war. Das Unternehmen lief gut und war kurz davor, sein drittes Jahr zu bestreiten, als Jan beschloss, es zu verlassen. Er wollte sich auf Freelancer und KMUs, bei denen er mit seiner Expertise viel bewegen konnte, fokussieren (und nicht auf Konzerne). Freunde und Familie sagen über Jan, dass er eine zuverlässige, integre und lösungsorientierte Person sei, die

empathisch und hilfsbereit gegenüber anderen sei und zugleich seinen eigenen Weg gehe.
Jan beantwortet die Fragen während eines Aufenthaltes in London.

INTERVIEW MIT JAN C. OLLIG VON PRICING ADVICE ONLINE

Wie verdienst du dein Geld als Remote Worker?
Ich helfe anderen Unternehmern und Selbständigen dabei, die richtigen Preise für ihre Services und Produkte zu finden und festzulegen. Diese Unterstützung biete ich als Eins-zu-eins-Beratung an.

Wie lange hat es gedauert, bis du deine ersten 1.000 Euro an monatlichem Einkommen durch deine ortsunabhängige Arbeit generiert hast?
Wenn ich die Zeit mit meiner Remote-Firma betrachte, hat es einige Monate gedauert, da mein Partner und ich anfänglich dafür Sorge getragen haben, Aufträge zu akquirieren und unsere Mitarbeiter zu bezahlen. Das hat ungefähr vier bis fünf Monate in Anspruch genommen.
Als Selbständiger hat es zwei Monate gedauert, was an den Zahlungszielen meines damaligen Auftraggebers lag.

Wie hast du deine ersten Kunden gefunden, mit denen du remote zusammengearbeitet hast?
Durch mein Netzwerk.

Wie findest du neue Kunden?
In der Regel finde ich meine Kunden durch mein persönliches Netzwerk und aufgrund von Empfehlungen.

Was war deine Motivation, ortsunabhängig zu arbeiten?
Ich bin für mein Studium und meine späteren Jobs kreuz und quer durch Deutschland gezogen. Ich habe sowohl im Westen als auch im Osten, im Norden und im Süden gelebt. Das ist alles total spannend, nur irgendwann ist es ermüdend, alle zwei Jahre sein Hab und Gut zusammenpacken zu müssen und weiterzuziehen. Vor allem, wenn du erkennst, dass du nicht hättest umziehen müssen, um den Job zu machen. Nach meinem Studium habe ich in einer Unternehmensberatung angefangen und bin dafür nach Bayern gezogen. Am Ende des Tages habe ich jedoch nicht im Büro der Beratung gesessen, sondern beim Kunden des Unternehmens. Letztlich hätte ich auch von Montag bis Donnerstag pendeln können. Als ich später für

ein E-Commerce Unternehmen gearbeitet habe, war es eigentlich nicht viel anders. Natürlich gab es unzählige Meetings, aber an denen habe ich, wenn ich nicht vor Ort war, telefonisch teilgenommen. Auch hier war meine physische Präsenz wahrscheinlich nur zu zwanzig Prozent erforderlich.

Am Ende des Tages arbeite ich ortsunabhängig, weil ich mir den Ort aussuchen möchte, an dem ich lebe und arbeite. Ich möchte mich nicht dazu genötigt fühlen, an einem bestimmten Ort sein zu müssen. Das ist meine Grundmotivation. Hinzukommt, dass ich gerne effizient arbeite und in einer Büroatmosphäre in der Regel jegliche Effizienz vermisse. Da unterhalten sich die Leute bereits um 10 Uhr morgens, wo sie mittags essen wollen. Diesen Gedanken gehe ich persönlich erst nach, wenn ich Hunger habe. Wenngleich ich per se kein Freund von langen und opulenten Mittagspausen bin, da sie mich in der Regel zu sehr aus meiner Arbeitsroutine reißen.

Ich bin ein Fan davon, meine Arbeit so gut und schnell wie möglich zu erledigen, um dann Zeit für neue Dinge zu haben. Sei es, um ein neues Projekt zu beginnen oder meine Freizeit zu genießen. Meines Erachtens ist es völlig überholt, Leistung anhand von Arbeitszeit zu messen, da sehr viele Aufgaben ein hohes Maß an Konzentration und Kreativität erfordern und es völlig unerheblich ist, ob sie in acht oder zwei Stunden erledigt werden und ob man dafür in einem Büro oder zuhause sitzt. Arbeitsseitig ergibt es meines Erachtens viel mehr Sinn, über Ergebnisse als über Zeit zu steuern. Davon haben am Ende sowohl der Arbeitgeber als auch der Arbeitnehmer mehr.

Wie hast du deine Remote-Karriere begonnen? Gab es irgendwelche Tools, die dir dabei geholfen haben, ortsunabhängig zu arbeiten?
2015 habe ich mit einem damaligen Geschäftspartner zusammen eine kleine Unternehmensberatung mit dem Schwerpunkt Pricing gegründet. Wir hatten uns von Anfang an darauf verständigt, als Firma remote zu arbeiten, so dass sowohl wir als Gründer als auch unsere Mitarbeiter dort leben und arbeiten konnten, wo sie wollten. Natürlich haben wir uns als Gründer in der Anfangszeit recht häufig getroffen und gemeinsam an Themen gearbeitet und Akquise-Termine wahrgenommen. Unser Team haben wir aber von vornherein remote aufgestellt.

Für die Kommunikation haben wir neben E-Mails und Telefon den damaligen Messenger von Atlassian, *HipChat* (wurde im Juli 2018 an Slack verkauft), genutzt. Damit jeder immer Zugriff auf alle Dokumente hatte, haben wir *SecureSafe*, eine extrem sichere schweizerische Cloud-Lösung verwendet.

Da jeder im Team unterschiedliche Aufgaben hatte und an unterschiedlichen Projekten gearbeitet hat, haben wir mittels regelmäßig stattfindender Events dafür gesorgt, dass wir auch als Team zusammenfinden. Dafür haben wir uns alle zwei bis drei Monate an einem anderen Ort getroffen. Jedes Teammitglied hatte die Möglichkeit, das Event zu hosten. Dafür hat es ein Budget gegeben und man konnte an einem Ort seiner Wahl etwas organisieren. Während dieser Events haben wir neue Teammitglieder kennengelernt, uns gegenseitig auf den aktuellen Stand der Projekte und der Firmenentwicklung gebracht, verschiedene organisatorische oder praktische Herausforderung gelöst, Skill-Sharing betrieben, gut gegessen und getrunken und sind als Team zusammengewachsen. Meines Erachtens haben diese Veranstaltungen immer wesentlich zum guten Spirit in unserer Company beigetragen. Zudem waren sie immer sehr lehrreich und interessant, weil man neue Orte und Themen kennengelernt hat.

Welche drei Dinge würdest du vermeiden, wenn du die Zeit zurückspulen könntest?

Retrospektiv betrachtet hat mich jede Entscheidung und jeder Schritt dahin gebracht, wo ich jetzt bin, ungeachtet der Tatsache, ob sie positiv oder negativ waren. Ich hätte anfänglich z. B. gerne schneller gewusst, mit wem ich tatsächlich zusammenarbeiten kann und wer nur unnötig meine Zeit raubt. Geschwindigkeit ist in vielen Bereichen wichtig. Es ist gut, Ideen schnell auszuprobieren, um sie verwerfen oder weiterverfolgen zu können. Somit hätte ich natürlich auch gerne früher den Schritt in die Selbständigkeit gewagt, um mein Leben so leben zu können, wie ich es mir vorstelle. Aber unterm Strich sind wir immer das Produkt unserer Erfahrungen und unserer Entscheidungen, weshalb ich sagen muss, dass es gut ist, so wie es ist.

Was waren deine größten Herausforderungen, um ein Remote-Einkommen zu generieren und wie hast du diese bewältigt?

Die größte Herausforderung im Bereich Remote Work liegt meines Erachtens darin, seine Kunden von dem Modell zu überzeugen und ihnen zu verdeutlichen, dass es keinen Unterschied macht, ob man vor Ort ist oder virtuell mit ihnen zusammenarbeitet. Vor allem große Unternehmen, die von Menschen geleitet werden, die in der konventionellen Arbeitswelt verhaftet sind, fällt es schwer, sich auf eine digitale Zusammenarbeit einzulassen. Ich habe manchmal den Eindruck, dass der Gedanke vorherrscht, dass man als Unternehmen ein Büro zur Verfügung stellt, was nun bitte auch genutzt werden soll. Dass das bei mir jedoch eher eine allergische

Reaktion auslöst, weil ich keine große Lust habe, in einem Hotel in Hintertupfingen meine Zeit zu verbringen statt an einem Ort meiner Wahl, wo ich eine gute Work-Life-Balance habe und dadurch besser arbeiten kann, kann nicht jeder nachvollziehen.

Wie sieht ein normaler Arbeitstag in deinem Leben als Remote Worker aus? Hast du eine tägliche Routine?

Nach dem Aufstehen werfe ich einen kurzen Blick auf meine E-Mails und sonstige Nachrichten und beantworte die dringlichsten. Danach mache ich zusammen mit meiner Partnerin Bea einen ausgiebigen Spaziergang (ca. eine Stunde), bevor ich mich zwischen 9:00 und 10:00 Uhr mit einer Schüssel Müsli und einer Kanne Kaffee an den Schreibtisch begebe.

Sobald die Konzentration gegen frühen Nachmittag nachlässt, meistens zwischen 14:00 und 15:00 Uhr, mache ich eine Pause, esse eine Kleinigkeit, bevorzugt Brot und Obst, gehe nochmal für eine halbe Stunde an die frische Luft und arbeite dann bis ca. 19:00 Uhr durch.

Arbeitsende und Gestaltung des Tages hängen immer stark von den anliegenden Aufgaben ab. Es gibt Tage, die ich fast nur mit dem Schreiben von E-Mails verbringe, dann wieder Tage, an denen ich so gut wie keinen Kontakt nach außen pflege, weil ich konzeptionell oder kreativ arbeite. Darüber hinaus gibt es Tage, die sehr divers sind, weil ich einen virtuellen Workshop gebe oder ein Video-Interview führe. Das Einzige, das einmal im Monat feststeht, ist ein Freitag am Ende des Monats, den ich für organisatorische Zwecke nutze, wie z. B. für meine Buchhaltung, Rechnungen schreiben, etc.

Das alles mache ich am liebsten von zu Hause aus, was in meinem Fall die eigene Wohnung, bei Freunden oder Familie oder in einem Airbnb sein kann. Ich gehe zwar gelegentlich auch in einen Coworking Space oder eine Bibliothek, doch das ist abhängig von den Aufgaben und dient eher der Inspiration.

Was sind die Vor- und Nachteile ortsunabhängiger Arbeit aus deiner Sicht?

Die Vorteile des ortsunabhängigen Arbeitens bestehen meines Erachtens darin, dass man von dort arbeiten kann, wo man sein möchte. Man ist an kein Büro gebunden und kann viel effizienter arbeiten, da man keine Zeit durch Small Talks oder Non-Sense-Meetings verliert. Zudem spart man Zeit, weil man nicht erst mit dem Rad, Auto oder sonstigem Verkehrsmittel zu seinem Arbeitsplatz fahren muss. Was gleichzeitig die Umwelt und den Geldbeutel schont.

Für mich persönlich sehe ich keine Nachteile. Allerdings kann ich nachvollziehen, dass diese Arbeitsweise nicht für jeden geeignet ist. Schließlich gibt es Personen, die immer andere Menschen um sich herum benötigen, oder denen es schwerfällt, sich selbst zu motivieren und zu organisieren.

Last but not least: Hast du noch weitere hilfreiche Tipps für unsere Leser?

Ich persönlich bin jemand, der sich einer Sache intensiv widmet, sie ausprobiert und sie auch schnell wieder bleiben lässt, wenn sie nicht funktioniert. Wem dieser Ansatz nicht gefällt, sollte meines Erachtens versuchen, sich nebenberuflich etwas aufzubauen. Der Tag hat 24 Stunden und in der Regel kann man einige Monate lang noch ein paar Stunden neben seinem eigentlichen Job arbeiten und schauen, wie es für einen funktioniert, selbständig zu sein. Das gilt sowohl für den Verkauf von Produkten als auch als Freelancer. Man kann nicht nur Sidepreneur sein, sondern auch Sidelancer und auf diese Weise nebenberuflich erste Erfahrungen sammeln.

Ortsunabhängiges Arbeiten setzt aber nicht zwingend eine Selbständigkeit voraus. Man kann sich auch gut einen entsprechenden Arbeitgeber suchen. Allerdings ergibt es Sinn vor einem Jobwechsel zuerst das Gespräch mit seinem eigentlichen Arbeitgeber zu suchen. Man wundert sich, welche Möglichkeiten sich eröffnen, wenn man seine Vorgesetzten in seine Überlegungen einbezieht. Meiner Erfahrung nach kann man immer eine gemeinsame Lösung finden.

Einen weiteren Ratschlag habe ich noch mit Blick auf eine Unternehmensgründung zusammen mit einem Partner. Man sollte sich wirklich sicher sein, mit wem man ein Geschäft aufbaut und die Rahmenbedingungen klar definieren. Natürlich kann man unwahrscheinlich viel vertraglich festhalten und quasi einen ehegleichen Vertrag schließen, in dem definiert ist, wie man sich trennt. Doch so weit will man es ja gar nicht erst kommen lassen. Von daher sollte man sich über die grundsätzliche Ausrichtung und Strategie des gemeinsamen Unternehmens im Klaren sein und die Rollen, die jeder in der Organisation einnimmt, voneinander abgrenzen und definieren. Spätestens, wenn das Unternehmen wächst und man ein Team aufbaut, ist man nicht mehr nur für sich selbst, sondern auch für andere verantwortlich.

Zu guter Letzt sollte man immer überlegen, inwiefern es möglich ist, seine Prozesse zu automatisieren und die angebotenen Dienstleistungen zu passivieren. Viele Prozesse lassen sich mit geringem Aufwand digital abbilden: Ich kann Tools wie Calendly nutzen, damit meine Kunden umgehend einen Termin mit mir vereinbaren können oder ich nutze eine virtuelle Assistenz in Form von künstlicher Intelligenz dafür, wie z. B. https://x.ai.

Auf diese Weise kann ich Zeit sparen und mich auf mein Kerngeschäft konzentrieren.

WOMIT KANNST DU ORTSUNABHÄNGIG GELD VERDIENEN? – EINIGE IDEEN

Beschäftigungsformen: Du kannst entweder als selbständiger Berater für verschiedene Auftraggeber arbeiten oder Angestellter einer Firma sein, die es dir ermöglicht ortsunabhängig zu arbeiten. Mögliche Auftraggeber können selbständige Personen sein, die Hilfe bei der Preisfindung für ihren Service oder ihr Produkt benötigen oder Unternehmen aus den unterschiedlichsten Bereichen, die Unterstützung bei ihren Preisfindungs- und Preissetzungsprozessen benötigen. In Kapitel 6 findest du verschiedene Jobportale, die sich auf ortsunabhängiges Arbeiten spezialisiert haben.

Die folgenden Zeilen geben dir ein paar Ideen an die Hand, wie du ortsunabhängig mit diesem Beruf Geld verdienst. Der Abschnitt ist bewusst kurzgehalten, da viele der Ideen bereits in Kapitel 3 angesprochen wurden. Solltest du an der ein oder anderen Stelle den Wunsch nach mehr Inhalt verspüren, blättere einfach nochmal zum Anfang zurück. Nähere Informationen, wie du Themen für Bücher und Online-Kurse findest, erhältst du in Kapitel 5. Schau außerdem gerne auf unserem Blog vorbei, für alle genannten Tools und Ressourcen im Überblick: https://new-work-life.com/portfolio/pricing-consultant.

Führe bestimmte Kernaufgaben ortsunabhängig aus

Sieh dir die typischen Aufgaben eines Pricing Consultants an und überlege dir, welche davon du ortsunabhängig ausüben kannst. Kannst du mit Kunden, Kollegen, Dienstleistern und Zulieferern, etc. virtuell kommunizieren, verhandeln und Abstimmungen treffen, indem du von Kommunikations- und Kollaborationsmedien wie Videotelefonie (z. B. Skype), Web-Konferenz (z. B. FreeConferenceCall), Desktop Sharing (z. B. Skype), Chat (z. B. Slack), E-Mail (z. B. Gmail) Gebrauch machst? Kannst du ortsunabhängig Pricing-Workshops abhalten, indem du Videotelefonie und ein digitales Whiteboard (z. B. AwwApp) einsetzt? Kannst du dir alle erforderlichen Daten fürs Pricing von deinen Kunden elektronisch zusenden lassen bzw. per Remote-Zugriff darauf zugreifen und darauf basierend ortsungebunden Preiskalkulationen durchführen? Kannst du, egal von wo, Wettbewerberdaten beziehen, analysieren und in deine Kalkulationen mit einfließen lassen? Vermarkte deine Leistungen über eine eigene Website,

Social Media (z. B. LinkedIn und Xing) und/oder über Online-Marktplätze wie z. B. Upwork.com.

Veranstalte eine virtuelle Konferenz
Du könntest z. B. eine virtuelle Konferenz zum Thema Digitalisierung von Pricing-Prozessen organisieren, zu der du Vertreter verschiedener Unternehmen und andere Experten auf dem Gebiet als Speaker einlädst.

Entwickle und verkaufe Online-Kurse
Wie wäre es z. B. mit einem Kurs zum Thema „Preisfindung für Dienstleistungen" oder „Preissetzung bei Events"?

STARTER TOOLKIT – DAS BRAUCHST DU, UM LOSZULEGEN

Notebook, Smartphone, ggf. Tablet

SOFTWARE:
- Office: z. B. Microsoft Office oder Google Docs
- Kommunikation: z. B. Skype, WhatsApp, Slack, Gmail
- Projektmanagement: z. B. Trello
- Organisation: z. B. Evernote
- Digitales Whiteboard: z. B. AwwApp
- Cloud-Speicher: SecureSafe
- Website: z. B. WordPress

BÜCHER UND TUTORIALS:
- Buch: „Confessions of the Pricing Man: How Price Affects Everything", von Hermann Simon
- Buch: „Digitales Pricing: Strategische Preisbildung in der digitalen Wirtschaft mit dem 3-Level-Modell", von Frank Frohmann
- Buch: „Preispsychologie: In vier Schritten zur optimierten Preisgestaltung", von Markus Kopetzky
- Buch: „Preismanagement: Strategie – Analyse – Entscheidung – Umsetzung", von Hermann Simon und Martin Fassnacht
- Buch: „NeuroPricing: Wie Kunden über Preise denken", von Kai-Markus Müller

Detaillierte Informationen zu Tools und Ressourcen, die dir helfen können, ein ortsunabhängiges Einkommen aufzubauen, findest du auf unserem Blog unter: https://new-work-life.com/portfolio/pricing-consultant.

4.21 PROGRAMMIERER

Als Programmierer entwickelst du Software, Websites, Onlineshops, Web Applikationen, Apps, etc. von Grund auf neu oder weiter, indem du Optimierungen vornimmst, neue Features einbaust und/oder enthaltene Fehler (Bugs) behebst. Zudem kann es sein, dass du Diagnoseprogramme oder Code für Betriebssysteme schreibst. Die Berufsbezeichnungen und Beschreibungen in der IT sind nicht standardisiert. Anstelle von Softwareentwickler kannst du, je nach System in dem du entwickelst, auch als System- / Software- / Datenbank- / Webprogrammierer, Ingenieur oder Entwickler bezeichnet werden. Alternativ kann die von dir verwandte Programmiersprache Teil deiner Jobbezeichnung sein, z. B. Java oder C#-Entwickler. Da sich die Technologie im Bereich Programmierung fortlaufend ändert, ist eine Spezialisierung auf ein bestimmtes Themenfeld ratsam.

WAS SIND MÖGLICHE AUFGABEN?
- Benutzeranforderungen aufnehmen und analysieren
- Code schreiben und testen
- Softwareprogramme recherchieren, entwerfen und schreiben
- Technische Spezifikationen erstellen
- Dokumentationen erstellen

WELCHE AUSBILDUNG BENÖTIGST DU?
Um als Programmierer zu arbeiten, benötigst du nicht zwingend eine spezielle Ausbildung. Wenn du bspw. von klein auf programmiert hast und dich sehr gut in den verschiedenen Systemen und Sprachen auskennst, kannst du als Nichtstudierter den Einstieg schaffen, bei entsprechendem Fähigkeitsnachweis. Ansonsten solltest du einen Abschluss in den folgenden Studienfächern haben, um dich erfolgreich auf dem Markt zu positionieren: IT, Elektrotechnik, Mathematik oder Physik.

WELCHE FÄHIGKEITEN SOLLTEST DU MITBRINGEN?
- Problemlösungsorientiert
- Technische Kompetenz
- Analytik
- Strukturiertheit
- Detailgenauigkeit

UNSER ROLEMODEL FÜR DEN BERUF DES PROGRAMMIERERS

Name: Phil Manning
Unternehmen: Travel Developer | Wavetrotter
Homepage: https://www.traveldeveloper.com | http://www.wavetrotter.co

Phil ist Web Developer und hat sich vor fünf Jahren als Freelancer selbständig gemacht, kurz nachdem er angefangen hatte, sich im Selbststudium Web Development beizubringen. Vor seiner Tätigkeit als Freelancer hat Phil einen Bachelor in Business Administration mit den Nebenfächern Informatik und Philosophie gemacht. Als er 2010 mit seinem Studium fertig war, arbeitete er eine Zeitlang als Angestellter für das Tech-Unternehmen *Jet.com*, das zu den Top-Tech Unternehmen der USA zählt. Die Entscheidung, Freelancer in Vollzeit zu werden, fällte Phil nach zwei oder drei Jahren im Job. Zuvor hatte er nebenberuflich zwar immer mal wieder als Freelancer gearbeitet, jedoch fehlte ihm lange das nötige Selbstvertrauen, den letzten Schritt Richtung Vollzeit-Selbständigkeit zu gehen.

Auf die Frage, wie seine Familie und Freunde ihn als Person beschreiben würden, antwortet er: „Meine Freunde und meine Familie würden vermutlich sagen, dass ich die entspannteste Person bin, die sie jemals getroffen haben. Nicht in Bezug auf „Coolness" oder weil ich gelegentlich Gras rauche, sondern weil ich eine ziemlich niedrige Ruheherzfrequenz habe, die mich ziemlich lethargisch macht und extrem langsam sprechen lässt. Heute würden sie wahrscheinlich sagen, dass ich ein abenteuerlustiger Adrenalin-Junkie bin. Das kommt aber nur auf Fotos so rüber. Mein Alltag sieht anders aus. Hier verbringe ich einen Großteil meiner Zeit im Bett vor dem Computerbildschirm."

INTERVIEW MIT PHIL MANNING VON TRAVEL DEVELOPER UND WAVETROTTER

Wie lange hat es gedauert, bis du deine ersten 1.000 Euro an monatlichem Einkommen durch deine ortsunabhängige Arbeit generiert hast?

Das war während meines ersten Jobs, bzw. technisch gesehen während meines zweiten. Mein erster Auftraggeber war ein Hotel. Als Gegenleistung für meine Arbeit durfte ich einige Monate kostenlos im Hotel meines Auftraggebers wohnen. Mein zweiter Job bestand darin, eine Website neu aufzusetzen. Dies brachte mir, soweit ich mich erinnere, 1.200 Euro ein. Um ehrlich zu sein, hatte ich bei meinen ersten Jobs große Versagensängste. Für mich war das, was ich verlangte, sehr viel Geld und ich war mir nicht sicher, ob meine Leistung meinen Preis rechtfertigen würde. Aus diesem Grund habe ich versucht, mehr zu liefern als gefordert war. Dies ist grundsätzlich eine gute Faustregel, um Kunden zufrieden zu stellen. Heute lache ich über mich selbst, denn ich hätte ohne Probleme mindestens 5.000 Euro für meine Leistung von damals verlangen können.

Wie hast du deine ersten Kunden gefunden, mit denen du remote zusammengearbeitet hast?
Meine ersten Kunden waren Einheimische vor Ort in Costa Rica. Zu Beginn meiner Karriere als Freelancer, war ich darauf angewiesen, Jobs zu akquirieren und Erfahrungen zu sammeln. Um Jobs zu akquirieren, ging ich auf Tripadvisor und bastelte mir ein Verkaufs-E-Mail Template. Das E-Mail Template nutzte ich, um ansässige Hotels und Restaurants zu kontaktieren und auf meine Leistung hinzuweisen. Ich kontaktierte jedes Hotel und jedes Restaurant, das etwas auf sich hielt, in jedem Ort, den ich damals bereiste und bot meine Leistung zu Spottpreisen an. Es stellte sich heraus, dass einiges mehr an Zuspruch kam, als ich erwartet hatte. Für einige Kunden arbeitete ich im Austausch für ein Zimmer als Bleibe, mit anderen Kunden verdiente ich mein erstes Geld – auch wenn ich technisch gesehen nicht vor Ort hätte arbeiten dürfen. Manchmal muss man eben die Regeln brechen, um dahin zu kommen, wo man hinwill.

Was war deine Motivation, ortsunabhängig zu arbeiten?
Nun, ich bin irgendwie zufällig zum ortsunabhängigen Arbeit gekommen. Alles fing mit dem Super-Hurrikan Sandy an, der vor ein paar Jahren die Küste von New Jersey erschütterte. Sandy war der schlimmste Hurrikan, den New Jersey je gesehen hatte und hat eine Wüste der Zerstörung hinter sich gelassen. Ich habe zu jener Zeit als überqualifizierter Barkeeper in einer Bar in Monmouth Beach, New Jersey gearbeitet und parallel dazu an einem Bootcamp für Programmierung in New York teilgenommen. Ein paar Tage bevor Sandy New Jersey traf, bin ich nach San Francisco zu meinem Onkel und Freunden gereist. Als ich nach dem Sturm zurück nach New Jersey kam, hatte ich so ziemlich alles verloren, was ich besaß. Die Bar in der ich arbeitete stand unter Wasser und ein Zuhause hatte ich auch nicht mehr. Aufgrund der Tatsache, dass nicht mehr viel von meinem alten Leben übrig

war, beschloss ich, arbeitslos wie ich war, nach Costa Rica zu fliegen, um mir Gedanken über meine Zukunft zu machen. Retrospektiv betrachtet die beste Entscheidung, die ich treffen konnte. Mir gefiel es in Costa Rica so gut, dass ich sofort anfing zu überlegen, wie ich genug Geld verdienen könnte, um langfristig in diesem Land bleiben zu können. Ich beschloss Freelancer zu werden (wovon ich zu diesem Zeitpunkt noch keine Ahnung hatte) und fing bereits nach kurzer Zeit an, erste Kunden zu akquirieren.

Wie sieht ein normaler Arbeitstag in deinem Leben als Remote Worker aus? Hast du eine tägliche Routine?

Ein normaler Arbeitstag umfasst für mich in der Regel neun Stunden. Diese verteile ich so über den Tag, wie es mir am besten passt. Normalerweise arbeite ich morgens ein paar Stunden und erledige den Großteil meiner Arbeit nachts. Tagsüber kümmere ich mich um meine E-Mails oder kleinere Aufgaben. Ich habe festgestellt, dass ich in den Morgen- und Abendstunden eines Tages wesentlich fokussierter bin als tagsüber. Coworking Spaces habe ich viele besucht, auf der ganzen Welt, und um ehrlich zu sein: Ich bin kein Fan von ihnen. Sie sind gut für Leute, die Motivationsprobleme haben und es schwierig finden, in einen Arbeitsmodus zu kommen. Diese Art Leute schöpft in einem Coworking Space neue Energie, die ihnen hilft, ihr Motivationsdefizit zu überwinden. Ich selbst bevorzuge es, den Großteil meiner Arbeitstage im Bett zu verbringen. Dies ist vermutlich nicht das Beste für meine Haltung, jedoch steigert diese Arbeitsweise meine Kreativität und Produktivität. Ich mag es, in der Lage zu sein zwischen Bett und Tisch unkompliziert hin und her wechseln zu können, ohne dafür das Haus verlassen zu müssen. Diese Art Kreativität und Produktivität würde ich nie in einem Coworking Space spüren.

Was sind die Vor- und Nachteile ortsunabhängiger Arbeit aus deiner Sicht?

Der größte Vorteil von Remote-Arbeit besteht im Reisen. Wenn in den USA der Winter anbricht, kann ich meine Arbeit ohne Probleme mit nach Costa Rica nehmen und den Winter in der Wärme verbringen. Alles, was ich dafür benötige, ist ein Flugticket. Ich muss nicht erst Veränderungen in meinem Arbeitsleben vornehmen. Ich würde meinen ortsunabhängigen Lifestyle für nichts auf der Welt mehr eintauschen. Es ist dieser Lifestyle, der mich anspornt, jeden Tag meine Arbeit zu erledigen, und der es mir ermöglicht, mich wie ein Einheimischer in all den Orten und Städten, die ich bereise, zu fühlen. Als digitaler Nomade zu reisen unterscheidet sich in vielerlei Hinsicht vom klassischen Urlaub. Wenn Menschen irgendwo hinfahren, um Urlaub zu machen, sind sie in der Regel im Party-Modus und kriegen nicht viel mit vom Vibe einer Stadt. Wenn du jedoch digitaler Nomade bist, baust du eine bestimmte Verbindung zu den Einheimischen eines Ortes auf, die du so als normaler Urlauber nie erfahren würdest. Dies liegt wohl daran, dass du als digitaler Nomade oft knapp bei Kasse bist, selbst wenn du 100 Mal so viel verdienst, wie die Einheimischen vor Ort.

Nachteile sind aus meiner Sicht, bezogen auf das Digitale Nomadentum: Schwierigkeiten gutes WLAN zu finden, unvorhergesehene Gesundheitsprobleme, Diebstahl und Einsamkeit. Gerade Einsamkeit ist etwas, an das man nicht denkt, wenn man über grenzenloses Reisen und Arbeiten nachdenkt. Es ist ja auch nicht so, dass man nie andere Menschen auf seinen Reisen trifft und komplett vereinsamt. Es ist vielmehr so, viele interessante Menschen zu treffen, die man für eine kurze Zeit intensiv kennenlernt und dann wieder verlässt, weil entweder sie weiterziehen oder du. Sind sie weg, bist du wieder allein und musst neue Freunde finden. Diese Art von Leben bietet zwar hervorragende Möglichkeiten, ein globales Netzwerk an Freunden aufzubauen, mit Menschen, die du irgendwo unterwegs zufällig getroffen hast, jedoch ist es schwierig langfristige Freundschaften zu schließen. Ich glaube übrigens, dass dies der wahre Grund ist, warum Coworking Spaces so populär geworden sind. Nicht wegen des guten WLANs, sondern vielmehr um Gleichgesinnte zu treffen, die vor den gleichen Herausforderungen wie man selbst stehen und den gleichen Lifestyle verfolgen.

WOMIT KANNST DU ORTSUNABHÄNGIG GELD VERDIENEN? – EINIGE IDEEN

Beschäftigungsformen: Du kannst entweder als Freelancer für verschiedene Auftraggeber arbeiten, Angestellter einer Firma sein, die es dir ermöglicht ortsunabhängig zu arbeiten, oder du wirst unternehmerisch tätig. In Kapitel 6 findest du verschiedene Jobportale, die sich auf ortsunabhängiges Arbeiten spezialisiert haben.
Die folgenden Zeilen geben dir ein paar Ideen an die Hand, wie du ortsunabhängig mit diesem Beruf Geld verdienst. Der Abschnitt ist bewusst kurzgehalten, da viele der Ideen bereits in Kapitel 3 angesprochen wurden. Solltest du an der ein oder anderen Stelle den Wunsch nach mehr Inhalt verspüren, blättere einfach nochmal zum Anfang zurück. Nähere Informationen, wie du Themen für Bücher und Online-Kurse findest, erhältst du in Kapitel 5. Schau außerdem gerne auf unserem Blog vorbei, für alle genannten Tools und Ressourcen im Überblick: https://new-work-life.com/portfolio/programmierer.

Übe deine Kerntätigkeit aus
Du kannst deine Kerntätigkeit als Programmierer ohne Probleme ortsunabhängig ausüben, denn dein Berufsbild ist virtueller Natur. Vermarkte deine Leistungen in diesem Fall über eine eigene Website und über Online-Marktplätze wie z. B. Upwork.com, Freelance.de, Codementor.io, Twago.de und ggf. Fiverr.com.

Programmiere eigene Anwendungen
Entwickle Software, Apps, App-Komponenten wie z. B. Komponenten für Registrierung und Login / Zahlung / Verschlüsselung / Forms / Maps, Games und/oder Code für verschiedene Applikationen und/oder Devices und vertreibe deine Produkte online über eine eigene Website (z. B. auf Basis von Elopage.com, einem Content Management System für digitale Produkte) und/oder über Online-Plattformen wie z. B. Steam, Fantero, Envato Market, Codester oder Codeclerks. Du kannst deine Programmierungen entweder als Lizenzmodell vertreiben oder du entscheidest dich für den klassischen Verkauf, bei dem du alle Rechte an den Käufer abtrittst.

Programmiere Website-Bestandteile
Entwickle Themes, Templates und Plugins für Content Management Systeme wie z. B. Wordpress und biete diese über eine eigene Website oder über entsprechende Online-Marktplätze zum Verkauf an. Folgende Marktplätze könnten für dich für den Verkauf u. a. von Interesse sein: Envato Market, Creative Market, Mojo Marketplace und ThemeSnap.

Programmiere einen Website- und/oder Webshop-Baukasten
Biete den Baukasten über eine eigene Website zum Verkauf an. Website-/Webshop-Baukästen sind Content Management Systeme, die es Laien ermöglichen, gänzlich ohne Programmier- und Style-Kenntnisse innerhalb sehr kurzer Zeit zumeist durch eine Drag & Drop Funktionalität professionelle Websites bzw. Webshops zu erstellen. Große Anbieter solcher Baukästen sind z. B. Shopify.com, Wix.com und Jimdo.com. Diese Anbieter kannst du gut als Inspiration für deine eigene Programmierung heranziehen. Weitere Informationen zu Website-/Webshop-Baukästen findest du hier: https://www.websitetooltester.com.

Entwickle und verkaufe Online-Kurse
Du könntest z. B. einen Kurs entwickeln der erklärt, wie man bestimmte Software, Apps, Websites, etc. programmiert. Oder du fokussierst dich auf eine bestimmte Programmiersprache und kreierst einen Kurs, der die Programmiersprache schult (z. B. Java, C, C++, Python, etc.). Alternativ

kannst du auch einen Kurs zum Thema IT Projektmanagement (z. B. agile Programmierung mit Scrum oder Kanban) oder zum Thema Bugfixing machen (= Lösen von Fehlern in einem Programm).

Erweitere dein Leistungsspektrum
Verkaufe deinen Website-Kunden (= Kunden, für die du eine Website programmiert hast) zusätzlich das Hosting für ihre Website. Dies kannst du entweder als Wiederverkäufer (Reseller) oder als Affiliate eines Hosting Anbieters tun. Als Wiederverkäufer kaufst du von einem Hosting Anbieter ein Hosting Paket und verkaufst es an deine Kunden weiter. Dies tust du, indem du auf den Preis des Hosting Anbieters einen Betrag X aufschlägst. Als Affiliate empfiehlst du deinen Kunden einen bestimmten Hosting Anbieter und erhälst von diesem beim Kauf eines Hosting Paketes durch deinen Kunden eine Provision. Folgende Hosting Anbieter haben Affiliate Programme im Einsatz: Strato, All-inkl.com, 1 und 1, Domainfactory und viele mehr.

Veranstalte eine virtuelle Konferenz
Thema der Konferenz könnte z. B. Software- / Web- / App-Programmierung sein. Deine virtuelle Konferenz kann sich z. B. an selbständige Programmierer, IT-ler und Manager aus Unternehmen, Solopreneure, etc. richten. Lade Experten aus verschiedenen Themengebieten im Bereich Programmierung als Speaker für deine Konferenz ein.

Gründe eine Online Academy
Bringe IT-Interessierten das Programmieren bei. Du könntest z. B. ein Unterrichtsprogramm entwickeln, das Schülern der Academy auf virtuellem Wege zeigt, wie sie bestimmte Arten von Software, Webanwendungen, Mobile Apps, etc. programmieren können und unterrichte sie in verschiedenen Programmiersprachen zur Umsetzung ihrer Vorhaben.

STARTER TOOLKIT – DAS BRAUCHST DU, UM LOSZULEGEN

Notebook, Smartphone

SOFTWARE:
- Office: z. B. Microsoft Office oder Google Docs
- Kommunikation: z. B. Skype, WhatsApp, Slack, Gmail
- Website / Webshop: z. B. WordPress oder Shopify
- Projektmanagement: z. B. Trello

- Ideen brainstormen und strukturieren: z. B. MindMeister
- Code schreiben (Texteditor): z. B. Sublime oder Notepad++
- Entwicklung testen (Codereview): z. B. Collaborator oder Gerrit Code Review
- Tool, das beim Debugging (=Codebereinigung / Fehlerbefreiung) unterstützt
- App-Development: z. B. Firebase von Google

BÜCHER UND TUTORIALS:
- Buch: „Programmieren: Software entwickeln für Einsteiger: Lernen Sie die Grundlagen von Java, SQL und C++ (Computer Programing for Beginners)", von IT Starter Series und Joseph Connor
- Buch: „Java-Programmierung für Anfänger: Programmieren lernen ohne Vorkenntnisse", von Daniel Lorig
- Buch: „Einstieg in Python: Ideal für Programmieranfänger. Inkl. Einstieg in objektorientierte Programmierung, Datenbankanwendung, Raspberry Pi u. v. m.", von Thomas Theis
- Buch: „Grundkurs C: C-Programmierung verständlich erklärt", von Jürgen Wolf
- Tutorial: „Java Programmieren für Anfänger - Der Ultimative Java Kurs. Deine Investition in die Zukunft! Lerne Java Programmieren anhand von leichtverständlichen Beispielen in wenigen Stunden", von Denis Panjuta, auf Udemy
- Tutorial: „C++ Programmieren lernen - Praxisnah & Einsteigerfreundlich. Kompletter Leitfaden zur Erstellung von Programmen mithilfe der Programmiersprache C++", von Hendrik Pruin, auf Udemy
- Weitere Angebote findest du auch auf: Team Treehouse, Codecademy, Code School, Free Code Camp und Lynda.com

Detaillierte Informationen zu Tools und Ressourcen, die dir helfen können, ein ortsunabhängiges Einkommen aufzubauen, findest du auf unserem Blog unter: https://new-work-life.com/portfolio/programmierer.

HIER FINDEST DU WEITERE INFORMATIONEN

Deutscher Bundesverband Informationstechnologie für Selbständige e.V.: https://www.dbits.it/dbits
Bundesverband IT-Mittelstand e.V.: https://www.bitmi.de

4.22 PROJEKTMANAGER

Als Projektmanager bist du für die operative Planung und Steuerung eines Projektes verantwortlich. Je nach Projektart bist du in diesem Zusammenhang für das Erreichen von Sach-, Termin-, Kosten- bzw. Ausbildungszielen im Rahmen des Projekts zuständig. Du planst, delegierst, verfolgst, überprüfst und misst Ergebnisse. In der Regel bildest du alles mit einer Projektmanagement-Software ab.

WAS SIND MÖGLICHE AUFGABEN?
- Projekte planen, leiten und koordinieren
- Projektpläne und -budgets aufsetzen und überwachen
- Projektaufgaben delegieren und deren Erledigung verfolgen
- Projektberichte erstellen
- Alle Projektbeteiligte regelmäßig über den Projektfortschritt informieren

WELCHE AUSBILDUNG BENÖTIGST DU?
Um als Projektmanager zu arbeiten benötigst du nicht zwingend eine spezielle Ausbildung. Du kannst den Einstieg grundsätzlich über jeden anderen Beruf schaffen. Das theoretische Fundament kannst du dir entweder selbst aneignen oder dich bspw. durch die Deutsche Gesellschaft für Projektmanagement e. V. zertifizieren lassen. Als zertifizierter Projektmanager sind deine Chancen auf dem Arbeitsmarkt natürlich besser.

WELCHE FÄHIGKEITEN SOLLTEST DU MITBRINGEN?
- Organisatorische Fähigkeiten
- Analytische Fähigkeiten
- Empathie und Diplomatie
- Kommerzielles Bewusstsein
- Kommunikationsfähigkeit
- Teamfähigkeit und Fähigkeit, Menschen zu motivieren

UNSER ROLEMODEL FÜR DEN BERUF DES PROJEKTMANAGERS

Name: Ben Aston
Unternehmen: The Digital Project Manager
Homepage: https://thedigitalprojectmanager.com

Ben ist Herausgeber der Website *The Digital Project Manager*, die Projektmanager mit Tools, Ressourcen, How-To Guides, Anleitungen und Trainings rund ums Thema Projektmanagement versorgt. Gegründet hat Ben seine Firma im Jahr 2011. Heute ist *The Digital Project Manager* mit mehr als 100.000 Visits pro Monat laut eigenen Angaben eine der führenden Plattformen für digitales Projektmanagement. Bevor Ben seine berufliche Laufbahn einschlug, hat er einen Bachelor im Fach Politik und Internationale Beziehungen an der University of Sussex, im Süden von England erworben. Nach seinem Abschluss arbeitete er mehrere Jahre für verschiedene Digitalagenturen in unterschiedlichen Rollen, unter anderem als Account Manager, Producer, Projektmanager und Chief Product Officer. Er ist darüber hinaus zertifizierter Scrum Master und PRINCE2 Practitioner. Ben verdient Geld online, indem er über seine Website https://thedigitalprojectmanager.com digitale Trainingsprodukte zum Thema Projektmanagement verkauft.[52]

WOMIT KANNST DU ORTSUNABHÄNGIG GELD VERDIENEN? – EINIGE IDEEN

Beschäftigungsformen: Du kannst entweder als Freelancer für verschiedene Auftraggeber arbeiten, Angestellter einer Firma sein, die es dir ermöglicht ortsunabhängig zu arbeiten, oder du wirst unternehmerisch tätig. Mögliche Auftrag- / Arbeitgeber sind z. B. IT Beratungen, Web Agenturen sowie Unternehmen, die digitale Projekte durchführen. In Kapitel 6 findest du verschiedene Jobportale, die sich auf ortsunabhängiges Arbeiten spezialisiert haben.

Die folgenden Zeilen geben dir ein paar Ideen an die Hand, wie du ortsunabhängig mit diesem Beruf Geld verdienst. Der Abschnitt ist bewusst

---

[52] Quellen: https://thedigitalprojectmanager.com/about-the-digital-project-manager und https://www.linkedin.com/in/benaston, abgerufen am 28.08.2018.

kurzgehalten, da viele der Ideen bereits in Kapitel 3 angesprochen wurden. Solltest du an der ein oder anderen Stelle den Wunsch nach mehr Inhalt verspüren, blättere einfach nochmal zum Anfang zurück. Nähere Informationen, wie du Themen für Bücher und Online-Kurse findest, erhältst du in Kapitel 5. Schau außerdem gerne auf unserem Blog vorbei, für alle genannten Tools und Ressourcen im Überblick: https://new-work-life.com/portfolio/projektmanager.

Führe bestimmte Kernaufgaben ortsunabhängig aus
Sieh dir die typischen Aufgaben eines Projektmanagers an und überlege dir, welche davon du ortsunabhängig ausüben kannst. Kannst du mit Kunden, Geschäftspartnern, Kollegen, etc. virtuell kommunizieren, indem du von Kommunikations- und Kollaborationsmedien wie Videotelefonie (z. B. Skype), Web-Konferenz (z. B. FreeConferenceCall), Desktop Sharing (z. B. Skype), Chat (z. B. Slack), E-Mail (z. B. Gmail) Gebrauch machst? Kannst du dich in deiner Tätigkeit auf digitale Projekte wie z. B. die Entwicklung eines Webshops, einer Software, eines Videospiels, einer Online-Plattform, etc. fokussieren? Bei digitalen Projekten ist keine vor Ort Präsenz erforderlich. Sämtliche Projektmanagement-Tätigkeiten wie Kommunikation, Projektpläne, To-Do-Listen, Reporting, etc. erfolgen mithilfe digitaler Medien ortsunabhängig. Vermarkte deine Leistungen über eine eigene Website und über Online-Marktplätze wie z. B. Upwork.com, Freelance.de, Twago.de und ggf. Fiverr.com.

Erweitere dein Leistungsspektrum als Projektmanager
Biete zusätzlich zu deinen typischen Projektmanagement-Tätigkeiten ebenfalls Post-Launch Leistungen an. Dies kann bei einem Software-Projekt z. B. Unterstützung beim Aufsetzen von Wartungs- und Support-Prozessen sein. Oder du hilfst dabei, Schulungsunterlagen zum Umgang mit der neuen Software zu entwickeln. Achte darauf, dass du dein erweitertes Leistungsspektrum ortsunabhängig erfüllen kannst, indem du von Online-Ressourcen Gebrauch machst und webbasierte Kommunikationsmedien wie z. B. Skype nutzt.

Werde Online-Coach und biete virtuelle Coachingstunden an
Coache angehende und/oder etablierte Projektmanager zu Themen wie z. B. Selbständigkeit, ortsunabhängiges Arbeiten als Projektmanager, Kundenakquise, Herausforderungen in Projekten, etc.

Entwickle und verkaufe Online-Kurse
Wie wäre es z. B. mit einem Kurs zum Thema Agiles Projektmanagement

mit Scrum oder Kanban für z. B. Softwareprogrammierung? Alternativ könntest du auch einen Kurs kreieren, der ein bestimmtes Projektmanagement-Tool erklärt, z. B. Asana, MS Project, Trello, etc. oder du entwickelst einen Kurs, der aufzeigt, wie digitales Projektmanagement im Vergleich zu vor Ort Projektmanagement funktioniert (Chancen, Herausforderungen, etc.).

Biete Online-Seminare an
Mögliche Themen für Online-Seminare sind z. B.: Methoden des agilen Projektmanagements, Remote Projektmanagement, Projektmanagement für Web-Projekte, Projektmanagement-Tools, Selbständigkeit als Projektmanager, Kundenakquise, etc.

Veranstalte eine virtuelle Konferenz
Thema kann z. B. ortsunabhängiges Projektmanagement (remote Projektmanagement) sein. Deine virtuelle Konferenz kann sich z. B. an selbständige Projektmanager, Web- und Softwareentwickler, Projektmanager in Unternehmen, Solopreneure und Unternehmer, Trainer, etc. richten. Lade Experten aus verschiedenen Themengebieten im Bereich Projektmanagement als Speaker für deine Konferenz ein.

STARTER TOOLKIT – DAS BRAUCHST DU, UM LOSZULEGEN

Notebook, Smartphone

SOFTWARE:
- Office: z. B. Microsoft Office oder Google Docs
- Kommunikation: z. B. Skype, WhatsApp, Slack, Gmail
- Website / Webshop: z. B. WordPress oder Shopify
- Projektmanagement: z. B. Trello
- Organisation: z. B. Evernote

BÜCHER UND TUTORIALS:
- Buch: „Project Management Absolute Beginner's Guide", von Gregory M. Horine
- Buch: „Projektmanagement von Online-Projekten", von Felix Koch
- Tutorial: „Scrum Certification Prep + Scrum Master + Agile Scrum Training. Overview of Scrum Agile project management + common questions & tips to pass scrum.org Online Scrum Master Certification", von Paul Ashun, auf Udemy

Detaillierte Informationen zu Tools und Ressourcen, die dir helfen können, ein ortsunabhängiges Einkommen aufzubauen, findest du auf unserem Blog unter: https://new-work-life.com/portfolio/projektmanager.

> **HIER FINDEST DU WEITERE INFORMATIONEN**

GPM Deutsche Gesellschaft für Projektmanagement e. V.:
https://www.gpm-ipma.de

4.23 REISEVERANSTALTER

Als Reiseveranstalter entwickelst du Reisen mit spezifischem Schwerpunkt und führst diese durch. In der Regel buchen deine Kunden die Reisen als Pauschalangebot, das heißt, dass alle relevanten Bestandteile wie Flug und Unterkunft, ggf. Kursangebote und Essen enthalten sind. Auf diese Bestandteile hat dein Kunde keinen Einfluss. Als Reiseveranstalter kannst du eigene Reisen zu speziellen Themengebieten (z. B. Abenteuer, Wassersport, Digital Nomad Experience) entwickeln und anbieten.

WAS SIND MÖGLICHE AUFGABEN?
- Reisen entwickeln
- Preise für Kontingente bei Fluggesellschaften, Hotels und anderen Anbietern verhandeln und Kontingente reservieren
- Kundenwünsche aufnehmen
- Angebote für Kunden entwickeln
- Markttrends recherchieren

WELCHE AUSBILDUNG BENÖTIGST DU?
Um als Reiseveranstalter zu arbeiten benötigst du keine spezielle Ausbildung. Von Vorteil ist jedoch eine Ausbildung z. B. zum Reiseverkehrskaufmann, Tourismuskaufmann oder ein Studium im Bereich Tourismus oder Eventmanagement.

WELCHE FÄHIGKEITEN SOLLTEST DU MITBRINGEN?
- Verhandlungs- und Durchsetzungsstärke
- Kreativität
- Kommunikation

- Belastbarkeit und Stressresistenz
- Vermarktungsstärke

UNSER ROLEMODEL FÜR DEN BERUF DES REISEVERANSTALTERS

Name: Johannes Voelkner
Unternehmen: Nomad Cruise | Homebase Global
Homepage: https://www.nomadcruise.com | https://homebaseglobal.com
Kontakt: info@nomadcruise.com

Johannes ist selbständiger Unternehmer. Im Jahr 2015 hatte er zum ersten Mal die Idee, dass es für viele ortsunabhängig arbeitende Menschen interessant sein könnte, dem europäischen Winter zu entfliehen und mit einem Kreuzfahrtschiff gen Südamerika aufzubrechen. Basierend auf dieser Idee fanden sich im Oktober 2015 120 digitale Nomaden zusammen, die gemeinsam von Gran Canaria nach Salvador de Bahia in Brasilien fuhren. Die Zeit an Bord nutzten die Beteiligten dafür, sich in Form von Workshops und Talks gegenseitig weiterzubilden und über verschiedene Entwicklungen zu informieren. Der ersten Cruise folgten viele weitere, so dass im Spätherbst 2018 bereits die siebte Auflage mit mehr als 400 Teilnehmern in See sticht.

Bevor Johannes die *Nomad Cruise* gestartet hat, absolvierte er ein Studium in Betriebswirtschaftslehre, hat jedoch nie in dem Bereich gearbeitet. Vielmehr ist er der Liebe wegen nach Kapstadt gezogen und hat dort, für vier Monate lang als Reiseveranstalter gearbeitet. Eine zwar kurze, aber immerhin eine Erfahrung, die ihm auf seinem weiteren Karriereweg noch hilfreich werden sollte.

Nach diesen vier Monaten, hat er sich, inspiriert durch die Lektüre von Tim Ferriss' „The 4-hour-Workweek" als virtueller Assistent selbständig gemacht.

Freunde und Familie sagen über Johannes, dass er nett, hilfsbereit und immer offen für neue Projekte sei, die er mit Begeisterung verfolgt.

Während unseres Interviews befindet sich Johannes in Sankt Petersburg, in Russland.

INTERVIEW MIT JOHANNES VOELKNER VON NOMAD CRUISE UND HOME BASE GLOBAL

Wie verdienst du dein Geld als Remote Worker?
Ich mache die *Nomad Cruise*. Die vermarktet sich sehr stark über „word of mouth" (Mund-zu-Mund-Propaganda). Wir haben ein gutes Produkt, das so gut ist, dass die Leute davon erzählen. Natürlich machen wir hier auch einiges mit Facebook, allerdings weniger mit Werbung. Am Ende ist die persönliche Empfehlung hier maßgeblich.

Wie bist du auf die Ideen für deine Produkte gekommen? Hast du dabei eine bestimmte Methodik verfolgt?
Die *Nomad Cruise* ist aktuell mein Hauptding. Zusätzlich habe ich jetzt ein neues Projekt, das heißt *Homebase Global*. Das sind beides Projekte, die auf eigenen Problemen beruhen, die ich hatte. Mir ist irgendwann beim Reisen aufgefallen, dass es gut ist, viele Leute kennenzulernen und sich ein Netzwerk zu bauen. Ansonsten ist es schwierig, länger an einem Ort zu bleiben. Zumal wir als Nomads wesentlich langsamer reisen als die Backpacker. Und um dieses Netzwerk zu ermöglichen, haben wir die Cruise entwickelt.

Letztendlich stoße ich auf irgendwelche Probleme und versuche dann Möglichkeiten zu finden, sie zu lösen. Dafür habe ich keine Methodik, sondern es sind immer Einfälle, die ich habe. Oft klappen die Einfälle nicht, aber manchmal klappen sie ganz gut.

Wie hast du deine ersten Kunden gefunden, mit denen du remote zusammengearbeitet hast?
Irgendwann im Mai 2015 habe ich einen Link für eine günstige Transatlantik-Kreuzfahrt gefunden und diesen ins Digital Nomad Network gepostet (eine Gruppe für Digital Nomads, die ich vor einiger Zeit ins Leben gerufen hatte). Ich habe im Post vorgeschlagen, dass wir alle zusammen dem europäischen Winter Richtung Brasilien entfliehen sollten. Die Resonanz auf meinen Post war überwältigend. Alle liebten die Idee. So kam es, dass über 100 Nomads die Cruise mit mir zusammen gebucht haben. Wir hatten eine unglaubliche Zeit an Bord. So unglaublich, dass wir beschlossen haben, weitere Cruises für Digitale Nomaden zu organisieren. Der Beginn der *Nomad Cruise*.

Die ersten Kunden als virtueller Assistent, womit ich ursprünglich angefangen habe, fand ich, indem ich einfach nur meine E-Mail-Adresse in verschiedene Foren gepostet habe und dann lief das. Da ich einer der ersten virtuellen Assistenten in Deutschland war, war es relativ leicht. Ganz so einfach geht das, glaube ich, heutzutage nicht mehr. Aber was ich auf jeden Fall empfehlen würde, ist, im Bekanntenkreis nachzuschauen, wenn man mit dem ortsunabhängigen Arbeiten anfangen möchte. Vielleicht gibt es im eigenen Freundes- und Bekanntenkreis ja jemanden, für den man eine Website bauen oder Schreibarbeiten übernehmen kann. Das ist eigentlich ein guter Startpunkt. Wenn die Leute dann mit einem zusammenarbeiten und einem vertrauen, empfehlen sie einen auch weiter. Seinen Freunden kann man ja auch einen guten Preis anbieten, verbunden mit der Bitte, dass sie einen empfehlen, wenn sie mit der Arbeit zufrieden sind.

Hinzu kommt, dass man im Bekanntenkreis gut lernen und sich schnell das Selbstvertrauen aufbauen kann, das man braucht, wenn man sein eigenes Business aufbauen möchte. Zudem braucht man nicht eine Million Kunden, schon gar nicht, wenn man Dienstleistungen anbietet. Gerade bei Dienstleistung geht es am Anfang darum, relativ schnell Arbeit zu bekommen.

Was war deine Motivation, ortsunabhängig zu arbeiten?

Letztendlich war es nie mein Plan, Digital Nomad zu sein, aber ich war in Südafrika und dort war es sehr schwierig einen ordentlichen Job zu finden. Allerdings wollte ich unbedingt dortbleiben, weil ich dort verlobt war. Und irgendwie bin ich dann auf die Idee gekommen, dass es am besten wäre, wenn ich online arbeiten würde. Dadurch könnte ich nicht nur in Südafrika sein, sondern auch mal nach Deutschland fahren und meine Freunde besuchen. Auf diese Weise, dachte ich, könnte ich mein Leben in Kapstadt mit Deutschland gut vereinen und zudem Geld verdienen.

Mir ging es also hauptsächlich um meine persönliche Freiheit und meine Familie. Um das Reisen direkt ging es mir am Anfang eigentlich nicht, sondern darum, aus Kapstadt ortsunabhängig arbeiten zu können, weil man da so schwierig Geld verdienen kann.

Wie hast du deine Remote-Karriere begonnen? Gab es irgendwelche, die dir geholfen haben, ortsunabhängig zu arbeiten?

Ich habe als virtueller Assistent begonnen. Das war 2008. Ich habe da „The 4-Hour Workweek" gelesen, und darin wurde von virtuellen Assistenten berichtet. Das Buch war da gerade erst rausgekommen. Ich habe mir das zum Vorbild genommen und damit war ich auf einmal der erste deutsche virtuelle Assistent auf dem Markt.

So habe ich angefangen, Leute bei ihrer Arbeit zu unterstützen und weil auch viele andere, auch Deutsche, das Buch gelesen hatten, waren die auf der Suche nach virtuellen Assistenten. Und ich war quasi der Einzige, der diesen Job auf dem deutschen Markt angeboten hat. Dadurch habe ich relativ einfach Jobs bekommen und wurde recht schnell für meine VA-Arbeit bezahlt. Das war keine gute Bezahlung, aber es war viel besser als das, was ich in Südafrika verdienen konnte.

Außerdem wurde ich dafür bezahlt zu lernen. Auf diese Weise habe ich meine erste Wordpress-Installation gemacht, mich mit Google Ads beschäftigt und Online-Marketing gelernt. Ich wurde quasi immer bezahlt, um neue Sachen auszuprobieren und zu lernen. Von daher war der VA-Job eigentlich das perfekte, bezahlte Praktikum für mich. Später habe ich mich auf Online-Marketing spezialisiert.

Was waren deine größten Herausforderungen, um ein Remote-Einkommen zu generieren und wie hast du diese bewältigt?
Ich fand das gar nicht so super schwierig. Ich habe einfach immer weitergemacht: vom virtuellen Assistenten zum Online-Marketing und dann zur Nomad Curise und Homebase Global. Das hat sehr gut funktioniert. Ich denke, man muss einfach kleine Schritte machen. Man braucht nicht drei Monate Planung oder sich erst alles beibringen bevor man loslegt. Es ist einfach ein permanentes Lernen. Man bringt sich neue Sachen bei und macht einfach gute Arbeit für seine Kunden. Dann wird man auch weiterempfohlen. Ich selbst hatte nach einem Jahr konstanter Arbeit, genug Weiterempfehlungen, dass es ganz gut lief.

Generell denke ich, dass es die vielleicht größte Herausforderung ist, von einem relativ schlecht bezahlten Job zu einem gut bezahlten Job zu kommen. Jeder kann irgendwie ein paar Euros die Stunde verdienen, aber dann den Stundenlohn hochzusetzen, ist schwierig. Von daher denke ich, dass es wichtig ist, dass man versucht sich zu spezialisieren.

Am Anfang kann man auch viele verschiedene Sachen machen, aber um so spezifischer du bist und je mehr spezielle Zielgruppen du ansprichst, desto eher wirst du Erfolg haben.

Biete also nicht einfach nur Online-Marketing an, sondern beispielsweise Online-Marketing für Zahnärzte. Wenn man sich die spezifische Kundengruppe herausnimmt und da noch weiter spezialisiert, kann man wesentlich besser damit verdienen.

Ich denke, dass es eine der Herausforderung ist, diesen Fokus oder diese Spezialisierung für sich zu finden.

Wie sieht ein normaler Arbeitstag in deinem Leben als Remote Worker aus? Hast du eine tägliche Routine?
Ich habe nicht die perfekte Routine. Bei mir hängt es immer so ein bisschen davon ab, wo ich gerade wohne, wie gut ich zu Hause arbeiten kann und wie weit der nächste Coworking Space weg ist.

Jetzt gerade bin ich zum Beispiel in Sankt Petersburg, habe ein cooles Apartment und kann hier echt gut arbeiten. Außerdem gibt es hier in der Nähe keinen Coworking Space, deswegen arbeite ich von zu Hause aus. Aber manchmal wohne ich auch direkt neben einem Coworking Space und dann gehe ich einfach dahin, um dort zu arbeiten.

Grundsätzlich würde ich schon allen Leuten empfehlen, in einer Unterkunft zu wohnen, die in der Nähe von Coworking Spaces ist, weil man da auch direkt Zugang zur Community hat. Das ist eigentlich das Beste.

Was sind die Vor- und Nachteile ortsunabhängiger Arbeit aus deiner Sicht?

Vorteil ist natürlich, dass man von überall aus arbeiten kann. Es ist genial, dass man beispielsweise nicht zwei Stunden lang im Zug sitzen muss, um zur Arbeit zu fahren.

Generell überwiegen die Vorteile. Was aber ein bisschen nachteilig ist, ist, dass man das auch echt oft alleine macht und nicht diese Office-Atmosphäre hat. Gerade, wenn man in einem coolen Team in einer Firma arbeitet, kann das auch sehr spannend sein. Diese Atmosphäre und Umgebung muss man sich immer selbst erschaffen.

Außerdem braucht man eine ganze Menge Selbstdisziplin, um sein Ding durchzuziehen. Vor allem, wenn man als Freelancer arbeitet, was viele Digital Nomads machen.

Die Vorteile überwiegen aber auf jeden Fall, man muss sich halt nur so ein bisschen reinfuchsen.

Last but not least: Hast du noch weitere hilfreiche Tipps für unsere Leser?

Was ich generell noch sagen möchte, ist: mach das Ganze nicht zu kompliziert! Und wirklich, das ist auch das, was ich selber immer mache: starte alles Schritt für Schritt.

Man braucht nicht immer die komplette Lösung für seine Probleme schon vor Augen haben. Es ist wichtiger, den nächsten Schritt zu wissen. So mache ich das selber auch, und das kann ich jedem empfehlen.

Man macht also nicht gleich die Riesen-Agentur auf, oder was auch immer, sondern man rutscht oft rein in diese Themen. Man braucht eine Vision, aber muss dann alles Schritt für Schritt umsetzen. Und die vielen kleinen Schritte führen am Ende zum Erfolg.

WOMIT KANNST DU ORTSUNABHÄNGIG GELD VERDIENEN? – EINIGE IDEEN

Beschäftigungsformen: Du hast in der Regel dein eigenes Reiseveranstaltungsunternehmen und bist Unternehmer.

Die folgenden Zeilen geben dir ein paar Ideen an die Hand, wie du ortsunabhängig mit diesem Beruf Geld verdienst. Der Abschnitt ist bewusst kurzgehalten, da viele der Ideen bereits in Kapitel 3 angesprochen wurden. Solltest du an der ein oder anderen Stelle den Wunsch nach mehr Inhalt verspüren, blättere einfach nochmal zum Anfang zurück. Nähere Informationen, wie du Themen für Bücher und Online-Kurse findest, erhältst du in Kapitel 5. Schau außerdem gerne auf unserem Blog vorbei, für alle genannten Tools und Ressourcen im Überblick: https://new-work-life.com/portfolio/reiseveranstalter.

Übe deine Kerntätigkeit aus
Du kannst deine Kerntätigkeit als Reiseveranstalter ohne Probleme ortsunabhängig über das Internet ausüben.

Entwickle und verkaufe Online-Kurse
Wie wäre es z. B. mit einem Kurs zum Thema Reisplanung („Werde Profi-Reiseplaner und lerne, wie du mit deinem neuen Wissen viel Geld sparen kannst") oder zum Thema Online-Arbeit („Wie du als Reiseveranstalter online arbeiten und dabei die Welt bereisen kannst")?

Werde Vermittler
Als Reiseveranstalter vermittelst du Reisewillige an Unternehmen der Tourismusbranche wie z. B. Hotels, Tourenanbieter, Kreuzfahrtschiffe, Airlines, etc. Bei guter Auftragslage, verschaffst du den genannten Unternehmen einen nicht unerheblichen monetären Nutzen. Dies solltest du dir vergüten lassen. Verlange für deine Vermittlungsdienste eine Provision vom jeweiligen Touristik-Unternehmen. Diese kann entweder pauschal geregelt oder als Staffel je nach Vermittlungsvolumen aufgebaut sein.

Schreibe ein eBook
Finde ein Thema, das dich interessiert und für das Nachfrage besteht. Du könntest z. B. ein Buch zu polarisierenden Themen wie „Wie du mit 50 Euro am Tag die Welt bereist" oder „Wie du Flüge (fast) zum Nulltarif findest" schreiben. Alternativ könntest du eine deutsche Version der im

Starter Toolkit genannten Bücher erstellen, sofern es diese noch nicht gibt. Achte darauf, dass du kein Copyright verletzt. Wie genau du Themen findest, kannst du im Kapitel 5 nachlesen.

STARTER TOOLKIT – DAS BRAUCHST DU, UM LOSZULEGEN

Notebook, Smartphone

SOFTWARE:
- Office: z. B. Microsoft Office oder Google Docs
- Kommunikation: z. B. Skype, WhatsApp, Slack, Gmail
- Website / Webshop: z. B. WordPress oder Shopify
- Organisation: z. B. Evernote

BÜCHER UND TUTORIALS:
- Buch: „How to Start a Home Based Travel Agency", von Tom Ogg und Joanie Ogg
- Buch: „How to Start a Home Based Travel Agency Workbook", von Tom Ogg und Joanie Ogg
- Buch: „365 Marketing Strategies For Travel Agents: Travel Professionals Share Their Marketing Secrets", von Tom Ogg und Joanie Ogg
- Blog: http://www.homebasedtravelagent.com von Tom Ogg

Detaillierte Informationen zu Tools und Ressourcen, die dir helfen können, ein ortsunabhängiges Einkommen aufzubauen, findest du auf unserem Blog unter: https://new-work-life.com/portfolio/reiseveranstalter.

HIER FINDEST DU WEITERE INFORMATIONEN

Deutscher Tourismusverband (DTV):
https://www.deutschertourismusverband.de

4.24 SCHULDNERBERATER

Als Schuldnerberater hilfst du Menschen, die finanzielle Probleme haben. Du berätst sie bzgl. ihrer aktuellen Lage, arbeitest Lösungsvorschläge für sie aus und unterstützt sie dabei, ihre Schulden zu tilgen. Die Beratung enthält neben einer bloßen Finanzsicht ebenfalls psychosoziale Elemente.

WAS SIND MÖGLICHE AUFGABEN?
- Schuldner zu ihrer finanziellen Situation und ihren Schulden befragen
- Schuldner mit finanziellen Informationen versorgen
- Im Auftrag von Schuldnern bestimmte Verträge neu verhandeln, z. B. Kredittilgungsplan, etc.
- Schuldnern bei ihrer Haushalts- und Budgetplanung helfen
- Schuldner mit anderem Fachpersonal in Verbindung bringen, z. B. Psychologe, Anwalt, etc.
- Krisenintervention
- Schuldenregulierung
- Insolvenzberatung

WELCHE AUSBILDUNG BENÖTIGST DU?
Die Berufsbezeichnung Schuldnerberater ist nicht geschützt. Um Schuldnerberater zu werden, benötigst du keine spezielle Ausbildung. Erfahrung im Finanzbereich und/oder sozialen Bereich sind von Vorteil. Weiterbildungsangebote zum Schuldnerberater findest du z. B. unter http://www.iwwb.de.

WELCHE FÄHIGKEITEN SOLLTEST DU MITBRINGEN?
- Empathie und Fürsorge
- Gute Zuhörerqualitäten
- Sehr gutes Kommunikationsvermögen
- Psychische Belastbarkeit
- Lösungsorientierte Denkweise

UNSER ROLEMODEL FÜR DEN BERUF DES SCHULDNERBERATERS

Name: Vangile Makwakwa
Unternehmen: Wealthy Money
Homepage: https://www.wealthy-money.com
Kontakt: vangile@wealthy-money.com

Vangile ist Autorin des Buches „Heart, Mind and Money: Using Emotional Intelligence for Financial Success" und Gründerin von *Wealthy Money*. Sie hilft Frauen dabei, sich von ihren Geldproblemen zu befreien, damit sie „ihr Einkommen und ihre Ersparnisse ausbauen und sich in ihre Bankkonten verlieben können, während sie ihr bestes Leben führen".

Vangile hat an der Universität von Kapstadt in Südafrika Finanzen studiert. Außerdem hat sie einen MBA mit Schwerpunkt Strategie und Unternehmertum vom Simmons College School of Business in Boston Massachusetts.

Nachdem sie ihren Abschluss von der Cape Town University hatte, hat sie angefangen auf einem Kreuzfahrtschiff zu arbeiten. Außerdem hat sie als Barkeeperin in London gearbeitet, auf einem Kreuzfahrtschiff auf den Bahamas, als Spoken Word Artist in Boston und als Fundraiserin in Südafrika. Als Fundraiserin hat sie Entwicklungsarbeit geleistet und Geld für die Evakuierung bei Erdbeben gesammelt. Zudem hat sie auch als Immobilienmaklerin in Boston gearbeitet und als Tutor. Vangile ist der Auffassung, dass man wahrscheinlich grundsätzlich viel ausprobiert, bis man herausfindet, was einem liegt. Zumindest war es bei ihr so.

Gestartet ist sie mit ihrem Business indem sie viel unterrichtet hat. Heute schreibt sie Bücher und coacht Menschen direkt oder durch ihren Online-Kurs.

Auf die Frage wie ihre Familie und Freunde sie als Person sehen sagt Vangile: „Meine Mutter würde sagen, dass ich nicht von dieser Welt bin. Lustigerweise glaubt meine Familie nicht, dass ich sozusagen ein Interesse an der Außenwelt habe. Sie sehen mich als jemanden, der mehr Interesse an dem hat, was innen drin geschieht, also hinter der Fassade eines Menschen. Meine Freunde würden sagen, dass ich eine Nomadin bin. Sie würden sagen, ich bin eine Reisende, dass das mein Seelenauftrag ist, um einen Freund zu zitieren, der das Wort tatsächlich benutzt hat. Mein Seelenauftrag ist es, zu reisen."

Unsere Fragen hat Vangile in Chiang Mai, in Thailand, beantwortet.

INTERVIEW MIT VANGILE MAKWAKWA VON WEALTHY MONEY

Wie verdienst du dein Geld als Remote Worker?
Mein meistverkauftes Produkt ist mein Online-Kurs. Das ist meine Haupteinnahmequelle. „Creating Money Magic" ist mein am häufigsten verkaufter Kurs. Ich biete auch Coaching an und ich habe gerade Retreats zu meinen Produkten und Dienstleistungen eingeführt und es scheint, dass auch die ein echter Bestseller werden könnten. Nächstes Jahr im April veranstalte ich zwei Retreats in Sri Lanka und beide sind bereits ausverkauft.

Wie bist du auf die Ideen für deine Produkte und Services gekommen? Hast du eine bestimmte Methodik verfolgt?
Nachdem ich das Buch erstellt hatte, hatte ich das Gefühl, dass ich Online-Kurse machen sollte und sie schienen mir eine großartige Idee. Also habe ich einen Kurs erstellt. Ich versuche immer meiner Intuition zu folgen.

Wie lange hat es gedauert, bis du deine ersten 1.000 Euro an monatlichem Einkommen durch deine ortsunabhängige Arbeit generiert hast?
Ich hatte Glück mit meinem ersten Webinar, es waren sieben Leute auf dem Webinar und fünf Leute haben den Kurs gekauft. Ich denke, ich habe damit etwa 500 Euro verdient. Danach habe ich ein weiteres Webinar abgehalten und weitere 500 Euro verdient. Aber vertrau mir, Webinare haben seitdem nicht mehr so gut für mich funktioniert.

Wie hast du deine ersten Kunden gefunden, mit denen du remote zusammengearbeitet hast?
Vor dem Webinar hatte ich den Blog, an dem ich in Südafrika gearbeitet hatte, und ich habe nur E-Mail-Adressen gesammelt. Jedes Mal, wenn ich auf dem Blog gepostet habe, habe ich eine Benachrichtigung über meine E-Mail-Liste an mein Publikum geschickt. Als ich das Webinar gemacht habe, habe ich einfach eine Benachrichtigung geschickt, dass ich ein Webinar mache und ich mich freuen würde, wenn meine Follower dabei wären. Sieben ganz wunderbare Superstars tauchten aus verschiedenen Teilen des Planeten auf, was eigentlich verrückt ist, weil ein Typ aus Neuseeland oder Australien war und er mich am nächsten Tag anrief und sagte, bitte schließe nicht den Kurs, denn ich will ihn jetzt kaufen. Das war verrückt und es war viel Glück im Spiel, denn Webinare sind seitdem nicht mehr mein stärkstes Verkaufsargument.

Wie findest du neue Kunden?
Mein Marketing läuft hauptsächlich über Facebook. Ich habe eine Facebook-Gruppe und ich habe eine Facebook-Seite. Meine Facebook-Seite nutze ich für mein Geschäft und über sie generiere ich Adressen für meine E-Mail-Liste. Ich mache viele Live-Videos, beantworte Fragen und etabliere mich als Experte.

Mit meinem Buch verdiene ich kein Geld, weil der Verlag 98 Prozent aller Einnahmen beansprucht. Es gibt meiner Arbeit aber eine Menge Glaubwürdigkeit. Das hilft also sehr.

Ich arbeite auch mit Facebook-Ads, aber die Leute finden mich hauptsächlich durch meine Schüler. Viele meiner Schüler haben durch meine Arbeit, eine unglaubliche Veränderung in ihren Finanzen gesehen und empfehlen mich daher weiter. Das gilt sogar für das Retreat. Drei Leute haben sich sprichwörtlich aus heiterem Himmel bei mir gemeldet, kurz nachdem ich gesagt hatte, dass das Retreat stehe. Sie wollten unbedingt dabei sein. Zu diesem Zeitpunkt hatte ich weder eine Website noch die exakten Daten und ich war ausgebucht. Das kommt durch meine Schüler und durch Mund-zu-Mund-Propaganda und das Teilen meiner Inhalte. Bisher war es viel organisches Wachstum.

Wie hast du deine Remote-Karriere begonnen? Gab es irgendwelche Tools, die dir dabei geholfen haben, ortsunabhängig zu arbeiten?
Ich habe meine erste Firma in Boston gegründet und sie ist dramatisch gescheitert. Am Ende hatte ich 60.000 US-Dollar Schulden. Ich hatte Sodbrennen, mein ganzes Leben hat sich grundlegend verändert.

Ich habe einen Master of Business Administration gemacht und im MBA-Programm wird dir gesagt, dass du einen Businessplan schreiben und darin darlegen musst, wie dein Unternehmen innerhalb eines Jahres profitabel wird. Also habe ich mir das zu Herzen genommen und einen Plan aufgestellt. Aber natürlich funktionierte der Plan innerhalb des ersten Monats nicht und das machte mir schwer zu schaffen. Der Plan fiel förmlich auseinander und ich dachte, dass mit mir etwas nicht stimmen könnte. Ich wurde depressiv und begann, meine Firma aus der Depression heraus zu leiten. Eines Tages hatte ich dann eine wahnsinnige Panikattacke. Ich musste zur Bank gehen und allein schon der Gedanke daran, Geld zu verwalten oder meinen Kontoauszug anzuschauen, machte mich panisch und ich wurde schließlich so depressiv, dass ich nicht mehr aufstehen konnte.

Die Business School lehrt dich nicht, dass, wenn dein Unternehmen nicht den Plan erfüllt, das das Leben ist. Das Leben ist nichts, was man auf ein Stück Papier schreibt. Es gibt viel Bewegung und Veränderung im

Leben, die man nicht berücksichtigen kann. Das war buchstäblich das erste Mal in meinem Leben, dass ich etwas tun wollte und dann versagt habe, schrecklich versagt habe.

Ich sagte mir selbst, „Ich bin ein Verlierer", „Ich bin ein Versager", und ich hatte schon als Teenager mit Depressionen zu kämpfen. Also beschloss ich, die Firma, die eine Spoken Word Poetry Company war, zu parken und mich erstmal zu regenerieren und zu heilen. Ich sagte mir: „Ich werde das hier parken, ich werde mich selbst finden und heilen und dann werde ich zu dieser Firma zurückkehren."

Am Ende dieses Prozesses habe ich ein Buch geschrieben. Ich hatte nicht vor, mein Buch zu veröffentlichen, bis ein Verleger auf mich zukam. Ich habe nie nach einem Verleger gesucht, das war nie mein Plan in diesem Leben. Was ich damals tat, war, Dinge online zu veröffentlichen und nach Südafrika zurückzuziehen. Ich habe die Kapitel meines Buches nach und nach online gestellt und angefangen als Speakerin mit der „South African Depression and Anxiety Group" zu arbeiten. In dieser Zeit haben die Leute angefangen, den Blog und das Buch zu lesen. Dann wurde das Buch zu diesem großen Erfolg. Aus dem Blog entwickelte sich etwas, und ich fing an, Übungen mit meinen Lesern zu teilen und Leute zu coachen.

Das entwickelte sich alles organisch. So ist auch der Kurs entstanden. Es war nicht so, das dass von vornherein mein Plan gewesen wäre. Ich hatte keinen Plan, sondern bin immer den nächsten logischen Schritt gegangen, der sich für mich richtig anfühlte. Das Buch fühlte sich richtig an, als der Verleger sagte, dass er wolle es veröffentlichen wolle. Als der Blog wuchs, war es richtig und als ich den Kurs entwickelt habe, fühlte es sich ebenfalls richtig an.

So fing alles für mich an. Eines Tages habe ich einfach beschlossen, dass ich wieder auf Reisen gehen wollte. Ich war früher ja auch gereist, aber die letzten zwei oder Jahre hatte ich nur in Südafrika verbracht und an meinem Buch und an meinem Blog gearbeitet. Nun war für mich die Zeit gekommen, wieder aufzubrechen. In der Zwischenzeit hatte ich alle meine Schulden begleichen können. Ich hatte mir fünf Jahre gegeben, um 60.000 US-Dollar Schulden zu tilgen, aber ich habe es in dreieinhalb Jahren geschafft, und ich habe mir eine Wohnung in Kapstadt gekauft.

Es war also alles gut, nur dass eine Stimme in mir sagte, „geh auf Reisen". Ich traf die Entscheidung, als ich bereits online arbeitete. Ich werde mein erstes Webinar nie vergessen. Ich hatte angekündigt, dass ich nach Indien gehen und ein Webinar live von dort aus machen würde. Ich hatte noch nie ein Live-Webinar gemacht und wusste überhaupt nicht, wie das funktioniert. Also saß ich um drei Uhr morgens draußen in einem Garten

in Rishikesh und machte ein Webinar und an diesem Tag machte ich fünf Verkäufe für meinen Online-Kurs. Buchstäblich sieben Leute waren zum Webinar gekommen und ich machte fünf Verkäufe. Und ich sagte: „Oh mein Gott, ich glaube, ich schaffe das!"
Diese Erfahrung hat mir die Augen geöffnet und so kam mir die Idee, gleichzeitig zu reisen und ein Unternehmen zu gründen.

Welche drei Dinge würdest du vermeiden, wenn du die Zeit zurückspulen könntest?
Ich würde es vermeiden, gleich zu Beginn Berater anzuheuern. Ich habe mich darauf konzentriert, Marketing-Experten anzuheuern, bevor ich selbst wusste, was meine Marke und mein Unternehmen wirklich waren, wen ich ansprechen wollte und wie es sich entwickeln sollte. Ich wollte das schnelle, blitzschnelle Wachstum, von dem jeder erzählt. Ich habe im ersten Jahr mehr als 10.000 Dollar für Marketing ausgegeben und dann im zweiten Jahr noch mehr Geld investiert, weil ich Angst hatte, irgendwo da draußen zu sein und nicht gefunden zu werden. Man kann nicht etwas vermarkten, was man selbst nicht versteht.

Was waren deine größten Herausforderungen, um ein Remote-Einkommen zu generieren und wie hast du diese bewältigt?
Meine größte Herausforderung war es, ein Publikum aufzubauen. Amerikaner und Europäer kennen bereits Online-Kurse. Für die meisten Südafrikaner galt das jedoch nicht, als ich anfing. Für sie war das Online-Kurskonzept neu. Ich habe mich gefragt, wie ich die Leute unterrichten soll, die nicht über Skype gecoacht werden wollten. Sie wollten persönlich gecoacht werden und ich sagte ihnen, dass dies nicht gehen würde. Denn für mich bedeutete es, dass ich in ein Flugzeug steigen musste, nur um meine Kunden zu treffen. Das veranlasste mich dazu, mich darauf zu konzentrieren, Kunden in anderen Ländern zu finden. Das ist leichter gesagt als getan. Außerhalb Südafrikas kannte man mich natürlich nicht und auch die Kultur ist in anderen Ländern eine andere.

Heute habe ich einen breit gefächerten Kundenstamm: die Kunden für meinen Kurs kommen hauptsächlich aus Südafrika, während meine Coaching-Klienten von überallher kommen. Der Kurs, mit seinem spirituellen Ansatz, spricht die Südafrikaner mehr an. Es ist eine große Hilfe für sie, da sie auf diese Weise lernen können, ohne Coaching über Skype machen zu müssen, was sie eh nicht wollen. Und meine anderen Kunden sind mit Coaching-Sitzungen via Skype einverstanden.

Wie sieht ein normaler Arbeitstag in deinem Leben als Remote Worker aus? Hast du eine tägliche Routine?
Ich habe keine festen Zeiten, aber ich habe Routinen, die für meine geistige Gesundheit wichtig sind. Nach dem Aufwachen chille ich im Bett und checke mein Handy, bevor ich aufstehe, Yoga mache oder ins Fitnessstudio gehe.
Während des Tages verbringe ich zwei bis drei Stunden in Meditation beziehungsweise mache viel innere Arbeit wie zum Beispiel Tagebuchschreiben. Gegen 12:30 oder 13 Uhr esse ich zu Mittag und starte meinen Arbeitstag. Dann arbeite ich vier oder fünf Stunden lang durch, schreibe ein bisschen und gehe dann abendessen. Nach dem Abendessen habe ich eine zweistündige Coaching-Sitzung und beende danach meinen Tag. Dann mache ich noch mehr innere Arbeit, schreibe mein Tagebuch und Gedichte und entspanne mich. Ab und zu schaue ich mir vielleicht einen Film an, aber ich bin wirklich schlecht darin, ich versuche, zumindest fünf Filme pro Jahr zu sehen.
Ich mag keine Coworking Spaces. Es ist urkomisch, weil ich dachte, wenn ich nach Chiang Mai komme, würde ich das ändern, da Chiang Mai für seine Coworking Spaces bekannt ist. Ich hatte die Vorstellung, dass ich anfangen würde, in einem Coworking Space zu arbeiten, und dass das eine tolle Erfahrung würde. Aber ich mag einfach keine Coworking Spaces. Also stelle ich immer sicher, dass ich eine Wohnung mit einem ausreichend großen Wohnbereich und einem großen Schlafzimmer miete, kein Studio. Ich möchte ein separates Schlafzimmer und eine Trennung zwischen Küche und Wohnbereich. Und so kann ich dann wunderbar von zu Hause aus arbeiten.

Was sind die Vor- und Nachteile ortsunabhängiger Arbeit aus deiner Sicht?
Der Vorteil für mich ist, dass ich meine Arbeitszeiten wirklich so einrichten kann, wie ich es für richtig und gut halte. Es gibt Zeiten, in denen ich mich einfach nicht danach fühle zu einer bestimmten Zeit zu arbeiten. Andererseits kann es sein, dass mich um 18 Uhr die Kreativität packt und ich dann loslege.
Ortsunabhängig zu arbeiten passt einfach wunderbar zu meiner Persönlichkeit, also sehe ich nicht viele Nachteile. Ich habe früher ganz normal im Büro gearbeitet, habe dann aber immer flexible Arbeitszeiten gegen eine niedrigere Bezahlung eingetauscht. Ich habe wirklich ein Problem damit, zu festgelegten Zeiten zu arbeiten, weil ich immer sage, dass ich mit Seele arbeite. Und meine Seele hat keine festen Zeiten. Und ich schaffe die Dinge auf diese Weise: ich habe das Buch, ich habe ein Arbeitsbuch erstellt

und jetzt arbeite ich an meinem nächsten Buch. Ich habe drei Kurse und alle von ihnen beinhalten Videos, es sind sehr lange Kurse. Und das schaffe ich in meinen verrückten Arbeitszeiten. Das funktioniert sicherlich nicht für alle, und das ist auch in Ordnung, aber es funktioniert für mich.

Ich bin sicher, dass es einen großen Nachteil gibt, aber ich sehe ihn nicht. Ich denke, das liegt auch daran, dass dies hauptsächlich das Leben ist, das ich kenne. Ich würde sagen, dass dies das einzige Leben ist, das ich kenne. Manchmal ist es einfach schwierig, zu sehen, was mit deinem Leben nicht stimmt oder wie es besser sein könnte, wenn du keinen anderen Lebensstil gewohnt bist.

Last but not least: Hast du noch weitere hilfreiche Tipps für unsere Leser?

Ich höre Leute oft sagen, ich werde nächstes Jahr reisen, oder ich werde reisen, wenn ich mehr Geld verdiene, oder ich werde reisen, wenn dies und das passiert. Sag das nicht! Fang einfach an! Geh ein Risiko ein und mach es einfach, denn es wird nie den perfekten Zeitpunkt geben, um zu reisen und deinen Träumen zu folgen. Es wird immer einen Grund geben, es nicht zu tun.

Stecke einfach einen Zeitrahmen ab und halte dich daran. Gib dir selbst etwa drei Monate Zeit und fang einfach damit an zu leben. Fang an zu packen, nimm alles aus deiner Wohnung. Tu es einfach und ich verspreche dir, dass du alle notwendigen Antworten auf deine Fragen finden wirst, wenn du erstmal unterwegs bist. Lösungen findet man in der Regel, wenn man mit dem Problem konfrontiert wird. Du wirst dich über die Kreativität wundern, zu der dein Verstand fähig ist, wenn du erstmal vor einem echten Problem stehst.

WOMIT KANNST DU ORTSUNABHÄNGIG GELD VERDIENEN? – EINIGE IDEEN

Beschäftigungsformen: Du kannst entweder als Freelancer für verschiedene Auftraggeber arbeiten, Angestellter einer Firma sein, die es dir ermöglicht ortsunabhängig zu arbeiten, oder du wirst unternehmerisch tätig. Mögliche Arbeit- / Auftraggeber sind z. B. Beratungsstellen und Bildungseinrichtungen (z. B. Deutscher Caritasverband, Bundesarbeitsgemeinschaft), öffentlicher Dienst, Erwachsenenbildungsinstitute. In Kapitel 6 findest du verschiedene Jobportale, die sich auf ortsunabhängiges Arbeiten spezialisiert haben.

Die folgenden Zeilen geben dir ein paar Ideen an die Hand, wie du ortsunabhängig mit diesem Beruf Geld verdienst. Der Abschnitt ist bewusst kurzgehalten, da viele der Ideen bereits in Kapitel 3 angesprochen wurden. Solltest du an der ein oder anderen Stelle den Wunsch nach mehr Inhalt verspüren, blättere einfach nochmal zum Anfang zurück. Nähere Informationen, wie du Themen für Bücher und Online-Kurse findest, erhältst du in Kapitel 5. Schau außerdem gerne auf unserem Blog vorbei, für alle genannten Tools und Ressourcen im Überblick: https://new-work-life.com/portfolio/schuldnerberater.

Führe bestimmte Kernaufgaben ortsunabhängig aus
Sieh dir die typischen Aufgaben eines Schuldnerberaters an und überlege dir, welche davon du ortsunabhängig ausüben kannst. Kannst du mit Kunden, Geschäftspartnern, Kollegen, etc. virtuell kommunizieren und sie beraten, indem du von Kommunikations- und Kollaborationsmedien wie Videotelefonie (z. B. Skype), Web-Konferenz (z. B. FreeConferenceCall), Desktop Sharing (z. B. Skype), Chat (z. B. Slack), E-Mail (z. B. Gmail) Gebrauch machst? Kannst du ortsunabhängig Strategien zur Schuldenreduktion für deine Kunden ausarbeiten und ihnen diese auf digitalem Wege (z. B. per E-Mail) zukommen lassen? Vermarkte deine Leistungen über eine eigene Website und über Social Media.

Schreibe ein eBook
Finde ein Thema, das dich interessiert und für das Nachfrage besteht. Du kannst mit deinem Buch private Verbraucher, andere Schuldnerberater oder Unternehmen ansprechen. Wie wäre es z. B. mit einem Buch zum Thema Schuldenfreiheit für private Verbraucher („Wie Sie Schulden ein für alle Male loswerden und schuldenfrei leben") oder zum Thema Online-Schuldenberatung für Schuldnerberater („Wie du dir ein Online-Business als Schuldnerberater aufbaust")? Wie genau du Themen findest, kannst du im Kapitel 5 nachlesen.

Entwickle und verkaufe Online-Kurse
Wie wäre es z. B. mit einem Kurs zum Thema Schuldenabbau („Raus aus der Schuldenfalle – Eine Schritt-für-Schritt-Anleitung, um für immer schuldenfrei zu bleiben") oder zum Thema Budgetplanung („Nie wieder Schulden – Erfolgreich Budget- und Haushaltspläne aufstellen und zufrieden danach leben").

Biete ein Online-Programm an
Unterstütze Menschen dabei, ihre Schulden (z. B. Kreditkartenschulden)

loszuwerden. Du könntest z. B. verschiedene Methoden aufzeigen, wie man Schulden abbauen kann und mit deinen Teilnehmern einen Masterplan zum Schuldenabbau erarbeiten. Versorge Teilnehmer über die Dauer des Programmes regelmäßig mit Informationen zum Thema Schuldenabbau, motiviere sie (durchzuhalten) und sei ihr Ansprechpartner in allen Belangen rund um ihre Schulden. Die Programmteilnehmer können sich bei Bedarf während des Programmes untereinander in Online-Gruppen austauschen sowie Fragen stellen (an dich und untereinander). Das Programm läuft für eine von dir bestimmte Dauer (z. B. drei Monate).

STARTER TOOLKIT – DAS BRAUCHST DU, UM LOSZULEGEN

Notebook, Smartphone

SOFTWARE:
- Office: z. B. Microsoft Office oder Google Docs
- Kommunikation: z. B. Skype, WhatsApp, Slack, Gmail
- Website / Webshop: z. B. WordPress oder Shopify
- Cloudbasierte Datenspeicherung: z. B. Dropbox oder Google Drive

BÜCHER UND TUTORIALS:
- Buch: „Schuldnerberatung – eine ganzheitliche Aufgabe für methodische Sozialarbeit: Methoden und Konzepte der Sozialen Arbeit in verschiedenen Arbeitsfeldern", von Sigmund Gastiger und Marius Stark
- Buch: „Schuldnerberatung in der Sozialen Arbeit: Sozialpädagogische, juristische und gesellschaftspolitische Grundkenntnisse für Theorie und Praxis", von Peter Schruth, Susanne Schlabs, Klaus Müller, Claudia Stammler, Jürgen Westerath und Boris Wolkowski

Detaillierte Informationen zu Tools und Ressourcen, die dir helfen können, ein ortsunabhängiges Einkommen aufzubauen, findest du auf unserem Blog unter: https://new-work-life.com/portfolio/schuldnerberater.

4.25 SEO SPEZIALIST

Als SEO (Search Engine Optimization) Spezialist konzentrierst du dich in deiner Arbeit darauf, die Sichtbarkeit einer Website in organischen (also nicht bezahlten) Suchergebnissen zu steigern. Einfach ausgedrückt, du sorgst dafür, dass eine Website möglichst gut bei Google, Bing, Yandex oder anderen Suchmaschinen gefunden wird, wenn jemand nach bestimmten Wörtern sucht.

WAS SIND MÖGLICHE AUFGABEN?
- Strategien entwickeln, um die Besucheranzahl auf einer Website zu erhöhen
- Taktiken entwickeln, um das Ranking (die Sichtbarkeit) zu erhöhen
- Suchbegriffe überprüfen und anpassen
- Methoden zur Conversion Rate Optimierung entwickeln
- Berichte erstellen und analysieren

WELCHE AUSBILDUNG BENÖTIGST DU?
Um als SEO Spezialist dein Geld zu verdienen benötigst du keine spezielle Ausbildung. Einen dezidierten Studiengang gibt es nicht. Allerdings sind Kenntnisse im Bereich (Online) Marketing, BWL und Informatik von Vorteil. Neben einem Studium in den genannten Bereichen kannst du auch einen Quereinstieg mit einem anderen Bildungshintergrund wagen. Online findest du zu dem Thema zahlreiche Informationen sowie Veranstaltungen, die sich mit SEO beschäftigen.

WELCHE FÄHIGKEITEN SOLLTEST DU MITBRINGEN?
- Analytik
- Kreativität
- Wissbegierde (immer auf dem neuesten Stand bleiben)
- Stark ausgeprägte Online-Affinität
- Technisches Interesse

UNSER ROLEMODEL FÜR DEN BERUF DES SEO SPEZIALISTEN

Name: Jan Sievers
Unternehmen: Jan Sievers – Digital Marketing Consulting
Homage: https://jansievers.net
Kontakt: jan@jansievers.net | Skype: jansvrs | Facebook: jansievers | Twitter: jansievers

Jan ist selbständiger Search Engine Optimization (SEO) Consultant. Er hilft seinen Kunden dabei, ihre Sichtbarkeit in Online Suchmaschinen wie Google zu verbessern und dadurch mehr Besucher auf ihre Internetseiten zu bringen. Angefangen mit SEO hat Jan, als er parallel zu einem einjährigen Chinesisch-Sprachkurs in Taiwan, für eine SEO-Agentur in Hamburg gearbeitet hat. Vor seiner jetzigen Tätigkeit hat Jan ein Studium an der Universität Hamburg im Bereich „Wirtschaft und Kultur Chinas" absolviert. Seine Freunde und Familie bezeichnen Jan als relativ stoisch, gelassen und entspannt. Er ist ein eher ruhiger Typ, dem Oberflächlichkeit fern liegt. Er ist aber auch jemand, der gerne von einem Projekt zum nächsten springt und lieber etwas Neues anfängt, als etwas Bestehendes weiterzuverfolgen.

Während unseres Interviews befindet sich Jan auf dem Land, zwischen Hamburg und Lübeck. Dort besucht er seine Familie, bevor er wieder auf Reisen geht.

INTERVIEW MIT JAN SIEVERS VON JAN SIEVERS – DIGITAL MARKETING CONSULTING

Wie verdienst du dein Geld als Remote Worker?

Meine Haupteinnahmequellen sind meine SEO-Beratung jansievers.net und das Projekt neueswort.de. Beides läuft gut und bei beiden sind für die nächsten Monate große Schritte geplant, die die Einnahmen erhöhen und meinen Zeiteinsatz verringern sollen. Ich bin sehr gespannt darauf zu sehen, wie gut das klappt. Dazu habe ich ein paar kleinere Projekte, die sich eher schleppend entwickeln, sage ich mal.

Wie bist du auf die Ideen für deine Services gekommen? Hast du dabei eine bestimmte Methodik verfolgt?

Ich habe mit dem Business Model Canvas angefangen, um alles erstmal für mich selbst zu strukturieren. Anschließend habe ich zig Mal pivotiert und jede Menge ausprobiert. Nach vier Jahren bin ich nun bei einem Spektrum an Beratungsdienstleistungen angekommen, die ich relativ strukturiert anbieten kann.

Eigene Projekte sind teils aus Brainstorming-Sessions, teils aus Gesprächen beim Bier, teils aus gezielter Recherche entstanden.

Nicht für die Entwicklung von Produkten, aber zum Generieren anderer Ideen, habe ich öfter die Kreativitäts-Methode von James Webb Young eingesetzt, die im Buch „A Technique for Producing Ideas" beschrieben wird. Das Buch ist nur ein paar Seiten lang, die Methode ist direkt anwendbar und funktioniert.

Wie hast du deine ersten Kunden gefunden, mit denen du remote zusammengearbeitet hast?

Für mich hat Akquise über mein Netzwerk gut funktioniert. Dafür hatte ich einen Partner, der mich dabei sehr unterstützt hat. So waren die ersten Kunden schnell gefunden. Mit einigen davon arbeite ich nun seit Jahren zusammen. Auch heute kommen meine Kunden zu 90 Prozent durch Empfehlungen oder persönlichen Kontakt. Zufriedene Kunden kommen wieder und empfehlen mich weiter. So bin ich in der Beratung meist ausreichend beschäftigt und muss in der Regel eher aufpassen, dass ich nebenbei noch Zeit und Energie für meine eigenen Projekte habe.

Was war deine Motivation, ortsunabhängig zu arbeiten?

Ich genieße das Gefühl der Freiheit sehr, das ich als Unternehmer ohne festen Standort habe. Es ist die Freiheit, mein Leben in fast allen Lebensbereichen jederzeit so zu gestalten, wie ich es gerade brauche. Die Ortsunabhängigkeit ist nur ein Aspekt davon, aber definitiv ein wichtiger. So konnte ich die letzten sechs Monate entspannt in Thailand und auf Bali leben. Die fünf Jahre davor war ich zum größten Teil in Taiwan. Nicht, weil ich musste. – Weil ich wollte.

Wie hast du deine Remote-Karriere begonnen? Gab es irgendwelche Tools, die dir dabei geholfen haben, ortsunabhängig zu arbeiten?

Ich hatte einen Coach, der mir dabei geholfen hat, Klarheit zu gewinnen und die ersten Schritte zu gehen. Ich kann wirklich sehr empfehlen, mit einem Coach oder Mentor zusammenzuarbeiten.

Außerdem hatte ich einen Partner, der mir anfangs ein paar entscheidende Dinge abgenommen hat, vor allem die Themen Akquise und Account Management. So konnte ich mich im ersten Jahr vollständig auf das Fachliche und die Prozesse im Hintergrund konzentrieren. Sich für manche Dinge Hilfe zu holen, kann ich definitiv empfehlen. Es ist einfach schwierig, alles alleine zu machen. Gerade am Anfang gibt es unglaublich viel, was man nicht weiß. Schlimmer noch, es gibt unglaublich viele Dinge, von denen man nicht einmal weiß, dass man sie nicht weiß.

Austausch mit anderen, Partner, ein Netzwerk von guten Leuten, die einen ergänzen, Mastermind-Gruppen, das sind alles Dinge, die für mich enorm wichtig sind. An der Stelle kann ich auch den „Citizen Circle" wärmstens empfehlen.

Ich nutze die typischen Tools: Toggl für die Zeiterfassung, Debitoor für die Buchhaltung und Rechnungserstellung, Todoist für To-Do-Listen aller Projekte, Evernote für Notizen, G Suite für Mails und Dokumente.

Welche drei Dinge würdest du vermeiden, wenn du die Zeit zurückspulen könntest?
Wenn ich die Zeit zurückdrehen könnte, würde ich:
1. mir direkt von Anfang an einen Steuerberater ins Boot holen,
2. schneller größere Ziele setzen und fokussierter an diesen arbeiten und
3. vom ersten Tag an Strukturen aufbauen, die dann später optimiert werden können – statt einfach so loszulegen.

Grundsätzlich würde ich weniger anfangen und mehr fertig machen, mich mehr festlegen. Man kann alles relativ einfach anfangen, sich ausprobieren, viele Projekte und Ideen haben und an den Start bringen – aber dann verzettelt man sich schnell und bringt nichts zu Ende. Erfolgreich wird, was man mit Fokus verfolgt und durchzieht, auch wenn es schwierig wird und man dabei leidet. Das ist natürlich einfacher gesagt als getan.

Wie sieht ein normaler Arbeitstag in deinem Leben als Remote Worker aus? Hast du eine tägliche Routine?
Produktive Tage (nein, nicht jeder Tag ist produktiv) fangen so an: Ich setze mich an den Laptop und erledige ein bis zwei kleinere Aufgaben, um in Arbeitsstimmung zu kommen. Anschließend werfe ich einen Blick auf meine Excel-Tabelle, in der langfristige Ziele auf messbare Quartalsziele und größere Aufgaben heruntergebrochen sind. Aktuell pflege ich so eine Tabelle zusammen mit anderen in einer Mastermind-Gruppe. Wir unterstützen uns gegenseitig und machen alle zwei Wochen einen Hangout, in dem wir reihum erzählen, wie es gelaufen ist und wie die nächsten zwei

Wochen aussehen. Mit der Verbindung aus beidem habe ich erstens immer die Ziele im Blick und zweitens ein bisschen sozialen Druck, das Zwei-Wochen-Pensum auch zu schaffen.

Danach geht es an die Zusammenstellung der To-Do-Liste für den aktuellen Tag. Ich nutze dafür Todoist und schaue, was für heute geplant ist und wie gut es gemischt ist. Ich mache ja eine Art Dreifach-Spagat aus Unternehmensführung, Beratung und dem Aufbau eigener Projekte. Da soll auf Dauer nichts zu kurz kommen. Ich priorisiere, füge Tasks hinzu, verschiebe weniger wichtige Aufgaben auf einen späteren Termin. Ganz Unwichtiges oder was sich zwischenzeitlich erledigt hat, lösche ich. All das macht man am besten zu einer Zeit, zu der das Gehirn noch frisch ist und man nicht den Kopf schon voll hat mit E-Mails, Stressfaktoren und ungeplanten Dingen.

Dann kann es losgehen. Ich weiß, was ich zu tun habe und ich weiß, warum ich es mache. Das Handy lege ich weg, Facebook schließe ich genauso wie den Mail-Client – jede unerwartete Unterbrechung bringt mich aus dem Takt. Ich nehme mir eine Aufgabe nach der anderen vor. Nach jeder fertigen Aufgabe mache ich eine kurze Pause.

Wenn ich mich verrenne oder mein Gehirn streikt, brauche ich Kaffee, Zucker oder eine kurze Meditations-Session. Ich bin niemand, der täglich als erstes 30 Minuten meditierend im Schneidersitz hockt und sich auf den eigenen Atem konzentriert, dazu bin ich zu ungeduldig. Aber ein paar Minuten hier und da, um wieder zu fokussieren, helfen mir sehr.

WOMIT KANNST DU ORTSUNABHÄNGIG GELD VERDIENEN? – EINIGE IDEEN

Beschäftigungsformen: Du kannst entweder als Freelancer für verschiedene Auftraggeber arbeiten, Angestellter einer Firma sein, die es dir ermöglicht ortsunabhängig zu arbeiten, oder du wirst unternehmerisch tätig. Mögliche Auftrag- / Arbeitgeber sind prinzipiell alle Einrichtungen und Personen mit einer Website. In Kapitel 6 findest du verschiedene Jobportale, die sich auf ortsunabhängiges Arbeiten spezialisiert haben.

Die folgenden Zeilen geben dir ein paar Ideen an die Hand, wie du ortsunabhängig mit diesem Beruf Geld verdienst. Der Abschnitt ist bewusst kurzgehalten, da viele der Ideen bereits in Kapitel 3 angesprochen wurden. Solltest du an der ein oder anderen Stelle den Wunsch nach mehr Inhalt verspüren, blättere einfach nochmal zum Anfang zurück. Nähere

Informationen, wie du Themen für Bücher und Online-Kurse findest, erhältst du in Kapitel 5. Schau außerdem gerne auf unserem Blog vorbei, für alle genannten Tools und Ressourcen im Überblick: https://new-work-life.com/portfolio/seo-spezialist.

Übe deine Kerntätigkeit aus
Du kannst deine Kerntätigkeit als SEO Spezialist ohne Probleme ortsunabhängig ausüben, denn dein Berufsbild ist virtueller Natur. Biete deine Leistungen z. B. Unternehmen, Agenturen, Bloggern, etc. an und hilf ihnen dabei, ihr SEO, sprich die Sichtbarkeit ihrer Website in den Suchergebnissen von Suchmaschinen wie Google, Bing, etc., zu verbessern.

Werde Agent
Bring suchende Unternehmen mit qualifizierten SEO Spezialisten (aus deinem Netzwerk) zusammen. Verlange dafür eine Provision vom suchenden Unternehmen und/oder dem vermittelten SEO Spezialisten. Die digitale Welt ist für viele Unternehmen (gerade Mittelständler) immer noch neu. Dementsprechend fehlt diesen Unternehmen das Netzwerk an Branchenexperten. Der Beruf SEO Spezialist ist nicht geschützt, daher kannst du als vermittelnder Agent sicherstellen, dass ein suchendes Unternehmen an einen qualifizierten Experten gelangt.

Entwickle und verkaufe Online-Kurse
Wie wäre es z. B. mit einem Kurs zum Thema Amazon SEO („Amazon SEO – So platzierst du dich in der Amazon Suche auf Seite 1")?

Entwickle SEO Tools
Du kannst z. B. Tools für die Onpage SEO Optimierung oder für die Offpage SEO Optimierung entwickeln. Onpage SEO Tools helfen dabei, die Inhalte auf einer Website für das SEO Ranking zu optimieren. Offpage SEO Tools hingegen beschäftigen sich mit allen Maßnahmen außerhalb der Seite, insbesondere dem Aufbau von Backlinks. Mögliche Themenfelder für SEO Tools könnten sein: Hilfestellung, um relevante Keywords zu finden, Bewertung der SEO Performance einer Website oder Unterstützung beim Linkbuilding zu anderen Websites, etc. Vermarkte deine Tools über eine eigene Website (z. B. mithilfe Elopage.com, einem Content Management System für digitale Produkte) und/oder über Online-Plattformen wie z. B. Steam, Fantero, Envato Market, Codester und Codeclerks. Du kannst deine Software entweder als Lizenzmodell vertreiben oder du entscheidest dich für den klassischen Verkauf, bei dem du alle Rechte an den Käufer abtrittst.

Erstelle eine Coupon- oder Rabatt-Website
Eine Coupon- / Rabatt-Website bietet den Nutzern eine Vergünstigung in Form eines Coupons oder Rabattes. Platziere auf deiner Coupon- / Rabatt-Website deine Affiliate Produkte. Nutze deine SEO-Fähigkeiten, um deine Website für die Suche zu optimieren.

Erstelle eine Produktbewertungs-Website
Wähle eine aussichtsreiche Nische aus und platziere deine Affiliate Produkte auf deiner Bewertungsseite. Eine Produktbewertungs-Website ist eine Website, auf der du deine Affiliate Produkte nach verschiedenen Kriterien wie z. B. Qualität, Langlebigkeit, Haptik, Preis, etc. bewertest und deine Meinung kundtust. Besuchern der Seite wird dadurch der Eindruck vermittelt, dass deine Produkte von Dritten für gut befunden wurden. Dies erhöht die Verkaufschancen. Nutze deine SEO-Fähigkeiten, um deine Website für die Suche zu optimieren.

Bewirb deine Affiliate Produkte auf einem eigenen Blog oder einer eigenen Website
Schreibe einen kleinen Artikel zu den Produkten, in dem du über die Eigenschaften der Produkte, ihren Nutzen, ihre Handhabung, etc. aufklärst und deine persönlichen Erfahrungen mit den Produkten teilst. Achtung! Bewirb auf deinem Blog oder deiner Website nur Produkte, von denen du zu hundert Prozent überzeugt bist (weil du sie z. B. selbst in Benutzung oder zumindest getestet hast) und die zu deinem Markenauftritt passen. Nutze deine SEO-Fähigkeiten, um deine Website für die Suche zu optimieren

STARTER TOOLKIT – DAS BRAUCHST DU, UM LOSZULEGEN

Notebook, Smartphone

SOFTWARE:
- Office: z. B. Microsoft Office oder Google Docs
- Kommunikation: z. B. Skype, WhatsApp, Slack, Gmail
- Website / Webshop: z. B. WordPress oder Shopify
- Webanalyse: z. B. Google Analytics, Google Search Console, Google Keyword Planner, Bing Webmaster Tools
- Wettbewerbs-Recherche & SEO Backlink-Checker: z. B. Ahrefs
- Onsite SEO: Screaming Frog SEO Spider

BÜCHER UND TUTORIALS:

- Buch: „SEO – Strategie, Taktik und Technik: Online-Marketing mittels effektiver Suchmaschinenoptimierung", von Andre Alpar, Markus Koczy und Maik Metzen
- Buch: „Suchmaschinen-Optimierung: Das umfassende Handbuch. Das SEO-Standardwerk im deutschsprachigen Raum. On- und Offpage-Optimierung für Google und Co.", von Sebastian Erlhofer
- Buch: „SEO Praxisbuch 2018: Top Rankings in Google & Co. durch Suchmaschinenoptimierung", von Dr. Thorsten Schneider
- Buch: „SEO mit Google Search Console: Websiten mit kostenlosen Tools optimieren", von Stephan Czysch
- Buch: „Technisches SEO: Mit nachhaltiger Suchmaschinenoptimierung zum Erfolg", von Dominik Wojcik, Stephan Czysch und Benedikt Illner
- Tutorial: „SEO 2018: Complete SEO Training + SEO for Word-Press Websites. Rank 1 on Google: Technical SEO, 0.5s Pagespeed, UX SEO, Backlink SEO, Keyword Research SEO: WordPress SEO Training", von Arun Nagarathanam, auf Udemy
- Tutorial: „Marketing strategy to reach 1,000,000! SEO & social media. Cutting edge SEO, social media marketing strategies, growth hacking to reach 1,000,000 using online digital marketing", von Alex Genadinik, auf Udemy

Detaillierte Informationen zu Tools und Ressourcen, die dir helfen können, ein ortsunabhängiges Einkommen aufzubauen, findest du auf unserem Blog unter: https://new-work-life.com/portfolio/seo-spezialist.

HIER FINDEST DU WEITERE INFORMATIONEN

Deutscher Marketing Verband e.V. (DMV): http://www.marketingverband.de

4.26 SOCIAL-MEDIA MARKETING EXPERTE

Als Social-Media-Marketing Experte kümmerst du dich um den Auftritt eines Unternehmens in den sozialen Medien. Du baust für das Unternehmen eine Followerschaft auf (organisch oder mithilfe von Paid Ads) und kreierst interessante Inhalte, die du in den sozialen Medien teilst. Ziel deiner Aktivitäten ist es, die Unternehmensmarke zu stärken und die Unternehmensmessage herüberzubringen. Du agierst als Bindeglied zwischen Unternehmen und Followern.

WAS SIND MÖGLICHE AUFGABEN?
- Social-Media Strategie und Marketing-Kampagnen entwickeln
- Social-Media Werbekonzepte- und Kampagnen entwickeln
- Werbeanzeigen erstellen, aufsetzen und terminieren
- Social-Media Werbung in Form von Paid Ads schalten, z. B. auf Facebook, Instagram, Twitter, Pinterest, LinkedIn und Xing
- Übergreifend alle Social-Media-Kanäle eines Unternehmens betreuen
- Inhalte planen, terminieren und veröffentlichen
- Mit Followern interagieren durch Beantwortung von Kommentaren, Einladungen zu Umfragen, Gewinnspiele, etc.
- Interessante Beiträge und Texte für verschiedene Social-Media-Kanäle schreiben
- Bilder und Videos für Beiträge recherchieren und auswählen
- Bildbearbeitung
- Kontakte zu Social-Media Influencern knüpfen und sie zu einer Zusammenarbeit mit dem Unternehmen bewegen
- Performance der Social Media Aktivitäten auswerten und analysieren, z. B. Interaktionsrate, Leadgewinnung, Aufbau von Followern, etc.

WELCHE AUSBILDUNG BENÖTIGST DU?
Die Berufsbezeichnung Social-Media Marketing Experte ist nicht geschützt. Um Social-Media Marketing Experte zu werden, benötigst du keine spezielle Ausbildung. Von Vorteil sind Erfahrungen im Bereich Online und Performance Marketing, der Öffentlichkeitsarbeit oder im Journalismus. Weiterbildungsangebote zum Social-Media Marketing Experten findest du z. B. bei ILS oder bei Social-Media United (Rachel Pedersen) unter https://www.joinsmu.com.

WELCHE FÄHIGKEITEN SOLLTEST DU MITBRINGEN?
- Kommunikationsstärke
- Kreativität und Flexibilität
- Einfühlungsvermögen und hohe Sozialkompetenz
- Analytisches Denken
- Technische Affinität

UNSER ROLEMODEL FÜR DEN BERUF DES SOCIAL-MEDIA MARKETING EXPERTEN

Name: Anna-Lena Eckstein
Unternehmen: Anna-Lena Eckstein
Homepage: http://annalenaeckstein.de | https://digitalnomadstories.de
Kontakt: hello@annalenaeckstein.de |
Instagram: alcornerstone | LinkedIn: anna-lena-eckstein

Anna-Lena ist seit Februar 2016 selbständig als Social-Media Marketing Expertin und hilft ihren Kunden mithilfe von Instrumenten aus dem Performance Marketing, in den sozialen Medien eine Marke aufzubauen bzw. die Unternehmensmarke zu stärken. Sie hat sich unmittelbar nach ihrem Bachelorstudium als „Online-Redakteur" selbständig gemacht. Daher war sie in ihrem bisherigen Leben, außer im Rahmen von Studenten-Nebenjobs, nie wirklich angestellt. Ihre Studentenjobs absolvierte sie im Journalismus-Bereich (zwei Jahre Redakteurin beim ZDF) und im Medienbereich (Medien-Analyse, Online-Redaktion).

Anna-Lena war eigentlich schon immer eine in die Ferne schweifende Person. So hat sie z. B. nach ihrem Abitur ein Jahr lang in Spanien als Au-Pair verbracht. So verwundert es auch nicht, dass sie nun als digitale Nomadin die Welt bereist und unsere Fragen auf dem Weg von Berlin nach Köln, von wo aus sie gen Chiang Mai in Thailand fliegt, beantwortet.

Ihre Freunde und Familie bezeichnen Anna-Lena als sprudelnd und voller Lebensfreude. Außerdem sehen sie sie als selbstbewusst, emphatisch, liebevoll, für Freunde aufopfernd, aber auch dickköpfig an. Zudem meinen sie, sie hätte aufgrund ihres Witzes das Zeug zur Entertainerin.

INTERVIEW MIT ANNA-LENA ECKSTEIN IN DER ROLLE ALS SOCIAL-MEDIA MARKETING EXPERTE

Wie verdienst du dein Geld als Remote Worker?

Ich helfe Kunden dabei, in den sozialen Netzwerken sichtbarer zu werden. Ich biete meinen Service an, klassische Dienstleistung. Darüber hinaus verkaufe ich digitale Produkte wie Online-Kurse. Und ich bin Veranstalterin der „Digital Nomad Stories", Offline-Events in Deutschland, bei denen ein weiterer Speaker und ich auf der Bühne den Zuschauern echte, lebensnahe Einblicke ins Leben als Digitale Nomaden geben, und sie inspirieren, selbst den Schritt zu wagen.

Wie lange hat es gedauert, bis du deine ersten 1.000 Euro an monatlichem Einkommen durch deine ortsunabhängige Arbeit generiert hast?
Sechs Wochen. Sechs Wochen, in denen ich Vietnam, Malaysia, Japan und Texas bereist habe. Sensationelles Gefühl: Wenn du in Houston durch die Straßen läufst, nur sechs Wochen nach der Uni und dann eine Notification deiner Bank aufs Handy bekommst. Das war der Moment, in dem ich final verstanden habe: Die Welt zu bereisen und Geld zu verdienen, ist machbar.

Wie hast du deine ersten Kunden gefunden, mit denen du remote zusammengearbeitet hast?
Ich beantworte die Frage etwas anders, „Was empfiehlst du, um Kunden zu finden?" Rausgehen! Wer sich verkriecht und anderen nicht von sich und seinen Produkten oder Services erzählt, wird es wohl nicht schaffen. Ich habe viel Networking betrieben, versucht, mich mit den richtigen Menschen zu umgeben, mehr von mir und meiner Arbeit erzählt (auch online). Alle (!) meine Kunden habe ich, weil ich selbst aktiv geworden bin. Sei es mit einer eigenen Website, einem LinkedIn-Profil, Offline-Konferenzen, Online-Communitys für Digitale Nomaden oder Networking-Events.

Was war deine Motivation, ortsunabhängig zu arbeiten?
Ich bin da tatsächlich eher reingerutscht: ich habe die richtige Person zur richtigen Zeit kennengelernt! Diese Person war Online-Entrepreneur und hat mir erst einmal den Horizont eröffnet, dass das ja überhaupt möglich ist. Vorher war ich eher in dem klassischen Denken „gefangen": Abi, Studium, Volo, Job, 25-jähriges Firmenjubiläum, Rente. An ortsunabhängiges Business habe ich nie gedacht. Das war mir gar kein Begriff.

Was ich daran so wahnsinnig toll finde ist die Freiheit, mir meine Zeit so einzuteilen, wie ich es möchte. Ich kann um 7 Uhr aufstehen und klassisch 9-to-5 machen, ich kann aber auch erst um 16 Uhr anfangen und dafür eine Nachtschicht einlegen. Das ist wirklich toll, gerade für jemanden wie mich, die ihre kreativste und effizienteste Zeit eher am Nachmittag bzw. gegen Abend hat. Dass ein Chef dann will, dass ich um 7:30 auf der Matte stehe, habe ich noch nie verstanden: Wieso meine Effizienz bremsen?

Außerdem ist es toll, dass ich, wenn ich nicht arbeite (freie Tage oder Feierabend), an den tollsten Orten bin und ganz viele tolle Dinge machen kann. Ich genieße es einfach, vor oder nach der Arbeit richtig coole

Dinge zu erleben, die schönste Natur zu sehen, im Meer schwimmen zu gehen, internationale Leute kennenzulernen. Eben nicht nur nach Hause kommen, Wohnung aufräumen, Bullshit im Fernsehen gucken und dann ins Bett gehen. Das ist mir zu langweilig, das hat mich auch früher nie sehr zufrieden gestellt. Es gibt nichts Geileres, als zu wissen, dass man nach dem Arbeitstag noch durch den costaricanischen Urwald ziplinen gehen kann.

Und, klingt bescheuert, ist aber echt wahr: Sonne und Wärme ist sehr wichtig für mich. Ich hatte jeden Winter in Köln konsequent schlechte Laune, gesundheitliche Probleme, Winter-Blues. Ich bin sehr empfindlich, was Wetter angeht. Mir geht es so viel besser an warmen und sonnigen Orten.

Wie hast du deine Remote-Karriere begonnen? Gab es irgendwelche Tools, die dir dabei geholfen haben, ortsunabhängig zu arbeiten?

Wenn Leute mich fragen, wie sie sich ins Thema „einlesen" können, empfehle ich immer „The 4-Hour Workweek" von Tim Ferriss zu lesen. Außerdem war mir Sebastian Kühn von „Wireless Life" eine Inspiration.

Am allermeisten aber helfen die Leute, die man beim reisen und co-worken trifft. Du kannst noch so viele Bücher lesen, tausend Podcasts hören, dich unendlich vorbereiten: You're never ready! Irgendwann musst du den Schritt mal gehen und dich ins Flugzeug setzen oder die ersten Kunden annehmen, deinen alten Job kündigen, whatever ... Dieses ewige „ich bereite mich erst vor und mache es dann bald" ist nicht zielführend. Das Meiste habe ich gelernt, als ich den Lifestyle schon aktiv lebte und andere Gleichgesinnte getroffen habe. First-Hand-Experience – besser als jedes YouTube-Video oder jeder Podcast zu dem Thema.

Welche drei Dinge würdest du vermeiden, wenn du die Zeit zurückspulen könntest?

Ich würde glaube ich nicht so viel anders machen. Die Fehler, die ich gemacht habe, waren eher Erfahrungen, aus denen ich lernen konnte. Deswegen bin ich froh darüber. Ob ich jetzt jedem blind empfehlen würde, direkt zwei Tage nach Abgabe der Bachelor-Arbeit ohne jegliches Erspartes (weil nie einen richtigen Job gehabt) loszuziehen, ist fraglich. Manchmal denke ich mir schon, dass es vielleicht einfacher gewesen wäre, hätte ich mal eine klassische Festanstellung gehabt. Mehr Erfahrung, mehr Startkapital, vielleicht auch mehr Wertschätzung für den Remote-Lifestyle.

Wie sieht ein normaler Arbeitstag in deinem Leben als Remote Worker aus? Hast du eine tägliche Routine?
Morgens versuche ich immer einen Spaziergang einzulegen. Ich halte es nicht für gut, direkt an den Computer zu gehen. Vor dem Ding sitze ich später noch lang genug. Den Tag starte ich also ohne Bildschirm, wenn es geht. Produktiver bin ich tatsächlich, wenn ich eine Routine habe, ja. Als Digitaler Nomade ist es meiner Meinung nach manchmal eher hinderlich, so viel zu reisen und ständig on the road zu sein. Deswegen bin ich eher der slow-traveler. Ich bleibe meistens zwei Monate an einem Ort, damit eine Routine entstehen kann. Dann mag ich es, jeden Tag ins gleiche Café zu gehen, so fühlt es sich an wie ein Office und mein Kopf weiß direkt „So, ab jetzt ist Arbeitszeit". Zu Hause arbeite ich auch, besonders abends, wenn die Coffeeshops dann zu haben. Ich mag es aber, das Haus zum Arbeiten zu verlassen – diese Trennung zwischen beruflich (außer Haus) und privat (zu Hause) funktioniert besser für mich.

Was sind die Vor- und Nachteile ortsunabhängiger Arbeit aus deiner Sicht?
Es gibt unzählig viele Vorteile, ein wichtiger davon: Weniger Groll dem Job gegenüber, der einen an einen Ort kettet, den man nicht mag, kein Wetter, das man nicht mag, kein Pendeln, das jeden Tag zwei Stunden frisst. Das Ergebnis ist, dass man zum Thema Arbeit eine viel positivere Einstellung hat. Gut für die Seele und auch gut für den Chef (auf remote Worker mit Anstellung bezogen).

Nachteile: Gerade wenn man selbständig ist, könnte man eigentlich die ganze Zeit arbeiten. Das kennt sicher jeder Selbständige, ob ortsunabhängig oder nicht – so richtig Feierabend hat man nie. Das ist sicher schon in Köln nervig, aber wenn man türkisfarbenes Meer vor den Füßen hat, macht es das manchmal noch ein wenig nerviger. Ich bin oft an den schönsten Fleckchen dieser Erde und muss dann doch den Großteil der Zeit arbeiten.

WOMIT KANNST DU ORTSUNABHÄNGIG GELD VERDIENEN? – EINIGE IDEEN

Beschäftigungsformen: Du kannst entweder als Freelancer für verschiedene Auftraggeber arbeiten, Angestellter einer Firma sein, die es dir ermöglicht ortsunabhängig zu arbeiten, oder du wirst unternehmerisch tätig. In Kapitel 6 findest du verschiedene Jobportale, die sich auf ortsunabhängiges Arbeiten spezialisiert haben.

Die folgenden Zeilen geben dir ein paar Ideen an die Hand, wie du ortsunabhängig mit diesem Beruf Geld verdienst. Der Abschnitt ist bewusst kurzgehalten, da viele der Ideen bereits in Kapitel 3 angesprochen wurden. Solltest du an der ein oder anderen Stelle den Wunsch nach mehr Inhalt verspüren, blättere einfach nochmal zum Anfang zurück. Nähere Informationen, wie du Themen für Bücher und Online-Kurse findest, erhältst du in Kapitel 5. Schau außerdem gerne auf unserem Blog vorbei, für alle genannten Tools und Ressourcen im Überblick: https://new-work-life.com/portfolio/social-media-marketing-experte.

Übe deine Kerntätigkeit aus

Du kannst deine Kerntätigkeit als Social-Media Marketing Experte ohne Probleme ortsunabhängig ausüben, denn dein Berufsbild ist virtueller Natur. Vermarkte deine Leistungen über eine eigene Website und/oder über Online-Marktplätze wie z. B. LinkedIn, Upwork.com, Freelancer.com, Twago.de und ggf. Fiverr.com. Eine weitere Möglichkeit zur Vermarktung sind Offline-Events bzw. -Meetups im Bereich Online-Marketing und Social-Media. Hier triffst du gezielt auf potenzielle Kunden und kannst deine Social-Media Expertise unter Beweis stellen.

Biete Online-Seminare an

Mögliche Themen für Online-Seminare sind z. B.: „Social-Media Bootcamp – Alles, was erfolgreiche Social-Media Marketer wissen müssen", „Bildbearbeitung für Social-Media" oder „Werde zum Influencer mit Social-Media".

Werde Agent

Bring suchende Unternehmen mit qualifizierten Social-Media Marketing Experten (aus deinem Netzwerk) zusammen. Verlange dafür eine Provision vom suchenden Unternehmen und/oder dem vermittelten Social-Media Marketing Experten. Die digitale Welt ist für viele Unternehmen (gerade Mittelständler) immer noch neu. Dementsprechend fehlt diesen Unternehmen das Netzwerk an Branchenexperten. Der Beruf Social-Media Marketing Experte ist nicht geschützt, daher kannst du als vermittelnder Agent sicherstellen, dass ein suchendes Unternehmen an einen qualifizierten Experten gelangt.

Entwirf standardisierte Social-Media Strategien

Stell deine Strategien online gegen Gebühr zum Download zur Verfügung. Formuliere deine Strategien so, dass sie auf die wichtigsten KPIs einer Branche einzahlen (z. B. Gewinnmarge steigern, Marktanteile gewinnen, etc.) und für eine Vielzahl von Unternehmen anwendbar sind. Vermarkte deine Strategien über eine eigene Website und/oder über Online-Marktplätze wie z. B. Fiverr.com und Digistore24.com. Zusätzlich zu standardisierten Social-Media Strategien kannst du maßgeschneiderte Social-Media Strategien im Rahmen deines klassischen Leistungsportfolios anbieten.

Entwickle und verkaufe Online-Kurse
Wie wäre es z. B. mit einem Kurs zum Thema Social-Media für kleine Unternehmen („Der Social-Media Crashkurs für kleine Unternehmen und Solopreneure") oder einem Kurs zum Thema ortsunabhängige Selbständigkeit für Socia Media Marketing Experten („Lerne, wie du dir ein ortsunabhängiges Business als Social-Media Freelancer aufbaust")?

STARTER TOOLKIT – DAS BRAUCHST DU, UM LOSZULEGEN

Notebook, Smartphone

SOFTWARE:
- Office: z. B. Microsoft Office oder Google Docs
- Kommunikation: z. B. Skype, WhatsApp, Slack, Gmail
- Website / Webshop: z. B. WordPress oder Shopify
- Social-Media Account Management: z. B. Buffer, Planoly, Later, Iconosquare
- Bildbearbeitung: z. B. Adobe Photoshop, Gimp, Lightroom oder Snapseed App
- Analyse: z. B. Google Analytics und Buzzsumo

BÜCHER UND TUTORIALS:
- Buch: „Der Social-Media Marketer: Das Handbuch für Ausbildung und Beruf", von Vivian Pein
- Buch: „Follow me!: Erfolgreiches Social-Media Marketing mit Facebook, Twitter und Co.", von Anne Grabs, Karim-Patrick Bannour und Elisabeth Vogl
- Buch: „Social-Media: Das Handbuch für Social-Media Marketing auf Facebook, YouTube und Instagram für Einsteiger und Unternehmen", von Mike Kaulitz
- Tutorial: „Social-Media Management - The Complete 2018 Manager Bootcamp. Become a freelance Social-Media Marketer | Start a management business | Work from anywhere | Achieve financial freedom", von Rob Mayzes und Lottie Mosley, auf Udemy

Detaillierte Informationen zu Tools und Ressourcen, die dir helfen können, ein ortsunabhängiges Einkommen aufzubauen, findest du auf unserem Blog unter: https://new-work-life.com/portfolio/social-media-marketing-experte.

HIER FINDEST DU WEITERE INFORMATIONEN

Bundesverband digitale Wirtschaft: https://www.bvdw.org
Bundesverband Community Management e.V. für digitale Kommunikation & Social-Media: https://www.bvcm.org

4.27 SOFTWARE-TESTER

Als Software-Tester bist du in die Qualitätssicherungsphase bei der Softwareentwicklung eingebunden. Du führst automatisierte und manuelle Tests durch, um sicherzustellen, dass die von den Entwicklern erstellte Software funktioniert. Durch deine Tests und Analysen hilfst du Risiken und Softwarefehler zu beheben und in Zukunft zu vermeiden. Neben klassischer desktopbasierter Software kannst du als Software-Tester auch webbasierte Programme, Websites und (Mobile) Apps testen.

WAS SIND MÖGLICHE AUFGABEN?
- Projekte planen
- Test-Skripte schreiben
- Tests durchführen (Stresstests, Performance-Tests, Funktionstests)
- Automatische und manuelle Tests in unterschiedlichen Nutzerumgebungen durchführen (z. B. stationäre und mobile)
- Applikationen und Softwaresysteme überwachen
- Fehlerberichte schreiben
- Dokumentation erstellen

WELCHE AUSBILDUNG BENÖTIGST DU?
Du musst nicht zwingend ein Studium im IT-Bereich vorweisen, wenngleich das den Einstieg als Software-Tester vereinfacht. Was du auf jeden Fall mitbringen solltest, ist Verständnis für Software-Entwicklung und Programmiersprachen. Wenn du das noch nicht hast, solltest du es dir unbedingt aneignen.

WELCHE FÄHIGKEITEN SOLLTEST DU MITBRINGEN?
- Konzeptionsstärke
- Kommunikationsstärke
- Detailgenauigkeit und Sorgfalt
- Konzentration und Stressresistenz
- Strukturiertheit

UNSER ROLEMODEL FÜR DEN BERUF DES SOFTWARE-TESTERS

Name: Amy Truong
Unternehmen: Decision Research Corporation | Generic Dreams
Homepage: https://www.decisionresearch.com | http://genericdreams.com
Kontakt: Twitter: generic_dreams | Instagram: generic_dreams

Amy arbeitet als Software Testerin für das Unternehmen *Decision Research Corporation* (DRC). Dort ist sie festangestellte Mitarbeiterin, die einer ganz gewöhnlichen 40-Stunden-Woche nachgeht. Was nicht ganz so gewöhnlich ist, ist, dass sie von überall dort arbeitet, wo sie sich gerade befindet.
Neben ihrer Arbeit hat Amy einen Blog *Generic Dreams* auf dem sie über ihre Reiseerfahrungen und ihren Lebensstil als Digitale Nomadin berichtet. Bevor Amy zu arbeiten begonnen hat, hat sie einen Abschluss in Business Management erworben. Im Anschluss daran hat sie für einige namhafte Unternehmen wie zum Beispiel *Booz Allen Hamilton* und *Deloitte* als IT-Beraterin gearbeitet. Sie war auf dem besten Weg, eine große Karriere zu machen, als sie mit Mitte zwanzig eine, wie sie selbst sagt, Quarter-Life-Crisis hatte und feststellte, dass sie etwas in ihrem Leben verändern müsse.
Nach einigen Reisen, die sie unternommen hatte, hatte sie das Reisefieber erwischt und sie suchte nach einer Möglichkeit, einerseits mehr zu reisen und gleichzeitig zu arbeiten. Also begab sie sich auf die Suche nach Firmen, die ihr diese Möglichkeit eröffneten. In der Folge arbeitete sie für Unternehmen wie kleinere (Mixed In Key) und größere Start-ups (GitHub), bevor sie bei *DRC* ankam. Bei *DRC* ist sie als Software

Testerin angestellt, unterstützt gleichzeitig in den Bereichen Business Development und Marketing.

Ihre Freunde und Familie bezeichnen Amy als ziemlich stur. Sie sagen, dass Amy einer dieser Menschen sei, die nicht aufgeben, bis sie ihr Ziel erreicht haben. Sie selbst bezeichnet sich als introvertierte Person, die jedoch einen Weg gefunden hat, damit umzugehen. Sie zwingt sich einfach des Öfteren selbst, mal rauszugehen. In der Regel hat sie dann auch ihren Spaß, da sie sehr gut mit anderen Menschen umgehen kann.

Zum Zeitpunkt unseres Interviews war sie auf Hawaii.

INTERVIEW MIT AMY TRUONG IN IHRER ROLLE ALS SOFTWARE-TESTERIN

Wie hast du deinen Remote-Job gefunden?

Damals war es schwieriger, die Jobs zu finden, weil es nicht so viele Unternehmen gab, die Mitarbeiter remote eingestellt haben. Heute gibt es viel mehr Unternehmen, die es ihren Angestellten ermöglichen, ortsunabhängig zu arbeiten.

Allerdings habe ich auch festgestellt, dass Unternehmen dazu neigen, es auszunutzen, dass Menschen ortsunabhängig arbeiten wollen. Für sie ist das ein populäres Phänomen, das sie bedienen und gleichzeitig einen Nutzen daraus ziehen können. Ihre Argumentation lautet, dass sie geringere Gehälter zahlen können, im Tausch gegen die persönliche Freiheit. Freunde von mir, die wirklich herausragende Fähigkeiten haben, haben schlecht bezahlte Jobs angenommen, weil sie unbedingt reisen und diesen Lifestyle leben wollen. Das ist etwas, das meiner Meinung nach angesprochen werden muss. Es kann nicht sein, dass persönliche beziehungsweise örtliche Freiheit mit Gehaltseinbußen einhergehen. Das ist für mich ein großer Unterschied zwischen früher und heute. Momentan ist der Wettbewerb um ortsunabhängige Arbeitsplätze so groß, dass viele Menschen bereit sind, quasi kostenlos zu arbeiten. Man muss einfach aufpassen, dass man nicht ausgenutzt wird, weil man ortsunabhängig arbeiten und seine Träume verwirklichen möchte.

Was war deine Motivation, ortsunabhängig zu arbeiten?

Es war definitiv das Reisefieber, kombiniert mit dem Wunsch nach persönlicher Freiheit. Ich wollte mehr sehen und fühlte mich eingeengt. Ich wusste, dass wenn ich an ein Büro gebunden bin, kann ich nicht reisen. Ich wollte aber nicht nur reisen, sondern auch arbeiten. Ich wollte die

Möglichkeit haben, von überall aus arbeiten zu können, wo es mir gefiel und wo ich für eine Zeit lang leben wollte.

Wie hast du deine Remote-Karriere begonnen? Gab es irgendwelche, die dir dabei geholfen haben, ortsunabhängig zu arbeiten?

Ich habe es schon immer geliebt, zu reisen. Also fing ich an mehr zu reisen. Irgendwann habe ich dann begonnen, Reisebloggern wie „Nomadic Matt" zu folgen. Er war ein Backpacker und ich mochte ihn, weil er wirklich ein Nomade war. Er ist einer der Pioniere.

Außerdem folgte ich „Adventurous Kate". Auch sie war als Nomadin unterwegs. Beide verfolgen diesen Lifestyle schon ziemlich lange. In der Reiseblogwelt werden sie als die Veteranen angesehen. Ihre Blogs haben mich wirklich inspiriert. Sie haben mich dazu gebracht, auch reisen zu wollen.

Wie sieht ein normaler Arbeitstag in deinem Leben als Remote Worker aus? Hast du eine tägliche Routine?

Wenn ich morgens aufwache, checke ich als erstes meine E-Mails und trinke eine Tasse grünen Tee, um in den Groove zu kommen. In der Regel setze ich den auf und fange an, meine E-Mails zu bearbeiten, so lange er abkühlt.

Zum Mittagessen versuche ich das Haus zu verlassen. Die Sache ist, dass wenn du introvertiert bist, kannst du problemlos drei Tage hintereinander im Haus bleiben. Also zwinge ich mich herauszukommen. Ich nehme den Laptop und gehe entweder irgendwo zu Mittag essen oder gehe in ein Café und verbringe einfach Zeit mit Leuten. Selbst wenn du nicht mit ihnen redest, ist es nett sie im Hintergrund zu hören.

Dort arbeite ich bis zum Nachmittag. Dann mache ich eine Pause, mache ein paar Besorgungen und entspanne mich, wenn ich nach Hause komme. Für gewöhnlich habe ich aufgrund verschiedener Zeitzonen abends noch einige Termine mit Kunden, die ich dann wahrnehme.

Was sind die Vor- und Nachteile ortsunabhängiger Arbeit aus deiner Sicht?

Der Vorteil ist definitiv das Reisen und die Möglichkeit, die Welt zu sehen und an neuen Orten zu sein. Es kommt definitiv keine Langeweile auf. Du erlebst auch viel persönliche Freiheit.

Am meisten liebe ich es, in der Lage zu sein, dort leben zu können, wo es mir gefällt. Ich kann an einem schönen Ort so lange bleiben wie ich möchte und wenn mir nach einer Veränderung ist, ziehe ich einfach weiter.

Dadurch habe ich ein viel erfüllteres Leben und kann meinen Interessen und Leidenschaften nachgehen, ohne an einen bestimmten Zeitplan gebunden zu sein.

Außerdem habe ich Freunde auf der ganzen Welt. Es ist immer wieder toll, wenn du in ein Land gehst und dort jemanden kennst mit dem du dich gut verstehst. Das ist einfach großartig.

Nachteilig ist es, sich manchmal etwas isoliert zu fühlen. Es kommt vor, dass du keine deiner engen Freunde oder Familienmitglieder in der Nähe hast. Dann kann man sich in der Welt schon mal ein bisschen verloren fühlen. Es gab Zeiten, in denen ich aufgewacht bin wie zum Beispiel in Marokko und ich dachte „Was mache ich mit meinem Leben? Wenn ich jetzt sterben würde, würde es niemand wissen!" Natürlich kommen einem derartige Gedanken eher, wenn man in sehr abgelegenen Teilen der Welt unterwegs ist und nicht in den Touristengebieten. Aber das war immer ein bisschen deprimierend. Das ist die negative Seite des Lifestyles.

Außerdem kann man nicht immer bei Amazon einkaufen. Manchmal hast du einfach keine physische Adresse oder Amazon liefert in deinem Land nicht aus.

Schön ist, dass du die Welt siehst. Aber wie in meinem Fall, mache ich das alleine und es wäre schön, die Erlebnisse teilen zu können. Allerdings ist das Daten unter Digitalnomaden sehr schwierig. Jeder hat seine Reisepläne und in unserer 21.-Jahrhundert-Dating-Welt möchte keiner seine eigenen Pläne über den Haufen werfen und sich einfach auf eine Beziehung einlassen. Also passiert es nicht, dass jemand sagt: „Toll, du gehst nach Berlin! Super. Eigentlich wollte ich ja nach Vietnam, aber ich möchte lieber gemeinsam mit dir reisen also komme ich mit nach Berlin." Stattdessen hat jeder eher ein wenig Angst, sich zu öffnen und es läuft eher so ab, dass man miteinander ausgeht, wenn man an einem Ort ist und dann geht jeder wieder seiner Wege. Niemand möchte derjenige sein, der in eine Beziehung investiert und schaut, wohin es sich entwickelt.

Last but not least: Hast du noch weitere hilfreiche Tipps für unsere Leser?

Es ist einfacher zu reisen, wenn du weniger Gepäck hast!

Wenn du ins Software Testing gehen willst und eine Vollzeitstelle haben möchtest, gibt es einige Zertifizierungen, die nicht schaden können. Eine grundlegende ist die „ISTQB-Zertifizierung". Hier gibt es drei Stufen. Wenn du die erste Stufe erfolgreich absolviert hast und das in deinen Lebenslauf schreibst, hebt dich das als ernstzunehmend hervor. Denn, du hast dir die Zeit genommen, dich mit den Grundlagen vertraut zu machen und für einen Test bezahlt. Außerdem hast du ernsthafte Kenntnisse und ein Hintergrundwissen in diesem Bereich. Es gibt hier virtuelle Selbstlernkurse.

Außerdem würde ich empfehlen, zuerst etwas Erfahrung zu sammeln, wenn du jung bist. Ich würde definitiv sagen, dass du ein wenig Erfahrung in einer Firma machen solltest, um deine Fähigkeiten aufzubauen und die Abläufe und Prozesse kennen und verstehen zu lernen. Diese Erfahrung kannst du wunderbar in deinen Lebenslauf einfließen lassen, wenn du dich bei einem Unternehmen bewirbst, dass eine ortsunabhängige Arbeitsweise unterstützt.

Gut ist es auch, nebenbei anzufangen und Freunde und Bekannte beim Aufbau eines eigenen Unternehmens zu unterstützen. Auf diese Weise kann man dazulernen und erste Erfahrungen in der Remote-Zusammenarbeit sammeln.

Um nach Jobs im technischen Bereich zu suchen, kann ich dice.com empfehlen. Einen ausgeprägten Remote-Fokus haben emoteOk.com und weworkremotely.com.

Außerdem kann man auch immer versuchen, eine Vereinbarung mit seinem aktuellen Arbeitgeber zu treffen, in dem man sagt, dass man gerne versuchen möchte ein paar Tage aus dem Homeoffice zu arbeiten. Man kann mit einem Tag in der Woche beginnen und es weiter ausbauen, bis hin zu einem Monat. Wenn man seinen Job weiterhin gut macht, kann man aufhören, immer ins Büro zu gehen. Wenn es nicht funktioniert oder der Arbeitgeber sich querstellt, kann man sich immer noch nach Alternativen umschauen.

WOMIT KANNST DU ORTSUNABHÄNGIG GELD VERDIENEN? – EINIGE IDEEN

Beschäftigungsformen: Du kannst entweder als Freelancer für verschiedene Auftraggeber arbeiten, Angestellter einer Firma sein, die es dir ermöglicht ortsunabhängig zu arbeiten, oder du wirst unternehmerisch tätig. In Kapitel 6 findest du verschiedene Jobportale, die sich auf ortsunabhängiges Arbeiten spezialisiert haben.

Die folgenden Zeilen geben dir ein paar Ideen an die Hand, wie du ortsunabhängig mit diesem Beruf Geld verdienst. Der Abschnitt ist bewusst kurzgehalten, da viele der Ideen bereits in Kapitel 3 angesprochen wurden. Solltest du an der ein oder anderen Stelle den Wunsch nach mehr Inhalt verspüren, blättere einfach nochmal zum Anfang zurück. Nähere

Informationen, wie du Themen für Bücher und Online-Kurse findest, erhältst du in Kapitel 5. Schau außerdem gerne auf unserem Blog vorbei, für alle genannten Tools und Ressourcen im Überblick: https://new-work-life.com/portfolio/software-tester.

Übe deine Kerntätigkeit aus
Du kannst deine Kerntätigkeit als Software-Tester ohne Probleme ortsunabhängig ausüben, denn dein Berufsbild ist virtueller Natur.

Gründe eine Online Academy
Bilde angehende Software-Tester aus, ggf. mit Zertifizierung nach erfolgreichem Abschluss der Academy. Die Zertifizierung könnte als eine Art Gütesiegel dienen, denn für den Beruf als Software-Tester gibt es keine offizielle Ausbildung. In der Academy gibst du deinen Schülern das nötige Rüstzeug an die Hand, damit sie nach ihrer Ausbildung erfolgreich als Software-Tester durchstarten und mit ihren neu erworbenen Kenntnissen Geld verdienen können. Für mehr Inspiration zum Thema schau dir die Website der Software Testing Academy an: https://www.software-testing.academy.

Schreibe ein eBook
Finde ein Thema, das dich interessiert und für das Nachfrage besteht. Du könntest z. B. die Inhalte deiner Online Academy in ein Buch überführen und die Inhalte im Buchformat verkaufen. Alternativ könntest du ein Buch schreiben zum Thema Agiles Software-Testing oder zum Thema Automatisiertes Software-Testing oder du entwickelst ein Buch speziell für Software-Tester, die jobbezogen ihr technisches Verständnis (z. B. ihre Programmierkenntnisse) verbessern möchten. Wie genau du Themen findest, kannst du im Kapitel 5 nachlesen.

Entwickle und verkaufe Online-Kurse
Wie wäre es z. B. mit einem Kurs, in dem du Menschen ohne Vorkenntnis erklärst, wie sie mit Software-Testing Geld verdienen können („Wie du als Software-Tester ohne Vorkenntnisse mit Utest (Anmerkung: hier kannst du eine beliebige Testing-Plattform eingeben) von zuhause aus Geld verdienen kannst")? Alternativ könntest du auch einen Kurs zum Thema Jobsuche als Software-Tester entwickeln („Wie du als Software-Tester einen gut bezahlten Job bei einem Softwarehersteller findest") oder einen Kurs kreieren, der sich mit dem Thema Testpläne und Testszenarien befasst („Wie du als Software-Tester schnell und effizient Testszenarien und Testpläne entwickelst").

Entwickle Arbeitsvorlagen bzw. Templates
Du könntest z. B. Templates zu folgenden Themen entwickeln: Testszenarien, Testpläne, Fehlerdokumentation, Test-Checklisten, Testergebnisberichte, etc.

STARTER TOOLKIT – DAS BRAUCHST DU, UM LOSZULEGEN

Notebook, Smartphone

SOFTWARE:
- Office: z. B. Microsoft Office oder Google Docs
- Kommunikation: z. B. Skype, WhatsApp, Slack, Gmail
- Website / Webshop: z. B. WordPress oder Shopify
- Projektmanagement: z. B. Trello
- (Automatisiertes) Software-Testing durchführen: z. B. Katalon Studios, Unified Functional Testing (UFT), IBM Rational Functional Tester, Tricentis Tosca

BÜCHER UND TUTORIALS:
- Buch: „Basiswissen Softwaretest: Aus- und Weiterbildung zum Certified Tester - Foundation Level nach ISTQB-Standard (ISQL-Reihe)", von Andreas Spillner und Tilo Linz
- Buch: „Testen in Scrum-Projekten: Leitfaden für Softwarequalität in der agilen Welt: Aus- und Weiterbildung zum ISTQB® Certified Agile Tester - Foundation Extension", von Tilo Linz
- Tutorial: „Software Tester ABC – Software Testing Kurse Bündel Deine Weiterbildung zum Software Tester
- Tutorial: „Was macht ein Software Tester, dein Weg zum Junior Software Tester / QA", von Software Tester, auf Udemy

Detaillierte Informationen zu Tools und Ressourcen, die dir helfen können, ein ortsunabhängiges Einkommen aufzubauen, findest du auf unserem Blog unter: https://new-work-life.com/portfolio/software-tester.

HIER FINDEST DU WEITERE INFORMATIONEN

German Testing Board: http://www.german-testing-board.info

4.28 SOLOPRENEUR

Als Solopreneur bist du ein Unternehmer ohne Mitarbeiter. Du bist Inhaber eines weitläufig automatisierten Geschäftes und leitest dein Business in Eigenregie. Solopreneur leitet sich aus den Wörtern „Solo" und „Entrepreneur" ab. Das bedeutet so viel wie „allein" und „Unternehmer", folglich „Allein-Unternehmer". Im Unterschied zum klassischen Selbständigen bzw. Freelancer arbeitest du nicht im Kundenauftrag, sondern an eigenen Projekten. Du teilst deinen Arbeitstag selbst ein und tauschst deine Arbeitszeit nicht gegen Geld. Vielmehr entwickelst du als Solopreneur losgekoppelt von einer Kundenbeauftragung eigene Produkte und Services. Sind diese einmal aufgesetzt, lassen sie sich beliebig oft verkaufen, ohne dass du weitere (intensive) Arbeit investieren musst. In diesem Zusammenhang wird auch von einem skalierbaren Geschäftsmodell gesprochen. Exemplarische Produkte können u. a. sein: Bücher, Online-Kurse, eine App, eine Online-Plattform, etc. Im Rahmen deiner Tätigkeit fokussierst du dich ausschließlich auf dein Kerngeschäft und lagerst konsequent alle anderen Bereiche wie z. B. Verwaltung, Buchhaltung, Kundenservice, technischer Support, etc. an externe Dienstleister aus.

WAS SIND MÖGLICHE AUFGABEN?

- Markttrends aufspüren
- Wettbewerbs- und Nischenanalysen durchführen
- Neue Kenntnisse und Fähigkeiten erwerben, die für das anvisierte Geschäftsmodell relevant sind – im Selbststudium oder mithilfe externer Unterstützung
- Netzwerk an unabhängigen Partnern aufbauen für Tätigkeiten, die ausgelagert werden sollen (z. B. Kundensupport, Buchhaltung, Steuern, etc.)
- Geschäftsplanung erstellen, z. B. Potenzialanalyse, Umsatz-, Kosten- und Gewinnplanung, etc.
- Selbstvermarktung und Networking, um auf sich und sein Business aufmerksam zu machen
- Auf dem Laufenden bleiben, was neue Technologien, Tools und Ressourcen anbelangt

WELCHE AUSBILDUNG BENÖTIGST DU?

Um als Solopreneur zu arbeiten, benötigst du keine spezielle Ausbildung. Vielmehr geht es darum, ausreichend Interesse für neue Geschäftsmodelle mitzubringen und die Fähigkeit zu besitzen, sich in neue Sachverhalte einarbeiten zu können.

WELCHE FÄHIGKEITEN SOLLTEST DU MITBRINGEN?

- Interesse an neuen Technologien und Technikaffinität
- Analysestärke
- Kreativität
- Unternehmerisches denken und handeln
- Risikobewusstsein

UNSER ROLEMODEL FÜR DEN BERUF DES SOLOPRENEURS

Name: Bastian Barami
Unternehmen: Officeflucht
Homepage: https://officeflucht.de
Kontakt: bastian@officeflucht.de |
Instagram: officeflucht

Bastian ist selbständiger Solopreneur. Wir haben ihn eingeladen bei unserem Buch mitzumachen, weil er bereits verschiedene Online-Businessmodelle ausprobiert hat und mit mehreren davon erfolgreich war. Und das, obwohl er nur einen 3er-Schnitt im Abitur hatte, danach nach zwei Jahren sein Lehramtsstudium abgebrochen und stattdessen eine Ausbildung zum Hotelfachmann gemacht hat. Im Anschluss daran hat er ein Jahr lang in einer Agentur in einem klassischen Bürojob im Tourismussektor gearbeitet, gekündigt und wieder Lehramt studiert und erneut nach zwei Jahren abgebrochen.

Nachdem er erkannt hatte, dass die konventionelle Arbeitswelt nichts für ihn ist, beschloss er, sich selbständig zu machen und online aktiv zu werden. Nun ist Bastian seit mittlerweile drei Jahren sein eigener Chef und hat seitdem nie wieder für jemand anderen gearbeitet, auch nicht als Freelancer. Auf die Frage hin, was Familie und Freunde über ihn sagen, antwortet Bastian, dass diese ihn früher als naiven Utopisten und Tagträumer fernab der Realität ansahen. Heute hat sich das Bild gewandelt. Bastian gilt inzwischen als idealistischer und inspirierender Unternehmer, der Ideen einfach umsetzt und dabei vielen Leuten Möglichkeiten aufzeigt, ihr eigenes Leben zu verändern. Bastian ist nicht nur Solopreneur, sondern auch digitaler Nomade. Als solcher pendelt er zwischen verschiedenen Homebases, die er sich im Laufe der Zeit auf der ganzen Welt eingerichtet hat. Unsere Interviewfragen beantwortet Bastian von der TCDC Design Bibliothek in Bangkok, Thailand aus.

INTERVIEW MIT BASTIAN BARAMI VON OFFICEFLUCHT

Wie verdienst du dein Geld als Remote Worker?

Das sind bei mir verschiedene Dinge: zuerst war es im Bereich e-Commerce über Dropshipping, dann Amazon FBA, worüber ich dann auch zahlreiche Workshops, Seminare und Einzelcoachings gegeben habe, die sehr lukrativ waren. Meinen eigenen Brand habe ich allerdings im Sommer 2017 verkauft, da mir einfach nach einem Themenwechsel war.

Im Moment verdiene ich mein Geld über Kurzzeitvermietungen von internationalen Wohnungen, die ich gewinnbringend über Airbnb vermarkte, ohne diese besitzen zu müssen. Hierzu habe ich auch bereits jede Menge Interviews gegeben. Da so viele Leute das Modell spannend fanden, habe ich das Ganze anhand eines Apartments als Case Study von Anfang bis Ende dokumentiert und als Online-Kurs produziert. Auf diese Weise lernen mittlerweile mehrere hundert Leute von mir, wie sie das Prinzip selbst in die Praxis umsetzen können. Viele davon sind damit schon sehr erfolgreich unterwegs. Über diesen Kurs mache ich natürlich auch gute Einnahmen. Darüber hinaus verdiene ich Geld über Kooperationen, die über meinen Blog zustande kommen, sowie als Public Speaker auf Konferenzen und anderen Events.

Wie bist du auf die Ideen für deine Produkte / Services gekommen? Hast du eine bestimmte Methodik verfolgt?

Ich habe damals Hundeprodukte wie Leinen und Halsbänder verkauft. Ich hatte nicht mal einen Hund. Es ging hierbei mehr darum, etwas massentaugliches zu finden, das nicht zu speziell und nicht saisonal ist. Es ist eine emotionale Nische, denn Leute geben gerne Geld für ihre Haustiere aus und marketingtechnisch sind die meisten Haustiermarken sehr unspektakulär aufgestellt. Also habe ich einfach versucht, die Verpackungen und mein eigenes Markenimage etwas auffälliger zu gestalten, was sehr gut funktioniert hat. Es ist fast egal, was man verkauft. Es geht immer um die Customer Experience. Wenn eine Verpackung hochwertiger daherkommt als die der Konkurrenz, ist es fast egal, ob das Produkt selbst das gleiche ist. Dass ein hochwertiges Branding der Schlüssel ist, kann man auf ziemlich jedes Business projizieren.

Wie lange hat es gedauert, bis du deine ersten 1.000 Euro an monatlichem Einkommen durch deine ortsunabhängige Arbeit generiert hast?

Nach etwa 3,5 Monaten konnte ich bereits vom Onlinehandel auf Amazon leben.

Was war deine Motivation, ortsunabhängig zu arbeiten?
Für mich hat Reisen schon immer eine große Rolle gespielt. Ich habe stets mein Geld in Reisen investiert, während sich andere in meinem Alter das erste Auto oder ähnliches gekauft haben. Deshalb habe ich damals auch meine Ausbildung zum Hotelfachmann gemacht, um irgendwie Arbeit und Reisen zu verbinden. Natürlich hat sich herausgestellt, dass der Job ziemlich uncool ist, und als ich dann zufällig das Buch „Die 4-Stunden Woche" von Tim Ferriss in die Hand bekam, in dem das Konzept von Geo Arbitrage vorgestellt wird, stand meine Welt Kopf. Von da an war alles klar und nichts hätte mich mehr von meinem Weg abbringen können.

Wie hast du deine Remote-Karriere begonnen? Gab es irgendwelche Tools, die dir dabei geholfen haben, ortsunabhängig zu arbeiten?
Definitiv haben einige Bücher den Startschuss gegeben: „Die 4-Stunden Woche", „Rich Dad, Poor Dad" und „Investment Punk". Und dann auch einige Blogs aus dem amerikanischen Raum, die sich mit digitalem Nomadentum beschäftigt haben. Einer davon erwähnte dann 2015 die Onlinekurs-Plattform Udemy. Damals kannte die noch kaum jemand. Ich hatte keinerlei digitalen Background und musste mir irgendetwas aneignen, dass man vom Laptop aus machen konnte. So habe ich mir um die 30 verschiedene Kurse gekauft, zu allerlei Themen wie App-Entwicklung, Adobe Photoshop, etc. Es gab monatlich eine Werbeaktion, bei der jeder Kurs nur zehn US-Dollar gekostet hat. Damals wusste ich allerdings nicht, dass diese regelmäßig stattfindet, also habe ich erstmal kräftig eingekauft und aus diesen Kursen meine Basics erlangt. Bis heute habe ich aber bestimmt 20 davon nicht angerührt, da ich nach den ersten drei Kursen direkt begonnen habe, die gelernten Dinge in die Umsetzung zu bringen. Das ist auch das Wichtigste dabei: Ideen, die nur im Kopf bleiben, bringen niemandem etwas.

Welche drei Dinge würdest du vermeiden, wenn du die Zeit zurückspulen könntest?
Ich würde vermeiden, Informationen zu horten und immer noch den nächsten Kurs und die nächste Fortbildung oder den nächsten Workshop machen zu wollen, bevor ich loslege. Das bringt einen einfach nicht voran. Alles, was notwendig ist, lernt man zwangsläufig, während man es tut.

Wie sieht ein normaler Arbeitstag in deinem Leben als Remote Worker aus? Hast du eine tägliche Routine?
Die einzige Routine, der ich wirklich folge, ist, gegen 7 Uhr früh aufzustehen und zuerst zum Sport zu gehen. Das ist für mich das Wichtigste

und trägt enorm zu meinem Wohlbefinden bei. Nur dann kann ich auch entspannt arbeiten und komme direkt besser in den Flow, da mein Kreislauf schon in Schwung ist. Außerdem hat es etwas Meditatives, da man sich nur auf den Sport konzentriert und nicht schon früh als erstes mit teils negativen E-Mails oder dergleichen startet. Wie man den Tag beginnt, entscheidet darüber, wie er weiter verläuft. Gegen 11 Uhr fange ich dann an zu arbeiten, bleibe dabei aber gern flexibel, um mich hier und da mit Leuten auf ein spätes Mittagessen oder dergleichen zu treffen. Meistens halte ich mich in Asien auf, was den Vorteil hat, dass man Deutschland und den eigenen Kunden etwa sechs Stunden voraushat. Ich arbeite gern in den Abendstunden, was dann perfekt passt.

Am liebsten arbeite ich entweder zuhause, oder in ruhigen Coworking Spaces. Cafés sind nicht so mein Ding, da ich als Blogger natürlich auch viel Schreibarbeit und Kreatives mache und mich in öffentlichen Bereichen mit viel Tagesgeschäft nicht so gut konzentrieren kann.

Momentan probiere ich mich ein wenig in einer neuen Morgenroutine aus, stehe um 6 Uhr früh auf, meditiere für 20 Minuten, lerne dann eine Stunde Thai, mache mich fertig und fahre dann mit dem Roller ins Gym, dass um 8 Uhr aufmacht.

Was sind die Vor- und Nachteile ortsunabhängiger Arbeit aus deiner Sicht?

Ich denke beides sind höchst individuelle Angelegenheiten. Für mich sind die Vorteile, stets Abwechslung zu haben und täglich neue Eindrücke sammeln zu können, statt von montags bis freitags auf die gleiche Wand zu schauen. Auch das Konzept von Geo Arbitrage ist einer der Hauptvorteile: sein Geld in Euros zu verdienen und in Rupiah, Pesos, oder Baht ausgeben zu können, hat einfach einen viel höheren Lebensstandard zur Folge. Ich koche kaum selbst, ich wasche nicht meine Wäsche und putze auch selten zuhause. Ich gehe fast nur auswärts essen und das in guten Restaurants, oder gehe viel häufiger mal ins Kino und mache tolle Ausflüge. Und das für einen Bruchteil der Ausgaben, die ich in Deutschland hätte, würde ich all das machen.

Die Nachteile sind genauso individuell. Manche Leute sagen, dass sie sich häufiger einsam fühlen, weil es mit all den anderen Remote Workern natürlich öfter Abschiede gibt, oder man seinen Freundeskreis von Zuhause vermisst. Mir persönlich geht das nicht so. Man muss auch klar unterscheiden zwischen ortsunabhängiger Arbeit und Backpacking. Ich reise sehr langsam und lebe mehr das Prinzip von Multilokalität. So habe ich mehrere Homebases und kenne stets Leute vor Ort und fühle mich heimisch. Das war aber nicht von Beginn an so. Es ging damit einher, nicht mehr in jedem Land eine neue SIM-Karte kaufen zu müssen, sich neu einleben und zurechtfinden zu müssen. Wenn man viel unterwegs ist, bleibt viel Produktivität auf der Strecke. Ich möchte stattdessen momentan lieber an meiner Zukunft arbeiten und dabei trotzdem an tollen Orten leben. Dadurch kann ich mir später die Freiheit nehmen, viel freier zu reisen und nicht immer von der Internetverfügbarkeit abhängig zu sein.

Last but not least: Hast du noch weitere hilfreiche Tipps für unsere Leser?
Jeder denkt immer, dass man eine völlig neue, innovative Idee braucht, um sich selbständig zu machen. Oder dass man zuerst seine „Passion" finden muss und diese dann zum Beruf machen sollte. Das ist Bullshit. Man muss erstens nicht das Rad neu erfinden, sondern nur aus einem neuen Blickwinkel betrachten. Allein ein neues Branding kann den Unterschied machen, oder man kann das gleiche Produkt einer anderen Zielgruppe schmackhaft machen. Alle wollen vorher schon ihren 5-Jahres-Plan ausrollen. Dabei muss man zu Beginn noch nicht wissen, was die große Leidenschaft ist, oder was man in Zukunft mal machen möchte. Viel wichtiger ist es, einfach mal mit ETWAS anzufangen. Gerade in der Onlinewelt lernt man bei jedem Projekt Dinge, die man hinterher auf jedes neue Business anwenden kann, weil es eben Online-Maßnahmen sind, die heute jedes Business braucht. Man muss nicht zu Beginn wissen, was man machen will. Viel wichtiger als zu wissen was man will, ist zu wissen was man NICHT mehr will.

WOMIT KANNST DU ORTSUNABHÄNGIG GELD VERDIENEN? – EINIGE IDEEN

Beschäftigungsformen: Du arbeitest in der Regel für dich selbst und wirst unternehmerisch tätig.

Die folgenden Zeilen geben dir ein paar Ideen an die Hand, wie du ortsunabhängig mit diesem Beruf Geld verdienst. Der Abschnitt ist bewusst kurzgehalten, da viele der Ideen bereits in Kapitel 3 angesprochen wurden. Solltest du an der ein oder anderen Stelle den Wunsch nach mehr Inhalt verspüren, blättere einfach nochmal zum Anfang zurück. Nähere Informationen, wie du Themen für Bücher und Online-Kurse findest, erhältst du in Kapitel 5. Schau außerdem gerne auf unserem Blog vorbei, für alle genannten Tools und Ressourcen im Überblick: https://new-work-life.com/portfolio/solopreneur.

Entwickle und verkaufe Online-Kurse
Überlege dir, in welchen Bereichen du anderen helfen kannst. Vielleicht kannst du ihnen helfen, ein Problem zu lösen? Wo haben sich neue Produkte, Services oder Geschäftszweige aufgetan, die erklärungsbedürftig sind und sich somit gut für einen Online-Kurs eignen würden? Gibt es auf dem englischsprachigen Markt Online-Kurse mit großer Nachfrage, die es auf dem deutschsprachigen Markt noch nicht gibt?

Betreibe Affiliate Marketing
Bewirb Affiliate Produkte auf einem eigenen Blog, einer eigenen Website oder auf Seiten von Dritten (z. B. in Facebook bzw. Social Media Gruppen). Schreibe einen kleinen Artikel zu den Produkten, in dem du über die Eigenschaften der Produkte, ihren Nutzen, ihre Handhabung, etc. aufklärst und deine persönlichen Erfahrungen mit den Produkten teilst. Achtung! Bewirb nur Produkte, von denen du zu hundert Prozent überzeugt bist (weil du sie z. B. selbst in Benutzung oder zumindest getestet hast) und die zu deinem Markenauftritt passen. Für mehr Informationen zum Thema Affiliate Marketing schau dir das entsprechende Berufsbild „Affiliate Marketer" an, das du in Band 1 der Go Remote! Bücherserie findest (Go Remote! für Kreative und Texter).

Betreibe Amazon FBA
Verkaufe über den Marktplatz von Amazon eigene Produkte, für die eine große Nachfrage besteht und von denen du überzeugt bist. Für mehr Infos schau dir den Beruf „Amazon FBA Händler" an.

Betreibe Dropshipping
Verkaufe Produkte als Dropshipper. Als Vertriebsplattformen kannst du einen eigenen Webshop (z. B. mit Shopify) nutzen oder die Online-Marktplätze Amazon und/oder Ebay verwenden. Für mehr Infos schau dir den Beruf „Dropshipper" an.

Entwickle eine (Mobile) App
Du könntest z. B. eine App entwickeln, die Kunden mit Anbietern zu einem Thema zusammenbringt (z. B. für Coachingsessions, für Beratungstermine, für Therapiesitzungen, für den Kauf physischer Produkte, etc.) oder eine App, die Lerninhalte vermittelt (z. B. Prüfungs- und Examensvorbereitung). Weiterhin wäre eine App denkbar, die sich an Professionals richtet und diese bei ihrer täglichen Arbeit unterstützt (z. B. in den Bereichen Produktivität, Organisation, Delegation). Das mögliche Themenspektrum ist groß.

Schreibe ein eBook
Finde ein Thema, das dich interessiert und für das Nachfrage besteht. In welchen Bereichen kannst du anderen z. B. weiterhelfen und für sie ein Problem lösen? Wo haben sich neue Produkte, Services oder Geschäftszweige aufgetan, die erklärungsbedürftig sind und sich gut für ein eBook eignen würden? Gibt es auf dem englischsprachigen Markt Bücher, die sich häufig verkaufen, die es auf dem deutschsprachigen Markt noch nicht gibt? Wie genau du Themen findest, kannst du im Kapitel 5 nachlesen.

STARTER TOOLKIT – DAS BRAUCHST DU, UM LOSZULEGEN

Notebook, Smartphone, je nach Geschäftsmodell weitere Tools (z. B. Kamera, Mikrofon, etc.)

SOFTWARE:
- Office: z. B. Microsoft Office oder Google Docs
- Kommunikation: z. B. Skype, WhatsApp, Slack, Gmail
- Website / Webshop: z. B. WordPress oder Shopify
- Projektmanagement: z. B. Trello
- Weitere Software je nach Geschäftsmodell

BÜCHER UND TUTORIALS:
- Buch: „Solopreneur: Alleine schneller am Ziel", von Ehrenfried Conta Gromberg
- Buch: „Auf dem Weg zum Solopreneur: Steckt die Unternehmer DNA in Dir?", von Stefan Hoffmeister
- Buch: „Der Blaue Ozean als Strategie: Wie man neue Märkte schafft, wo es keine Konkurrenz gibt", von W. Chan Kim und Renée Mauborgne
- Buch: „Dein nächstes großes Ding: Gute Ideen aus dem Nichts entwickeln", von Matthew Mockridge
- Buch: „The Million-Dollar, One-Person Business: Make Great Money. Work the Way You Like. Have the Life You Want", von Elaine Pofeldt

Detaillierte Informationen zu Tools und Ressourcen, die dir helfen können, ein ortsunabhängiges Einkommen aufzubauen, findest du auf unserem Blog unter: https://new-work-life.com/portfolio/solopreneur.

HIER FINDEST DU WEITERE INFORMATIONEN

Verband der Gründer und Selbstständigen Deutschland (VGSD) e.V.: https://www.vgsd.de
Verband der Selbständigen und Freiberufler e.V.: https://www.vdsuf.de

4.29 STEUERBERATER

Als Steuerberater hilfst du Unternehmen und Privatpersonen bei ihren steuerlichen Angelegenheiten. Ebenso berätst du sie bei betriebswirtschaftlichen Fragen bzw. zur Steueroptimierung oder bei der Existenzgründung. Du vertrittst deine Mandanten vor Gericht und beim Finanzamt und kümmerst dich um Lohn und Gehaltsabrechnung, Buchführung und Finanzbuchhaltung, Steuererklärungen und vieles mehr.

WAS SIND MÖGLICHE AUFGABEN?
- Mit Mandanten kommunizieren und sie beraten
- Steuergesetze analysieren
- Steuererklärungen erstellen und beim Finanzamt einreichen
- Steuerprüfungen vorbereiten und begleiten
- Steuerstrategien erstellen und bei Mandanten umsetzen
- Finanzbuchhalterische Tätigkeiten wie z. B. Jahresabschlüsse erstellen
- Lohnbuchhaltung

WELCHE AUSBILDUNG BENÖTIGST DU?
Um als Steuerberater zu arbeiten, benötigst du entweder eine kaufmännische Berufsausbildung und zehn Jahre steuerrelevante Berufserfahrung, ein Studium der Wirtschafts- oder Rechtswissenschaften oder eine mindestens zweijährige vorbereitende praktische Tätigkeit auf dem Gebiet des Steuerrechts. Du darfst nur als Steuerberater arbeiten, wenn du die Steuerberaterprüfung der IHK bestanden hast.

WELCHE FÄHIGKEITEN SOLLTEST DU MITBRINGEN?
- Ausgezeichnete Rechenfähigkeiten
- Verhandlungsgeschick
- Analytische Fähigkeiten
- Kommunikation
- Detailgenauigkeit und Strukturiertheit

UNSER ROLEMODEL FÜR DEN BERUF DES STEUERBERATERS

Name: Mark Dissen
Unternehmen: Wayfare Accounting
Homepage: http://www.wayfareaccounting.com
Kontakt: accountants@wayfareaccounting.com

Mark ist gelernter Certified Public Accountant (CPA). Die CPA-Ausbildung ist eine US-amerikanische Ausbildung, mit der er in den USA als Steuerberater und Wirtschaftsprüfer arbeiten kann. Vor seiner CPA Ausbildung hat Mark einen Bachelor an der George Washington University in Washington DC gemacht und danach drei Jahre lang bei *KPMG*, einer der weltweit vier größten Wirtschaftsprüfungsgesellschaften der Welt gearbeitet. Aus konventioneller Sicht führte er ein erfolgreiches Leben, schließlich hat er Karriere gemacht und in einem vermeintlich interessanten Umfeld, nämlich der forensischen Buchhaltung (Betrugs- und Geldwäsche-Untersuchungen) gearbeitet.

Doch zwei Wochen nachdem Mark zum Senior Associate befördert worden war, kündigte er seinen Job und zog in die Welt hinaus. Mark hielt es einfach nicht mehr aus, tagein tagaus, in ein Großraumbüro mit Neonbeleuchtung zu gehen und dort seinen Dienst zu tun. Er hasste diese Vorstellung. Stattdessen hatte er eine Ahnung davon, dass das Leben mehr zu bieten hat und wollte dieser Vorstellung nachgehen.

Allerdings wusste Mark noch nicht so recht, wo ihn sein Weg hinführen würde, und damit er am Ende des Tages nicht als Nichtstuer dastand, gründete er seine eigene Firma, *Wayfare Accounting*, in der er als Steuerberater arbeitet. Bis dato ist er selbst der einzige feste Mitarbeiter, allerdings plant er ein Team aufzubauen, wenn sich sein Geschäft weiterhin so gut entwickelt.

Seine Freunde und Familie bezeichnen Mark als unbekümmert und mutig. Wobei man sagen muss, dass die Wahrnehmung seines Tuns sehr unterschiedlich ist. Ältere Familienmitglieder verstehen nicht wirklich, was er macht und fragen sich, warum er seine Karriere aufgegeben hat. Sie denken, er sei auf einem nicht enden wollenden Urlaub. Dabei sehen sie nicht, dass Mark bisweilen hundert Stunden in der Woche arbeitet, wenn er Hochkonjunktur hat. Seine Freunde und jüngeren Familienmitglieder sehen das genauso wenig, beneiden ihn aber um seinen Lebensstil und würden ihm gerne nacheifern.

Während unseres Gesprächs befand sich Mark in Medellín, Kolumbien.

INTERVIEW MIT MARK DISSEN VON WAYFARE ACCOUNTING

Wie verdienst du dein Geld als Remote Worker?
Derzeit biete ich Steuerberatung und virtuelle Beratung bei der Gründung einer LLC in den USA auf Stundenbasis und Buchhaltungsdienstleistungen an. Bezogen auf den Umsatzanteil sind es wahrscheinlich rund 60 Prozent, die aus Steuerberatungsdienstleistungen stammen, rund 15 Prozent meines Einkommens kommen aus der virtuellen Beratung und 15 Prozent aus der Buchhaltung. Und dann gibt es noch ein paar einmalige Aufgaben, für die die Leute mich engagieren, wie zum Beispiel ihre Bücher in Ordnung bringen oder die Recherche spezieller Sachverhalte. Das sind weitere 10 Prozent.

Wie bist du auf die Ideen für deinen Service gekommen? Hast du eine bestimmte Methodik verfolgt?
Ich habe meine Dienstleistungen nicht wirklich definiert. Am Anfang hatte ich Leute, die zu mir kamen und sagten, was sie brauchten und ich habe darauf basierend mein Geschäft aufgebaut. Ich sagte, dass ich Steuerberater sei und dann erzählten mir die Leute, was für Fragen und Probleme sie hatten und ich habe darauf basierende Serviceangebote entwickelt.

Das Gute daran ist, dass du keine Dienstleistungen anbietest, die niemand will. Die Leute haben mir gesagt, was sie brauchen, und ich habe es mir schnellstmöglich angeeignet. Am Anfang war es sehr unrentabel, denn wenn ich 50 US-Dollar eingenommen habe, dafür aber zehn Stunden lang gelernt habe, was ich tun musste, war das nicht wirtschaftlich. Aber jetzt habe ich mir das Wissen dadurch angeeignet und kann es anbieten und Geld damit verdienen.

Wie lange hat es gedauert, bis du deine ersten 1.000 Euro an monatlichem Einkommen durch deine ortsunabhängige Arbeit generiert hast?
Den Betrag hatte ich in meinem ersten Monat ziemlich schnell verdient. Ich weiß nicht, wie viele Wochen es gedauert hat, aber nicht lange. Es ging wirklich schnell, da ich einen hochwertigen Service anbiete. Ich verkaufe kein 20 US-Dollar-Produkt, ich nehme 150 US-Dollar für eine Stunde Beratung und 400 US-Dollar für die Steuervorbereitung.

Wie hast du deine ersten Kunden gefunden, mit denen du remote zusammengearbeitet hast?
Als ich anfing, traf ich buchstäblich nur Leute auf Partys und erzählte ihnen, dass ich Steuerberater war. Fast jeder brauchte einen.

Wie findest du neue Kunden?
Es war eine Evolution. Als ich angefangen habe, habe ich Leute auf Partys getroffen und ihnen erzählt, dass ich Steuerberater bin. Fast jeder brauchte einen. Ich habe eine sehr gute Nische gefunden: Wenn du dich als Steuerberater vorstellst, bekommst du keine Aufträge. Wenn du dich als Steuerberater für digitale Nomaden vorstellst, bekommst du Aufträge.

Es gibt zwar ein paar spezielle Regeln, die für digitale Nomaden gelten, aber es ist mehr Marketing zu sagen, dass man Experte in einem bestimmten Bereich ist. Das bezieht sich auf jede Branche, nicht nur auf Buchhaltung. Aber es ist wichtig, eine Nische zu haben. Ich habe früh eine gute gefunden und es war einfach, Kunden zu finden.

Wie auch immer, am Anfang war mir nicht klar, dass ich mein Geschäft ausbauen könnte. Ich dachte, ich mache einen Auftrag und verdiene ein paar Dollar und vielleicht bekomme ich nächsten Monat noch einen Auftrag. Ich habe eine Weile gebraucht, um zu erkennen, dass ich meinen Service bewerben, mit Leuten reden und mein Geschäft wachsen lassen konnte. So hat es sich entwickelt und es entwickelt sich immer noch weiter. Heute bekomme ich auch viele Empfehlungen und mache ein bisschen Marketing über Facebook und Reddit.

Was war deine Motivation, ortsunabhängig zu arbeiten?
Ich denke, dass viele Leute Antworten geben werden, die ein bisschen romantischer sind als meine. Sie werden sagen, dass sie am Strand arbeiten wollten oder dass sie mehr Freiheit haben wollten.
Meine Beweggründe sind eher düsterer Natur. Ich hasste einfach alles am Büroleben und war frustriert, weil ich keine Alternative zu einem Bürojob sah. Alle erachten einen nine-to-five Job als eine Art erfolgreiche Karriere, obwohl man eigentlich von acht Uhr morgens bis acht Uhr abends arbeitet. Das hat mich absolut verstört und angewidert.

Klar gibt es andere Jobs, klassische Arbeiterjobs, doch die haben mich auch nicht angesprochen. Ich wollte etwas geistig Anspruchsvolles machen, mir viel jedoch nichts ein, was nicht mit einem Büro zu tun hatte. Da war nichts, was ich mir hätte selbst beibringen können, bei dem ich nicht wieder in einem Großraumbüro gesessen und sinnlose Gespräche über das Fußballspiel des Vorabends oder das Wetter hätte führen müssen. Und das so lange, bis ich in Rente gehen könnte. Der Gedanke daran hat mich völlig verrückt gemacht.

Viele Leute denken, dass die Art, wie ich gestartet bin, ohne wirklich irgendeinen Plan, völlig leichtsinnig war. Aber es war meine einzige Chance, etwas in meinem Leben zu finden, das interessant und lohnenswert war. Und wie ich schon sagte, ich wusste nicht, was ich tun würde, wenn ich meinen Job kündigte und ging. Aber ich war wirklich motiviert etwas zu finden und wollte alles machen, was interessant war, und so bin ich irgendwie hier gelandet.

Wie hast du deine Remote-Karriere begonnen? Gab es irgendwelche Tools, die dir dabei geholfen haben, ortsunabhängig zu arbeiten?
Ich hatte meinen CPA (Wirtschaftsprüfer), der eine sehr gute Basis für alle Arten von Buchhaltung einschließlich Steuern ist. Allerdings war ich kein Experte und definitiv kein Experte in internationalen Kontexten. Ich wusste wirklich nichts. In den ersten Monaten habe ich buchstäblich alles gelesen, was ich in die Finger bekam, habe viele Videos geschaut, und studiert, was Personen taten, die jetzt vermutlich Konkurrenten in der Branche sind.

Außerdem kamen öfter Leute zu mir und fragten mich, ob ich ihnen bei ihrer Buchhaltung oder ihren Steuern helfen könne. Meine Antwort war fast immer ja, obwohl ich keine Ahnung von der Thematik hatte. Danach bin ich nach Hause gegangen und habe die nächsten drei Stunden damit zugebracht zu googeln und herauszufinden, was ich da tun musste. Das kam in den ersten Monaten recht oft vor. Dafür weiß ich heute umso mehr und kann helfen.

Grundsätzlich habe ich viele nützliche Tools gefunden. Allerdings möchte ich hier ungern zu spezifisch für meine Branche werden. Am Anfang musste ich herausfinden, wie ich Dateien sicher zwischen meinen Klienten und mir transferiere. Dafür nutze ich ShareFile, was eine sehr sichere Plattform ist.

Calendly ist großartig, um alles zu planen und Zapier ist ein weiteres, sehr starkes Programm, das mir sehr geholfen hat. Zapier verbindet alle möglichen Programme. Man kann Calendly, HubSpot, Facebook, einfach alles damit verbinden und wenn etwas passiert, erhält man direkt eine Benachrichtigung. Wenn sich beispielsweise eine Person für eine 15-minütige Beratung auf meiner Website anmeldet, generiert Zapier automatisch eine E-Mail, sendet sie und fügt automatisch einen Eintrag zu meinem Kalender hinzu.

HubSpot ist ein CRM System (Customer Relationship Management System), das mir hilft, meine verschiedenen Kunden zu verwalten und meine E-Mails zu verfolgen. Es ist kostenlos. Ich weiß nicht, warum es kostenlos ist, denn es ist sehr nützlich.

Welche drei Dinge würdest du vermeiden, wenn du die Zeit zurückspulen könntest?
Am Anfang hatte ich eine schlechte Balance zwischen Reisen und Arbeiten. Ich dachte, okay, das ist ein vierstündiger Flug, dann kann ich den Rest des Tages arbeiten. In Wirklichkeit hast du einen vollen Reisetag und sogar am nächsten Tag bist du langsamer unterwegs, weil du dich akklimatisieren musst.

Wenn du von unterwegs aus arbeitest, musst du tatsächlich viel langsamer reisen. Es macht keinen Sinn, jede Woche die Stadt zu wechseln. Du wirst in dieser Zeit einfach nichts schaffen. Zudem hast du keine Chance, die Stadt überhaupt richtig kennenzulernen. Das habe ich gelernt und meine Frequenz entsprechend angepasst. Heute bleibe ich für mindestens drei Wochen an einem Ort, bevor ich weiterziehe. Und das ist das Minimum. Hier in Medellín bleibe ich zum Beispiel drei bis vier Monate.

Dann noch eine Sache; es ist zwar nicht wirklich ein Fehler von mir gewesen, aber ich erachte es als wichtig, es zu benennen. Wenn man mit dem ortsunabhängigen Arbeiten anfängt, ist es oft sehr schwer und man hat noch nicht das nötige Selbstvertrauen. Gerade, wenn du selbständig bist, gibt es eine Menge Dinge, die du nicht weißt. Von daher empfehle ich jedem, sich mit Menschen auszutauschen, die in einer ähnlichen Situation sind. Gehe zu so vielen Meetups wie du kannst, schau auf Reddit oder in anderen Foren nach und rede mit den Leuten. Am Anfang erwartet einen das eine oder andere Hindernis und dann ist man besser nicht alleine, sondern weiß, wo man wen um Hilfe bitten oder eine Auskunft erfragen kann.

Mein vermutlich größter Anfängerfehler war, dass ich versucht habe, eine Fassade zu schaffen. Ich habe versucht, ein Bild von mir als einem ergrauten 45-jährigen Steuerberater mit jeder Menge Erfahrung zu schaffen. Am Anfang hatte ich nämlich Angst, dass meine Kunden wissen könnten, was ich eigentlich mache, und dass sie erkennen würden, dass ich ein junger Mann in meinen Zwanzigern war, der von einem Starbucks in Chile aus arbeitet. Ich hatte Angst, dass sie mir nicht vertrauen würden. Nun habe ich aber erkannt, dass das Teil des Reizes ist, warum Kunden zu mir kommen, dass ich in dieser einzigartigen Position bin.

Die Lektion, die ich gelernt habe, war, dass man versuchen kann, sich wie jemand anderes zu benehmen, aber am Ende wird es jemand herausfinden und dann steht man da. Es ist viel besser und zudem einfacher, wenn man von vornherein ehrlich und transparent mit seiner Situation umgeht. Das kann nämlich auch ein Vorteil sein.

Ich glaube, die Menschen suchen heutzutage eine ehrliche Persönlichkeit.

Sie wollen nicht immer eine Person, die super ultra professionell ist, mit der sie sich aber nicht wirklich auf Augenhöhe sehen können. Sei wer du bist und versuche nicht wie jemand anders zu sein.

Was waren deine größten Herausforderungen, um ein Remote-Einkommen zu generieren und wie hast du diese bewältigt?

Ich wünschte, ich hätte meine Herausforderungen schon gemeistert. Am Anfang hatte ich echte Probleme mit der nicht vorhandenen Beständigkeit. Ich konnte einen wirklich guten Monat haben und im nächsten Monat habe ich gar kein Geld verdient. So kann man weder vernünftig arbeiten noch reisen. Als ich anfing, war es sehr schwierig zu wissen, wie viel ich verdienen würde und wie viel ich ausgeben und wovon ich leben konnte.

Das betrifft nicht nur den Umsatz, sondern auch die Anzahl der Kunden. Jetzt, da ich 100 Kunden habe, weiß ich, dass ich nächstes Jahr eine bestimmte Menge Geld verdienen kann. Ich muss mich nicht vermarkten, ich verbringe meine Zeit lieber damit, meine Arbeit zu erledigen.

Wie sieht ein normaler Arbeitstag in deinem Leben als Remote Worker aus? Hast du eine tägliche Routine?

Meine Branche ist sehr saisonal geprägt. Das bedeutet, dass ich beispielsweise von Februar bis Mitte April hundert Stunden pro Woche gearbeitet habe. Ich bin morgens in ein Büro gegangen und abends wieder rausgekommen. Ansonsten habe ich nicht viel gemacht.

Jetzt habe ich mehr Zeit und gehe nicht mehr ins Büro. Normalerweise arbeite ich in einem Café, wenn ich kann, oder wenn ich wichtige Anrufe bekomme, gehe ich woanders hin. Momentan habe ich morgens zwei Stunden Spanischunterricht und arbeite danach in etwa fünf bis sechs Stunden am Tag. Danach gehe ich zu Meetups oder treffe mich mit Freunden oder erkunde die Stadt, in der ich bin.

Grundsätzlich bin ich kein Freund von Routine. Routine ist das Schlimmste für mich. Ich wache nicht jeden Tag zur selben Zeit auf. Das ist überhaupt das Beste, ich wache auf, wenn ich aufwache. Ich glaube, ich habe im gesamten letzten Jahr kein einziges Mal einen Wecker benutzt. Es ist mir sehr wichtig, dass ich so viel Schlaf bekomme, wie ich brauche. Manchmal habe ich eine Routine, weil es die Planung erleichtert, aber im Allgemeinen versuche ich keine geregelten Abläufe aufzubauen, weil ich nicht möchte, dass mein Leben langweilig wird.

Eine Art Routine ist vielleicht, dass ich immer zu Starbucks gehe, allerdings gehe ich zu drei verschiedenen Starbucks. Außerdem arbeite ich oft von verschiedenen Cafés aus oder gehe hier zur Universität. Dort gibt es eine Bibliothek, in die ich gehen kann und ein Büro. Dort kann ich alleine arbeiten, was mir sehr gelegen kommt, da ich dann weder abgelenkt noch irgendwie eingeschränkt bin und effektiver arbeiten kann.

Was sind die Vor- und Nachteile ortsunabhängiger Arbeit aus deiner Sicht?
Der große Vorteil ist, dass ich jederzeit und überall dorthin gehen kann, wo ich hinwill. Deshalb habe ich angefangen ortsunabhängig zu arbeiten. Der wahrscheinlich größte Vorteil ist, dass mein Kundenstamm astronomisch größer ist, als wenn ich gerade die Geschäftsinhaber aus der Nachbarschaft angesprochen hätte. Ich habe Kunden buchstäblich auf der ganzen Welt.
Ein weiterer großer Vorteil ist, dass die Lebensqualität viel höher ist. Die Stunden, die ich beim Pendeln spare, wären es alleine wert. Selbst wenn ich nicht reisen würde, würde ich zwei Stunden am Tag in der U-Bahn sparen. Zudem sind meine Kosten deutlich niedriger. Ich weiß nicht, wie viel Geld ich für Anzüge, Freizeitkleidung und Transportmittel ausgegeben habe. Mein Leben ist jetzt viel günstiger und die Lebensqualität ist höher.

Was Nachteile betrifft, muss ich zugeben, dass ich lange gebraucht habe, um die Logistik auf die Reihe zu bekommen: Wie bekomme ich Dateien von einer Person zu einer anderen, wie teile ich sicher Informationen? Wie führe ich Meetings, speziell unter Berücksichtigung verschiedener Zeitzonen, durch? Als ich in Asien war, musste ich mitten in der Nacht Anrufe entgegennehmen. Das war natürlich ätzend.
Als ich in Thailand war, habe ich einen halben Tag lang damit verbracht, herauszufinden, wohin ich gehen musste, um etwas zu drucken. Das sind Sachen, die würden normalerweise zwei Minuten dauern, aber wenn man unterwegs ist, kann einen das schnell einen halben Tag kosten. Mittlerweile habe ich gelernt, Prozesse rund um mein Geschäft aufzubauen und technologische Lösungen zu finden.
Manchmal kann es schwierig sein, ein professionelles Erscheinungsbild zu wahren. Das kann, je nach Job, sehr wichtig sein. Gleichzeitig kann es von Vorteil sein, die Vorstellungen von Professionalität zu hinterfragen und die Menschen ein wenig aus ihrem Konzept zu bringen.

Last but not least: Hast du noch weitere hilfreiche Tipps für unsere Leser?
Viele Menschen bleiben in der Planungsphase stecken. Du musst aber handeln. Was auch immer es ist, fang einfach an. Fange einfach an und dann wird es sich entwickeln und während du gehst, lernst du das Laufen.
Ich habe eine Menge Leute getroffen, die eines Tages dies und das tun

wollen, und sie planen und planen, ohne eine genaue Idee von dem zu haben, was sie machen wollen. Wenn man so anfängt, wird es nie etwas. Man kann nicht ein Millionen-Dollar-Geschäft aufbauen, indem man von vornherein weiß, welche Schritte von A bis Z man gehen muss. Du weißt vielleicht, was Schritt A ist, wenn du Glück hast, aber geh einfach raus und tu etwas. Fang an! Vielleicht macht es Sinn, vorerst von zu Hause aus freiberuflich tätig zu werden, vielleicht reist du los und redest mit Leuten und findest heraus, was sie brauchen. Aber du musst handeln und nicht herumsitzen und nichts tun.

WOMIT KANNST DU ORTSUNABHÄNGIG GELD VERDIENEN? – EINIGE IDEEN

Beschäftigungsformen: Du kannst entweder als Freelancer für verschiedene Auftraggeber arbeiten, Angestellter einer Firma/Kanzlei sein, die es dir ermöglicht ortsunabhängig zu arbeiten, oder du wirst unternehmerisch tätig. In Kapitel 6 findest du verschiedene Jobportale, die sich auf ortsunabhängiges Arbeiten spezialisiert haben

Die folgenden Zeilen geben dir ein paar Ideen an die Hand, wie du ortsunabhängig mit diesem Beruf Geld verdienst. Der Abschnitt ist bewusst kurzgehalten, da viele der Ideen bereits in Kapitel 3 angesprochen wurden. Solltest du an der ein oder anderen Stelle den Wunsch nach mehr Inhalt verspüren, blättere einfach nochmal zum Anfang zurück. Nähere Informationen, wie du Themen für Bücher und Online-Kurse findest, erhältst du in Kapitel 5. Schau außerdem gerne auf unserem Blog vorbei, für alle genannten Tools und Ressourcen im Überblick: https://new-work-life.com/portfolio/steuerberater.

Führe bestimmte Kernaufgaben ortsunabhängig aus
Sieh dir die typischen Aufgaben eines Steuerberaters an und überlege dir, welche davon du ortsunabhängig ausüben kannst. Kannst du mit Mandanten, Geschäftspartnern, Kollegen, etc. virtuell kommunizieren und sie beraten, indem du von Kommunikations- und Kollaborationsmedien wie Videotelefonie (z. B. Skype), Web-Konferenz (z. B. FreeConferenceCall), Desktop Sharing (z. B. Skype), Chat (z. B. Slack), E-Mail (z. B. Gmail) Gebrauch machst? Kannst du die Finanz- und Lohnbuchhaltung von Mandanten elektronisch mit entsprechender cloudbasierter Software abwickeln? Kannst du Steuererklärungen und offizielle Dokumente über

das Internet beim Finanzamt einreichen? Vermarkte deine Leistungen über eine eigene Website und über Social Media.

Biete Online-Seminare an
Dein Online-Seminar kann sich z. B. an Privatpersonen, Unternehmer und/oder Steuerberater richten. Je nach Zielgruppe könntest du folgende Themenschwerpunkte setzen: Steuererklärung erstellen, Steuerrückzahlung maximieren, Steuern und Steuerplanung für Unternehmer, Vorbereitung auf Steuerprüfungen in Unternehmen, Vorbereitung auf das Steuerberaterexamen, Kundenakquise und Networking für Steuerberater, etc.

Entwickle und verkaufe Online-Kurse
Du könntest z. B. einen Kurs entwickeln, der Privatpersonen erklärt, wie man eine Steuererklärung erstellt und worauf es zu achten gilt. Du könntest aktuelle steuerrechtliche Sachverhalte in deinen Kurs mit einfließen lassen und Käufern deines Kurses Tipps an die Hand geben, wie sie ihre Steuerrückerstattung optimieren können. Oder du erstellst einen Kurs, der angehende Steuerberater auf die Steuerberaterprüfung vorbereitet.

Schreibe ein eBook
Finde ein Thema, das dich interessiert und für das Nachfrage besteht. Du könntest z. B. einen Ratgeber zu Steueroptimierungsstrategien für Unternehmer verfassen. Oder du schreibst ein Buch für Steuerberater, die eine virtuelle Steuerkanzlei eröffnen möchten. Ein entsprechender Titel für das Buch könnte lauten: „Wie du dich als Steuerberater selbständig machst und deine eigene virtuelle Kanzlei eröffnest – eine Schritt-für-Schritt Anleitung". Wie genau du Themen findest, kannst du im Kapitel 5 nachlesen.

STARTER TOOLKIT – DAS BRAUCHST DU, UM LOSZULEGEN

Notebook, Smartphone

SOFTWARE:
- Office: z. B. Microsoft Office oder Google Docs
- Kommunikation: z. B. Skype, WhatsApp, Slack, Gmail
- Website / Webshop: z. B. WordPress oder Shopify
- Steuerberatersoftware: z. B. Addison Kanzlei Komplettlösung

BÜCHER UND TUTORIALS:
- Buch: „Gesetz: Steuergesetze: Abgabenordnung, Bewertungsgesetz, Einkommensteuer einschließlich Nebenbestimmungen sowie Einkommensteuer-Tabellen, Erbschaftsteuer, ... Umwandlungssteuer u. a.", von Beck Texte
- Buch: „Steuerrecht - leicht gemacht: Eine Einführung nicht nur für Studierende an Universitäten, Hochschulen und Berufsakademien", von Stephan Kudert

Detaillierte Informationen zu Tools und Ressourcen, die dir helfen können, ein ortsunabhängiges Einkommen aufzubauen, findest du auf unserem Blog unter: https://new-work-life.com/portfolio/steuerberater.

HIER FINDEST DU WEITERE INFORMATIONEN

Deutscher Steuerberaterverband e.V.: https://www.dstv.de

4.30 TECHNISCHER REDAKTEUR

Als Technischer Redakteur bist du darauf spezialisiert, anderen zu erklären, wie bestimmte Geräte (z. B. Elektrogeräte) und Maschinen funktionieren und wie sie eingesetzt werden. Du entwickelst und erstellst technische Dokumentationen (z. B. Bedienungsanleitungen, Installations- und Montageanleitungen und Schulungsunterlagen oder Online-Hilfen) und/oder arbeitest bei der Entwicklung technischer Produkte mit, indem du dich z. B. um Pflichtenhefte, Spezifikationen, Bedieneroberflächen, etc. kümmerst.

WAS SIND MÖGLICHE AUFGABEN?
- Anforderungen des Auftraggebers entgegennehmen
- Technische Dokumentationen konzipieren
- Konzeptvorschläge abstimmen
- Dokumentationen schreiben
- Dokumentationen reviewen lassen und überarbeiten
- Entwicklungsbegleitende Tätigkeiten für technische Produkte wie z. B. Pflichtenhefte schreiben und Bedieneroberflächen mit konzipieren

WELCHE AUSBILDUNG BENÖTIGST DU?

Um als Technischer Redakteur zu arbeiten, solltest du ein breitgestreutes und vor allem technisches Interesse haben. Das Studium des Technikjournalismus ist eine sehr gute Grundlage für den Beruf. Aber auch ein geisteswissenschaftliches, technisches oder ein Journalismus-Studium kann hilfreich sein, um sich das Handwerkszeug anzueignen.

WELCHE FÄHIGKEITEN SOLLTEST DU MITBRINGEN?

- Kommunikationsstärke (verbal und schriftlich)
- Pädagogische und didaktische Fähigkeiten
- Strukturiertheit
- Prozessuales Denken
- Flexibilität

UNSER ROLEMODEL FÜR DEN BERUF DES TECHNISCHEN REDAKTEURS

Name: Ivan Walsh
Unternehmen: Ivan Walsh
Homepage: http://www.ihearttechnicalwriting.com

Ivan ist selbständig als Technischer Redakteur und Inhaber des Blogs *I Heart Technical Writing*. Sein Blog ist eine beliebte Anlaufstelle für Informationen rund ums technische Schreiben, Publizieren und Distribuieren. Im Laufe seiner Karriere hat Ivan als Freelancer für viele (internationale) Unternehmen gearbeitet und für diese technische Dokumente erstellt. Seine Stärken liegen in den Bereichen Bedienungsanleitungen, Online Hilfesysteme, API Dokumentation und White Papers. Zu seinen Kunden gehören Accenture, Allied Irish Bank, Bank of Ireland, Bearing Point, DHL, Disney, Ernst and Young, IBM, Intel, LeasePlan und KPMG. Vor seiner Karriere als Technischer Redakteur hat Ivan Computer Science studiert, das Studium jedoch vorzeitig zugunsten eines Jobangebotes als Programmierer in London abgebrochen. Aus dem Job als Programmierer wurde aufgrund der wirtschaftlichen Rezession zu jener Zeit ein Job als Technischer Redakteur. Ivan hatte zu dieser Zeit keine Ahnung von der Materie und musste sein Wissen „on the job" aufbauen. Nebenher hat er sich in Eigenregie dem Thema genähert. Irgendwann war er erfahren genug und verließ seinen Arbeitgeber zugunsten einer selbständigen Tätigkeit als Technischer Redakteur. Er verdient ortsunabhängig Geld, indem er seine Expertise als

Freelancer anbietet und für Unternehmen technische Dokumentationen in Form von API Programmierungsanleitungen, Konfigurationsanleitungen, ITIL Dokumentation, Hilfesysteme, Systemadministrationsanleitungen, etc. verfasst. Darüber hinaus vertreibt er über seinen Blog Templates für technische Dokumentation zu Themengebieten wie FAQs, Factsheets, Datenblätter, ReadMes, Installationsanleitungen, etc.[53]

WOMIT KANNST DU ORTSUNABHÄNGIG GELD VERDIENEN? – EINIGE IDEEN

Beschäftigungsformen: Du kannst entweder als Freelancer für verschiedene Auftraggeber arbeiten, Angestellter einer Firma sein, die es dir ermöglicht ortsunabhängig zu arbeiten, oder du wirst unternehmerisch tätig. In Kapitel 6 findest du verschiedene Jobportale, die sich auf ortsunabhängiges Arbeiten spezialisiert haben.

Die folgenden Zeilen geben dir ein paar Ideen an die Hand, wie du ortsunabhängig mit diesem Beruf Geld verdienst. Der Abschnitt ist bewusst kurzgehalten, da viele der Ideen bereits in Kapitel 3 angesprochen wurden. Solltest du an der ein oder anderen Stelle den Wunsch nach mehr Inhalt verspüren, blättere einfach nochmal zum Anfang zurück. Nähere Informationen, wie du Themen für Bücher und Online-Kurse findest, erhältst du in Kapitel 5. Schau außerdem gerne auf unserem Blog vorbei, für alle genannten Tools und Ressourcen im Überblick: https://new-work-life.com/portfolio/technischer-redakteur.

Führe bestimmte Kernaufgaben ortsunabhängig aus
Sieh dir die typischen Aufgaben eines technischen Redakteurs an und überlege dir, welche davon du ortsunabhängig ausüben kannst. Kannst du mit Kunden, Geschäftspartnern, Kollegen, etc. virtuell kommunizieren, indem du von Kommunikations- und Kollaborationsmedien wie Videotelefonie (z. B. Skype), Web-Konferenz (z. B. FreeConferenceCall), Desktop Sharing (z. B. Skype), Chat (z. B. Slack), E-Mail (z. B. Gmail) Gebrauch machst? Kannst du ortsunabhängig technische Dokumentationen konzipieren und anfertigen? Vermarkte deine Leistungen über eine eigene Website und über Online-Marktplätze wie z. B. Upwork.com, Freelance.de, Twago.de und ggf. Fiverr.com.

---

[53] Quellen: https://www.klariti.com/technical-writing/2009/10/09/can-i-get-a-job-as-a-technical-writer-without-a-degree und https://www.ihearttechnicalwriting.com/technical-writing-services, abgerufen am 05.08.2018.

Erweitere dein Leistungsspektrum als Technischer Redakteur
Biete zusätzlich zum Erstellen von schriftlicher Dokumentation ebenfalls Dokumentation im Videoformat an. Das Videoformat ist interaktiver und für Endnutzer leichter verständlich als das geschriebene Wort. Daher kann es eine gute Ergänzung zur schriftlichen Dokumentation sein. Wenn du für ein bestimmtes Produkt z. B. eine Bedienungsanleitung geschrieben hast, dann könntest du zusätzlich zum Schriftsatz ein kurzes Video drehen, das die wichtigsten Funktionen sowie die Highlights des Produktes im Videoformat zeigt. Biete deinem Auftraggeber diesen Service einfach mal an. Er hat unter Umständen noch gar nicht an die Möglichkeit gedacht.

Werde Online-Coach und biete virtuelle Coachingstunden an
Coache angehende Technische Redakteure zu Themen wie z. B. Selbständigkeit, Kundenakquise, technisches Schreiben, etc.

Entwickle und verkaufe Online-Kurse
Du könntest z. B. einen Kurs zum Thema „Technisches Schreiben für mobile Endgeräte" entwickeln. Oder du kreierst einen Kurs zum Thema „Technisches Schreiben für Application Program Interfaces (API) – Dokumentation von strukturierten Daten", der technischen Redakteuren beibringt, wie API Dokumentation funktioniert. APIs sind die Schnittstellen zwischen verschiedenen Programmen. Sie definieren, wie Programme miteinander kommunizieren. Die in den APIs enthaltenen strukturierten Daten müssen für Softwareentwickler, die die Programme (weiter)entwickeln, durch entsprechende Dokumentation „übersetzt" werden.

Gründe eine Online Academy
Bilde angehende technische Redakteure aus, ggf. mit Zertifizierung nach erfolgreichem Abschluss der Academy. Die Zertifizierung könnte als eine Art Gütesiegel dienen, denn für den Beruf als technischer Redakteur gibt es keine offizielle Ausbildung. In der Academy gibst du deinen Schülern das nötige Rüstzeug an die Hand, damit sie nach ihrer Ausbildung erfolgreich als technischer Redakteur durchstarten und mit ihren neu erworbenen Kenntnissen Geld verdienen können.

Erstelle Arbeits- und Weiterbildungsmaterialien
Als technischer Redakteur hast du vielleicht schon oft für eine bestimmte Branche (z. B. Gesundheitswesen, Automobil, etc.) gearbeitet und kennst diese daher wie „deine Westentasche". Nutze dieses Wissen und entwickle darauf basierend Arbeits- und Weiterbildungsmaterialien für Menschen, die in der Branche tätig sind. Im Bereich Gesundheitswesen können das

z. B. Ärzte, Krankenschwestern, Pfleger, etc. sein. Für diese Zielgruppen könntest du z. B. Checklisten, Inventarlisten, Einsatz-, Projekt- und Budgetpläne, etc. entwickeln. Stelle deine Materialien online als Download gegen Gebühr zur Verfügung und vermarkte sie über eine eigene Website und/oder im Rahmen von Aufträgen, die du als technischer Redakteur (aktuell) durchführst.

Entwickle Arbeitsvorlagen bzw. Templates
Du könntest z. B. Templates zu folgenden Themen entwickeln: Bedienungsanleitungen, Schnellstart Guides, Readme Templates, Installations-Guides, FAQs, Fehlermeldungen, Datenblätter, etc.

STARTER TOOLKIT – DAS BRAUCHST DU, UM LOSZULEGEN

Notebook, Smartphone

SOFTWARE:
- Office: z. B. Microsoft Office oder Google Docs
- Kommunikation: z. B. Skype, WhatsApp, Slack, Gmail
- Website / Webshop: z. B. WordPress oder Shopify
- Schreiben und Publizieren von mehrsprachigen technischen Inhalten: z. B. Adobe Frame Maker
- Erstellung von Inhalten für Leitlinien und Wissensdatenbanken: z. B. Adobe Robo Help oder Madcap Flare

BÜCHER UND TUTORIALS:
- Buch „Pocket Book of Technical Writing for Engineers & Scientists (McGraw-Hill's Best: Basic Engineering Series and Tools)", von Leo Finkelstein
- Buch: „Technical Writing Process: The simple, five-step guide that anyone can use to create technical documents such as user guides, manuals, and procedures", von Kieran Morgan und Ali McCart
- Buch: „Technische Dokumentation: Praktische Anleitungen und Beispiele", von Dietrich Juhl
- Buch: „The Insider's Guide to Technical Writing", von Krista van Laan
- Tutorial: „Technical Writing: Master Your Writing Career. Technical Writing: How to Become a Profitable, Reliable, and Successful Technical Writer", von Joseph Phillips, auf Udemy

Detaillierte Informationen zu Tools und Ressourcen, die dir helfen können, ein ortsunabhängiges Einkommen aufzubauen, findest du auf unserem Blog unter: https://new-work-life.com/portfolio/technischer-redakteur.

> **HIER FINDEST DU WEITERE INFORMATIONEN**

tekom – Deutscher Fachverband für technische Kommunikation: http://www.tekom.de

4.31 TRADER

Als Trader kaufst du in der Regel Aktien zu einem niedrigen Kurs und verkaufst sie zu einem höheren. Die Differenz daraus, abzüglich Steuern, ist dein Gewinn. Du musst aber nicht zwingend mit Aktien handeln, da das Investitionsvolumen hierfür sehr hoch ist. Daher handeln viele Trader lieber mit Derivaten, bei denen das eingesetzte finanzielle Volumen niedriger ist. Dafür ist aber oft auch das Risiko größer. Das gleiche gilt für Währungen und Rohstoffe, die sich ebenfalls über Derivate abbilden lassen. Ein weiteres Trading-Feld ist das Handeln mit Kryptowährungen wie bspw. Bitcoin. Je nachdem, was du traden möchtest, benötigst du unterschiedliche Konten bzw. Depots und Zugänge zu Plattformen. Insbesondere Kryptowährungen lassen sich nur über spezielle Handelsplattformen kaufen und verkaufen.

WAS SIND MÖGLICHE AUFGABEN?
- Märkte analysieren und recherchieren
- Chancen und Risiken einzelner Titel bewerten
- Aktien/Zertifikate/Währungen kaufen und verkaufen
- Nachrichten verfolgen (sowohl Unternehmensnachrichten als auch allgemein, wie z. B. Politik, Wetter)
- Charts analysieren

WELCHE AUSBILDUNG BENÖTIGST DU?
Um als Trader tätig zu werden, bedarf es keiner speziellen Ausbildung. Traden kann eigentlich jeder, der Zugang zum Internet hat und sich einigermaßen mit der Thematik beschäftigt. Allerdings ist Trading nichts, was man einfach so nebenbei machen sollte, da du immer dein Geld investieren

wirst und dementsprechend die Märkte beobachten solltest. Außerdem solltest du dir grundsätzliche betriebswirtschaftliche sowie Kapitalmarktkenntnisse aneignen und verschiedene Methoden wie bspw. Charttechnik lernen. Je mehr du weißt, desto besser ist es und desto höher ist die Wahrscheinlichkeit, dass du gute und erfolgreiche Entscheidungen triffst.

WELCHE FÄHIGKEITEN SOLLTEST DU MITBRINGEN?
- Zahlenverständnis
- Analyse
- Ausdauer
- Risikoaffinität und -bewusstsein
- Vielfältiges Interesse
- Entscheidungsfreude

UNSER ROLEMODEL FÜR DEN BERUF DES TRADERS

Name: Timothy Sykes
Unternehmen: TLC Media LLC
Homepage: https://www.timothysykes.com | https://profit.ly

Timothy ist selbständiger Trader und leitet sein eigenes Unternehmen *TLC Media LLC*. Ursprünglich sollte er Tennisprofi werden. Dieses Vorhaben erlosch jedoch nach einer Ellbogenverletzung, die auch als „Millionen-Dollar-Verletzung" bekannt geworden ist. Anstatt Tennis zu spielen, richtete Timothy infolge der Verletzung sein Augenmerk auf den Aktienmarkt. Er nutzte die rund 12.500 US-Dollar, die er zu seiner Bar Mitzwa bekommen hatte, und investierte sie in Aktien. Noch vor Abschluss der Highschool machte er aus seiner anfänglichen Investition 125.000 US-Dollar und damit einen ordentlichen Gewinn. Als er im College war (er studierte Philosophie auf Bachelor), gründete Timothy einen Hedge Fonds, fand aber schnell heraus, dass Langzeitinvestments nichts für ihn sind. Aufgrund dieser Erkenntnis kehrte er zurück zu seinen Wurzeln, dem Daytrading mit Pennystocks.

Er wiederholte seinen frühen Erfolg und verdiente darüber hinaus noch viel mehr Geld. Irgendwann entschied er, Lehrer zu werden und sein Wissen an andere weiterzugeben. Mittlerweile hat Timothy tausende Schüler auf der ganzen Welt und ist Gründer einer Trading-Community mit mehr als 140.000 Mitgliedern.
Über seine Websites https://www.timothysykes.com und https://profit.ly bietet er verschiedene Mitgliederprogramme an, mit denen er online Geld

verdient. Weitere Details zu Timothys Story findest du hier: https://www.timothysykes.com/about.[54]

WOMIT KANNST DU ORTSUNABHÄNGIG GELD VERDIENEN? – EINIGE IDEEN

Beschäftigungsformen: Du kannst entweder als Freelancer für verschiedene Auftraggeber arbeiten, Angestellter einer Firma sein, die es dir ermöglicht ortsunabhängig zu arbeiten, oder du wirst unternehmerisch tätig. Mögliche Auftrag- / Arbeitgeber sind z. B. Banken, Fonds und Versicherungen. In Kapitel 6 findest du verschiedene Jobportale, die sich auf ortsunabhängiges Arbeiten spezialisiert haben.

Die folgenden Zeilen geben dir ein paar Ideen an die Hand, wie du ortsunabhängig mit diesem Beruf Geld verdienst. Der Abschnitt ist bewusst kurzgehalten, da viele der Ideen bereits in Kapitel 3 angesprochen wurden. Solltest du an der ein oder anderen Stelle den Wunsch nach mehr Inhalt verspüren, blättere einfach nochmal zum Anfang zurück. Nähere Informationen, wie du Themen für Bücher und Online-Kurse findest, erhältst du in Kapitel 5. Schau außerdem gerne auf unserem Blog vorbei, für alle genannten Tools und Ressourcen im Überblick: https://new-work-life.com/portfolio/trader.

Übe deine Kerntätigkeit aus
Du kannst deine Kerntätigkeit als Trader ohne Probleme ortsunabhängig ausüben, denn dein Berufsbild ist virtueller Natur.

Nutze deine Trading-Expertise und trade
Je nach Kapitalvermögen und Know-how kannst du ebenfalls in Anlageklassen wie z. B. Immobilien, Kunst, Oldtimer, etc. investieren und daraus Gewinne erzielen. Dieses impliziert allerdings zumeist einen längerfristigen Anlagehorizont.

Entwickle eine (Mobile) App
Du könntest z. B. eine App kreieren, über die Trading-Interessierte auf Basis von Simulation Trading erlernen können oder aber du baust eine App, über die reales Trading betrieben werden kann. Richte deine App auf

---
[54] Quellen: https://www.timothysykes.com/about und https://www.linkedin.com/in/timothysykes, abgerufen am 03.08.2018.

eine spezielle Zielgruppe aus, wie z. B. junge Erwachsene oder Senioren, um dich von der Konkurrenz abzugrenzen.

Werde Online-Coach und biete virtuelle Coachingstunden an
Coache angehende und etablierte Trader zu Themen wie z. B. Trading Methoden und Strategien, Anlageklassen, Überwindung psychischer Stresssituationen, etc.

Gründe eine Online Academy
Bilde angehende Trader aus, ggf. mit Zertifizierung nach erfolgreichem Abschluss der Academy. Die Zertifizierung könnte als eine Art Gütesiegel dienen, denn für den Beruf als Trader gibt es keine offizielle Ausbildung. In der Academy gibst du deinen Schülern das nötige Rüstzeug an die Hand, damit sie nach ihrer Ausbildung erfolgreich als Trader durchstarten und mit ihren neu erworbenen Kenntnissen Geld verdienen können. Mehr Inspiration zum Thema Trading Academy findest du auf der Website der Online Trading Academy unter https://www.tradingacademy.com.

STARTER TOOLKIT – DAS BRAUCHST DU, UM LOSZULEGEN

Notebook, Smartphone

SOFTWARE:
- Office: z. B. Microsoft Office oder Google Docs
- Kommunikation: z. B. Skype, WhatsApp, Slack, Gmail
- Website / Webshop: z. B. WordPress oder Shopify
- Trading: z. B. Meta Stock, E-Signal, Ninja Trader

BÜCHER UND TUTORIALS:
- Buch: „Daytrading für Beginner", von Investment Academy
- Buch: „Das große Buch der Markttechnik", von Michael Voigt
- Buch: „Daytrading für Einsteiger: Finanzielle Freiheit durch Erfolg an der Börse", von Thomas Dahlmann
- Tutorial: „Stock Trading Ninja: Complete System For Trading Success. A Complete Guide And Comprehensive Strategy For Learning How To Trade", von Frank Bunn, auf Udemy
- Tutorial: „Learn to Trade for Profit: Find and Trade Winning Stocks. Understand and identify stock market trends, find out when and what to trade, learn to use successful trading strategies", von Luca Moschini, auf Udemy

Detaillierte Informationen zu Tools und Ressourcen, die dir helfen können, ein ortsunabhängiges Einkommen aufzubauen, findest du auf unserem Blog unter: https://new-work-life.com/portfolio/trader.

HIER FINDEST DU WEITERE INFORMATIONEN

Vereinigung Technischer Analysten Deutschlands (VTAD):
https://www.vtad.de

4.32 TRAINER FÜR SOFTWAREANWENDUNGEN (IT-TRAINER)

Als IT-Trainer konzipierst und erstellst du Trainingsmaterial und Trainingsprogramme für Informations- und Kommunikationstechnologien. Deine Trainingsprogramme richten sich an Anwender dieser Technologien, zumeist an Mitarbeiter in Unternehmen oder Privatpersonen. Deine Aufgabe ist es, den Anwendern die entsprechende Soft- und/oder Hardware näherzubringen und sie im Umgang damit zu schulen. Zusätzlich zu deinen Fähigkeiten als Trainer solltest du Experte in einem weiteren Bereich mit IT-Bezug wie z. B. Prozessmanagement, Projektmanagement oder in einer IT-Spezialisierung wie SAP sein.

WAS SIND MÖGLICHE AUFGABEN?
- Trainingsbedarfsanalysen durchführen
- Leistungsbewertungen erstellen, um Qualifikationslücken zu identifizieren
- Ausbildungsprogramme entwickeln
- Kurs- und Begleitmaterialien konzipieren und erstellen
- Trainingsprogramme und Lernergebnisse bewerten

WELCHE AUSBILDUNG BENÖTIGST DU?
Um als IT-Trainer zu arbeiten, benötigst du keine vorgegebene Ausbildung. Du kannst den Einstieg hier über viele verschiedene Bereiche, wie z. B. IT, BWL oder auch Geisteswissenschaften schaffen. Empfehlenswert ist eine 6-monatige Weiterbildung zum IT-Trainer. Diese erfolgt in Form eines Selbststudiums und schließt mit einer Zertifizierung ab.

WELCHE FÄHIGKEITEN SOLLTEST DU MITBRINGEN?
- Kommunikationsstärke (verbal wie schriftlich)
- Wissbegierde und Bereitschaft zu lernen
- Methodik und Strukturiertheit
- Geduld
- Gute Präsentationsfähigkeiten

UNSER ROLEMODEL FÜR DEN BERUF DES IT-TRAINERS

Name: Tobi Lijsen
Unternehmen: blenderHilfe.de
Homepage: http://blenderhilfe.de

Tobi ist selbständiger IT Trainer und bietet über seine Website http://blenderhilfe.de Trainings und Tutorials für den Umgang mit der 3D-Grafiksuite „Blender" an. Als Spezialist in Sachen 3D, Gamedesign, Film, VFX und Motion Design verfügt Tobi über mehr als zehn Jahre Berufserfahrung. Er ist zertifizierter Software-Trainer und beherrscht neben Blender eine Vielzahl anderer IT-Programme wie Adobe Photoshop, Gimp, Flash, Illustrator, Inkscape, etc. Tobi verdient Geld online, indem er über seine Website http://blenderhilfe.de Online-Kurse für die Software Blender zum Download und als DVD anbietet. Zudem offeriert er persönlichen 1:1 Support und Training via Videotelefonie. Bei letzterem schult er Blendernutzer im Umgang mit der Software, leistet Hilfestellung bei spezifischen Problemen und beantwortet nutzerspezifische Fragen. Wenn Tobi nicht gerade als IT-Trainer arbeitet, liebt er es, Musik zu machen.[55]

WOMIT KANNST DU ORTSUNABHÄNGIG GELD VERDIENEN? – EINIGE IDEEN

Beschäftigungsformen: Du kannst entweder als Freelancer für verschiedene Auftraggeber arbeiten, Angestellter einer Firma sein, die es dir ermöglicht ortsunabhängig zu arbeiten, oder du wirst unternehmerisch tätig. In Kapitel 6 findest du verschiedene Jobportale, die sich auf ortsunabhängiges Arbeiten spezialisiert haben.

---

[55] Quelle: http://blenderhilfe.de/?page_id=2, abgerufen am 29.08.2018.

Die folgenden Zeilen geben dir ein paar Ideen an die Hand, wie du ortsunabhängig mit diesem Beruf Geld verdienst. Der Abschnitt ist bewusst kurzgehalten, da viele der Ideen bereits in Kapitel 3 angesprochen wurden. Solltest du an der ein oder anderen Stelle den Wunsch nach mehr Inhalt verspüren, blättere einfach nochmal zum Anfang zurück. Nähere Informationen, wie du Themen für Bücher und Online-Kurse findest, erhältst du in Kapitel 5. Schau außerdem gerne auf unserem Blog vorbei, für alle genannten Tools und Ressourcen im Überblick: https://new-work-life.com/portfolio/it-trainer.

Führe bestimmte Kernaufgaben ortsunabhängig aus
Sieh dir die typischen Aufgaben eines IT-Trainers an und überlege dir, welche davon du ortsunabhängig ausüben kannst. Kannst du Kunden virtuell schulen, indem du von virtuellen Klassenräumen und Online-Lernplattformen wie z. B. Moodle.org, ProProfs.com, LearnWorlds.com, Coggno.com und/oder Google Classroom Gebrauch machst? Kannst du ortsunabhängig Lernkonzepte, Lernmaterialien und -systeme entwickeln? Kannst du ortsungebunden Feedback zu deinen Lerninhalten abfragen (z. B. auf Basis von webbasierten Umfragen) und deine Inhalte darauf basierend verbessern? Vermarkte deine Leistungen über eine eigene Website und über Online-Marktplätze wie z. B. Coachfox.com, Coachimo.de, Upwork.com, Freelance.de und Twago.de.

Werde Online-Coach und biete virtuelle Coachingstunden an
Coache andere IT-Trainer zu Themen wie z. B. Selbständigkeit, Bewerbung für eine Festanstellung, Kundenakquise, (online) Vermarktung, virtuelle Trainingsmöglichkeiten, etc.

Werde virtueller Berater
Berate Hersteller von Software zu ihren Produkten. Als IT-Trainer kennst du die Produkte der Hersteller wie „deine eigene Westentasche". Du kennst die Vor-, aber auch die Nachteile der Produkte. Du weißt, wo Schwachstellen liegen und wie man diese, zumindest aus Nutzersicht, beheben kann. Zudem kennst du die Anwender der Produkte und kannst Herstellern wertvolle Informationen zu den Käufern ihrer Produkte liefern. Mit dieser Art von Erfahrungsfundus kannst du Hersteller optimal zu ihren Produkten beraten.

Entwickle Trainingsmaterial und Trainingsprogramme
Mögliche Materialien könnten z. B. sein: Bedienungsanleitungen, Schritt-für-Schritt Guides, Quickstart Anleitungen, Erste Hilfe Guides,

Helpcenter, FAQ Dokumente, Quizze und Spiele, allgemeine und spezifische Tutorial-Videos, etc. zur Installation und zum Umgang mit bestimmter Software oder anderen Technologien, auf die du dich spezialisiert hast.

Entwickle und verkaufe Online-Kurse
Du könntest z. B. einen Kurs zur Schulung bestimmter Softwareprogramme entwickeln. Wenn du dich auf Privatpersonen als Zielgruppe für deinen Kurs fokussierst, solltest du eine Software wählen, die häufig von Privatpersonen genutzt wird. Ziehe hier ggf. auch Freeware bzw. Open Source Software in Betracht, denn für diese Art Software gibt es kein professionelles Material von Herstellern. Wenn dein Kurs sich an Unternehmen bzw. Mitarbeiter von Unternehmen richtet, dann wähle Software aus, die überwiegend in Unternehmen im Einsatz ist, z. B. SAP. Alternativ könntest du einen Kurs kreieren, der sich an Trainer richtet. In diesem Kurs könntest du Trainingsgrundlagen, Trainingsmethoden, Pädagogik, etc. unterrichten.

STARTER TOOLKIT – DAS BRAUCHST DU, UM LOSZULEGEN

Notebook, Smartphone

SOFTWARE:
- Office: z. B. Microsoft Office oder Google Docs
- Kommunikation: z. B. Skype, WhatsApp, Slack, Gmail
- Website / Webshop: z. B. WordPress oder Shopify
- Organisation: z. B. Evernote
- Cloudbasierte Datenspeicherung: z. B. Dropbox oder Google Drive
- Virtuelles Klassenzimmer: z. B. Google Classroom
- eLearning: Moodle (kostenlos), Adobe Captivate, ProProfs oder LearnWorlds

BÜCHER UND TUTORIALS:
- Buch: „Design for How People Learn", von Julie Dirksen
- Buch: „150 kreative Webinar-Methoden. Kreative und lebendige Tools und Tipps für Ihre Live-Online-Trainings", von Zamyat M. Klein
- Buch: „101 e-Learning Seminarmethoden. Methoden und Strategien für die Online- und Blended-Learning-Seminarpraxis", von Hartmut Häfele und Kornelia-Maier-Häfele
- Templates: Faster Course: https://fastercourse.com

- Templates: E-Learning (kostenlos): https://elearning.net/free-elearning-templates

Detaillierte Informationen zu Tools und Ressourcen, die dir helfen können, ein ortsunabhängiges Einkommen aufzubauen, findest du auf unserem Blog unter: https://new-work-life.com/portfolio/it-trainer.

HIER FINDEST DU WEITERE INFORMATIONEN

Deutscher Verband für Coaching und Training e.V. - dvct e.V.: https://www.dvct.de

4.33 UX-DESIGNER

Als UX-Designer bist du an der Entwicklung von Websites und Software für bestimmte Zielgruppen und Endbenutzer beteiligt. UX steht für User Experience. Deine Rolle besteht darin, sicherzustellen, dass die „User Experience" derer, die die Websites oder Anwendungen nutzen, so effizient und gut wie möglich ist. Zudem stellst du sicher, dass die Anwendungen für technisch weniger begabte Menschen sinnvoll sind.

WAS SIND MÖGLICHE AUFGABEN?
- Nutzerverhalten auf einer Website / innerhalb einer Applikation oder Mobile App analysieren und User Studies durchführen
- Websites, Mobile Apps und Software bzgl. ihrer Nutzerfreundlichkeit analysieren
- Konzepte für UX-Design entwickeln, um optimale User Experience zu erzielen
- Wireframes, Prototypen, Mockups und Flowcharts vom Ziel-UX-Design anfertigen
- Websites, Mobile Apps und Software re-designen, um sie responsiver zu machen
- Usability-Tests der eigenen Designs durchführen (lassen)

WELCHE AUSBILDUNG BENÖTIGST DU?
Um als UX-Designer zu arbeiten, benötigst du nicht zwingend eine spezielle Ausbildung. Derzeit gibt es nur einen Studiengang an der Technischen

Hochschule Ingolstadt. Ein Studium im Design-Bereich ist keine zwingende Voraussetzung, hauptsächlich gilt „learning by doing". Mit einigen Jahren Berufserfahrung als Webdesigner, Webdeveloper oder Programmierer hast du aber sehr gute Voraussetzungen dafür und kannst den Quereinstieg wagen.

WELCHE FÄHIGKEITEN SOLLTEST DU MITBRINGEN?
- Problemlösungsorientiertheit
- Sehr gutes visuelles Bewusstsein
- Kommunikationsstärke
- Kreativität
- Detailorientierung

UNSER ROLEMODEL FÜR DEN BERUF DES UX-DESIGNERS

Name: Daniel Lauding
Unternehmen: Daniel Lauding
Homepage: http://daniellauding.se
Kontakt: daniel@lauding.se |
Instagram: daniellauding

Daniel ist Schwede, aber in der Welt zu Hause. Als digitaler Nomade bietet er seine Dienste als selbständiger UX- & UI-Designer an. Seit kurzem ist er auch Mitbegründer eine Fintech Startups für das er sich aktuell des Öfteren in Stockholm aufhält. Allerdings plant er sein Produktteam remote aufzustellen, so dass er wieder reisen kann.

Daniel ist grundsätzlich ein Autodidakt und ist bereits seit seinem 12. Lebensjahr als Frontend-Entwickler und Designer tätig. Er hat früh angefangen mit Adobe Photoshop zu arbeiten und sich via Hyper Island fortgebildet. Wobei sein Fokus dabei mehr auf den Themen Kommunikation und Teamfähigkeit lag. In der Vergangenheit hat Daniel unter anderem als Product Design Consultant bei Spotify in Stockholm, Schweden, gearbeitet.

Freunde und Familie bezeichnen Daniel als geselligen und aufgeschlossenen Menschen, der immer in Bewegung ist und sich fragt, wo er als nächstes hinreisen wird. Zudem haben sie den Eindruck, dass er ständig an neuen, interessanten Projekten arbeitet.

INTERVIEW MIT DANIEL LAUDING IN SEINER ROLLE ALS UX-DESIGNER

Wie verdienst du dein Geld als Remote Worker?
Ich verdiene Geld, indem ich Startups und Softwarefirmen meine Dienste als UX- & UI-Designer anbiete. Ich helfe auch bei der Erstellung von Prototypen und fertige Styleguides für Entwickler an.

Wie hast du deine ersten Kunden gefunden, mit denen du remote zusammengearbeitet hast?
Als ich in die weiterführende Schule ging und Computerspiele (Counter Strike) spielte, habe ich einige Leute kennengelernt, die anfingen, Online-Geschäfte aufzubauen. Aber mein erster Remote-Vertrag kam durch einen früheren Arbeitgeber aus Amsterdam, den ich als Kunden behalten habe, nachdem ich Amsterdam verlassen hatte.

Wie findest du neue Kunden?
Aufträge finde ich über mein Netzwerk und durch Communities wie Linkedin, Twitter und Dribbble.

Was war deine Motivation, ortsunabhängig zu arbeiten?
Ich erinnere mich noch daran, als ich das erste Mal mit einem Flugzeug geflogen bin. Das war ziemlich spät. Ich war bereits 22 jahre alt, wenn ich mich korrekt erinnere. Jedenfalls war ich davon total begeistert und wollte das öfter erleben. Während meines Studiums war ich bereits selbständig tätig und fand schnell heraus, dass ich meine Arbeit von überall in der Welt aus erledigen kann. Doch bevor ich Vollzeit-Freelancer und Nomade wurde, habe ich, im Rahmen eines Projektes, noch für einen Monat in Singapur gearbeitet. Danach habe ich den Sprung ins ortsunabhängige Arbeitsleben gewagt.

Wie hast du deine Remote-Karriere begonnen? Gab es irgendwelche Tools, die dir dabei geholfen haben, ortsunabhängig zu arbeiten?
Für mich war das Wichtigste, keine Angst zu haben, wenn man eine bestimmte Fähigkeit nicht hat. Der Schlüssel ist, dass man die Dinge tut, learning by doing. Das gilt für viele Dinge, sowohl für das Design als auch für das normale Leben.

Was waren deine größten Herausforderungen, um ein Remote-Einkommen zu generieren und wie hast du diese bewältigt?

Die schwierigste und größte Herausforderung für mich war, mit wenig Wissen in Wirtschaft und Finanzen und Steuern als Selbständiger zu starten und zu verstehen, wie viel man tatsächlich verdienen kann (stündlich/monatlich/...). Mein Rat hier ist, sich einen Buchhalter zu holen oder zumindest einen erfahrenen Sparringspartner.

Wie sieht ein normaler Arbeitstag in deinem Leben als Remote Worker aus? Hast du eine tägliche Routine?

Mein Arbeitstag hängt stark davon ab, in welcher Lebensphase und an welchem Ort ich mich gerade befinde. Meistens sieht es so aus, dass ich um 8 Uhr morgens aufstehe und einen Kaffee trinke. Ab 8:30 Uhr gehe ich für eine Stunde laufen oder mache einen Power Walk. Gegen 10 Uhr gehe ich in ein Café, arbeite meine Slack-Chats und E-Mails ab und plane meine Woche bzw. meinen Tag. Normalerweise beginne ich dann auch mit der Arbeit und versuche mir die Zeit mittels Time Boxing so effizient wie möglich einzuteilen. Gegen 12 Uhr gehe ich Mittagessen oder nehme einen kleinen Snack zu mir. Um 13 Uhr mache ich dann Sport und von 14:30 bis 17 Uhr konzentriere ich mich auf produktive Arbeit. Die restliche Zeit des Tages nutze ich für private Unternehmungen. Während dieser Zeit fallen mir häufig Lösungen und Ideen ein, die ich am nächsten Tag nutzen kann.

Was sind die Vor- und Nachteile ortsunabhängiger Arbeit aus deiner Sicht?

Für mich sind die größten Vorteile, dass ich mich auf Reisen besser motivieren kann und dass ich meinen Zeitplan und meine Arbeitsabläufe selbst gestalten kann. Normalerweise, wenn ich das Gefühl habe, dass ich arbeiten muss, plane ich, irgendwohin zu reisen und während dieser Zeit ein Airbnb zu mieten. Das gibt mir eine Art Frist. Danach belohne ich mich in der Regel mit einem neuen Reiseziel.
Nachteile sind meist ein Mangel an Kollegen, mit denen man sich treffen kann. Und an manchen Orten ist das WiFi schlecht.

Last but not least: Hast du noch weitere hilfreiche Tipps für unsere Leser?

Versuche immer auf dem neuesten Stand der Technik zu sein. Es gibt immer wieder neue Technologien, Methoden und Tools, die man erlernen muss, um vorne dabei zu sein. Die Branche ist unwahrscheinlich schnelllebig und es gibt sehr viele gute Talente auf dem Markt. Außerdem macht das ortsunabhängige Arbeiten viel mehr Spaß, wenn man eine Sache richtig gut kann.

Zudem ist es wichtig, Kontakte zu knüpfen und sich ein Netzwerk aufzubauen. Dafür bietet es sich an, an Veranstaltungen, Konferenzen, und Meetups teilzunehmen und auch andere Digitalnomaden kennenzulernen, z. B. durch WiFi Tribe, die Nomad Cruise oder andere Events.

WOMIT KANNST DU ORTSUNABHÄNGIG GELD VERDIENEN? – EINIGE IDEEN

Beschäftigungsformen: Du kannst entweder als Freelancer für verschiedene Auftraggeber arbeiten, Angestellter einer Firma sein, die es dir ermöglicht ortsunabhängig zu arbeiten, oder du wirst unternehmerisch tätig. Mögliche Arbeit- / Auftraggeber sind z. B. Agenturen für digitale Medien, Web Development Agenturen, Finanzdienstleister, Handelsunternehmen, Telekommunikationsanbieter, etc. In Kapitel 6 findest du verschiedene Jobportale, die sich auf ortsunabhängiges Arbeiten spezialisiert haben.

Die folgenden Zeilen geben dir ein paar Ideen an die Hand, wie du ortsunabhängig mit diesem Beruf Geld verdienst. Der Abschnitt ist bewusst kurzgehalten, da viele der Ideen bereits in Kapitel 3 angesprochen wurden. Solltest du an der ein oder anderen Stelle den Wunsch nach mehr Inhalt verspüren, blättere einfach nochmal zum Anfang zurück. Nähere Informationen, wie du Themen für Bücher und Online-Kurse findest, erhältst du in Kapitel 5. Schau außerdem gerne auf unserem Blog vorbei, für alle genannten Tools und Ressourcen im Überblick: https://new-work-life.com/portfolio/ux-designer.

Übe deine Kerntätigkeit aus

Du kannst deine Kerntätigkeit als UX-Designer ohne Probleme ortsunabhängig ausüben, denn dein Berufsbild ist (zumindest in Teilen) virtueller Natur.

Erweitere dein Leistungsspektrum

Als UX-Designer bist du in der Lage, systematisch Kundendaten von Unternehmen zu erheben und zu analysieren, da du diese als Grundlage für deine UX-Designs benötigst. Mach dir diese Fähigkeit zunutze und biete diese Leistung unabhängig von deiner Leistung als Designer an. Du könntest für externe Auftraggeber z. B. Umfragen zum Käuferverhalten konzipieren und auswerten, ohne dass im Nachgang zwangsläufig eine Designleistung von dir erfolgen muss. Oder du hilfst Auftraggebern durch deine Datenerhebungs- und Analysekompetenz bei bestimmten Marketingentscheidungen weiter.

Designe Website Themes und Templates für Content Management Systeme
Biete deine Designs über eine eigene Website und/oder über entsprechende Online-Marktplätze zum Verkauf an. Folgende Marktplätze könnten für dich u. a. von Interesse sein: Envato Market, Creative Market, Mojo Marketplace und ThemeSnap.

Gestalte Grafiken, Designs, Icons, Vektoren, etc.
Verkaufe sie online über eine eigene Website und/oder über Stockplattformen wie z. B. Shutterstock, Adobe Stock, iStock, Alamy, und 123rf. Zusätzlich kannst du auch Vorlagen für z. B. InDesign, Illustrator oder Adobe Photoshop, etc. entwerfen und diese über die oben genannten Kanäle zum Verkauf anbieten. Stockplattformen sind Online-Marktplätze, auf denen verschiedene Anbieter Produkte wie Fotos, Bilder, Vektoren, Videos, Audiodateien, Computercode, etc. anbieten. Die erbrachten Produkte werden dabei „auf Lager" produziert, d. h. sie entstehen ohne Beauftragung. Die Produkte auf Stockplattformen können vom Käufer gegen Zahlung einer Lizenzgebühr für vielseitige Zwecke, z. B. für den Einsatz in Film, TV, Radio, etc. eingesetzt werden.

Gründe eine Online Academy
Bilde angehende UX-Designer aus, ggf. mit Zertifizierung nach erfolgreichem Abschluss der Academy. Die Zertifizierung könnte als eine Art Gütesiegel dienen, denn für den Beruf als UX Designer gibt es keine offizielle Ausbildung. In der Academy gibst du deinen Schülern das nötige Rüstzeug an die Hand, damit sie nach ihrer Ausbildung erfolgreich als UX-Designer durchstarten und mit ihren neu erworbenen Kenntnissen Geld verdienen können.

Entwickle und verkaufe Online-Kurse
Wie wäre es z. B. mit einem Kurs zu bestimmter Software, die du für deine Arbeit als UX Designer nutzt? Du könntest eine Software vorstellen und anhand von Praxisbeispielen erklären, wie sie funktioniert. Alternativ könntest du einen Kurs entwickeln, der aufzeigt, wie Nutzerdaten erhoben und ausgewertet werden.

Werde Agent
Bring suchende Unternehmen mit qualifizierten Performance Marketern (aus deinem Netzwerk) zusammen. Verlange dafür eine Provision vom suchenden Unternehmen und/oder dem vermittelten Performance Marketer. Die digitale Welt ist für viele Unternehmen (gerade Mittelständler) immer noch neu. Dementsprechend fehlt diesen Unternehmen das Netzwerk an Branchenexperten. Der Beruf UX-Designer ist nicht geschützt, daher kannst du als vermittelnder Agent sicherstellen, dass ein suchendes Unternehmen an einen qualifizierten Experten gelangt.

STARTER TOOLKIT – DAS BRAUCHST DU, UM LOSZULEGEN

Notebook, Smartphone, Stifte, Zeichenpapier oder Sketchbuch

SOFTWARE:
- Office: z. B. Microsoft Office oder Google Docs
- Kommunikation: z. B. Skype, WhatsApp, Slack, Gmail
- Website / Webshop: z. B. WordPress oder Shopify
- Projektmanagement: z. B. Trello
- User Analyse und Usability-Testing: z. B. App Annie, Survey Monkey, Silverback
- Wireframing, Mockups und Prototyping: z. B. Balsamiq, InVision, Axure, OmniGraffle

BÜCHER UND TUTORIALS:
- Buch: „Praxisbuch Usability und UX: Was jeder wissen sollte, der Websites und Apps entwickelt - Bewährte Methoden praxisnah erklärt", von Jens Jacobsen und Lorena Meyer
- Buch: „Lean UX: Designing Great Products with Agile Teams", von Jeff Gothelf und Josh Seiden
- Buch: „Bottlenecks: Aligning UX Design with User Psychology", von David C. Evans
- Tutorial: „UX & Web Design Master Course: Strategy, Design, Development. Learn how to apply User Experience (UX) principles to your website designs, code a variety of sites, and increase sales!", von Joe Natoli, auf Udemy

Detaillierte Informationen zu Tools und Ressourcen, die dir helfen können, ein ortsunabhängiges Einkommen aufzubauen, findest du auf unserem Blog unter: https://new-work-life.com/portfolio/ux-designer.

HIER FINDEST DU WEITERE INFORMATIONEN

German UPA e.V.: https://www.germanupa.de

4.34 VERSICHERUNGSMAKLER

Als Versicherungsmakler vermittelst du Versicherungsprodukte zwischen deinen Kunden und Versicherungsgesellschaften. Dabei setzt du dein Wissen ein, um Kunden die bestmöglichen Lösungen für ihre Wünsche und Bedürfnisse zu präsentieren. Als unabhängiger Versicherungsmakler kannst du deinen Kunden Produkte (unterschiedlicher) Versicherungsgesellschaften anbieten, während du als Versicherungsvertreter (= Vertreter einer bestimmten Versicherung) ausschließlich die Produkte deines Auftraggebers vertreibst.

WAS SIND MÖGLICHE AUFGABEN?

- Informationen von Kunden einholen, um Versicherungsbedürfnis zu evaluieren
- Risikoprofile von Kunden bewerten
- Kunden beraten
- Konditionen mit Versicherungsgesellschaften verhandeln
- Angebote kalkulieren

WELCHE AUSBILDUNG BENÖTIGST DU?

Um als Versicherungsmakler zu arbeiten musst du entweder eine duale Ausbildung zum Kaufmann für Versicherung, ein (duales) Studium im Bereich Versicherung, eine Weiterbildung zum Fachwirt für Versicherung oder eine Sachkundeprüfung bei der IHK absolvieren.

WELCHE FÄHIGKEITEN SOLLTEST DU MITBRINGEN?

- Kommunikationsstärke (verbal und schriftlich)
- Empathie
- starke Problemlösungs- und analytische Fähigkeiten
- Strukturiertheit
- Präsentationsgeschick

UNSER ROLEMODEL FÜR DEN BERUF DES VERSICHERUNGSMAKLERS

Name: Kate Yanov
Unternehmen: Property Protect
Homepage: https://www.mypropertyprotect.com

Kate ist selbständig in der Versicherungsbranche mit ihrer Firma *Property Protect*. Ihre Firma ist ein sog. InsurTech-Unternehmen, das automatisierte Versicherungspolicen für Vermieter von Ferienwohnungen und Airbnbs anbietet. Bevor Kate ihre Firma gegründet hat, absolvierte sie ein Marketingstudium und arbeitete als Marketing Direktor für verschiedene Unternehmen in den USA. Seit 2013 (bis einschließlich heute) hat sie ihre Homebase auf Hawaii, ist jedoch viel unterwegs. Man findet Kate in Co-working Spaces rund um den Globus.

Auf die Frage, wie Freunde und Familie sie als Person beschreiben würden, antwortet Kate: „Sie würden sagen, dass ich eine Visionärin bin, die neue Geschäftsideen aufgreift und sie in laufendes Business verwandelt, dass ich voller positiver Energie, Enthusiasmus und ein großer Befürworter von Unternehmenskultur bin und dass ich ohne Schokoladen-Donuts und Redbull nicht arbeiten kann."

Zum Zeitpunkt des Interviews ist sie gerade in Singapur.

INTERVIEW MIT KATE YANOV VON PROPERTY PROTECT

Wie bist du auf die Ideen für dein Produkt gekommen? Hast du eine bestimmte Methodik verfolgt?

Während meiner Zeit auf Hawaii habe ich genug Geld angespart, um mir eine Renditeimmobilie auf der Insel kaufen zu können. Von Beginn an hatte ich den Plan, diese über Airbnb zu vermieten. In der Vergangenheit hatte ich bereits Erfahrung als Airbnb Gastgeberin gesammelt und war so bestens aufgestellt. Mit den Jahren habe ich so manches Horrorszenario miterlebt. Beschädigung durch Gäste – ungewollt und absichtlich. Ich suchte nach einer Möglichkeit, wie ich mich schützen könnte und realisierte, dass es am Markt keine erschwingliche Versicherungslösung für Gastgeber gab. Infolgedessen stellte ich umfangreiche Recherchen an und durchforstete die gesamte Versicherungsbranche auf der Suche nach potenziellen Lösungen. Nichts! Kurzentschlossen schloss ich mich mit ein paar Freunden zusammen (Experten in der Versicherungsbranche) und gründete Property Protect: eine automatisierte digitale Versicherungslösung, mit der Hosts ihr Eigentum für 4 US-Dollar pro Nacht vor Schaden schützen können. Das Unternehmen wächst und gedeiht seit seiner Gründung jeden Tag mehr und mehr. Künftig wollen wir unser Versicherungsprodukt-Portfolio ausbauen und in weitere Märkte vordringen.

Wie hast du deine ersten Kunden gefunden, mit denen du remote zusammengearbeitet hast?
Ich habe angefangen, Online-Kanälen und -Gruppen zu folgen, von denen ich wusste, dass sich dort meine Kunden tummeln. Viele Airbnb-Gastgeber und Eigentümer sind Mitglieder bestimmter Facebook-Gruppen und posten in diesen regelmäßig ihre Erfahrungen und Sorgen mit der Kurzzeitvermietung von Immobilien. Nachdem ich ebenfalls Mitglied dieser Gruppen geworden war, begann ich, mich an den Konversationen zu beteiligen und hier und da mein Produkt als Hilfestellung beiläufig zu erwähnen, jedoch nicht nach der typischen Verkäuferart, sondern subtiler.

Was war deine Motivation, ortsunabhängig zu arbeiten?
Ich saß in meinem Büro im Silicon Valley und arbeitete für eine wirklich coole Firma. Aus irgendeinem Grund war das allerdings nicht genug für mich. Ich verdiente zwar mehr Geld als je zuvor, hatte ein etabliertes Team, das ich selbst eingestellt hatte, dennoch wusste ich, dass, wenn ich diesen Job weitere fünf Jahre mache, würde ich irgendwann realisieren, dass mein Leben nicht erfüllt ist. Also flog ich zusammen mit meiner Schwester über Weihnachten nach Hawaii. Ich verliebte mich in die Insel und entschied dorthin umzusiedeln (mit oder ohne meinen Job) und anzufangen, einen neuen Lebensplan zu entwerfen. Bevor ich meinem Chef von meinen Umzugsplänen erzählte, schaute ich mich auf der Plattform Craiglist nach einem Online-Job um, den ich von Hawaii aus machen könnte und der meine Rechnungen zahlen würde. Ich fand einen Online-Marketing Job auf Teilzeitbasis. Mit diesem Job in der Tasche, ging ich zu meinem Chef und erzählte von meinen Plänen. Zu meiner Überraschung hatte mein Chef nichts gegen meinen Umzug einzuwenden (ich hatte einen wirklich coolen Chef) und erlaubte mir, remote von Hawaii aus für die Firma zu arbeiten. Dies habe ich für 2,5 Jahre getan und dann entschieden, mich als remote Marketingberaterin selbständig zu machen. Ab und an nehme ich auch heute noch Beratungsmandate entgegen und blicke auf zufriedene Kunden. Meine Kunden wissen, dass ich mich oft in verschiedenen Zeitzonen aufhalte, wenn wir sprechen, und hatten noch nie ein Problem mit

der Tatsache, dass ich nicht vor Ort bin. Die Zusammenarbeit zwischen uns funktioniert reibungslos!

Was waren deine größten Herausforderungen, um ein Remote-Einkommen zu generieren und wie hast du diese bewältigt?

Neben der Herausforderung, meine Kunden dazu zu bringen, ihre Rechnungen (pünktlich) zu zahlen, besteht meine größte Herausforderung im Umgang mit Online-Bezahldiensten und Banking. Leider gibt es heutzutage noch keine globalen Bankkonten für digitale Nomaden wie mich. Banking ist daher oft schwierig. Glücklicherweise wird der Anbieter Transferwise.com diese Lücke bald schließen und ein globales Bankkonto auf den Markt bringen. Es lohnt sich, diesbezüglich auf dem Laufenden zu bleiben.

Wie sieht ein normaler Arbeitstag in deinem Leben als Remote Worker aus? Hast du eine tägliche Routine?

Bei mir geht es zuweilen ziemlich chaotisch zu. Ich bin Frühaufsteher und fange gleich nach dem Aufstehen um 4:30 oder 5:00 Uhr an, meine geschäftlichen E-Mails zu beantworten, die mich aus verschiedenen Teilen der Welt erreichen. Mein Terminkalender folgt keiner Routine, sondern ist sehr flexibel. Ich springe zwischen Gesprächen mit meinem Development Team in Übersee, Airbnb-Gästekommunikation und virtuellen Kundenmeetings hin und her. Meine Tage sind nie gleich und mein Terminkalender grenzt an Chaos. Für einige mag dies ein Graus sein, ich persönlich liebe dieses ordentlich Unordentliche. Vor kurzem habe ich eine virtuelle Assistentin eingestellt, die mir dabei hilft, meinen Zeitplan einzuhalten und Dinge vorwärts zu bringen. Ihr Name ist Kristine und sie arbeitet ebenfalls remote – von den Philippinen aus.

Was meinen Arbeitsort anbelangt, so arbeite ich gerne von Coworking Spaces aus oder von meiner Homebase in Hawaii.

Was sind die Vor- und Nachteile ortsunabhängiger Arbeit aus deiner Sicht?

Die Möglichkeit nach seinem eigenen Rhythmus arbeiten zu können, ist einer der größten Vorteile von Remote-Arbeit. Wer auch immer die Arbeitszeit von 9 Uhr morgens bis 17 Uhr abends erfunden hat, sollte vielleicht dieses Konzept nochmal überdenken. Ich persönlich habe am (frühen) Morgen (5:00 – 10:00 Uhr) und am späten Abend bzw. nachts (21:00 – 0:00 Uhr) meine kreativen Phasen und kann dann am besten arbeiten. In meinem alten Bürojob war ich in der Zeit von 14:00 bis 17:00

Uhr regelmäßig ziemlich unbrauchbar – sorry frühere Arbeitgeber! Ich kann nichts dafür, so funktioniert mein Körper nun einmal.

Der für mich größte Vorteil von Remote-Arbeit ist jedoch die Standortunabhängigkeit. Ich war noch nie ein Fan des „Facetime"-Konzepts, bei dem man präsent sein muss, um produktiv zu sein. Ich habe sogar einen Instagram-Account mit dem Benutzernamen @iworkwhiwant (ich arbeite, wo ich will) eröffnet als kleinen rebellischen Akt, um zu beweisen, dass man genauso produktiv (oder sogar produktiver) in einem Coworking Space auf Bali sein kann wie in einem klassischen Büro.

Ein weiterer Vorteil ortsunabhängiger Arbeit ist, mit Teammitgliedern und Menschen auf der ganzen Welt zusammenzuarbeiten, statt nur mit Menschen in der eigenen Zeitzone. Moderne Technik macht es möglich.

Zu den Nachteilen: Zeitzonen sind definitiv eine Herausforderung. Wer hat sie nur erfunden? Man muss wirklich eine ordentliche Portion Motivation mitbringen, um aus verschiedenen Zeitzonen heraus remote zu arbeiten. Es kann z. B. sein, dass du morgens in der Früh um 2 Uhr aufstehen musst, weil du einen Anruf entgegennehmen musst. Remote-Arbeit erfordert Motivation und Hingabe. Es mag sein, dass man an manchen Tagen länger schläft und den ganzen Tag in Pyjamas arbeitet. Die Frage ist jedoch: Bekommst du dann all die Dinge, die zu erledigen sind, gebacken? Es ist nicht immer einfach, morgens aufzustehen und in den täglichen Arbeitsmodus zu finden und manchmal sogar am Wochenende oder spät in der Nacht arbeiten zu müssen, wenn die Zeitzone ungünstig ist. Aus diesem Grund sollte man darauf achten, etwas zu tun, das man wirklich liebt. Ist dies nicht der Fall, wirst du diesen Lifestyle nicht lange durchhalten.

Last but not least: Hast du noch weitere hilfreiche Tipps für unsere Leser?

Mein Tipp lautet ganz klar: REISEN! Geh raus und schau dir die Welt an, jetzt! Sieh dir an, wie andere Leute arbeiten und lerne von ihnen. Guck (anderen) Unternehmern über die Schulter, während sie Neues erschaffen und Innovationen auf den Markt bringen. Starte z. B. in Südostasien. Hier ist es günstig und du kommst mit wenig Geld aus. Wenn du aus irgendeinem Grund mit deiner Idee scheitern solltest, bleibt genug Zeit, um von vorne anzufangen. Das ist das Tolle am digitalen Zeitalter, in dem wir leben.

WOMIT KANNST DU ORTSUNABHÄNGIG GELD VERDIENEN? – EINIGE IDEEN

Beschäftigungsformen: Du kannst als Freelancer für verschiedene Auftraggeber arbeiten oder du wirst unternehmerisch tätig. Bist du bei einem Versicherungsunternehmen angestellt, bist du Versicherungsvertreter, denn du vertreibst ausschließlich die Produkte deines Arbeitgebers. In Kapitel 6 findest du verschiedene Jobportale, die sich auf ortsunabhängiges Arbeiten spezialisiert haben.

Die folgenden Zeilen geben dir ein paar Ideen an die Hand, wie du ortsunabhängig mit diesem Beruf Geld verdienst. Der Abschnitt ist bewusst kurzgehalten, da viele der Ideen bereits in Kapitel 3 angesprochen wurden. Solltest du an der ein oder anderen Stelle den Wunsch nach mehr Inhalt verspüren, blättere einfach nochmal zum Anfang zurück. Nähere Informationen, wie du Themen für Bücher und Online-Kurse findest, erhältst du in Kapitel 5. Schau außerdem gerne auf unserem Blog vorbei, für alle genannten Tools und Ressourcen im Überblick: https://new-work-life.com/portfolio/versicherungsmakler.

Führe bestimmte Kernaufgaben ortsunabhängig aus
Sieh dir die typischen Aufgaben eines Versicherungsmaklers an und überlege dir, welche davon du ortsunabhängig ausüben kannst. Kannst du Kunden virtuell beraten, indem du von Kommunikations- und Kollaborationsmedien wie Videotelefonie (z. B. Skype), Web-Konferenz (z. B. FreeConferenceCall), Desktop Sharing (z. B. Skype), Chat (z. B. Slack), E-Mail (z. B. Gmail) Gebrauch machst? Kannst du ortsunabhängig Angebote für deine Kunden kalkulieren und ihnen diese digital (z. B. per E-Mail) zukommen lassen? Um dein Angebot von der Konkurrenz abzugrenzen, könntest du dich z. B. auf digitale Nomaden bzw. ortsunabhängig lebende Menschen als Zielgruppe fokussieren. Vermarkte deine Leistungen über eine eigene Website und über Social Media.

Bau eine webbasierte Plattform
Darüber können Versicherte und Versicherungsinteressierte eigenständig ihre bestehenden Versicherungsverträge prüfen und bei Bedarf neue Verträge abschließen. Um dies zu ermöglichen, musst du auf der Plattform entsprechende Versicherungsrechner und Antragsformulare zur Verfügung stellen und im Hintergrund Versicherungsdaten unterschiedlicher Versicherungsunternehmen beziehen. Wenn Versicherte und Versicherungsinteressierte

auf deine Online-Plattform kommen, werden sie automatisch durch die unterschiedlichen Vergleichs- und Antragsprozesse durchgeführt und erhalten entsprechende Informationen zu ihrem Vorhaben. Monetarisieren könntest du die Plattform, indem du den angebundenen Versicherungsunternehmen bei Abschluss einer neuen Versicherung eine Vermittlungsgebühr in Rechnung stellst. Für mehr Inspiration zum Thema schau dir die Plattform vom Unternehmen Moneymeets.com an. Entwickler zur technischen Umsetzung der Plattform findest du z. B. auf Upwork.com, Freelancer.com oder Twago.de.

Entwickle und verkaufe Online-Kurse

Wie wäre es z. B. mit einem Kurs, der die Excel-Skills von Versicherungsmaklern schult („Excel für Versicherungsmakler")? Oder du erstellst einen Kurs, der Versicherungsmakler in Sachen Social Media-Marketing fit macht („Facebook-Marketing für Versicherungsmakler – So erreichst du deine Zielgruppe und schließt neue Versicherungen ab"). Alternativ könntest du auch einen Kurs machen, der Privatpersonen dabei hilft, die für sie richtigen Versicherungsverträge abzuschließen („Die richtige XY-Versicherung finden – Erfahre, worauf du im Versicherungsvertrag achten musst und wie du ihn richtig liest").

Schreibe ein eBook

Finde ein Thema, das dich interessiert und für das Nachfrage besteht. Schreibe z. B. ein Buch, in dem du anderen Versicherungsmaklern erklärst, wie sie ihre Versicherungen mithilfe digitaler Medien ortsunabhängig verkaufen können. Oder du machst dir über neue Geschäftsmodelle im Versicherungsbereich Gedanken und schreibst darüber ein Buch („Die Versicherungsbranche im 21. Jahrhundert – Technologien, Trends und neue Geschäftsmodelle"). Wie genau du Themen findest, kannst du im Kapitel 5 nachlesen.

STARTER TOOLKIT – DAS BRAUCHST DU, UM LOSZULEGEN

Notebook, Smartphone

SOFTWARE:
- Office: z. B. Microsoft Office oder Google Docs
- Kommunikation: z. B. Skype, WhatsApp, Slack, Gmail
- Website / Webshop: z. B. WordPress oder Shopify

BÜCHER UND TUTORIALS:
- Buch: The Digital Life Insurance Agent: How to Market Life Insurance Online and Sell Over the Phone von Jeff Root

Detaillierte Informationen zu Tools und Ressourcen, die dir helfen können, ein ortsunabhängiges Einkommen aufzubauen, findest du auf unserem Blog unter: https://new-work-life.com/portfolio/versicherungsmakler.

HIER FINDEST DU WEITERE INFORMATIONEN

Verband Deutscher Versicherungsmakler: https://vdvm.de
BVVB Bundesverband der Versicherungsberater e.V., http://www.bvvb.de

4.35 VIRTUELLE ASSISTENZ

Als virtuelle Assistenz kümmerst du dich um administrative, technische und/oder kreative Tätigkeiten, die dir von einem Auftraggeber (z. B. Unternehmen und Freiberufler) übertragen werden. Bedingung der Zusammenarbeit ist, dass die übertragenen Tätigkeiten ortsunabhängig ausgeübt werden können. Mögliche Aufgaben können z. B. sein: Korrespondenz, Terminorganisation und Reiseplanung, aber auch Grafikarbeiten, Bildbearbeitung und Websitepflege. Das Aufgabenspektrum ist breit gefächert.

WAS SIND MÖGLICHE AUFGABEN?
- Recherchearbeiten
- Termine planen
- Reisen und Events organisieren
- Audioinhalte transkribieren
- Schriftsätzen übersetzen und/oder lektorieren
- Korrespondenz mit Kunden und Geschäftspartnern
- Präsentationen, Dokumente, Drucksachen, etc. formatieren
- Dokumente erstellen
- Websiteinhalte managen
- Datenerfassung und -pflege
- FiBu-Vorbereitung
- Grafikarbeiten und Bildbearbeitung

WELCHE AUSBILDUNG BENÖTIGST DU?

Die Berufsbezeichnung virtuelle Assistenz ist nicht geschützt. Um virtuelle Assistenz zu werden, benötigst du keine spezielle Ausbildung. Von Vorteil sind sicherlich Erfahrungen im klassischen Assistenz- bzw. Sekretariatsbereich und im Digitalmarketing.

WELCHE FÄHIGKEITEN SOLLTEST DU MITBRINGEN?

- Organisationstalent und gutes Zeitmanagement
- Fähigkeit, unter Druck und mit Zeitvorgabe zu arbeiten
- Strukturiertheit und Zuverlässigkeit
- Hervorragendes Kommunikationsvermögen, sowohl schriftlich als auch mündlich
- Schnelle Auffassungsgabe

UNSER ROLEMODEL FÜR DEN BERUF DER VIRTUELLEN ASSISTENZ

Name: Vera Ruttkowski
Unternehmen: VERAVA | Fernarbeit.net
Homepage: https://verava.de | https://fernarbeit.net

Vera ist selbständig und arbeitet als Virtuelle Assistentin für verschiedene Kunden. Zusätzlich betreibt sie das VA-Jobportal *Fernarbeit.net* und bietet einen Online-Kurs für den Start in die Virtuelle Assistenz an. Vor ihrer Tätigkeit als Virtuelle Assistentin hat Vera in einer Werbeagentur gearbeitet und parallel dazu ein Abendstudium zur Kommunikationswirtin gemacht, das sie 2002 abgeschlossen hat. Nach ihrer Ausbildung war sie in verschiedenen Werbeagenturen und in einem Unternehmen in der Unternehmenskommunikation beschäftigt, bevor sie im Jahr 2014 eine Auszeit eingelegt und sich kurz darauf selbständig gemacht hat.

Auf die Frage wie Freunde und Familie sie als Person beschreiben würden, sagt Vera: „Ich habe einen Freund gefragt und dieser sagte spontan: ‚Vera ist eine der wenigen Personen, der ich ohne zu Zögern Codes und Zugangsdaten für alle Bereiche meines Lebens anvertrauen würde.' Zusätzlich würden sie mich wohl als introvertiert und humorvoll beschreiben."

Zum Zeitpunkt des Interviews befindet sie sich in Santa Cruz auf der Insel Teneriffa, wo sie ihre neue Heimat gefunden hat.

INTERVIEW MIT VERA RUTTKOWSKI VON VERAVA UND FERNARBEIT.NET

Wie verdienst du dein Geld als Remote Worker?

Ich arbeite als Virtuelle Assistentin und habe ein Jobportal für Virtuelle Assistenten, sowie einen Online-Kurs. Für meine Kunden übernehme ich das Social Media Management, Recherchen, schreibe Texte, beantworte E-Mails und vieles vieles mehr.

Wie bist du auf die Ideen für deine Services gekommen? Hast du dabei eine bestimmte Methodik verfolgt?

Nachdem ich zu Beginn meiner Karriere mit einer Agentur für Virtuelle Assistenten zusammengearbeitet hatte, hatte ich irgendwann das Bedürfnis, eine Online-Plattform zu schaffen, auf der sich Auftraggeber und Assistenten finden können. Auf die Idee für den Online-Kurs bin ich gekommen, weil mich immer mehr Leute gefragt haben, wie man Virtuelle Assistenz wird. So habe ich den Kurs erstellt, um darüber meine Erfahrungen zu teilen.

Wie lange hat es gedauert, bis du deine ersten 1.000 Euro an monatlichem Einkommen durch deine ortsunabhängige Arbeit generiert hast?

Das hat bei mir ein gutes Jahr gedauert. Ich habe in dieser Zeit nebenher Nachhilfe gegeben und Deutsch unterrichtet und mir so mein Leben finanziert. Auch habe ich sehr sparsam gelebt und dadurch langsam aber sicher meine Einnahmen gesteigert.

Wie hast du deine ersten Kunden gefunden, mit denen du remote zusammengearbeitet hast?

Zu Anfang meiner Karriere habe ich mit einer Agentur für Virtuelle Assistenten zusammengearbeitet. Meine ersten eigenen Kunden habe ich dann später auf Veranstaltungen gefunden. Mir haben vor allem Netzwerke und Empfehlungen geholfen, um neue Kunden zu gewinnen.

Wie findest du neue Kunden?

Neue Kunden habe ich bisher fast ausschließlich über Empfehlungen und

Networking gefunden. Ich habe gerade am Anfang viele Veranstaltungen besucht und jedem erzählt, was ich anbiete.

Was war deine Motivation, ortsunabhängig zu arbeiten?

Meine Selbständigkeit und der Remote Job kamen eher ungeplant. Ich hatte mir eine sechsmonatige Auszeit genommen und diese auf Teneriffa mit einem Praktikum in einer Sprachschule verbracht. Nachdem die sechs Monate um waren, wollte ich nicht wieder weg von der Insel. So habe ich mit ein paar Umwegen letztlich zur Virtuellen Assistenz gefunden und mich recht spontan, ohne große Vorbereitung, damit selbständig gemacht. Nach einer Weile habe ich angefangen den Vorteil, von überall aus arbeiten zu können, zu nutzen und bin auf Reisen gegangen. Jedoch erst als ich schon recht stabile Einkünfte hatte. Mittlerweile habe ich einige Angebote für Festanstellungen erhalten – aber meine Freiheit möchte ich nicht mehr hergeben.

Wie hast du deine Remote-Karriere begonnen? Gab es irgendwelche Tools; die dir geholfen haben, ortsunabhängig zu arbeiten?

Ich habe meine Karriere als VA über eine Agentur für Virtuelle Assistenten begonnen und mir darüber nach und nach einen eigenen Kundenstamm aufgebaut. Gleichzeitig habe ich viel über ortsunabhängiges Arbeiten gelesen. Vor allem die Bücher von Tim Chimoy fand ich sehr inspirierend und hilfreich.

Welche drei Dinge würdest du vermeiden, wenn du die Zeit zurückspulen könntest?

Was ich anders machen würde, wäre wohl, das Ganze etwas geplanter und strategischer anzugehen. Ich habe alles sehr spontan und ohne große Vorkenntnisse angefangen, habe aber während der Arbeit sehr viel dazugelernt. Das ist einer der großen Vorteile als Virtuelle Assistenz. Je nach Branche der Auftraggeber kann man selbst wahnsinnig viel dazulernen. Zu Beginn meiner Tätigkeit hatte ich von den meisten Tools und Softwareprogrammen keine Ahnung. Mein heutiges Wissen habe ich mir „on the job" und über Tutorials angeeignet.

Was waren deine größten Herausforderungen, um ein Remote-Einkommen zu generieren und wie hast du diese bewältigt?

Als Freelancer ist stets die Herausforderung ein stabiles Einkommen zu generieren. Ich habe mit sehr niedrigen Stundensätzen angefangen und musste so sehr viel arbeiten, um davon leben zu können. Mittlerweile sind meine Stundensätze höher, dennoch habe ich schwankende Einnahmen, da die Auftragslage nicht immer gleich ist. Wichtig ist also immer, Reserven zu haben, um so Auftragstiefs abfangen zu können.

Wie sieht ein normaler Arbeitstag in deinem Leben als Remote Worker aus? Hast du eine tägliche Routine?
Mein Büro ist bei mir zu Hause. Ich arbeite am liebsten von zu Hause aus und nur selten in Coworking Spaces. Auf Reisen natürlich deutlich mehr – auf der Suche nach gutem Internet. Ich bin vormittags am produktivsten und teile mir meinen Tag nach Kunden ein. Ich arbeite also immer fokussiert für einen Kunden und wende mich dann dem nächsten zu. Insgesamt halte ich aber meine Tage gerne flexibel, um auch private Termine wahrnehmen zu können und meinen Arbeitsrhythmus der Tagesform anpassen zu können. Ich schreibe täglich meine ToDo Liste und verschaffe mir morgens und abends einen Überblick über alles, was noch ansteht.

Was sind die Vor- und Nachteile ortsunabhängiger Arbeit aus deiner Sicht?
Ein Vorteil ist in jedem Fall die persönliche Freiheit, seinen Aufenthaltsort frei aussuchen zu können. Zudem kann man meist auch seine Arbeitszeiten relativ frei bestimmen und muss nicht jeden Tag in ein Büro. Nachteil ist die oft schwierige Bürokratie. Gerade für Vielreisende ohne festen Wohnsitz ist es immer noch aufwändig eine gute Lösung zu finden. Ich persönlich arbeite gerne im Home-Office und alleine, kenne aber viele Remote-Arbeiter, denen der soziale Kontakt zu Kollegen fehlt. Das muss man für sich selbst ausprobieren und entsprechende Lösungen finden.

WOMIT KANNST DU ORTSUNABHÄNGIG GELD VERDIENEN? – EINIGE IDEEN

Beschäftigungsformendu kannst entweder als Freelancer für verschiedene Auftraggeber arbeiten, Angestellter einer Firma sein, die es dir ermöglicht ortsunabhängig zu arbeiten, oder du wirst unternehmerisch tätig. In Kapitel 6 findest du verschiedene Jobportale, die sich auf ortsunabhängiges Arbeiten spezialisiert haben.

Die folgenden Zeilen geben dir ein paar Ideen an die Hand, wie du ortsunabhängig mit diesem Beruf Geld verdienst. Der Abschnitt ist bewusst kurzgehalten, da viele der Ideen bereits in Kapitel 3 angesprochen wurden. Solltest du an der ein oder anderen Stelle den Wunsch nach mehr Inhalt verspüren, blättere einfach nochmal zum Anfang zurück. Nähere Informationen, wie du Themen für Bücher und Online-Kurse findest, erhältst du in Kapitel 5. Schau außerdem gerne auf unserem Blog vorbei, für alle genannten Tools und Ressourcen im Überblick: https://new-work-life.com/portfolio/virtuelle-assistenz.

Übe deine Kerntätigkeit aus
Du kannst deine Kerntätigkeit als Virtuelle Assistenz ohne Probleme ortsunabhängig ausüben, denn dein Berufsbild ist (zumindest in Teilen) virtueller Natur. Vermarkte deine Leistungen über eine eigene Website und/oder über Online-Marktplätze, wie z. B. Fernarbeit.net, My-Vpa, Upwork.com oder Freelancer.com.

Werde Online-Coach und biete virtuelle Coachingstunden an
Coache Berufsanfänger und/oder Berufserfahrene zu Themen wie z. B. Selbständigkeit, Home-Office, Selbstorganisation, Zeitmanagement, Kundenakquise, Umgang mit schwierigen Kunden, (Online-)Vermarktung, Geschäftsexpansion, etc.

Schreibe ein eBook
Finde ein Thema, das dich interessiert und für das Nachfrage besteht. Wie wäre es z. B. mit einem Roman über das (Arbeits-)Leben einer virtuellen Assistentin („Backstage – Aus dem Leben einer Assistentin")? In solch einem Roman könntest du die Beziehung zwischen Assistenz und Chef thematisieren, technische Herausforderungen/Pannen zum Besten geben und Jobs mit skurriler Note offenlegen. Alternativ kannst du auch einen Ratgeber schreiben, der z. B. das Thema Organisation und Zeitmanagement im Job behandelt („Als virtuelle Assistentin den Überblick behalten – 100 Tools und Ressourcen für bessere Organisation und optimales Zeitmanagement"). Wie genau du Themen findest, kannst du im Kapitel 5 nachlesen.

STARTER TOOLKIT – DAS BRAUCHST DU, UM LOSZULEGEN

Notebook und Smartphone

SOFTWARE:
- Office: z. B. Microsoft Office oder Google Docs
- Kommunikation: z. B. Skype, WhatsApp, Slack, Gmail
- Website / Webshop: z. B. WordPress oder Shopify

- Organisation: z. B. Evernote
- Projektmanagement: z. B. Trello
- Dokumentenablage und -übertragung: z. B. Dropbox oder Google Drive

BÜCHER UND TUTORIALS:
- Buch: „Virtuelle Assistenz: Mit virtuellen Jobs von zu Hause oder unterwegs Geld verdienen", von Doris Hinsberger
- Buch: „So wirst du Virtuelle Assistentin: Jetzt erfolgreich durchstarten!", von Andrea Drexl
- Tutorial: „Als Virtueller Assistent von überall arbeiten", von Vera Ruttkowski, unter https://fernarbeit.net/kurs-als-virtueller-assistent-von-ueberall-arbeiten

Detaillierte Informationen zu Tools und Ressourcen, die dir helfen können, ein ortsunabhängiges Einkommen aufzubauen, findest du auf unserem Blog unter: https://new-work-life.com/portfolio/virtuelle-assistenz.

HIER FINDEST DU WEITERE INFORMATIONEN

Bundesverband Sekretariat und Büromanagement e. V.: http://bsboffice.de

4.36 WEB-ANALYST

Als Web-Analyst überwachst du die Online Aktivitäten eines Unternehmens. Du sammelst Informationen über die Nutzer der von dir betreuten Websites und wertest deren Verhalten und Interaktionen mit den Websites aus. Das ist z. B. die durchschnittliche Verweildauer eines Nutzers auf einer bestimmten (Unter-)Seite oder der Punkt, an dem er die Session abbricht (Bounce Rate). Basierend auf deinen Auswertungen schlägst du Verbesserungen zur Steigerung der User Experience und Erhöhung der Website-Sichtbarkeit vor.

WAS SIND MÖGLICHE AUFGABEN?
- Kundenstruktur und Kundeninteraktionen analysieren
- Daten auswerten und aufbereiten
- Optimierungsvorschläge ausarbeiten

- Erkenntnisse kommunizieren
- Technologische Entwicklungen verfolgen

WELCHE AUSBILDUNG BENÖTIGST DU?

Um als Web-Analyst zu arbeiten bietet sich ein Studium der Richtungen Marketing / BWL oder Informatik und Kenntnisse im E-Commerce Bereich an. Einen speziellen Studiengang zum Web Analysten gibt es bisher nicht, Seminare zu Web Analytics werden aber immer mehr an Universität und Fachhochschulen angeboten.

WELCHE FÄHIGKEITEN SOLLTEST DU MITBRINGEN?
- Analytisch denken
- Zahlenaffinität
- Präsentationsgeschick
- Strukturiertheit
- Wissensbegierde
- Dolmetscher zwischen IT und Business

UNSER ROLEMODEL FÜR DEN BERUF DES WEB ANALYSTEN

Name: Tony Simonovsky
Unternehmen: Insight Whale | Insight Crypto
Homepage: http://stony.me |
http://insightwhale.com |
http://insightcryp.to

Tony ist selbständiger Unternehmer. Im Laufe der Jahre hat er zwei Dienstleistungsfirmen aufgebaut, die ihre Services einerseits im Bereich Web Analytics und Conversion Rate Optimierung und andererseits im Bereich Kryptowährungen anbieten. Tony beschäftigt in seinen Unternehmen rund 20 Vollzeitkräfte und ca. weitere 20 bis 30 Teilzeitkräfte. Einige von ihnen reisen um die Welt, andere nicht. Von denjenigen, die nicht reisen, arbeiten einige von St. Petersburg in Russland aus. Da die Unternehmen keine eigenen Büros haben, arbeiten die Mitarbeiter in Coworking Spaces.

Eigentlich hat Tony angefangen, in Moskau angewandte Linguistik zu studieren. In seinem zweiten Studienjahr hatte er bereits begonnen, als Freiberufler zu arbeiten und da er sich nicht so sehr für Linguistik interessierte, hat er sein Studium abgebrochen, als er erkannte, dass er als Freiberufler genug Geld zum Leben verdienen konnte. Zu Beginn seiner Arbeitskarriere war Tony mal für sechs bis acht Monate fest angestellt, ansonsten aber immer selbständig.

Tonys Freunde und Familie würden ihn als Reisenden bezeichnen, was er interessant findet, weil er sich selbst nicht als solcher betrachtet, sondern eher als Nomade, der an verschiedenen Orten lebt.

Als echter Digitalnomade hält sich Tony zum Zeitpunkt unseres Interviews in Belo Horizonte in Brasilien auf.

INTERVIEW MIT TONY SIMONOVSKY VON INSIGHT WHALE UND INSIGHT CRYPTO

Wie verdienst du dein Geld als Remote Worker?
Derzeit leite ich zwei Unternehmen: Eines davon ist mein Web Analytics Geschäft und das andere mein Kryptowährungsgeschäft. Das sind zwei verschiedene Einnahmequellen. Meine Aufgaben im Bereich Web Analytics haben sich im Laufe der Zeit verändert. Heute bin ich nicht mehr so sehr mit operativen Aufgaben beschäftigt, sondern habe die Rolle des Direktors und Entscheidungsträgers übernommen. Gelegentlich helfe ich mit meinem Fachwissen, aber das tägliche Management übernimmt das Team. Die Bestseller meines Web Analytics Geschäfts sind die beiden Dienstleistungen, die wir anbieten: Webanalyse und Conversion Rate Optimierung.

Mit meinem zweiten Geschäft, das sich auf Kryptowährungen fokussiert, biete ich allgemeine Beratung für Interessierte oder an Kryptos beteiligte Personen an und habe in der Vergangenheit bei der Organisation von Token-Verkäufen mitgewirkt.

Wie bist du auf die Ideen für deine Services gekommen? Hast du eine bestimmte Methodik verfolgt?
Bevor ich diesen nomadischen Lebensstil begonnen habe, hatte ich ein Unternehmen, das hauptsächlich Suchmaschinenoptimierung (SEO) anbot. Ich habe fast acht Jahre lang SEO gemacht. Als ich in diesem Bereich arbeitete, bemerkte ich, dass ich es mit der Zeit satthatte. Es gab z. B. eine wachsende Zahl von Kunden, die mit ihren Ergebnissen unzufrieden waren, obwohl wir ihnen das, was wir ihnen verkauft hatten, zur Verfügung stellten. Sie haben sich beispielsweise darüber beschwert, dass wir durch unsere Maßnahmen keine neuen Kunden für sie generierten. Das brachte mich zum Nachdenken. Ich arbeitete mich tiefer in das Thema ein

und entdeckte, dass alle von ihnen Traffic auf ihren Seiten hatten, der aber schlecht konvertierte. Sie alle hatten eine schlechte Conversion Rate und das lag daran, dass ihre Websites schlecht waren. An unseren SEO-Maßnahmen war nichts auszusetzen. Von diesem Zeitpunkt an hatte ich das Gefühl, dass ich einen Service für Web Analytics und Conversion Rate Optimization anbieten und an meinen Kunden verkaufen musste. Ich wusste, dass ich es geschafft hatte, Traffic auf ihre Seiten zu bringen, aber ich wusste zu dem Zeitpunkt nicht, ob ich es schaffte, ihre Seiten zu verbessern und ihre Conversion zu optimieren.

Ich war damals super aufgeregt. Am Ende muss ich eine ziemlich gute Arbeit geleistet haben, sonst hätten meine Kunden nicht weiter mit mir zusammengearbeitet. Zu der Frage, wie ich auf die Idee kam, Web Analytics und Conversion Rate Optimization als Dienstleistung anzubieten, kann ich sagen, dass es meine Kunden waren, die mich dazu inspiriert haben. Meines Erachtens ist der beste Weg, erfolgreich zu sein, ein Problem zu identifizieren und dann eine Dienstleistung oder ein Produkt zu entwickeln, das das Problem löst.

Wie lange hat es gedauert, bis du deine ersten 1.000 Euro an monatlichem Einkommen durch deine ortsunabhängige Arbeit generiert hast?

Von dem Zeitpunkt an, an dem ich meine Dienstleistung auf Upwork angeboten habe, habe ich vermutlich drei bis vier Monate gebraucht, um genug Geld zu verdienen, um mich selbst zu ernähren. Und um 1.000 Euro zu verdienen, habe ich zwei bis drei Monate gebraucht haben.

Wie hast du deine ersten Kunden gefunden, mit denen du remote zusammengearbeitet hast?

Meine ersten Kunden waren meine bestehenden Kunden aus Russland. Das änderte sich jedoch abrupt im Jahr 2014, als Russland von einer schweren Wirtschaftskrise getroffen wurde, während der ich fast alle Kunden verloren habe. Das zwang mich, über alternative Wege nachzudenken, um weiterhin Geld zu verdienen. Eines Tages las ich einen Artikel über die Online-Plattform Upwork.com und wie man damit Geld verdienen könne. Ich habe mich registriert und ein Profil als Web Analyst erstellt. Ich habe mit sehr niedrigen Tarifen begonnen und so angefangen, meine ersten Upwork-Kunden zu gewinnen.

Wie findest du neue Kunden?

Was die Frage betrifft, wie ich mich vermarkte: Das ist eine interessante Frage, weil ich nie das Bedürfnis verspürt habe, mich selbst zu vermarkten.

Es gab keine Zeit, in der ich Geld für Marketing ausgegeben habe. Am Anfang meiner Web Analytics Karriere kamen alle meine Kunden durch Upwork aufgrund meiner hohen Bewertung, dem guten Service und der Tatsache, dass es nicht viel Konkurrenz gab. Ich würde sagen, dass ich in den ersten Jahren wahrscheinlich 90-95 Prozent meines Geschäfts entweder durch Upwork oder durch Empfehlung von früheren Upwork-Kunden erhalten habe. So konnte ich mir einen guten Ruf aufbauen und wurde fast nur noch auf Empfehlung engagiert. Innerhalb weniger Monate erhielt ich hunderte von Anfragen pro Monat für meinen Service und ich konnte mich entscheiden, welchen Job ich machen wollte und welchen nicht.

Wenn ich einen Rat geben würde, wäre es dieser: Tu nicht etwas für Geld, insbesondere am Anfang, aber tu etwas, das du wirklich genießt, weil, wenn du etwas gerne machst, sind die Leute mit deiner Arbeit zufrieden und empfehlen dich weiter. Auf diese Weise kannst du dir die Ausgaben fürs Marketing sparen.

Ein wenig Marketing in Form von Content Marketing habe ich dann doch betrieben. Mein Team und ich haben Artikel geschrieben, die wir in unseren Social Media Accounts veröffentlicht haben. Wenn du ständig neue Inhalte in deinem Fachgebiet erstellst, nehmen deine potentiellen Kunden das wahr und kontaktieren dich. Aber erwarte nicht, dass die Kunden sofort Schlange stehen; für gewöhnlich dauert es eine Weile, bis die Leute dich als Experten auf deinem Gebiet akzeptieren.

Meines Erachtens ist es sehr wichtig, konsequent zu zeigen, was man macht und sich mit Menschen zu vernetzen (z. B. über LinkedIn und Facebook), ohne zu versuchen, ihnen etwas zu verkaufen. Sie werden deine Artikel in ihren Timelines sehen und im Laufe der Zeit werden sie dich mit deinem Angebot in Verbindung bringen. Und wenn sie dann eines Tages deinen Service benötigen, werden sie sich an dich erinnern und auf dich zukommen, da du in ihren Augen ein Experte auf deinem Gebiet bist.

Was war deine Motivation, ortsunabhängig zu arbeiten?

Ich kann mich nicht erinnern, wann ich die Idee genau hatte, aber ich erinnere mich, dass ich viele Jahre lang, seit ich angefangen habe zu arbeiten, diese Idee im Kopf hatte, dass es cool wäre, ortsunabhängig zu arbeiten. Bis 2012 habe ich nicht viel in diese Richtung unternommen. Ich war zwar immer schon mehr unterwegs als andere Leute, aber mehr aus dem Grund, dass ich Freiberufler war und meine eigene Firma hatte. 2012 entschied ich mich dann dazu, aufs Ganze zu gehen, und los zu reisen.

Wie hast du deine Remote-Karriere begonnen? Gab es irgendwelche Tools, die dir dabei geholfen haben, ortsunabhängig zu arbeiten?
Heutzutage bin ich super prozessorientiert. Ich benutze viele Tools, die mir bei meiner Arbeit helfen. Aber zu der Zeit, als ich anfing, dachte ich nicht an solche Dinge. Es war mehr oder weniger: Okay, ich sehe diese Möglichkeit, remote zu arbeiten, leg los! Und dann habe ich geschaut, was als nächstes zu tun ist.

Ich hatte schon immer Aufgabenmanagement-Tools im Einsatz (damals benutzten wir Basecamp, heute arbeiten wir mit Teamwork) und wir hatten Skype für Videokonferenzen und Anrufe (jetzt sind wir zu Zoom gewechselt). Wir nutzen zudem Calendly, um Besprechungen mit Personen in verschiedenen Zeitzonen zu planen. Als ich in Moskau lebte, brauchte ich das nie. Als ich jedoch anfing, mit Kunden weltweit zu arbeiten, wurde es sehr praktisch.

Bezüglich der Frage, wie ich mit Web Analytics angefangen habe, muss ich sagen, dass ich das über die Online-Plattform Upwork gemacht habe. In den ersten Jahren habe ich mit bestehenden Kunden in Russland gearbeitet. Dann, im Jahr 2014, wurde Russland von einer massiven Wirtschaftskrise getroffen. Der Wert des Rubels halbierte sich. Dadurch verlor ich fast mein gesamtes Geld, weil die große Mehrheit meiner Kunden russisch war und ich für meine Dienste in russischem Rubel bezahlt wurde. Was es noch schlimmer machte, war, dass einige Kunden mich während der Krise verlassen hatten, da sie kein Geld mehr hatten. Zu diesem Zeitpunkt befand ich mich in Indien, ohne Geld und ohne Kunden. Eine schwierige Situation. Ich musste mir Optionen ausdenken, um schnell etwas Geld zu verdienen. Durch Zufall las ich einen Artikel über Upwork.com und wie man über die Plattform weltweit Kunden finden kann. Ich habe den Artikel gelesen und mich registriert. Innerhalb von vier oder fünf Monaten konnte ich von Upwork leben. Ich bot meine Dienste als Web-Analyst über die Website an und wurde von Kunden gebucht. So hat mein heutiges Web Analytics Geschäft begonnen.

Welche drei Dinge würdest du vermeiden, wenn du die Zeit zurückspulen könntest?
Ich schätze mich sehr glücklich, weil mein Weg ziemlich gerade war. Damals, als ich anfing, war Web Analytics nicht unbedingt eine neue Nische, aber es gab sicherlich einen Mangel an guten Spezialisten in diesem Bereich. Deshalb hatte ich nicht viel Konkurrenz auf Upwork oder auf anderen Plattformen, über die ich meine Unterstützung angeboten habe. Ich konnte meinen Preis ständig erhöhen und mehr Leute einstellen, die

für mich arbeiteten. Mir fällt nicht wirklich etwas ein, was ich damals hätte vermeiden sollen.

Was waren deine größten Herausforderungen, um ein Remote-Einkommen zu generieren und wie hast du diese bewältigt?

Um ehrlich zu sein, hatte ich nicht viele Herausforderungen beim Aufbau eines Online-Einkommens. Wenn ich darüber nachdenke, wäre die größte Herausforderung wahrscheinlich gewesen, NEIN zu manchen Kunden zu sagen und ihnen zu sagen, dass ich nicht mit ihnen arbeiten will. Das gilt natürlich nur für Kunden, bei denen du weißt, dass sie nicht gut zu dir passen, weil sie z. B. schwierige Personen sind, unrealistische Erwartungen an deinen Service haben oder zu viel Zeit in Anspruch nehmen.

Von Anfang an musste ich lernen, wie man Menschen einschätzt und wie man erkennt, ob ein Kunde gut zu mir passt. Wenn ich nicht dazu in der Lage gewesen wäre, hätte ich viel Zeit damit verbracht, entweder kein oder nicht genug Geld zu verdienen. Mein Rat in dieser Hinsicht wäre: denk nicht nur daran, wie viel Geld du mit einem Kunden verdienen wirst, sondern frag dich auch, ob ein Kunde gut zu dir passt und welche Perspektiven er dir für die zukünftige Arbeit bietet.

Ich denke, ein Teil meines Erfolges resultiert aus der Tatsache, dass ich schnell einen Weg gefunden habe, Kunden herauszufiltern, die mir einen Nutzen bringen. Dieser Ansatz hat mir seitdem sehr gut gedient. Eine der größten Herausforderungen, mit denen du am Anfang konfrontiert werden kannst, ist also zu lernen, NEIN zu Kunden zu sagen.

Wie sieht ein normaler Arbeitstag in deinem Leben als Remote Worker aus? Hast du eine tägliche Routine?

Es hängt sehr davon ab, an welchem Ort ich mich befinde und warum ich dort bin. Wenn ich zum Beispiel für ein paar Wochen an einem Ort bleibe, tendiere ich dazu, eine Routine aufzubauen. Ich versuche, zwischen 7:00 Uhr und 9:00 Uhr morgens aufzuwachen und bis vielleicht 19:00, 20:00 oder 21:00 Uhr zu arbeiten. Im Allgemeinen versuche ich mindestens sechs Stunden pro Tag zu arbeiten. Gelegentlich mache ich mehr und arbeite z. B. zehn Stunden pro Tag.

Was meinen Arbeitsplatz betrifft, so arbeite ich normalerweise von meiner Wohnung aus. Manchmal, wenn ich das Gefühl habe, dass ich einsam bin und einige Leute um mich herum brauche, gehe ich in einen Coworking Space.

Gelegentlich nehme ich an Konferenzen zu bestimmten Themen teil, z. B. für mein Kryptowährungsgeschäft. Wenn das der Fall ist, fällt es mir schwer, meine gewohnte Routine einzuhalten. Meine Routine wird dadurch etwas durcheinandergebracht, weil ich mich an den Zeitplan der Konferenzen anpassen muss. Allerdings ist der Besuch von Konferenzen nicht mein Tagesgeschäft, sondern eher eine Art Geschäftsentwicklung.

Was sind die Vor- und Nachteile ortsunabhängiger Arbeit aus deiner Sicht?

Remote-Arbeit ist definitiv eine psychologische Wahl und ist ganz bestimmt nicht für jedermann geeignet. Menschen, die schon immer von 9:00 Uhr bis 18:00 Uhr einen „normalen" Job hatten, werden sich wahrscheinlich in einer Stresssituation befinden, wenn sie anfangen, remote zu arbeiten. Das ortsunabhängige Arbeiten erfordert einige zusätzliche Fähigkeiten. Vor allem, wenn man für sich selbst arbeitet. Unterwegs muss man besser organisiert sein und effizient arbeiten, um erfolgreich zu sein, vor allem am Anfang. Du musst super zeit- und terminorientiert und verantwortungsvoll sein. In den ersten Jahren meines Webanalyse Business ging es um die Einhaltung von Terminen. Ich habe die größten Anstrengungen unternommen, um meine Arbeit pünktlich abzuschließen. Ich konnte es mir nicht leisten, einen Termin nicht einzuhalten, da dies die Bewertung, die ich aufgebaut hatte und die mein Ruf war, ruinieren würde. Zum Glück bin ich heutzutage etwas entspannter, wenn es um Termine geht. Wenn bei meinem Kunden ein Fehler auftritt, der das Projekt verzögert, übernehme ich keine Verantwortung dafür.

Auf der anderen Seite ist ein Vorteil des ortsunabhängigen Arbeitens sicherlich die Freiheit, die du dadurch gewinnst. Du kannst entscheiden, wann und wie viel du arbeiten möchtest oder ob du dir einen Tag frei nehmen möchtest. Es ist deine Zeit und du kannst entscheiden, was du damit machen willst. Du kannst auch entscheiden, von welchem Standort aus du arbeiten möchtest.

Last but not least: Hast du noch weitere hilfreiche Tipps für unsere Leser?

Ich habe zwei Ratschläge. Der erste Ratschlag betrifft dich, wenn du als Freiberufler mit Freelancer-Plattformen wie z. B. Upwork.com beginnst, um Jobs zu akquirieren. Der zweite Ratschlag betrifft den digitalen Nomaden-Aspekt des Arbeitens und Reisens.

Nummer eins: Wenn du ein Neuling auf einer Freelancer-Plattform bist, stell sicher, dir einen guten Ruf aufzubauen, indem du sehr gute, oder besser noch, ausgezeichnete Kundenbewertungen bekommst. Auf diese Weise kommen Kunden zu dir und buchen deine Dienstleistungen. Sei dir auch im Klaren darüber, dass du besonders am Anfang Resultate liefern musst, die nicht nur hundert, sondern tausend Prozent richtig und gut sind. So stellst du sicher, dass deine Kunden zufrieden sind und dir eine gute Bewertung geben.

Nummer zwei: Ich hatte lange Zeit vor, von unterwegs aus zu arbeiten, aber es war lange nicht umsetzbar für mich. Ich dachte immer wieder, dass es eine tolle Idee wäre und dass es großartig sein würde, aber gleichzeitig hatte ich Angst davor, was dieser Arbeitsalltag für mich bedeuten würde. Ich hatte dieses Bild einer roten Tür im Kopf und wusste, dass hinter dieser Tür etwas Interessantes sein müsse. Ich hatte jedoch Angst, die Tür zu öffnen, weil ich annahm, dass sie heiß ist und ich mich verbrennen könnte. Dann berührte ich aus irgendeinem Grund plötzlich die Tür und begann zu verstehen, dass „rot" nicht unbedingt „heiß" bedeutet. Ich öffnete also die Tür und fand, was ich so lange zu finden gehofft hatte. Was ich zu sagen versuche, ist, dass wir im Grunde genommen frei sind, überall hin zu gehen und alles zu tun. Was uns aufhält, sind unsere Ängste, die grenzenlos sind. Oft haben unsere Ängste keine wirkliche Grundlage, sie sind nur Psychologie. Also mein Ratschlag wäre: Wann immer du Angst hast, denk darüber nach, was genau es ist, was dir Angst macht und was das Schlimmste wäre, was dir passieren könnte. Wenn die Antwort auf diese Frage lautet, dass es sich im schlimmsten Fall immer noch lohnt, es auszuprobieren, dann probiere es aus. Wenn das Gegenteil der Fall ist, lass es lieber sein.

WOMIT KANNST DU ORTSUNABHÄNGIG GELD VERDIENEN? – EINIGE IDEEN

Beschäftigungsformen: Du kannst entweder als Freelancer für verschiedene Auftraggeber arbeiten, Angestellter einer Firma sein, die es dir ermöglicht ortsunabhängig zu arbeiten, oder du wirst unternehmerisch tätig. In Kapitel 6 findest du verschiedene Jobportale, die sich auf ortsunabhängiges Arbeiten spezialisiert haben.

Die folgenden Zeilen geben dir ein paar Ideen an die Hand, wie du ortsunabhängig mit diesem Beruf Geld verdienst. Der Abschnitt ist bewusst kurzgehalten, da viele der Ideen bereits in Kapitel 3 angesprochen wurden. Solltest du an der ein oder anderen Stelle den Wunsch nach mehr Inhalt verspüren, blättere einfach nochmal zum Anfang zurück. Nähere Informationen, wie du Themen für Bücher und Online-Kurse findest, erhältst du in Kapitel 5. Schau außerdem gerne auf unserem Blog vorbei, für alle genannten Tools und Ressourcen im Überblick: https://new-work-life.com/portfolio/web-analyst.

Übe deine Kerntätigkeit aus
Du kannst deine Kerntätigkeit als Web-Analyst ohne Probleme ortsunabhängig ausüben, denn dein Berufsbild ist virtueller Natur.

Werde virtueller Berater
Berate Unternehmen, Blogger, Freelancer, etc. zum Thema Webanalyse und zur Performance(steigerung) ihrer Website.

Biete Online-Seminare an
Mögliche Themen für Online-Seminare sind z. B.: „Google Analytics für Einsteiger – lerne die Grundlagen der Webanalyse" oder „Webanalyse – Besucherverhalten verstehen und Website optimieren."

Entwickle und verkaufe Online-Kurse
Wie wäre es z. B. mit einem Kurs zum Thema Webanalyse für Einsteiger („Webanalyse für Anfänger – So nutzt du Google Analytics richtig")? Alternativ könntest du auch einen Kurs entwickeln, der sich an Fortgeschrittene richtet und diesen zeigt, wie man die besten KPI-Dashboards und/oder Datenvisualisierungen baut.

Entwickle Arbeitsvorlagen bzw. Templates
Du könntest z. B. Templates zu folgenden Themen entwickeln: KPI-Dashboards, Reporting, Datenvisualisierung, Berichte, Dokumentation, Ergebnispräsentation, etc.

STARTER TOOLKIT – DAS BRAUCHST DU, UM LOSZULEGEN

Notebook, Smartphone

SOFTWARE:
- Office: z. B. Microsoft Office oder Google Docs
- Kommunikation: z. B. Skype, WhatsApp, Slack, Gmail
- Website / Webshop: z. B. WordPress oder Shopify
- Webanalyse: z. B. Google Analytics, Google Search Console, Google Keyword Planner

BÜCHER UND TUTORIALS:
- Buch: „Performance Marketing: Der Wegweiser zu einem mess- und steuerbaren Marketing – Einführung in Instrumente, Methoden und Technik", von Ingo Kamps und Daniel Schetter

- Buch: „Das Google Analytics Praxisbuch 2018: Professionelle Web-Analyse mit Google Analytics", von Robert von Heeren
- Buch: „Web Analytics: An Hour a Day", von Avinash Kaushik

Detaillierte Informationen zu Tools und Ressourcen, die dir helfen können, ein ortsunabhängiges Einkommen aufzubauen, findest du auf unserem Blog unter: https://new-work-life.com/portfolio/web-analyst.

> **HIER FINDEST DU WEITERE INFORMATIONEN**
>
> Digital Analytics Association (DAA): https://digital-analytics-association.de

4.37 WEBDESIGNER

Als Webdesigner gestaltest und konzipierst du Websites für Privatpersonen und Unternehmen. Du entwickelst kreative Ideen, die du in ein Website-Konzept überführst und visualisierst. Sobald das Design final ist, setzt du es mithilfe eines Webdevelopers oder – sofern du über Programmierkenntnisse verfügst – selbst in Form einer Website um.

WAS SIND MÖGLICHE AUFGABEN?
- Kundenanforderungen aufnehmen
- Kunden bzgl. Zielgruppen Targeting beraten, d. h. eine Strategie entwickeln, die aufzeigt, wie die Zielgruppe des Kunden am besten erreicht werden kann
- Gewünschte „Message" des Designs mit dem Kunden abstimmen
- Website-Konzept unter Berücksichtigung von Corporate Identity (CI) erstellen
- Entwürfe der einzelnen Website-Seiten (Mockups) anfertigen und dem Kunden präsentieren
- Feedback zu Mockups einholen und in Entwürfen verarbeiten
- Finales Webdesign erstellen
- Sofern Umsetzung der Website erfolgt: Domainname der Website registrieren, Hosting der Website organisieren, Content Management Systeme (CMS) auswählen und einbinden, Website-Elemente programmieren, Search Engine Optimization (SEO), Inhalte der Website Korrektur lesen, Code debuggen, Website-Funktionalitäten testen, etc.

- Zusammenarbeit mit Grafikdesignern und Webprogrammierern

WELCHE AUSBILDUNG BENÖTIGST DU?
Die Berufsbezeichnung Webdesigner ist gesetzlich nicht geschützt. Um Webdesigner zu werden, benötigst du keine spezielle Ausbildung. Von Vorteil ist eine Ausbildung oder ein Studium im Bereich Design und/oder Programmierung. Weiterbildungen zum Webdesigner findest du u. a. bei ILS, SGK oder der Hamburger Akademie.

WELCHE FÄHIGKEITEN SOLLTEST DU MITBRINGEN?
- Kreativität und Interesse an Design
- Gutes Kommunikationsvermögen
- Analytische Denkweise
- Fähigkeit, sich selbst und seine Arbeit zu vermarkten
- Detailgenauigkeit

UNSER ROLEMODEL FÜR DEN BERUF DES WEBDESIGNERS

Name: Bartek Wiak
Unternehmen: Bartek Wiak
Homepage: https://bartekwiak.com
Kontakt: mail@bartekwiak.com

Bartek hat Elektrotechnik an der Technischen Universität Warschau studiert, bevor er sich entschloss sein Studium aufzugeben und stattdessen lieber als Software-Tester zu arbeiten. Er machte einen guten Job und dementsprechend Karriere. Nachdem er zwei Jahre lang als Tester gearbeitet hatte, wurde er zum Teamleiter befördert. Grundsätzlich ein guter Job, doch er erfüllte ihn nicht dauerhaft, so dass er irgendwann Webdesign für sich entdeckte und sich als Freelancer selbständig machte.

Auf die Frage, was Freunde und Familie über ihn als Person sagen, hofft Bartek, dass es etwas in der Richtung „Cooler Typ und toller Freund mit Esprit und einem großen Herz" ist.

Während unseres Interviews hielt sich Bartek in Warschau auf, doch er plante bereits sein nächstes tropisches Abenteuer, wie er es nannte, für den kommenden Winter.

INTERVIEW MIT BARTEK WIAK IN SEINER ROLLE ALS WEBDESIGNER

Wie verdienst du dein Geld als Remote Worker?
Ich entwerfe und entwickle Websites, Blogs und E-Commerce-Shops. Ich optimiere auch bereits erstellte Websites. Ich mache dort Änderungen, behebe Probleme und mache Back-End-Cleanups.
Ich biete auch Wartungspläne für eine monatliche Gebühr an. Diese Pläne beinhalten die allgemeine Pflege einer Website, um sicherzustellen, dass die Website immer aktualisiert, schnell und frei von Viren ist.

Wie lange hat es gedauert, bis du deine ersten 1.000 Euro an monatlichem Einkommen durch deine ortsunabhängige Arbeit generiert hast?
Wenn ich den Zeitpunkt zugrunde lege, an dem ich begonnen habe, zu hundert Prozent nomadisch zu leben, habe ich ungefähr zwei Jahre gebraucht, um meine ersten tausend Euro zu verdienen.
Wenn ich die Zeit mit einrechne, in der ich noch einen festen Bürojob hatte und gelernt habe, was ich als Lernzeit bezeichne, dann habe ich drei Jahre gebraucht.
Allerdings spreche ich nicht von „diesem einen Monat", in dem ich es irgendwie geschafft habe, tausend Euro zu verdienen (was sicherlich früher geschehen ist), sondern von einem stetigen Einkommen in dieser Höhe, das ich jeden Monat hatte.

Wie hast du deine ersten Kunden gefunden, mit denen du remote zusammengearbeitet hast?
Mein erster Kunde hat mich gefunden. Eine Freundin eines Freundes begann einen Blog aufzubauen und sie brauchte Hilfe beim Webdesign. Wir kannten uns und eines Tages erhielt ich eine E-Mail von ihr mit dem Titel „Bitte hilf mir". Und sie ist bis heute meine Kundin.

Wie findest du neue Kunden?
Es mag komisch klingen, aber ich glaube nicht, dass ich jemals Marketing für mich betrieben habe. Meine Kunden finden mich normalerweise über Empfehlungen von Freunden oder von Kunden oder über Websites, die ich vorher erstellt habe.

Was war deine Motivation, ortsunabhängig zu arbeiten?
Es war ein großes Verlangen nach persönlicher Freiheit, das mich dazu

bewogen hat, ortsunabhängig zu arbeiten. Eigentlich war es keine Motivation, auch keine Wahl. Es war ein Muss. Nennen wir es eine Berufung. Ich hatte keine Wahl.

Nachdem ich ein paar Jahre in einem Bürojob gearbeitet hatte, konnte ich mich – selbst wenn es mir dabei ziemlich gut ging – nicht vorstellen, dass ich das für die nächsten 30 Jahre oder länger machen würde. Ich erinnere mich daran, dass ich eines Tages eine E-Mail von einem Freund bekommen habe. Er reiste in diesem Moment durch Asien. Und in dieser E-Mail beschrieb er seine Reise, was er kürzlich gesehen hatte, wie das aktuelle Inselleben für ihn war. Er schickte auch einige Bilder von wunderschönen Landschaften, Stränden, blauem Meer und Palmen. Als ich diese E-Mail las, habe ich mir meine Umgebung angeschaut: ein normales Büro, weiße Wände, Leute vor ihren Computern, und ich dachte mir: „Auf keinen Fall werde ich mein ganzes Leben lang so leben, wenn es so viel zu sehen und zu erleben gibt." Ich wurde krank und müde von dieser klassischen Zeiteinteilung, von 9 bis 17 Uhr zu arbeiten, fünf Tage die Woche. Aus meiner Sicht ist das eine moderne Form der Sklaverei. Ich denke, wir sind auf dieser Erde, um viel mehr zu sein als Sklaven.

Wie hast du deine Remote-Karriere begonnen? Gab es irgendwelche Tools, die dir dabei geholfen haben, ortsunabhängig zu arbeiten?
Ich habe ein polnisches Mädchen kennengelernt, das für ein paar Jahre mit einem Rucksack die Welt bereiste (wir trafen uns in Warschau). Bevor ich sie traf, waren 95% meines sozialen Umfeldes Menschen, die in ihren 9-to-5-Jobs arbeiteten (mit ein paar Ausnahmen, aber zu denen hatte ich nicht so viel Kontakt). Das Mädchen arbeitete an einem Projekt in Polen und brauchte Hilfe mit ihrer Website. Ich dachte mir „hmm, ich bin ein Tech-Typ, ich kann ihr wahrscheinlich helfen", und das tat ich auch.

Im Laufe des nächsten Jahres habe ich ein paar Websites für sie erstellt und mir dabei selbst beigebracht, wie man Websites ohne Vorkenntnisse über Webdesign und -entwicklung erstellt. Dabei habe ich allen meinen Freunden viele dumme Fragen gestellt, wirklich grundlegende Fragen. Keine Tutorials, keine Kurse, keine Bücher. Nur ein anständiger IQ und ein analytischer Verstand. Wann immer ich ein Problem hatte, wann immer ich nicht wusste, wie ich etwas tun sollte, habe ich Google oder einen meiner Freunde gefragt, der in diesem Bereich etwas Erfahrung hatte. Nach einem Jahr dachte ich mir „ok, ich kenne einige Grundlagen. Vertraue dem Prozess. Die Kunden werden schon kommen". Also habe ich meinen Job gekündigt und ein One-Way-Ticket nach Hawaii gekauft.

Welche drei Dinge würdest du vermeiden, wenn du die Zeit zurückspulen könntest?
Es war nicht alles eitel Sonnenschein. Die ersten zwei Jahre waren ziemlich hart. Ich habe viel freiwillige Arbeit geleistet, um Kosten zu sparen, und ich habe während meiner Freizeit online gearbeitet. Aber ich würde nichts ändern. Es ist alles Teil meiner Reise und dank dieser Zeit habe ich sehr viel über mich selbst und über die Welt gelernt.

Aber eines möchte ich dir sagen: Hab keine Angst davor, deine Preise zu erhöhen, wenn deine Fähigkeiten wachsen und du dich unterbezahlt fühlst. Ich habe zu lange für wenig Geld gearbeitet, weil ich Angst hatte, dass ich meine Kunden verlieren würde, wenn ich meine Preise erhöhen würde. Hab keine Angst, kontrolliere dein Leben.

Wie sieht ein normaler Arbeitstag in deinem Leben als Remote Worker aus? Hast du eine tägliche Routine?
Ich habe keinen typischen Arbeitstag. Ich habe gelernt, mit dem Flow zu gehen und ein gesundes Gleichgewicht zwischen dem, was ich machen möchte und dem, was ich machen muss, zu bewahren. Im Allgemeinen bin ich morgens am produktivsten. Während dieser Zeit habe ich beobachtet, dass mein Produktivitätslimit ungefähr fünf Stunden beträgt. Nach fünf Stunden Arbeit fällt meine Leistungsfähigkeit ab, ich werde müde und abgelenkt. Ich möchte also meine Arbeit eher früh am Tag erledigen, damit ich mich nachmittags und abends entspannen kann. Vieles hängt aber auch von dem Ort ab, an dem ich mich gerade befinde.

Da ich jetzt in Warschau bin, beginne ich meinen Tag normalerweise mit Sport (Stretching / Calisthenics oder Schwimmen). Dann arbeite ich. Manchmal arbeite ich den ganzen Tag, manchmal schalte ich meinen Laptop nach ein paar Stunden aus und treffe mich mit einem Freund oder verbringe etwas Zeit in der Natur, um meinen Akku wieder aufzuladen. Wenn ich irgendwo bin, wo es Wellen gibt, hat Surfen meine oberste Priorität und ich versuche, zwischen meinen Surf-Sessions zu arbeiten und Kontakte zu knüpfen.

Was sind die Vor- und Nachteile ortsunabhängiger Arbeit aus deiner Sicht?
Aus meiner Sicht ist der größte Vorteil die Freiheit, die man genießt. Jeden Tag kannst du tun, was du willst. Dies betrifft auch dein Leben. Du kannst überall auf der Welt sein, wo du sein möchtest.
Wenn du deine Ruhe haben möchtest, kannst du von zu Hause aus arbeiten oder wandern gehen. Wenn du Leute um dich herum haben willst, kannst du in ein Café oder in einen Coworking Space gehen. Du kannst

arbeiten wann du willst, morgens, tagsüber oder nachts, es liegt ganz bei dir. Du kannst Sport treiben, wann immer dir danach ist, denn es gibt keinen Chef, der es dir verbietet. Ehrlich gesagt, sehe ich keine Nachteile darin, ortsunabhängig zu sein. Du kannst dein Leben so gestalten, wie es dir gefällt.

Wobei, einen Nachteil kann ich doch nennen. Wenn du als digitaler Nomade permanent unterwegs bist, kannst du sehr einsam werden.

Manchmal habe ich mich einsam und müde von zu schnellem Reisen und zu oft wechselnden Orten gefühlt. Es hat mich angestrengt, immer wieder neue Orte zu entdecken und nicht an Orte zurückzukehren, an denen ich schon einmal war. Es kann auch sehr anstrengend sein, jede Woche neue Kontakte zu knüpfen. Mit der Zeit habe ich mir zwei, drei Orte in der Welt herausgesucht, die ich wirklich sehr gerne mag, an denen ich mich Zuhause fühle und wo ich Freunde habe. Ich bewege mich frei zwischen diesen Orten und besuche sie, wann immer ich möchte. Meines Erachtens erlebt man die genannten Nachteile nur als digitaler Nomade. Ich ziehe es vor, mich als „ortsunabhängig" zu bezeichnen.

Last but not least: Hast du noch weitere hilfreiche Tipps für unsere Leser?

Folge deinem Herzen. Wenn du dir selbst zuhörst und tust, was du tief im Inneren fühlst, ist es gut für dich – das Universum wird dir schon helfen.

WOMIT KANNST DU ORTSUNABHÄNGIG GELD VERDIENEN? – EINIGE IDEEN

Beschäftigungsformen: Du kannst entweder als Freelancer für verschiedene Auftraggeber arbeiten, Angestellter einer Firma sein, die es dir ermöglicht ortsunabhängig zu arbeiten, oder du wirst unternehmerisch tätig. Mögliche Auftrag- / Arbeitgeber sind z. B. Agenturen, Unternehmen, Freelancer, Startups, Blogger, Privatpersonen. In Kapitel 6 findest du verschiedene Jobportale, die sich auf ortsunabhängiges Arbeiten spezialisiert haben.

Die folgenden Zeilen geben dir ein paar Ideen an die Hand, wie du ortsunabhängig mit diesem Beruf Geld verdienst. Der Abschnitt ist bewusst kurzgehalten, da viele der Ideen bereits in Kapitel 3 angesprochen wurden. Solltest du an der ein oder anderen Stelle den Wunsch nach mehr Inhalt verspüren, blättere einfach nochmal zum Anfang zurück. Nähere Informationen, wie du Themen für Bücher und Online-Kurse findest, erhältst du in Kapitel 5. Schau außerdem gerne auf unserem Blog vorbei, für alle genannten Tools und Ressourcen im Überblick: https://new-work-life.com/portfolio/webdesigner.

Übe deine Kerntätigkeit aus
Du kannst deine Kerntätigkeit als Webdesigner ohne Probleme ortsunabhängig ausüben, denn dein Berufsbild ist virtueller Natur.

Erweitere dein Leistungsspektrum
Verkaufe deinen Webdesign-Kunden zusätzlich zu deiner Webdesign-Leistung das Hosting für ihre Website. Dies kannst du entweder als Wiederverkäufer (Reseller) oder als Affiliate eines Hosting-Anbieters tun. Als Wiederverkäufer kaufst du von einem Hosting-Anbieter ein Hosting Paket und verkaufst es an deine Kunden weiter. Dies tust du, indem du auf den Preis des Hosting-Anbieters einen Betrag X aufschlägst. Als Affiliate empfiehlst du deinen Kunden einen bestimmten Anbieter und erhälst von diesem beim Kauf eines Hosting-Paketes durch deinen Kunden eine Provision. Folgende Hosting-Anbieter haben Affiliate-Programme im Einsatz: Strato, All-inkl.com, 1 und 1, Domainfactory und viele mehr.

Designe Website Themes und Templates für Content Management Systeme
Biete deine Designs über eine eigene Website und/oder über entsprechende Online-Marktplätze zum Verkauf an. Folgende Marktplätze könnten für dich u. a. von Interesse sein: Envato Market, Creative Market, Mojo Marketplace und ThemeSnap.

Gestalte Grafiken, Designs, Icons, Vektoren, etc.
Verkaufe diese online über eine eigene Website und/oder über Stockplattformen wie z. B. Shutterstock, Adobe Stock, iStock, Alamy, und 123rf. Zusätzlich kannst du auch Vorlagen für z. B. InDesign, Illustrator oder Adobe Photoshop, etc. entwerfen und diese über die oben genannten Kanäle zum Verkauf anbieten. Stockplattformen sind Online-Marktplätze, auf denen verschiedene Anbieter Produkte wie Fotos, Bilder, Vektoren, Videos, Audiodateien, Computercode, etc. anbieten. Die erbrachten Produkte werden dabei „auf Lager" produziert, d. h. sie entstehen ohne Beauftragung. Die Produkte auf Stockplattformen können vom Käufer gegen Zahlung einer Lizenzgebühr für vielseitige Zwecke, z. B. für den Einsatz in Film, TV, Radio, etc. eingesetzt werden.

Programmiere eigene Software, Apps, App-Komponenten
Entwickle z. B. Komponenten für Registrierung und Login / Zahlung / Verschlüsselung / Forms / Maps, Games und/oder Code für verschiedene Applikationen und/oder Devices und vertreibe deine Programmierungen online über eine eigene Website (z. B. auf Basis von Elopage.com, einem Content Management System für digitale Produkte) und/oder über Online-Plattformen wie z. B. Steam, Fantero, Envato Market, Codester oder Codeclerks. Du kannst deine Programmierungen entweder als Lizenzmodell vertreiben oder du entscheidest dich für den klassischen Verkauf, bei dem du alle Rechte an den Käufer abtrittst.

Schreibe ein eBook
Finde ein Thema, das dich interessiert und für das Nachfrage besteht. Wie wäre es z. B. mit einem Buch zum Thema „Kundenakquise als selbständiger Webdesigner – Wie ich neue Klienten gewinne und eine Stammkundschaft aufbaue" oder einem Buch zum Thema „Die 10 größten Fallstrike im Webdesign – worauf Sie achten sollten und was Sie unbedingt vermeiden müssen"? Wie genau du Themen findest, kannst du im Kapitel 5 nachlesen.

Leg ein Profil bei einer Crowdfunding-Plattform an
Lass dich von deinen Fans z. B. auf der Crowdfunding-Plattform Patreon.com finanziell unterstützen.

STARTER TOOLKIT – DAS BRAUCHST DU, UM LOSZULEGEN

Notebook, Smartphone, Stifte, Zeichenpapier oder Sketchbuch

SOFTWARE:
- Office: z. B. Microsoft Office oder Google Docs
- Kommunikation: z. B. Skype, WhatsApp, Slack, Gmail
- Website / Webshop: z. B. WordPress oder Shopify
- Projektmanagement: z. B. Trello
- Cloudbasierte Datenspeicherung: z. B. Dropbox oder Google Drive
- Bildbearbeitung: z. B. Adobe Photoshop oder Gimp (kostenlos)
- Wireframing, Mockups und Prototyping: z. B. Balsamiq, InVision, Axure, OmniGraffle
- Farbpalletten und Farbgebung: z. B. Colorzilla und Adobe Kuler

BÜCHER UND TUTORIALS:

- Buch: „Website-Konzeption und Relaunch: Das Handbuch für die Praxis. Konzepte entwickeln, Seiten optimieren, Besucher begeistern", von Sebastian Erlhofer und Dorothea Brenner
- Buch: „Webdesign: Das Handbuch zur Webgestaltung", von Martin Hahn
- Buch: „Praxisbuch Usability und UX: Was jeder wissen sollte, der Websites und Apps entwickelt – Bewährte Methoden praxisnah erklärt", von Jens Jacobsen und Lorena Meyer
- Buch: „Running A Web Design Business From Home: How To Find and Keep Good Clients and Make Money with Your Home Business", von Rob Cubbon
- Tutorial: „UX & Web Design Master Course: Strategy, Design, Development - Learn how to apply User Experience (UX) principles to your website designs, code a variety of sites, and increase sales!", von Joe Natoli, auf Udemy
- Tutorial: „Ultimate Web Designer & Developer Course: Build 23 Projects! Become a Full-Stack Developer – Learn Everything from Design to Front & Back-End Programming", von Brad Hussey, Code College, auf Udemy

Detaillierte Informationen zu Tools und Ressourcen, die dir helfen können, ein ortsunabhängiges Einkommen aufzubauen, findest du auf unserem Blog unter: https://new-work-life.com/portfolio/webdesigner.

5. PRODUKTIDEEN ENTWICKELN

„Alles auf der Welt kommt auf einen gescheiten Einfall und auf einen festen Entschluss an." – Johann Wolfgang von Goethe

Grundsätzlich ist das Entwickeln von Produkt- und Dienstleistungsideen keine „Rocket Science". Es ist zumeist eine Sache von Kreativität und Einfallsreichtum, kann aber auch sehr strukturiert vonstattengehen. Im Rahmen unserer Arbeit an diesem Buch und im Austausch mit unseren Rolemodels haben wir festgestellt, dass es bestimmte Herangehensweisen für die Entwicklung von Produkt- und Dienstleistungsformaten gibt. In diesem Kapitel wollen wir dir zeigen, wie du vorgehen kannst, um unterschiedliche Formate zu entwickeln, mit denen du ortsunabhängig Geld verdienen kannst.

Ein gutes Mittel, um ortsunabhängig Geld zu verdienen ist der Verkauf von Wissen (wie bereits in Kapitel 3 veranschaulicht). Deines Wissens. Das funktioniert unter anderem sehr gut mithilfe von Büchern und Online-Kursen. Diese Produkte sind beliebig skalierbar und stellen gleichzeitig ein passives Einkommen dar. Passives Einkommen ist als Gegenteil von aktivem Einkommen zu betrachten. Während man aktives Einkommen verdient, indem man Arbeitszeit eins zu eins gegen Geld eintauscht, ist passives Einkommen von der eingesetzten Arbeitszeit entkoppelt. Du investierst eine bestimmte Zeit in die Erstellung eines Produktes und verdienst dann zeitunabhängig am Verkauf des Produktes. Während der Verkaufsphase musst du entweder gar keine Zeit mehr investieren oder nur verhältnismäßig wenig. Das Zeitinvest ist per se unabhängig davon, wie viele Einheiten des Produktes du verkaufst. Egal, ob du 10 oder 100 oder aber 1.000 Einheiten verkaufst, die Zeit, die du investierst, bleibt die gleiche.

Schauen wir es uns an einem konkreten Beispiel an. Nehmen wir an, du bist passionierter Angler. Du weißt, zu welcher Jahres- und Tageszeit der Fisch am besten beißt, welche Köder am besten funktionieren und so weiter. Du entscheidest aufgrund deiner Kenntnisse, einen Angelkurs anzubieten. Andere Menschen sollen von deiner Expertise lernen können. Der Kurs soll vor Ort an deinem „Heimat-Weiher" stattfinden, wo du immer angelst. Du setzt einen Termin für den Kurs fest, kaufst Ausrüstung für fünf Teilnehmer und erstellst ein paar Lernmaterialien. Zum angesetzten Termin triffst du dich mit den Teilnehmern des Kurses an deinem

„Heimat-Weiher" und gibst im Rahmen des Kurses einen Tag lang – von früh bis abends – dein Wissen an die Teilnehmer weiter. Das ist eine super Sache. Du lernst neue Menschen kennen und hast viel Spaß mit ihnen. Einziges Manko: Du kannst den Kurs nicht skalieren und kein passives Einkommen aus ihm generieren. Die maximale Anzahl an Teilnehmern liegt bei fünf Personen. Dieses Kontingent hast du voll ausgeschöpft. Willst du mehr Teilnehmer bedienen, musst du einen zweiten Kurs ansetzen, folglich mehr Zeit investieren. Ein zweiter Kurs würde dir ermöglichen, insgesamt zehn Teilnehmer auszubilden. Was aber, wenn du 50 oder 100 Menschen beibringen willst, wie man angelt? Das wären 10 bzw. 20 Kurse, die du veranstalten müsstest. Du stellst fest, dass du dazu gar nicht die Zeit hast.

Wie wäre es vor diesem Hintergrund, einen Online-Kurs zu erstellen, der Menschen beibringt, wie man angelt und Fische fängt? Das hätte den Vorteil, dass du einmal Zeit investierst und dann zeitunabhängig Geld mit deinem Kurs verdienst. Die Teilnehmeranzahl für deinen Kurs ist unbeschränkt und du kannst ihn so vielen Interessenten anbieten, wie du möchtest, ohne dass es dich mehr Zeit kosten würde.

Um einen Online-Kurs zu erstellen, machst du fast alles so, wie du es auch für den vor-Ort-Kurs an deinem „Heimat-Weiher" gemacht hast. Du erstellst Unterrichtsmaterialien und gehst mit deiner Ausrüstung zum Weiher. Während du für den vor-Ort-Kurs Ausrüstung für alle Teilnehmer besorgen musstest, benötigst du für den Online-Kurs nur deine eigene. Bist du am Weiher angekommen, nimmst du jeden deiner Schritte, die du durchläufst, um Fische zu fangen, auf Video auf und erklärst deine Vorgehensweise so, als wenn du zu Teilnehmern vor Ort sprechen würdest. Danach lädst du deinen Online-Kurs auf eine Online-Lernplattform wie z. B. Udemy hoch und stellst ihn dort zum Verkauf zur Verfügung. Über Plattformen wie Udemy können Millionen von Interessenten auf deinen Kurs zugreifen und ihn kostenpflichtig erwerben. Du erstellst den Kurs ein einziges Mal und kannst ihn ohne zusätzlichen Zusatzaufwand unendlich oft verkaufen.

Das ist nur ein Beispiel dafür, wie du passives Einkommen aufbauen kannst. Ähnlich verhält es sich mit Büchern. Einmal geschrieben, kannst du dein Buch auf einer eigenen Website oder auf Online-Marktplätzen (z. B. Amazon) veröffentlichen und es verkaufen. Ein Buch lässt sich wie ein Online-Kurs beliebig skalieren.

Online-Kurse und Bücher eignen sich folglich sehr gut, um passives Einkommen aufzubauen. Wie aber findest du passende Themen für einen Online-Kurs oder ein Buch? Themen, die dich interessieren und für die eine Nachfrage am Markt besteht?

Grundsätzlich gilt: Überlege dir, welche Interessen und Hobbies du hast und worin du gut bist bzw. wo du Stärken besitzt. Schau dann, wie du anderen mit deinen Fähigkeiten weiterhelfen kannst:

- Welches Problem kannst du für andere lösen?
- Was kannst du anderen geben, was ihnen Mehrwert bietet?

Vielleicht sind in der Vergangenheit schon einmal Menschen auf dich zugekommen und haben bei dir Rat gesucht? Ist das der Fall, ist es ein guter Indikator dafür, dass andere Menschen dich in einer bestimmten Sache als Experten wahrnehmen. Das könnte ein Ansatzpunkt für mögliche Themen für ein Buch oder einen Online-Kurs sein.

Solltest du über kein spezielles Hobby verfügen und keine Ahnung haben, worin du gut bist oder wie du anderen Menschen mit deinem Wissen einen Mehrwert bieten kannst, besteht eine weitere Möglichkeit darin, auf spezielle Tools zurückzugreifen. Nachfolgend findest du eine Auswahl möglicher Tools, die du nutzen kannst, um Themen für deine Produkte zu finden.

5.1 AMAZON BESTSELLER-LISTEN

Zu finden unter: https://www.amazon.de/gp/bestsellers

Amazon ist einer der weltweit führenden Online-Marktplätze und Millionen Menschen besuchen ihn tagtäglich, um einzukaufen. Die Produktpalette von Amazon reicht von Accessoires über Kleidung und Kosmetik bis zu Tierbedarf, Elektronik und Büchern. Aufgrund der Vielzahl an Menschen, die täglich dort einkaufen, ist Amazon ein guter Spiegel für Markttrends. Amazon weiß, welche Produkte sich gut verkaufen und was am Markt angesagt ist. Dieses Wissen gibt die Plattform unter anderem in seinen Bestseller-Listen preis. Eine Bestseller-Liste ist eine produktkategorie-basierte Auflistung der Produkte, die am häufigsten über Amazon verkauft wurden. Sie zeigen die hundert am häufigsten verkauften Produkte in einer Produktkategorie im aktuellen Zeitraum.

Nicht nur, aber vor allem wenn du gerne schreibst, ist es für dich sinnvoll, die aktuellen Amazon Bestseller-Listen zu durchsuchen und dort aktuelle Thementrends ausfindig zu machen. Besonders interessant wird dieses Vorgehen, wenn du den Blick über den nationalen Tellerrand hinaus wagst und schaust, was zum Beispiel in den USA gerade angesagt ist. Behalte also nicht nur die deutschen, sondern auch die internationalen Bestseller-Listen im Auge. Die Bestseller-Listen von Amazon.com findest du unter: https://www.amazon.com/gp/bestsellers.

Eine weitere Möglichkeit, Amazons Bestseller-Listen für dich zu nutzen, besteht darin, die gelisteten Bestseller in ein anderes Produktformat zu übertragen, z. B. in einen Online-Kurs. Gerade im Sachbuchbereich ist das eine sehr gute Option, da nicht alle Menschen gerne ein Buch lesen, sondern vielleicht das Videoformat bevorzugen und sich darüber einem Thema nähern möchten.

5.2 AMAZON-SUCHE

Zu finden unter: https://www.amazon.de

Eine weitere Möglichkeit, die du nutzen kannst, um Themen für ein Buch oder einen Online-Kurs zu finden, besteht darin, Suchbegriffe in die Amazon-Suchleiste einzugeben. Amazon schlägt dir auf Basis deiner Eingaben automatisch Suchphrasen vor (über das sich öffnende Dropdown-Menü), die von Amazon Besuchern häufig in die Suchmaske eingegeben werden. Nutze diese Informationen, um mögliche Themen für ein Produkt abzuleiten. Damit du maximalen Mehrwert aus dieser Methode ziehst, hier ein paar Dinge, die du dabei beachten solltest:

1. Melde dich zuerst von deinem Amazon-Konto ab, solltest du eingeloggt sein.
2. Lösche dann deine Browser-Cookies, damit Amazon dich nicht erkennt. Denn jedes Mal, wenn du die Seite von Amazon besuchst, merkt sich die Plattform deine Anwesenheit und deine Suchanfragen.
3. Wenn du die Cookies gelöscht hast, rufe die Amazon-Seite auf und wähle in der Suchleiste links eine Kategorie aus, in diesem Fall „Bücher".

Als nächstes fängst du ganz langsam an, Wörter in die Suchmaske einzugeben. Ganz wichtig: Buchstabe für Buchstabe, ein Wort nach dem anderen.

Die Amazon-Suche funktioniert so, dass sie auf Buchstabenbasis jeweils andere Suchphrasen vorschlägt.

Im Folgenden ein konkretes Beispiel: Wir geben in das leere Feld der Suchmaske als erstes Wort das Wort „Hunde" (natürlich ohne Anführungszeichen) ein, weil wir uns für Hunde interessieren. Sobald wir „Hunde" eingegeben haben, erscheint im Dropdown-Menü die automatisch durch Amazon generierte Suchphrase „Hundeerziehung Bücher". Das klingt doch schon recht interessant. Also klicken wir diese Suchphrase an und lassen uns die Ergebnisse anzeigen. Ein kurzer Blick zeigt uns, dass es insgesamt 72 Suchergebnisseiten auf Amazon zu dieser Suchphrase gibt. Das ist nicht gerade überschaubar und dementsprechend keine Nische, die vielversprechend ist. Das Thema „Hundeerziehung" ist jedoch grundsätzlich interessant. Deshalb geben wir als nächstes „Hundeerziehung" in die Suchmaske ein und erhalten „Hundeerziehung für Kinder" als automatisch vorgeschlagene Suchphrase. Hier gibt es nur noch elf Seiten mit Ergebnissen und ein erster Blick zeigt, dass hier nicht alle Ergebnisse der Kategorie richtig zugeordnet sind. Bereits das an zweiter Position in den Suchergebnissen gelistete Buch hat nichts mehr mit Kindern zu tun. Von den insgesamt 16 Treffern, passen sieben nicht zur Suchanfrage. Auf den nachfolgenden Seiten sieht es noch schlechter aus. Das liegt allerdings nicht daran, dass die Amazon-Suche die falschen Bücher „herausgesucht" hat, sondern vielmehr daran, dass das Angebot zur Suchphrase „Hundeerziehung für Kinder" sehr überschaubar ist. Demnach gibt es hier ggf. eine Marktnische, die noch das eine oder andere Produkt vertragen könnte. Das heißt jetzt nicht, dass du sofort anfangen sollst, ein Buch zum Thema „Hundeerziehung für Kinder" zu schreiben. Wir wollten anhand dieses Beispiels vielmehr die Vorgehensweise erläutern, wie du mithilfe der Amazon-Suche Themen generierst.

5.3 UDEMY

Zu finden unter: https://www.udemy.com

Udemy ist eine Internetplattform für Online-Kurse. Du kannst über die Plattform Online-Kurse zu verschiedenen Themen und Themengebieten kaufen sowie Kurse zum Verkauf anbieten. Udemy ist mit ca. 65.000 Kursen und 15 Mio. Kursteilnehmern eine der führenden Online-Lernplattform weltweit.

Die Website von Udemy verfügt wie die von Amazon über eine Suchleiste. Wie bei Amazon gibst du einzelne Suchbegriffe langsam in die Maske ein und Udemy schlägt dir auf Basis deiner Eingaben automatisch die häufigsten Suchanfragen dazu vor. So findest du im Handumdrehen heraus, was häufig auf der Plattform gesucht wird und wo Potenzial liegt. Zuvor loggst du dich, wie bei Amazon auch, aus deinem Udemy Account (solltest du einen haben) aus und löschst deinen Cookie-Cache, um keine „verfälschten" Ergebnisse zu bekommen.

Wenden wir uns nun noch einmal dem Beispiel mit der „Hundeerziehung" zu. Unsere Suche auf Amazon hat ergeben, dass dieser Begriff alleinstehend zu viele relevante Suchergebnisse liefert, um interessant zu sein. Wie verhält es sich jedoch auf Udemy? Gibt es hier ebenso viele „Treffer" oder hat das Thema „Hundeerziehung" möglicherweise Potenzial für einen Online-Kurs? Wir geben den Begriff „Hundeerziehung" in die Udemy-Suche ein und finden heraus, dass es in deutscher Sprache nur einen einzigen Kurs zu dem Thema gibt (Stand Juni 2018). Geben wir den Begriff auf Englisch ein („dog training"), stellen wir fest, dass es zahlreiche Kursangebote mit zum Teil tausenden von Abonnenten und Rezensionen gibt. Das könnte ein Hinweis darauf sein, dass hier eine Marktlücke besteht, die du mit einem weiteren deutschsprachigen Kurs bedienen könntest.

Mach dir anderssprachige Märkte (z. B. den englischsprachigen Markt) zunutze; schau, was dort funktioniert und überleg dir, wie du daraus ein Angebot für den deutschsprachigen Markt schaffen könntest. Durchstöbere das Udemy-Kursangebot und lass dir dabei ausschließlich englischsprachige Kurse anzeigen. Wenn du dabei ein interessantes Kursangebot findest (Stichwort: Viele Kursabonnenten und viele positive Bewertungen), dann vergleiche es mit den Angeboten in deutscher Sprache. Möglicherweise gibt es hier entweder noch keins oder aber nur sehr wenig Angebot.

Solltest du der Meinung sein, dass deutschsprachige Kurse überflüssig sind, weil heutzutage jeder Englisch spricht, überlege dir Folgendes: Wenn dir zu einem Thema, in dem du dich nicht auskennst und das womöglich mit der Verwendung von Fachbegriffen einhergeht, ein Kurs auf Englisch und ein Kurs auf Deutsch zur Verfügung steht, für welchen entscheidest du dich? Hand aufs Herz, die meisten von uns würden wohl den deutschsprachigen Kurs wählen, weil sie wüssten, dass sie hier in jedem Fall alles verstehen würden.

5.4 GOOGLE SUGGEST

Zu finden unter: https://www.google.de

Google Suggest funktioniert über die Suchleiste bei Google. Das Prinzip ist ähnlich wie bei Amazon und Udemy, nur dass sich Google Suggest auf die globale Google-Suche bezieht.
Du tippst einen Suchbegriff bzw. verschiedene Suchwörter langsam in die Google Suchleiste ein und Google schlägt dir automatisch in einem Dropdown-Menü die am häufigsten zu deinen eingegebenen Wörtern gesuchten Suchphrasen vor. Der Terminus „suggest" heißt nämlich nichts anderes als „vorschlagen".

Bevor du loslegst, loggst du dich aus deinem Google Konto aus und löschst deinen Browserverlauf, damit Google bei der Ausgabe der Suchphrasen nicht auf dein historisches Suchverhalten Bezug nehmen kann.

5.5 GOOGLE KEYWORD PLANNER

Zu finden unter: https://adwords.google.com/um/signin?hl=de_DE -> Tools -> Keyword Planner

Der Google Keyword-Planner ist ein hilfreiches Tool, weil er unter anderem die durchschnittlichen monatlichen Suchanfragen für definierte Suchbegriffe anzeigen kann. Du gibst bestimmte Suchbegriffe (einzelne Wörter oder Suchphrasen) in das Tool ein und erhältst innerhalb kurzer Zeit Informationen zur Anzahl der Suchanfragen für den Suchbegriff, nebst einer Auflistung ähnlicher Suchbegriffe. Zudem werden dir Wettbewerbsdaten für einen Suchbegriff zur Verfügung gestellt. Anhand dieser kannst du erkennen, wie begehrt ein Suchbegriff oder eine Suchphrase für Werbezwecke auf Google ist.
Grundsätzlich kannst du den Keyword Planner auf verschiedene Art und Weise für deine Zwecke konfigurieren. Du kannst dir z. B. eine Auswertung der Suchanfragen auf Länderbasis anzeigen lassen (z. B. wie häufig wurde der Begriff „Hundeerziehung" in Deutschland gesucht?) oder für einzelne Gebiete oder Orte (z. B. wie häufig wurde der Begriff „Hundeerziehung" in Berlin gesucht?). Weiterhin kannst du den Zeitraum festlegen, innerhalb dessen gesucht werden soll, z. B. im letzten Jahr, im letzten Monat oder in der letzten Woche.
Was die Auswertung der Suchanfragen angeht, bekommst du in der Regel

keine exakten Angaben. Vielmehr erhältst du Bandbreitenwerte von 100 bis 1.000, 1.000 bis 10.000, 100.000 bis 1 Million, usw. Da du zunächst nur ein erstes Gespür für die Relevanz deiner Idee bekommen möchtest, reicht das aus. Erweitere deine Suchphrase um weitere relevante Suchbegriffe, um spezifischer zu werden und mehr in eine Nische zu gehen. Das Suchvolumen mag vielleicht kleiner ausfallen, jedoch ist häufig der Wettbewerb nicht so stark. Verwende z. B. die Suchphrase „Ratgeber Hundeerziehung und Kinder". Oder noch besser „Ratgeber Hundeerziehung und Kinder kaufen". Wenn du feststellst, dass diese Suchphrase zum Beispiel 10.000 bis 100.000 Mal pro Monat gesucht wird, kannst du daraus ableiten, wie gut sich ein Buch oder ein Online-Kurs zu diesem Thema verkaufen ließe.

5.6 GOOGLE TRENDS

Zu finden unter: https://trends.google.de/trends

Um allgemeine Entwicklungen abzufragen, bietet dir Google Trends eine sehr gute und übersichtliche Möglichkeit. Du kannst mit dem Tool die Popularität bestimmter Suchbegriffe im Zeitverlauf analysieren. Damit deine Analyse möglichst aussagekräftig ist, kannst du verschiedene Parameter festsetzen. Du kannst z. B. das Land definieren, auf das sich die Analyse beziehen soll („Wie haben sich die Suchanfragen zum Suchbegriff „Hundeerziehung" in Deutschland entwickelt?"), den Zeitraum für die Analyse bestimmen („Wie haben sich die Suchanfragen zum Suchbegriff „Hundeerziehung" in den letzten 4 Jahren/ in den letzten 12 Monaten/ im letzten Quartal entwickelt?") oder das Suchspektrum vorgeben („Wie haben sich die Suchanfragen zum Suchbegriff „Hundeerziehung" auf Google Shopping/ in der Google Bildersuche/ in der YouTube-Suche entwickelt?").

Zum besseren Verständnis findest du im Folgenden einen Screenshot der Analyse für den Suchbegriff „Hundeerziehung", die wir durchgeführt haben (Stand März 2018). Als Parameter haben wir „Suchanfragen weltweit", „letzte 12 Monate" und „Suche im gesamten Web" definiert. Im Ergebnis zeigt sich ein volatiles Interesse an der Thematik auf recht hohem Niveau, mit positivem Trend.

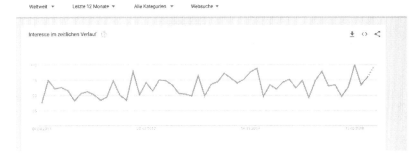

Quelle: https://trends.google.de, Stand März 2018

Wenn du weiter unten im Ergebnis schaust, informiert dich Google Trends über ähnliche Suchanfragen im Kontext „Hundeerziehung": Hundeerziehung online, Hundeerziehung leicht gemacht, Hundeerziehung Tipps und YouTube Hundeerziehung.

Ähnliche Suchanfragen	Zunehmend
1 hundeerziehung online	+ 300%
2 hundeerziehung leicht gemacht	+ 70%
3 hundeerziehung tipps	+ 60%
4 youtube hundeerziehung	+ 60%

Quelle: https://trends.google.de, Stand März 2018

5.7 GOOGLE CORRELATE

Zu finden unter: https://www.google.com/trends/correlate

Ein weiteres Google Tool, das du nutzen kannst, um Themen für Bücher und Online-Kurse zu finden, ist Google Correlate. Während Google Trends das Suchvolumen und den Suchtrend für Suchbegriffe und Suchphrasen innerhalb einer bestimmten Zeit ausweist, nennt Google Correlate Suchbegriffe, die im Zeitablauf vom Suchvolumen her miteinander korrelieren.

Schauen wir uns das Ganze des besseren Verständnisses wegen anhand eines konkreten Beispiels an. Wir nehmen wieder unseren Suchbegriff „Hundeerziehung" und geben diesen in Google Correlate ein. Als Suchparameter geben wir an, dass sich die Abfrage auf „Deutschland" beziehen soll. Als Darstellungsart wählen wir „weekly time series". Nun suchen wir nach Korrelationen.

Quelle: https://www.google.com/trends/correlate/search?e=hundeerziehung&t=weekly&p=de, Stand 21.08.2018

Als Resultat unserer Abfrage erhalten wir die Begrifflichkeiten „Partnersuche", „Irfanview", „Freeware", „Productions", usw. als korrelierende Suchbegriffe. Die resultierenden Begriffe scheinen in keinem inhaltlichen Zusammenhang mit dem von uns eingegebenen Suchbegriff „Hundeerziehung" zu stehen. Allen Begrifflichkeiten ist jeweils ein Korrelationskoeffizient mit einem Wert zwischen 0,93 und 0,95 vorangestellt. Der Korrelationskoeffizient spiegelt die Stärke einer Korrelation wider. Je höher er ist (maximal kann er 1,0 betragen), desto größer ist der Zusammenhang. Der Zusammenhang bezieht sich dabei nicht auf die Verwandtschaft der Begrifflichkeiten untereinander, sondern auf das Suchvolumen zweier Begriffe im Zeitverlauf. Liegt ein hoher Korrelationskoeffizient vor, heißt das, dass der eingegebene Suchbegriff, in unserem Fall „Hundeerziehung", im Zeitverlauf ähnlich häufig gesucht wurde wie die Begriffe „Partnersuche", „Irfanview", „Freeware", „Productions", usw. Je stärker die Korrelation, desto ähnlicher das Suchvolumen zweier Begriffe in einem bestimmten Zeitraum.

Wie kannst du die Ergebnisse, die dir Google Correlate liefert, nun für die Themenfindung für dein Buch oder deinen Online-Kurs nutzen? Google Correlate hilft dir weiter, wenn es dein primäres Ziel ist, ein Produkt zu schaffen, dass sich, unabhängig von einem bestimmten Thema, gut verkauft. Du bist breit aufgestellt, was die Wahl deines Themas anbelangt und vielseitig interessiert? Gut. Dann kannst du Google Correlate dazu nutzen, häufig im Netz gesuchte Wörter zu finden, um diese als Inspiration für ein potenzielles Thema zu verwenden. Starte damit, einen ersten Begriff zu finden, der häufig online gesucht wird. Dafür kannst du z. B. Google Suggest und den Google Keyword Planner nutzen. Hast du einen häufig gesuchten Begriff identifiziert, gibst du diesen in Google Correlate ein und findest darauf basierend weitere Begriffe, die ein ähnlich hohes Suchvolumen in einem bestimmten Zeitraum aufweisen und somit ggf. Potenzial als Thema für dein Buch oder deinen Online-Kurs haben. Im Unterschied zum oben genannten Google Keyword Planner gibt Google Correlate nicht nur Suchbegriffe aus, die mit deinem Suchbegriff ähnlich sind, sondern auch Suchbegriffe, die in keinem inhaltlichen Zusammenhang mit ihm stehen, also vollkommen entkoppelt sind. Die Nutzung von Google Correlate zur Themenfindung ist insbesondere dann sinnvoll, wenn dein initialer Suchbegriff bereits häufig für Produkte verwendet wurde und du nach Alternativen suchst, ohne dabei auf einen bestimmten thematischen Bereich festgelegt zu sein.

5.8 ANSWER THE PUBLIC

Zu finden unter: https://answerthepublic.com

Eine weitere interessante Alternative zur Themenfindung ist die Plattform „Answer the Public". Hier bekommst du nicht nur einzelne Wortvorschläge, sondern auch Fragen, die von Suchenden in die Suchmaschinen Google und Bing eingegeben wurden. Dabei handelt es sich immer um die klassischen W-Fragen und weitere Kombinationen. Zum besseren Verständnis im Folgenden ein paar Fragen, die erscheinen, wenn du das

Suchwort „Hundeerziehung" eingibst (vgl. auch Abbildung unten): „Wann fängt Hundeerziehung an?", „Warum ist Hundeerziehung wichtig?", „Welche Hundeerziehung ist die beste?" und so weiter.

Neben Fragestellungen erhältst du über „Answer the Public" Vergleiche und Präpositionen, die Suchmaschinennutzer im Zusammenhang mit deinem Suchwort in die Suche eingegeben haben. Für das Beispiel „Hundeerziehung" sind das unter anderem die Vergleiche: „Hundeerziehung **gleich** Kindererziehung", „Hundeerziehung Rüde **oder** Hündin" oder „Hundeerziehung mit Halsband **oder** Geschirr". Unter Präpositionen finden sich unter anderem die Suchphrasen: „Hundeerziehung **nach** Biss", „Hundeerziehung **mit** System" und „Hundeerziehung **ohne** Worte".

Leider liefert das Tool keine Zahlen zum Suchvolumen der Wortkombinationen und Suchphrasen. Daher kannst du keine unmittelbaren Schlüsse auf die Relevanz der Begrifflichkeiten ziehen. Das ist jedoch kein Problem, denn du kannst die bereits bekannten Optionen, z. B. den Google Keyword Planner, dafür nutzen und dich so einem potenziell interessanten Thema Schritt für Schritt annähern.

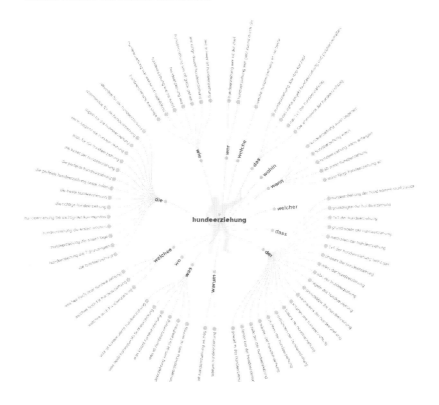

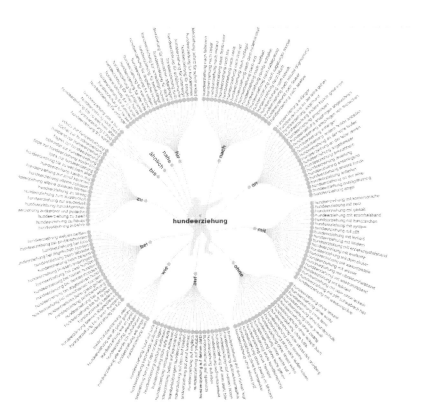

Quelle: https://answerthepublic.com/reports/67db1594-07ce-4004-bb9b-1bbe859c80ae, Stand 21.08.2018

6. ARBEIT FINDEN

„Dem Geist sind keine Grenzen gesetzt außer denen, die wir als solche anerkennen." – Napoleon Hill

6.1 JOBBÖRSEN FÜR FREELANCER UND AUFTRAGSARBEIT

In diesem Kapitel möchten wir dir ein paar Jobbörsen an die Hand geben, die explizit für Freelancer und Auftragsarbeit entwickelt wurden (auch wenn wir bemüht sind, ein umfangreiches Portfolio anzubieten, erheben wir keinen Anspruch auf Vollständigkeit).
Als Freelancer kannst du die Börsen nutzen, um Kunden zu akquirieren. Du kannst in den Börsen nach geeigneten Projekten suchen oder dich von Unternehmen über dein Profil finden lassen. Auch hier gilt: nicht jede Börse ist für jeden geeignet, sondern die Entscheidung für eine Börse muss immer in Abhängigkeit von der eigenen Marketingstrategie und Zielgruppe erfolgen.

Weiterhin listet nicht jede Börse die gleiche Art von Tätigkeiten und Projekten. So hat eine Börse z. B. ein enges Spektrum an angebotenen Tätigkeiten (z. B. nur Entwickler-, Designer- und Finance-Jobs) und eine andere Börse ein sehr breites Angebot. Gleiches gilt für das Thema Ortsunabhängigkeit. Einige Börsen listen ausschließlich Remote-Arbeit (z. B. Fiverr), andere sowohl Remote-Arbeit als auch vor-Ort-Projekte (z. B. Upwork).

UPWORK
https://www.upwork.com
Jobkategorien:
- IT Programmierung
- Design
- Texten
- Admin Support
- Marketing
- Buchhaltung
- Beratung
- Customer Service
- Data Science und Analytics
- Ingenieurwesen und Architektur
- Recht und viele mehr

FIVERR
https://www.fiverr.com
Jobkategorien:
- Grafik und Design
- Digitales Marketing
- Texten und Übersetzung
- Video und Animation
- Musik und Audio
- IT Programmierung und Tech
- Business
- Fun und Lifestyle

FREELANCER MAP
https://www.freelancermap.de
Jobkategorien:
- IT Programmierung
- Grafik
- Content und Medien
- IT Infrastruktur
- Beratung und Management
- SAP
- Ingenieurwesen

TWAGO
https://www.twago.de
Jobkategorien:
- IT Entwicklung
- Design und Medien
- Vertrieb und Marketing
- Unternehmensservices
- Übersetzung
- Texten

und viele mehr

FREELANCER.COM
https://www.Freelancer.com
Jobkategorien:
- Design, Kunst, Medien
- Finanzen, Versicherung, Recht
- IT und Entwicklung
- Management, Unternehmen, Strategie

- Technik, Ingenieurwesen
- Einkauf, Handel, Logistik
- Forschung, Wissenschaft, Bildung
- Marketing, Vertrieb, Kommunikation
- Sprachen, Dienstleistung, Soziales

DNX JOBS
https://www.dnxjobs.de
Jobkategorien:
- General Management
- Audio und Videoproduktion
- Community Management
- Content
- Customer Service
- Design
- Event Management
- Finanzen und Accounting
- HR
- IT und Programmierung
- Online-Marketing
- Produktmanagement
- Verkauf
- Social Media
- Übersetzung
- Virtuelle Assistenz

GULP
https://www.gulp.de
Jobkategorien:
- IT
- Engineering
- Finanzen

PROJEKTWERK
https://www.projektwerk.com/de
Jobkategorien:
- Architektur
- Engineering
- Fashion
- Consulting
- IT

- Medien
- Gesundheitswesen

4SCOTTY
https://4scotty.com
Jobkategorien:
- Software-Entwicklung
- UX
- Data-Science
- Tech-Consulting
- IT Sales

FREELANCER-OESTERREICH.AT
https://www.freelancer-oesterreich.at
Jobkategorien:
- Consulting
- Coaching
- Datenanalyse
- Event Management
- Finanzen
- Video/Foto
- Grafikdesign
- Ingenieurwesen
- Architektur
- IT
- Kommunikationsdesign
- PR/Kommunikation
- Texter
- Trainer
- Webdesign

und vieles mehr

XING PROJEKTE
https://projectsinfo.xing.com
Jobkategorien:
- IT und Softwareentwicklung
- Ingenieurwesen und Technik
- Marketing und Werbung
- Beratung / Consulting
- Vertrieb und Handel
- Finanzen, Rechnungswesen und Controlling

- Forschung, Lehre und Entwicklung
- Projektmanagement
- Gesundheit, Medizin und Soziales
- Produktion und Handwerk
- Prozessplanung und Qualitätssicherung
- Grafik, Design und Architektur
- Personalwesen und HR
- Administration, Sachbearbeitung und Verwaltung
- Einkauf, Materialwirtschaft und Logistik
- Management und Unternehmensentwicklung
- PR, Öffentlichkeitsarbeit und Journalismus
- Recht
- Customer Service und Kundenbetreuung

YEEPLY
https://de.yeeply.com
Jobkategorien:
- IT Entwicklung
- Mobile Games
- Websites
- (Mobile) Apps

UPLINK
https://uplink.tech
Jobkategorien:
- IT Entwicklung

FREELANCE- MARKET.DE
https://www.freelance-market.de
Jobkategorien:
- Architektur
- Beratung
- Coaching
- Eventmanagement
- Entwicklungshilfe
- Finanzen
- Fotografie
- Grafikdesign
- Immobilien
- Ingenieurwesen
- IT

- Marketing
- Produktdesign
- Psychologie
- Recht
- Sprache
- Texter
- Video und viele mehr

EXPERTLEAD
https://www.expertlead.com/de/apply
Jobkategorien:
- Blockchain
- IT Entwicklung
- Design
- Online-Marketing

SIMPLY HIRED
https://www.simplyhired.com
Jobkategorien:
- Accounting
- Medizin
- Vertrieb
- Customer Care
- Marketing
- Administration
- IT Entwicklung
- Projektmanagement
- Finanzen
- Recht
- Design
- Architektur
- Ingenieurwesen

und viele mehr

WE WORK REMOTELY
https://weworkremotely.com
Jobkategorien:
- Design
- IT Entwicklung
- Customer Support
- Texte

- Marketing
- Management

und einige mehr

DIGITALNOMAD-JOBFINDER.COM
http://digitalnomad-jobfinder.com
Jobkategorien:
- Design
- IT Entwicklung
- Customer Support
- Texte
- Marketing
- Management und einige mehr

GURU
https://www.guru.com
Jobkategorien:
- IT Programmierung
- Design und Kunst
- Texten und Übersetzung
- Verkauf und Marketing
- Ingenieurwesen und Architektur
- Sekretariat und Administration
- Business und Finanzen
- Recht

TOPTAL
https://www.toptal.com
Jobkategorien:
- IT Programmierung
- Design
- Finanzen

FACEBOOK-GRUPPE: Digital Nomad Jobs: Remote Job Opportunities
https://www.facebook.com/groups/remotejobsfordigitalnomads
Jobkategorien:
- es handelt sich hierbei um eine Facebook-Gruppe
- es sind unterschiedliche Job-Kategorien verfügbar
- Job-Kategorien sind nicht filterbar. Jobangebote erscheinen im üblichen Facebook Stream einer Gruppe

FACEBOOK-GRUPPE: Remote Work & Jobs for Digital Nomads
https://www.facebook.com/groups/remotework.digitalnomads
Jobkategorien:
- es handelt sich hierbei um eine Facebook-Gruppe
- es sind unterschiedliche Job-Kategorien verfügbar
- Job-Kategorien sind nicht filterbar. Jobangebote erscheinen im üblichen Facebook Stream

FACEBOOK-GRUPPE: Remote & Travel Jobs
https://www.facebook.com/groups/RemoteTravelJobs
Jobkategorien:
- es handelt sich hierbei um eine Facebook-Gruppe
- es sind unterschiedliche Job-Kategorien verfügbar
- Job-Kategorien sind nicht filterbar. Jobangebote erscheinen im üblichen Facebook Stream
- die Facebook-Gruppe ist mit der Jobbörse https://pangian.com verknüpft

6.2 GELD VERDIENEN ALS ANGESTELLTER – SO FINDEST DU ARBEITGEBER

Remote arbeiten zu wollen, heißt nicht zwingend selbständig sein zu müssen. Mittlerweile gibt es zahlreiche Firmen, sowohl im Start-up als auch im etablierten Bereich, die auf ortsunabhängiges Arbeiten setzen. Da ist zum Beispiel *Automattic*, für die unsere Rolemodels Yanir and Simon arbeiten. *Automattic* ist die Firma hinter WordPress und wurde im August 2005 von Matthew Mullenweg als Webentwicklungsunternehmen gegründet.
In fünf Finanzierungsrunden sammelte die Firma 317,3 Millionen US-Dollar an Venture Capital ein. In der letzten Finanzierungsrunde, im Mai 2014, wurde das Unternehmen auf einen Wert von 1,16 Milliarden US-Dollar geschätzt. Zum Zeitpunkt der Entstehung dieses Buches hat das Unternehmen weltweit 717 Mitarbeiter.

Ein weiteres Beispiel für ein etabliertes Remote-Unternehmen ist die Firma *Inpsyde GmbH*. Inpsyde ist die größte WordPress Agentur auf dem deutschen Markt und wurde im Jahr 2006 von Alexander Frison (heutiger COO der Firma) und Heinz Rohé (heutiger CEO der Firma) gegründet. Im Fokus steht die Entwicklung von Lösungen im Zusammenhang mit dem Open Source Content Management System WordPress, d. h. Plugins, Websites, Themes, Templates, etc. *Inpsyde* beschäftigt heute um die 32 Mitarbeiter (Stand Januar 2018), die alle zu hundert Prozent remote arbeiten. Den Grund dafür beschreibt Mitgründer und COO Alexander Frison wie folgt:

> „… We're able to hire people all around the world, not only within a certain area. (…) we as the founders already live in different places and have the possibility to find the best WordPress developer all over Germany or worldwide. Location shouldn't be a boundary to work at Inpsyde."[56]

(Übersetzung Zitat: „Wir sind in der Lage, Leute von überall auf der Welt einzustellen, nicht nur aus einer bestimmten Gegend. (…) wir als Gründer leben schon an verschiedenen Orten und haben [durch Remote Work] die Möglichkeit, die besten WordPress Entwickler in ganz Deutschland und weltweit zu finden. Der Standort sollte keine Hemmschwelle sein, um bei Inpsyde zu arbeiten.")

---

[56] Alexander Frison von Inpsyde im Interview mit Remote.co: https://remote.co/company/inpsyde-gmbh, abgerufen am 04.07.2018.

Um den Zusammenhalt der Mitarbeiter innerhalb der Firma zu stärken, findet mindestens einmal im Jahr ein persönliches Team-Meeting ohne Internet oder Computer statt. Hierbei wird Wert auf eine gute Zeit miteinander gelegt. Es stehen weniger die Arbeit, als vielmehr Geselligkeit und Spaß im Vordergrund. Neben regelmäßigen Team-Meetings treffen sich Mitarbeiter von *Inpsyde* zudem häufiger auf sog. WordCamps in Europa und Deutschland. WordCamps sind informelle Konferenzen zum Thema WordPress, die von der WordPress Community organisiert werden.

Die Firma *komoot GmbH* aus Deutschland setzt ebenfalls auf ein ortsunabhängiges Arbeitsmodell. Als Anbieter einer Outdoor-Navigations App für Wanderer und Biker wurde das Unternehmen im Jahr 2010 von Markus Hallermann (heutiger CEO), Jonas Spengler (heutiger CTO) und vier weiteren Gründern ins Leben gerufen. Mittlerweile zählt die Firma rund 30 Mitarbeiter (Stand November 2017) und arbeitet seit Anfang 2017 komplett remote. Die komoot App gehört mit ca. vier Millionen Nutzern zu den beliebtesten Outdoor Apps am Markt und wurde mehrfach von Apple und Google als eine der besten Apps des Jahres prämiert. Sie richtet sich speziell an Outdoorliebhaber und hilft diesen, ihre Routen zu planen. Mitgründer Jonas Spengler begründet die Umstellung des Unternehmens auf Remote Work im Interview mit Xing wie folgt:

„Ein Büro ist kein Garant für effizientes und zufriedenes Arbeiten. (…) Dass alle Mitarbeiter in einem Büro sitzen müssen, sehen wir nicht mehr als so zeitgemäß an. (…) Für uns als Firma ergeben sich die Vorteile, dass wir die Mitarbeiter überall anwerben können, d. h. wir sind nicht beschränkt auf Leute, die in Berlin wohnen oder in Berlin wohnen wollen. Wir haben quasi einen globalen Talentpool, aus dem wir schöpfen können. Und das schlägt sich von Recruiting-Seite so nieder, dass wir wahnsinnige Nachfrage nach unseren Stellen haben und natürlich jetzt viel bessere Leute sourcen können. Der zweite Vorteil des Unternehmens ist so eine Retention-Geschichte. Das bedeutet, dass Mitarbeiter, deren Lebenssituation sich verändert, das Unternehmen nicht verlassen, um beispielsweise mit der Frau nach München zu ziehen, (…) sondern einfach im Unternehmen bleiben. Und dann bleibt auch das Wissen im Unternehmen und man hat keine Fluktuation von Key-Knowledge Personen, die man normalerweise hat, wenn man sagt, jeder muss immer vor Ort sein." [57]

---

[57] Jonas Spengler im Interview mit Xing Talk unterwegs: https://www.xing.com/news/articles/arbeiten-ohne-buro-warum-wir-auf-feste-arbeitsplatze-verzichten-1067159, abgerufen am 04.07.2018.

Ein Beispiel für ein weiteres Remote-Unternehmen ist die Firma *Buffer*. *Buffer* wurde im Jahr 2010 von Joel Gascoigne und zwei weiteren Personen gegründet und besitzt heute mehr als 80 Mitarbeiter (Stand Mai 2017), die remote über die Welt verteilt arbeiten. Geld verdient das Unternehmen mit der gleichnamigen Software, die Nutzer beim Social Media Account Management und bei der Terminierung von Social Media Beiträgen unterstützt. Mit mehr als 60.000 Kunden verdiente das Unternehmen im Jahr 2017 mehr als 15 Millionen US-Dollar. *Buffer* ist seit seiner Gründung im Jahr 2010 ortsunabhängig aufgestellt und Remote Work formt einen wichtigen Bestandteil der Unternehmenskultur. Public Relations Manager Hailley Griffis nennt folgende Gründe für die Wahl des ortsunabhängigen Arbeitsmodells:

> „We want our team to be free to choose the place on earth where they feel happiest and most productive. We have teammates that stay at home with their kids, or who travel and work from a RV (Recreational Vehicle). This freedom to choose where to live and work has both brought us incredible teammates from around the world, and given us a naturally self-motivated team. Another huge benefit to remote work for Buffer is the ability to have our customer advocacy team and our engineering team in various time zones. From Vancouver to Sri Lanka, we nearly always have someone online for when a customer might need help. The main reason this is important for us is that it's a part of our vision at Buffer to set the bar for high quality customer service and being able to respond to people quickly has been a major advantage there."[58]

(Übersetzung Zitat: „Wir wollen, dass unsere Teammitglieder denjenigen Ort auf der Welt wählen können, an dem sie sich am glücklichsten und produktivsten fühlen. Wir haben Kollegen, die zu Hause bei ihren Kindern bleiben oder mit einem Wohnmobil reisen und darin arbeiten. Die Freiheit zu wählen, wo man leben und arbeiten möchte, hat unglaubliche Teammitglieder aus der ganzen Welt zu uns geführt und hat ein auf natürliche Weise selbstmotiviertes Team geschaffen. Ein weiterer großer Vorteil von Remote-Arbeit ist die Möglichkeit, unser Kundenberatungsteam und unser Entwicklungsteam in verschiedenen Zeitzonen zu haben. Von Vancouver bis Sri Lanka ist fast immer jemand online, wenn ein Kunde Hilfe braucht. Der Hauptgrund, warum dies für uns wichtig ist, besteht darin, dass es Teil unserer Vision bei Buffer ist,

---

[58] Hailley Griffis gegenüber der London School of Economics: http://blogs.lse.ac.uk/businessreview/2017/08/30/buffer-why-we-abolished-the-office-and-became-a-fully-remote-team, abgerufen am 04.07.2018.

den Maßstab für qualitativ hochwertigen Kundenservice zu setzen, und die Möglichkeit zu haben, schnell auf Leute reagieren zu können, war dabei ein großer Vorteil.")

Zur Stärkung des Team-Zusammenhaltes und zum persönlichen Kennenlernen der Kollegen veranstaltet Buffer jährliche Retreats an unterschiedlichen Orten rund um den Globus.

Vorreiter im Bereich Remote Work ist die USA. Dementsprechend hoch ist auch die Dichte an Unternehmen, die auf ortsunabhängiges Arbeiten setzen. Die Firma *Automattic*, wie oben beschrieben, ist eine davon. Zwei weitere prominente Beispiele sind die Unternehmen *FlexJobs* und *Trello*. *FlexJobs* wurde im Jahr 2007 von Sara Sutton Full (heutige CEO) gegründet und ist eine Internet-Jobbörse, die sich auf flexible Jobs spezialisiert hat. Die Börse hilft Jobsuchenden dabei, Remote Work und Freelance Jobs zu finden, indem sie entsprechende Jobs vorselektiert und für Jobsuchende auf der Plattform bereitstellt. *FlexJobs*, das heute um die 94 Mitarbeiter (Stand Juli 2018) beschäftigt und zu hundert Prozent remote arbeitet, entstand aus der Not der Gründerin heraus. Sara Sutton Full war damals schwanger mit ihrem ersten Sohn und auf der Suche nach einem Job, der es ihr ermöglichte, flexibel von zuhause aus zu arbeiten. Schnell stellte sie fest, dass das kein leichtes Unterfangen war und gründete daraufhin *FlexJobs*. Auf die Frage, warum ihr Unternehmen seit jeher remote aufgestellt ist, antwortet sie wie folgt:

> „I think our model of providing a flexible workforce for employees is much more sustainable than traditional work models in many ways. (...) Everyone on our team works remotely from home offices, and almost all positions have schedule flexibility. There are only a few positions, like client services, which have set hours to make sure the phones are covered. We all have lives outside of work, and I don't make them choose between their lives or their work. You have more loyalty from employees if you work that way. It's really a win-win."[59]

(Übersetzung Zitat: „Ich denke, das Modell Mitarbeiter als flexible Arbeitskräfte einzusetzen ist in vielerlei Hinsicht viel nachhaltiger als traditionelle Arbeitsmodelle. (...) Jeder in unserem Team arbeitet remote vom Home-Office

---

[59] Sara Sutton Fell im Interview mit LearnVest auf themuse: https://www.themuse.com/advice/sara-sutton-fell-why-i-founded-flexjobs , abgerufen am 04.07.2018.

aus, und fast alle Positionen haben flexible Arbeitszeiten. Es gibt nur wenige Stellen, wie z. B. den Kundenservice, die feste Arbeitszeiten haben, um sicherzustellen, dass das Telefon bedient wird. Wir alle haben ein Leben außerhalb der Arbeit, und ich lasse Mitarbeiter nicht zwischen ihrem Leben oder ihrer Arbeit wählen. Du erfährst mehr Loyalität von Mitarbeitern, wenn du auf diese Weise arbeitest. Es ist wirklich eine Win-Win-Situation.")

Trello, das 2011 von Joel Spolsky und Michael Pryor (heutiger CEO) ins Leben gerufen wurde und die gleichnamige Projektmanagement-Software Trello vertreibt, ist sowohl remote als auch office-basiert: ca. 40 Prozent der heute rund 100 Mitarbeiter des Unternehmens (Stand Januar 2018) arbeiten aus dem New Yorker Büro der Firma und ca. 60 Prozent ortsunabhängig. Generell steht es jedem Mitarbeiter frei, seinen Arbeitsplatz zu wählen, sei es das New Yorker Büro, ein Coworking Space oder das Home-Office. Die Software Trello ist ein web-basiertes Kollaborationstool für Teams, das aus Karten, Listen und Boards besteht. Konzipiert ist die Software als Freemium-Angebot, d. h. sie ist in der Basisversion für Nutzer gratis und wird mit steigendem Funktionsumfang kostenpflichtig. Das Kollaborationstool ist am Markt sehr beliebt und besitzt mittlerweile über 19 Millionen Nutzer (Stand Januar 2017) und einen Firmenwert in Höhe von 425 Millionen US-Dollar (Stand März 2017). Die Gründe, warum *Trello* auf Remote Work setzt, erklärt Stella Garber, Product Marketing Lead bei *Trello*, wie folgt:

> „Allowing remote work is an essential element of our ability to hire the very best people, regardless of where they happen to live, in order to build the best possible product. Having a remote workforce gives us the ability to have the most talented workers, and also the ability to focus on productivity. Being in an office means being surrounded by distractions, whereas remote teams can focus on getting projects done. It also empowers people to get work done at times when they are the most productive – not necessarily a 9-5 schedule for a lot of people."[60]

(Übersetzung Zitat: „Remote-Arbeit zu ermöglichen, ist ein wesentliches Element, wenn es darum geht, die besten Leute einzustellen, unabhängig davon, wo sie gerade wohnen, um darauf basierend das bestmögliche Produkt zu bauen. Durch unsere remote Ausrichtung können wir die talentiertesten Mitarbeiter

---

[60] Stella Garber im Interview mit Remote.co: https://remote.co/company/trello, aufgerufen am 04.07.2018.

für uns gewinnen und unser Handeln auf Produktivität ausrichten. In einem Büro zu sein, bedeutet von Ablenkungen umgeben zu sein, wogegen Remote Teams sich darauf konzentrieren können, Projekte fertigzustellen. Zudem gibt es Menschen die Chance, ihre Arbeit zu den Zeiten zu erledigen, in denen sie am produktivsten sind – das entspricht für Viele nicht unbedingt einem 9-5 Uhr Job.")

Einmal im Jahr veranstaltet *Trello* ein firmenweites Unternehmens-Retreat, bei dem die Belegschaft der Firma in Persona an einem Ort zusammenkommt, um zu brainstormen, zu relaxen und zu socializen. Das jährliche Retreat soll Mitarbeitern des Unternehmens die Möglichkeit geben, ihre Kollegen persönlich kennenzulernen und darüber Kollaboration und Produktivität im Unternehmen steigern.

Das sind nur einige Beispiele von Remote-Unternehmen. Neben den genannten Firmen gibt es zahlreiche weitere Arbeitgeber, die das Modell des ortsunabhängigen Arbeitens verfolgen, Tendenz steigend. Das können sowohl Firmen sein, die zu hundert Prozent remote aufgestellt sind, als auch Unternehmen, die in Teilen remote arbeiten (wie z. B. *Trello*).

Um Remote-Arbeitgeber zu finden, kannst du von spezialisierten Online-Stellenbörsen bzw. Jobportalen Gebrauch machen. Davon gibt es im Internet mittlerweile eine ganze Reihe. Sie sind zumeist für den englischsprachigen Markt entwickelt worden (Voraussetzung ist daher, dass du Englisch sprichst), aber es gibt auch einige deutschsprachige Börsen. Im Folgenden findest du eine Auflistung von Stellenbörsen, die für dich interessant sein könnten (Achtung: Die Liste ist nicht abschließend).

Jobbörsen für Remote Work im Anstellungsverhältnis

REMOTE.CO
https://remote.co
Jobkategorien:
- Accounting
- Customer Service
- Design
- IT Entwicklung
- HR
- Gesundheitswesen
- Marketing
- Texten
- Projektmanagement

- Qualitätssicherung
- Vertrieb
- Lehrer
- Transkription
- Virtuelle Assistenz
- Redaktion, und einige mehr

REMOTE OK
https://remoteok.io
Jobkategorien:
- IT Entwicklung
- Design
- Customer Support
- Marketing
- Non-Tech
- Unterrichten

FLEXJOBS
https://www.flexjobs.com
Jobkategorien:
- Accounting
- Finanzen
- Administration
- Kunst
- Business Development
- Customer Care
- Kommunikation
- IT
- Beratung
- Redaktion
- Erziehung und Training
- Ingenieurwesen
- Entertainment
- Event Management
- Grafikdesign
- HR
- Recht
- Versicherung

und viele mehr

WE WORK REMOTELY
https://weworkremotely.com
Jobkategorien:
- Design
- IT Entwicklung
- Customer Support
- Texte
- Marketing
- Management

und einige mehr

REMOTIVE
https://remotive.io
Jobkategorien:
- IT
- Lehre
- HR
- Support
- Vertrieb
- Produkt Management
- Marketing
- Ingenieurwesen

VIRTUAL VOCATIONS
https://www.virtualvocations.com
Jobkategorien:
- Account Management
- Accounting
- Administration
- Beratung
- Redaktion
- Lehre
- Ingenieurwesen
- Fundraising
- Finanzen
- Gesundheitswesen
- IT Entwicklung
- Design
- Recht
- Versicherung

und vieles mehr

JOBSPRESSO
https://jobspresso.co
Jobkategorien:
- Design
- IT Entwicklung
- Marketing
- Projekt Management
- Vertrieb
- Support
- Texten und einige mehr

WORKING NOMADS
https://www.workingnomads.co
Jobkategorien:
- IT Entwicklung
- Management
- Marketing
- System Administration
- Design
- Vertrieb
- Customer Service
- Texten
- Beratung
- Finanzen
- HR
- Administration
- Lehre
- Gesundheitswesen
- Recht

OUTSOURCELY
https://www.outsourcely.com
Jobkategorien:
- Design und Multimedia
- IT Entwicklung
- Mobile Applications
- Content
- Administration
- Customer Service
- Vertrieb und Marketing
- Business Services

DNX JOBS
https://www.dnxjobs.de
Jobkategorien:
- General Management
- Audio und Videoproduktion
- Community Management
- Content
- Customer Service
- Design
- Event Management
- Finanzen und Accounting
- HR
- IT und Programmierung
- Online-Marketing
- Produktmanagement
- Verkauf
- Social Media
- Übersetzung
- Virtuelle Assistenz

SKIP THE DRIVE
https://www.skipthedrive.com
Jobkategorien:
- Buchhaltung und Steuern
- Account Management
- Business Development
- Customer Care
- Dateneingabe
- Ingenieurwesen
- Finanzen
- HR und Recruiting
- Informatik und IT
- Versicherungswesen
- Marketing
- Projektmanagement
- Qualitätssicherung
- Vertrieb

und viele mehr

EUROPE REMOTELY
https://europeremotely.com
Jobkategorien:
- IT Entwicklung
- Design
- DevOps
- Support
- Marketing
- Vertrieb

WORK N SURF
http://www.worknsurf.de
Jobkategorien:
- IT Entwicklung
- Marketing
- Übersetzung
- Grafikdesign
- Online-Marketing
- DevOps
- Data Science
- Fotografie
- Vertrieb
- Redaktion
- Texten und vieles mehr

FACEBOOK-GRUPPE: Digital Nomad Jobs: Remote Job Opportunities
https://www.facebook.com/groups/remotejobsfordigitalnomads
Jobkategorien:
- es handelt sich hierbei um eine Facebook-Gruppe
- es sind unterschiedliche Job-Kategorien verfügbar
- Job-Kategorien sind nicht filterbar. Jobangebote erscheinen im üblichen Facebook Stream

FACEBOOK-GRUPPE: Remote Work & Jobs for Digital Nomads
https://www.facebook.com/groups/remotework.digitalnomads
Jobkategorien:
- es handelt sich hierbei um eine Facebook-Gruppe
- es sind unterschiedliche Job-Kategorien verfügbar
- Job-Kategorien sind nicht filterbar. Jobangebote erscheinen im üblichen Facebook Stream

FACEBOOK-GRUPPE: Remote & Travel Jobs
https://www.facebook.com/groups/RemoteTravelJobs
Jobkategorien:
- es handelt sich hierbei um eine Facebook-Gruppe
- es sind unterschiedliche Job-Kategorien verfügbar
- Job-Kategorien sind nicht filterbar. Jobangebote erscheinen im üblichen Facebook Stream
- die Facebook-Gruppe ist mit der Jobbörse https://pangian.com verknüpft

HILFREICHE ÜBERSICHT REMOTE-FREUNDLICHER UNTERNEHMEN
https://remoteintech.company
Jobkategorien:
- es handelt sich um eine filterbare Microsite mit einer Liste an internationalen (Tech-) Unternehmen, die entweder hundert Prozent oder zumindest in Teilen remote arbeiten.
- alle Unternehmen in der Liste sind mit ihrer Website verlinkt, so dass du direkt auf den Seiten der Unternehmen nach Jobvakanzen suchen bzw. dich initiativ bewerben kannst.

DANKE

"Keine Schuld ist dringender, als die, Dank zu sagen." – Marcus Tullius Cicero

Als wir angefangen haben, dieses Buch zu schreiben, wussten wir nicht, wo uns dieses Vorhaben hinführen würde. Wir hatten keine Ahnung, wie viel Aufwand, Zeit, Schweiß und Tränen wir investieren würden. Auch der Umfang war uns gänzlich unbekannt. Wir hatten einfach die Idee, ein Buch zu schreiben – nun sind es drei geworden – in dem man nicht nur die üblichen Jobs findet, mit denen man ortsunabhängig Geld verdienen kann, sondern auch Berufe, von denen man es nicht unbedingt erwartet hätte. Ein großer Dank geht daher an all unsere Rolemodels, die uns allein durch ihr Dasein inspiriert haben und die uns darüber hinaus noch die Tür zu ihrem Leben einen Spalt weit geöffnet und uns damit einmalige Einsichten gewährt haben. Danke Peer, William, Angelique, Laura, Michelle, Johanna, Simon, Yanir, Ricardo, Jan, Johannes, Bastian, Anna-Lena, Vangile, Mark, Kate, Vera, Timber, Jason, Phil, Amy, Daniel, Tony und Bartek! Ohne euch wäre unsere Arbeit nur halb so viel wert.

Außerdem danken wir allen, die uns bei der Entstehung unseres Buches geholfen und uns in unterschiedlicher Weise unterstützt haben, sei es mit Ideen und Kommentaren, mit Obdach, aufmunternden oder kritischen Worten. In aller erster Linie wollen wir natürlich unseren Eltern danken, die uns zeitweise bei sich haben wohnen lassen und immer an uns geglaubt haben. Danke!

Auch unseren Freunden, die uns immer wieder Denkanstöße gegeben haben oder uns einfach mal durch eine nette Ablenkung aus unserer Arbeitsblase befreit haben sind wir zu Dank verpflichtet und kommen diesem gerne nach. Danke Bella, Christopher, Franzi B., Franzi G., Jan, Jenny, Kai, Linda, Marcel und Martin, dass ihr mit uns gefiebert und uns unterstützt habt.

Last but not least gebührt ein ganz großer Dank unserer Lektorin Ramona. Sie ist der heimliche Star unseres Buches und hat uns die Augen geöffnet, warum ein Buch unbedingt lektoriert werden muss. Ohne sie hätten wir nie diese Buchserie so herausgebracht, wie sie nun vorliegt. Ramona hat genau die richtige Mischung an Kritik und Aufmunterung gefunden, um uns immer neu anzuspornen und das Beste aus uns herauszuholen.

Gemeinsam mit Ramona danken wir auch ihrem Lebensgefährten Uli, der gegen Ende ebenfalls mit an Bord des Projektes war und uns mit seinem Wissen unterstützt hat. Jeder für sich alleine ist toll und gemeinsam sind sie grandios. Wir danken ihnen und wünschen ihnen für den Aufbau ihres Verlages *Wenn nicht jetzt* alles Gute und viel Erfolg und hoffen, dass wir auch zukünftig wieder zusammenarbeiten.

Durch Ramona sind wir auf unsere Grafikdesignerin Marie aufmerksam geworden, der wir für die Gestaltung eines wunderbaren Covers und den Satz dieses Buches danken. Ohne sie wäre unser Werk nur halb so hübsch anzuschauen.

Trotz noch so gründlicher Überlegung, mag es sein, dass wir den ein oder anderen in unserer Aufzählung vergessen haben. Das ist alles andere als böse Absicht. Wir danken natürlich auch unseren Gastgebern, die uns rund um die halbe Welt in ihren Häusern und Wohnungen aufgenommen haben und uns einen Platz zum Arbeiten gegeben haben. Hier denken wir insbesondere an sehr produktive und gleichzeitig tolle Zeiten bei Kate in Melborune, Karli und Stefano in Sydney und Gideon in Kapstadt zurück.

Vor euch allen verneigen wir uns in Demut, wohl wissend, dass ohne euch unsere Arbeit nicht möglich gewesen wäre. Wir danken euch von Herzen.

LITERATUR UND LINKS

„Zwar weiß ich viel, doch möcht' ich alles wissen." – Johann Wolfgang von Goethe

AUTOREN

Alexander Frison von Inpsyde im Interview mit Remote.co: https://remote.co/company/inpsyde-gmbh, abgerufen am 04.07.2018.

Alexander Mas und Amanda Pallais: Valuing Alternative Work Arrangements, in American Economic Review 2017, 107(12): https://pubs.aeaweb.org/doi/pdfplus/10.1257/aer.20161500, abgerufen am 16.08.2018.

Amber Keefer: What Percentage of Expenses Should Payroll Be?, auf Chron.com: https://smallbusiness.chron.com/percentage-expenses-should-payroll-be-30772.html, abgerufen am 16.08.2018.

Anna Hart: Living and working in paradise: the rise of the 'digital nomad', in The Telegraph am 17.05.2015: https://www.telegraph.co.uk/news/features/11597145/Living-and-working-in-paradise-the-rise-of-the-digital-nomad.html?curator=NODESK, abgerufen am 13.03.2018.

Barry Kim: Top 27 Productivity Hacks of 2018, auf Inc.com am 30.11.2017: https://www.inc.com/larry-kim/these-24-productivity-tips-will-help-you-start-off-2018-right.html, abgerufen am 07.04.2018.

Benjamin Dürr: Neues Gesetz in den Niederlanden: Ich will Heimarbeit - du darfst, auf Spiegel Online am 14.04.2015: http://www.spiegel.de/karriere/home-office-niederlande-garantieren-heimarbeit-per-gesetz-a-1028521.html, abgerufen am 29.03.2018.

Bettina Levecke: Sieben Tricks für mehr Elan bei der Arbeit, auf Welt.de am 18.05.2015: https://www.welt.de/gesundheit/psychologie/article141062193/Sieben-Tricks-fuer-mehr-Elan-bei-der-Arbeit.html, abgerufen am 06.04.2018.

Dyfed Loesche: Wenige Deutsche arbeiten im Homeoffice, auf Statista.de am 26.01.2018: https://de.statista.com/infografik/12699wenige-deutsche-arbeiten-im-homeoffice, abgerufen am 22.08.2018.

Eugen Epp in: Generation Y und Arbeit: Geld und Karriere? Wir wollen Zeit!, vom 02.08.2017 unter: https://www.stern.de/neon/generation-y--wir-wollen-nicht-geld-und-karriere--wir-wollen-zeit--7562658.html, abgerufen am 20.08.2018.

Hailley Griffis gegenüber der London School of Economics: http://blogs.lse.ac.uk/businessreview/2017/08/30/buffer-why-we-abolished-the-office-and-became-a-fully-remote-team, abgerufen am 04.07.2018.

Heather Boushey unnd Sarah Jane Glynn: There Are Significant Business Costs to Replacing Employees, Center for American Progress am 16.11.2012: https://www.americanprogress.org/wp-content/uploads/2012/11/CostofTurnover.pdf, abgerufen am 16.08.2018.

Isabell Prophet: Homeoffice: 8 Tipps für mehr Produktivität, auf t3n.de am 26.05.2017: https://t3n.de/news/homeoffice-8-tipps-produktivitaet-824442, abgerufen am 07.04.2018.

Jonas Spengler im Interview mit Xing Talk unterwegs: https://www.xing.com/news/articles/arbeiten-ohne-buro-warum-wir-auf-feste-arbeitsplatze-verzichten-1067159, abgerufen am 04.07.2018.

Juliane Petrich und Bastian Pauly in: Jedes dritte Unternehmen bietet Arbeit im Homeoffice an, vom 02.02.2017 unter: https://www.bitkom.org/Presse/Presseinformation/Jedes-dritte-Untershynehmen-bietet-Arbeit-im-Homeshyoffice-an.html, abgerufen am 20.08.2018.

Kim Rixecker: Digitale Nomaden: Die 5 Top-Berufe für ortsunabhängiges Arbeiten, auf t3n am 14.08.2017: https://t3n.de/news/digitale-nomaden-5-top-berufe-847120, abgerufen am 13.03.2018.

Liane von Billerbeck im Interview mit Andreas Matzarakis auf Deutschlandfunk Kultur: http://www.deutschlandfunkkultur.de/wetter-was-ist-die-optimale-temperatur.1008.de.html?dram:article_id=361398, abgerufen am 10.04.2018.

Louisa Lagé: Telearbeit - Das Home-Office macht nicht nur produktiv, auf Wirtschafts Woche Online am 16.05.2017, unter: https://www.wiwo.de/erfolg/telearbeit-das-home-office-macht-nicht-nur-produktiv/19808462.html, abgerufen am 20.08.2018.

Mandy Kaur, Kaleb Oney, Joseph Chadbourne, Kayli Bookman und Benjamin Beckman: An Analysis of the Factors which Effectively Attract College Graduates, The University of Akron, Frühjahr 2018: http://ideaexchange.uakron.edu/cgi/viewcontent.cgi?article=1581&context=honors_research_projects, abgerufen am 16.08.2018.

Mascha Will-Zocholl: Die Verlockung des Virtuellen. Reorganisation von Arbeit unter Bedingungen der Informatisierung, Digitalisierung und Virtualisierung, in Arbeits- und Industriesoziologische Studien, Jahrgang 9, Heft 1, April 2016, S. 25-42: https://www.researchgate.net/profile/Mascha_Will-Zocholl/publication/301681920_Die_Verlockung_des_Virtuellen_Reorganisation_von_Arbeit_unter_Bedingungen_der_Informatisierung_Digitalisierung_und_Virtualisierung/links/5721b99e08aea92aff8b323a/Die-Verlockung-des-Virtuellen-Reorganisation-von-Arbeit-unter-Bedingungen-der-Informatisierung-Digitalisierung-und-Virtualisierung.pdf, abgerufen am 13.03.2018.

Melanie Pinola: Save the Environment by Working from Home, auf Lifewire.com am 25.05.2018: https://www.lifewire.com/how-telecommuting-is-good-for-the-environment-2378101, abgerufen am 16.08.2018.

Nicholas Bloom: To Raise Productivity, Let More Employees Work from Home, in Havard Business Review (Januar-Februar Ausgabe 2014): https://stayinthegame.net/wp-content/uploads/2018/04/HBR-To-Raise-Productivity-Let-More-Employees-Work-from-Home.pdf, abgerufen am 16.08.2018.

Olli Seppänen, William J Fisk, David Faulkner: Cost Benefit Analysis of the Night - Time Ventilative Cooling in Office Building, Lawrence Berkeley National Laboratory, Juni 2003: https://indoor.lbl.gov/sites/default/files/lbnl-53191.pdf, abgerufen am 06.08.2018.

Ricky Ribeiro: Fathers of Technology: 10 Men Who Invented and Innovated in Tech, 14.06.2012: https://biztechmagazine.com/article/2012/06/fathers-technology-10-men-who-invented-and-innovated-tech, abgerufen am 18.08.2018.

Sara Sutton Fell im Interview mit LearnVest auf themuse: https://www.themuse.com/advice/sara-sutton-fell-why-i-founded-flexjobs, abgerufen am 04.07.2018.

Sebastian Kühn: Was Geo-Arbitrage ist und wie du es für dich nutzen kannst, auf Wirelesslife.de am 23.12.2016: https://wirelesslife.de/geo-arbitrage, abgerufen am 28.04.2018.

Stella Garber im Interview mit Remote.co: https://remote.co/company/trello, aufgerufen am 04.07.2018.

Steve Crabtree: Well-Being Lower Among Workers With Long Commutes - Back pain, fatigue, worry all increase with time spent commuting, am 30.08.2010 auf Gallup.com: https://news.gallup.com/poll/142142/wellbeing-lower-among-workers-long-commutes.aspx, abgerufen am 16.08.2018.

Timothy Ferriss: Die 4-Stunden-Woche: Mehr Zeit, mehr Geld, mehr Leben, 2008: https://www.amazon.de/Die-4-Stunden-Woche-Mehr-Zeit-Leben/dp/3548375960

Tina Groll: DGB fordert Recht auf Arbeit von zu Hause, auf Zeit Online am 30.04.2018: https://www.zeit.de/wirtschaft/2018-04/homeoffice-arbeitnehmer-recht-dgb-annelie-buntenbach, abgerufen am 17.08.2018.

Tobias Chmura: Schadstoffe vermeiden - Homeoffice statt Pendeln, in Bayerischer Rundfunk am 26.02.2018: https://www.br.de/nachrichten/schadstoffe-vermeiden-homeoffice-statt-pendeln-100.html, abgerufen am 23.03.2018.

Tsugio Makimoto und David Manners: Digital Nomad, 1997: https://www.amazon.de/Digital-Nomad-Tsugio-Makimoto/dp/0471974994

WEITERE LINKS

Artikel: Is Remote Working Healthier? auf der Seite Remote: https://remote.com/learn/is-remote-working-healthier, abgerufen am 16.08.2018.

Artikel: Von wegen Schlafmangel - Warum Sie in ein Mittagstief fallen und was Sie dagegen tun können, auf Focus Online am 04.08.2017: https://www.focus.de/gesundheit/videos/von-wegen-schlafmangel-warum-sie-in-ein-mittagstief-fallen-und-was-sie-dagegen-tun-koennen_id_7436385.html, abgerufen am 23.08.2018.

Biografie von Jack Nilles auf: https://www.jala.com/jnmbio.php, abgerufen am 18.08.2018.

Definition Digitaler Nomade auf Wikipedia: https://de.wikipedia.org/wiki/Digitaler_Nomade, abgerufen am 23.08.2018.

Definition Parkinsonsche Gesetze auf Wikipedia: https://de.wikipedia.org/wiki/Parkinsonsche_Gesetze, abgerufen am 04.04.2018.

Definition Eisenhower-Prinzip auf Wikipedia: https://de.wikipedia.org/wiki/Eisenhower-Prinzip, abgerufen am 21.08.2018.

Definition Prokrastination auf Wikipedia: https://de.wikipedia.org/wiki/Prokrastination, abgerufen am 07.04.2018.

Evaluierung der persönlichen Leistungskurve, bei Universität Duisburg-Essen: https://www.uni-due.de/edit/selbstmanagement/uebungen/ue3_6.html, abgerufen am 04.04.2018.

Evaluierung der persönlichen Leistungskurve, bei Onmeda: (https://www.onmeda.de/selbsttests/eule_oder_lerche.html, abgerufen am 04.04.2018.

Gallup Studie: State of the American Workplace, aus dem Jahr 2017 unter: https://news.gallup.com/reports/199961/7.aspx, S. 150, abgerufen am 19.08.2018.

Gallup-Studie: State of the American Workplace - Employee Engagement Insights For U.S. Business Leaders: http://www.gallup.com/file/services/176708/State_of_the_American_Workplace_20Report_202013.pdf, abgerufen am 16.08.2018.

Umfrage „CoSo Cloud survey" von Committee of Sponsoring Organizations of the Treadway Commission (CoSo): https://www.cosocloud.com/press-release/connectsolutions-survey-shows-working-remotely-benefits-employers-and-employees, abgerufen am 16.08.2018.

United Nations Development Programme: Human Development Reports: http://hdr.undp.org/en/countries/profiles/AUS, abgerufen am 12.04.2018.

ZUM GUTEN SCHLUSS

Wir hoffen, dass wir dir mit diesem Buch geholfen haben. Im Bestfall hast du einen Beruf für dich gefunden, der dich interessiert und den du ortsunabhängig ausüben kannst.
Alternativ hast du dich inspirieren lassen und erfahren, wie du in deinem jetzigen Beruf remote arbeiten kannst.

Da wir nicht nur ans ortsunabhängige Arbeiten, sondern auch an ein gegenseitiges Unterstützen und Helfen glauben, haben wir eine exklusive Facebook-Gruppe erstellt, die nur über diesen Link und nur für Leser unserer Bücher erreichbar ist: https://www.facebook.com/groups/409001326302676. In der Gruppe beantworten wir deine Fragen rund ums Thema Remote-Work, Berufsfindung und Geld verdienen. Zudem planen wir eine Interviewserie mit weiteren inspirierenden Remote-Arbeitern. Also: Tritt ein und sei gespannt!

Wenn du darüber hinaus noch mehr Input zum Thema ortsunabhängiges Arbeiten haben möchtest, schau gerne auf unserem Blog https://new-work-life.com vorbei. Wir werden hier regelmäßig frische Inhalte für dich posten.

Hat dir unser Buch gefallen und du hast Freunde, Verwandte oder Arbeitskollegen, die sich ebenfalls für Remote-Work interessieren, dann freuen wir uns über eine Weiterempfehlung. Sollte in diesem Band kein interessanter Job für sie dabei sein, werden sie vielleicht in einem der anderen Bücher unserer Buchreihe fündig, die da wären: „GO REMOTE! für Kreative und Texter" und „GO REMOTE! für Soziale und Kommunikative".

Du bist kreativ und liebst es Dinge zu entwerfen? Formen, Farben und Ästhetik genießen in deiner Welt höchsten Stellenwert? Oder sind Texte deine Passion und du kannst gar nicht genug vom Schreiben, Lektorieren oder Übersetzen bekommen? – Dann ist dieses Buch für dich!

„GO REMOTE! für Kreative und Texter" ist Band 1 der dreiteiligen „GO REMOTE!"-Serie, die dir zeigt, wie du deinen Traum von der beruflichen Ortsunabhängigkeit erfolgreich in die Tat umsetzt und endlich ein selbstbestimmtes Leben beginnst. Der vorliegende Band richtet sich speziell an Menschen, die eine kreative Ader oder eine Leidenschaft für das geschriebene Wort haben.

Wähle aus über 35 Kreativ- und Texter-Berufen deinen Traumjob aus und lerne, wie du damit ortsunabhängig Geld verdienst. Lass dich von Menschen inspirieren, die bereits den Remote-Lifestyle leben und hol dir wertvolle Tipps und Insights aus erster Hand. In über 25 exklusiven Interviews erfährst du, wie diese Menschen angefangen haben, womit sie ihr Geld verdienen und wie lange sie gebraucht haben, um ihre ersten ortsunabhängigen 1.000 Euro einzunehmen. Das nötige Rüstzeug um direkt in deinem Wahlberuf loszulegen, bekommst du in Form eines Starter-Toolkits an die Hand. Dieses enthält sorgfältig selektierte Tools, Ressourcen und Tutorials für deinen Berufseinstieg in die Ortsunabhängigkeit.

**Erhältlich bei Amazon als Ebook und Print
sowie auf www.wnj-verlag.de**

Du hast eine soziale Ader und liebst es, mit Menschen umzugehen? Andere schätzen an dir deine offene und kommunikative Art? Du hilfst gerne weiter und wirst auch öfters mal um Rat gefragt? Ganz egal, wo genau deine Stärken liegen – dieses Buch ist für dich!

„GO REMOTE! für Soziale und Kommunikative" ist Band 2 der dreiteiligen „GO REMOTE!"-Serie, die dir zeigt, wie du deinen Traum von der beruflichen Ortsunabhängigkeit erfolgreich in die Tat umsetzt und endlich ein selbstbestimmtes Leben beginnst. Der vorliegende Band richtet sich speziell an Menschen, die ein hohes Maß an Sozialkompetenz besitzen und dieses gerne in ihre Arbeit einbringen möchten.

Wähle aus über 35 Berufen deinen Traumjob aus und lerne, wie du damit ortsunabhängig Geld verdienst. Lass dich von Menschen inspirieren, die bereits den Remote-Lifestyle leben und hol dir wertvolle Tipps und Insights aus erster Hand. In über 30 exklusiven Interviews erfährst du, wie diese Menschen angefangen haben, womit sie ihr Geld verdienen und wie lange sie gebraucht haben, um ihre ersten ortsunabhängigen 1.000 Euro einzunehmen. Das nötige Rüstzeug um direkt in deinem Wahlberuf loszulegen, bekommst du in Form eines Starter-Toolkits an die Hand. Dieses enthält sorgfältig selektierte Tools, Ressourcen und Tutorials für deinen Berufseinstieg in die Ortsunabhängigkeit.

**Erhältlich bei Amazon als Ebook und Print
sowie auf www.wnj-verlag.de**

Weitere Bücher aus dem Wenn Nicht Jetzt-Verlag

»Auszeit Storys – 11 inspirierende Geschichten über den Aufbruch zu einer längeren Reise«

»So eine Reise war ja auch schon immer mein Traum, aber ich könnte das ja nicht, weil …« Diesen Satz haben Ramona und Uli sehr oft gehört, als sie von ihren Plänen, ein Jahr lang mit dem Wohnmobil durch Europa zu reisen, erzählten.

Was bringt Menschen dazu, dann doch den Mut aufzubringen, ihre Komfortzone zu verlassen und sich eine längere Auszeit zu gönnen, um sich auf das große Abenteuer Reisen einzulassen? Dieser Frage wollten die beiden auf den Grund gehen und haben einige Langzeitreisende interviewt.

Herausgekommen sind elf wunderschöne, sehr persönliche und offene Erfahrungsberichte, die zeigen, dass es aus den unterschiedlichsten Situationen heraus machbar ist, eine solche Reise zu unternehmen. Das Buch soll ewigen Haderern konkrete Fragen beantworten und dadurch anspornen, den Schritt endlich zu wagen. Grenzen gibt es nur in unseren Köpfen – alles ist möglich!

>>Bestellbar als Taschenbuch
und eBook unter www.auszeit-storys.de <<

Auszeit Storys, 132 Seiten, ISBN 978-1973513308

»Holy Bearshit – Eine Abenteuerreise auf der Suche nach den letzten Bären Europas«

Der Lebenskünstler Sirius träumt davon, einmal einem Bären zu begegnen. Er streicht seinen Camper grün an, tauft ihn Bearhunter und macht sich mit seinem Kumpel Mohammad zu einem abenteuerlichen Roadtrip auf, um in Europas Wäldern nach Bären zu suchen. Der Zufall wird zum unfehlbaren Navigationssystem auf ihrer kuriosen Reise voller verrückter Situationen, skurriler Begegnungen und wilder Naturerfahrungen. Eine unglaubliche Verkettung der Ereignisse nimmt ihren Lauf ...
Witzig und leichtfüßig geschrieben, unterhält »Holy Bearshit« und bringt die Leser zum Schmunzeln. Gleichzeitig zeichnet sich die Geschichte jedoch durch subtile Tiefgründigkeit aus und regt zum Nachdenken über unseren bedenklichen Umgang mit der Natur an – ohne dabei den moralischen Zeigefinder zu erheben.

Texthäppchen aus Holy Bearshit
Nachdem Wolfi und Dana sich wieder beruhigt hatten, spazierten wir durch den Wald. Bald kamen wir zu einem vom Wind zusammengewürfelten Riesenmikadohaufen aus Fichten. Dort setzten wir uns auf einen mit Moospolster überzogenen Stamm. Auf dem Waldsofa drehte ich eine feierliche Zigarette, die wir brüderlich rauchten. Als die Stimmung besinnlich und bedeutungsschwanger genug war, leitete ich meinen Expeditionsrekrutierungsantrag ein.
»Mo, hast du eigentlich schon mal einen Bären gesehen, der nicht im Fernsehen oder im Zoo war?«
»Nein, nur mal einen Fuchs.«
»Nicht schlecht. Aber so ein Bär, das wär doch schon mal was

anderes als ein Fuchs, oder?«

»Das wär ein bisschen größer, seltener und aufregender als ein Fuchs, definitiv.«

»Jetzt stell dir mal vor: Du, ich, Dana und Wolfgang alone into the wild. Mit meinem Bus on the road to somewhere far away. The smell of a great adventure in unseren ungepflegten Bärten. Lonesome travelers auf Bärensuche ...«

»Hmm, hört sich really like a good time an.«

Kurzes Schweigen im Walde. Ein Habicht tauchte aus dem Nichts auf und flog lautlos über unsere Köpfe. Wir konnten den Luftzug in den Haarspitzen spüren.

»Und wo gibt's die Bären?«, fragte Mo, dem Habicht nachblickend.

»Keine Ahnung. Wir fahren einfach immer unseren Riesenkünstlernasen nach und setzen darauf, dass wir im rechten Moment den richtigen Riecher haben.«

»Wann soll's losgehen?«

»In ein paar Wochen.«

»Hört sich echt verdammt gut an.«

»Dann denk mal drüber nach.«

»Ich werde drüber nachdenken.«

»Beeil dich bitte mit dem Denken und sag mir Bescheid, sobald du es weißt.«

Wie in Zeitlupe drückte er die Zigarette auf der Borke aus.

»Okay. Ich bin dabei!«

Wir schlugen ein und klopften uns auf die Oberarme.

»Aller hopp!«, wie der Pfälzer so schön sagt.

»Aller hopp!«, sprach auch der Muselmann.

»Mehr Infos unter www.holy-bearshit.de«

**ISBN: 9783947824038, 215 Seiten,
erschienen im Wenn Nicht Jetzt-Verlag**

Printed in Great Britain
by Amazon